庭审话语的社会认知研究

张丽萍 著

东南大学出版社
SOUTHEAST UNIVERSITY PRESS
·南京·

图书在版编目(CIP)数据

庭审话语的社会认知研究 / 张丽萍著. — 南京：东南大学出版社,2022.10
ISBN 978-7-5766-0264-7

Ⅰ.①庭… Ⅱ.①张… Ⅲ.①审判—法律语言学—社会认知—研究 Ⅳ.①D90-055

中国版本图书馆CIP数据核字(2022)第183142号

责任编辑：陈 淑 责任校对：子雪莲 封面设计：顾晓阳 责任印制：周荣虎

庭审话语的社会认知研究

著　　者：张丽萍
出版发行：东南大学出版社
社　　址：南京四牌楼2号 邮编：210096 电话：025-83793330
网　　址：http://www.seupress.com
电子邮件：press@seupress.com
经　　销：全国各地新华书店
印　　刷：广东虎彩云印刷有限公司
开　　本：700mm×1000mm 1/16
印　　张：23.5
字　　数：409千字
版　　次：2022年10月第1版
印　　次：2022年10月第1次印刷
书　　号：ISBN 978-7-5766-0264-7
定　　价：98.00元

本社图书若有印装质量问题,请直接与营销中心联系。电话(传真):025-83791830。

自　　序

在我国法治现代化建设不断向前推进的时代背景下,这本小书尝试考察了庭审语言与法庭语境、传统司法文化之间的互文联系,权作本人关注、参与中国法治话语实践的点滴学术努力与对当下社会治理问题所做的初浅学理探索。

法律既是人们主观建构的知识体系,也是对群体社会秩序进行管理与协调的规约体系。法律概念的表述、意义的理解、作用的发挥都离不开语言,盖如此,才有法律语言为法律的"外衣"这一说法。正如人无衣冠不能正,虽仅为法律之形式表征,但语言本身也自为一体,俨然一个"小宇宙",其通幽参奥的"全息"功能却不可小觑。借用维特根斯坦关于语言的观点,法律之体与形皆为符号织就,自有其内在的机理、系统与结构,而我们对这套"外衣"的了解也知之甚少,更无论蔽于衣内之意义实体。然则纵有难为,探秘寻奥,累代不辍。久久为功,多换几个视角,多加实证,兴许必有所得。

庭审话语的语言表述与语言实践即组织、开展庭审活动的形式载体,也是庭审活动的必要构成部分。本书对庭审话语的社会认知进行研究,主要体现了三个特点:第一,以我国本土的司法文化(包括传统司法文化与当代的司法制度)为纲,分析我国社会主义法治体系中的庭审话语;第二,以真实的法庭话语语料为本,探讨改革开放以来(尤其是十八大前后)多种形式的庭审话语;第三,以话语－认知－社会的互动联系为要,分法官、律师、原被告、法制媒体等多种角色来描写、总结并揭示庭审话语"刚""柔"兼济的特点。可以说,法律语言,面相生涩,却不乏趣味。

更普遍的意义上,写作这部小书也源于在下对个人、集体、社会之相互关系、对过去、现在与将来之联系等关涉人之存在状态及系列问题的一种学术探讨。

通过言语交际，我们在不断摸索、设定、践行或调整着世界与社会的秩序、规则与协调机制，包括个体行为观念的对错、人际关系的边界、社会行为的可接受性等。生活中的法律问题以显性的方式述说着人们相互区别又互相联系的事实，铭刻着我们群体共生共长的演进历史。倘若于学术考评之"胁迫"或功利之诱惑外，尚有一种内在的力量驱动着语言研究者长期不懈地关注、思考并讨论法律交际之议题，莫不过于思及何为正道良序、何以志通意达并止于至善！

本书围绕着庭审话语言说过程中的语言与文化展开，尤为适合研学语言学或应用语言学的师生或对司法沟通、交际有兴趣的工作人员或相关读者。本书力图自洽一体，阅读的过程中，读者可有多种选择，即如登一小山或逛一公园，可循径拾级而上，进而遍观全貌，也可另辟蹊径，只挑那些看起来顺眼的章节，之后再回顾其余。若扫一眼书名，偶觉似曾相识或颇生出一丝丝好感，而耽于他事无暇深入，不妨心中略惦一二，待他日闲暇时再来回首，也未尝不为一件美事。

本书为国家社科基金项目"庭审话语的社会认知研究"（13BYY067）的结项成果，其后期的整理、润色、提高与出版得到了中央高校基本科研业务费专项资金的资助（2242022R10065），谨表感谢！本书的顺利完成离不开关心、爱护我的师长、领导、同事、同行与同学的支持与帮助，首先要感谢引领我进入法律语言研究领域的杜金榜教授、张新红教授与广外的其他老师，指导、启发我不断进取的王振华教授、廖美珍教授、张法连教授等诸位师长；其次，特别感谢陪同我一起深入研讨并分别参与部分议题的研究生们，包括张亭亭、周贤、孙胜难、陈坚、丁天会等同学；再次，陈海庆教授、辛斌教授曾对本书草稿提出许多富有建设性的意见，谨表谢忱！还要感谢我的同事与朋友景晓平教授、谭利思教授、蒲显伟教授、陆蕾娜老师等，在教学之余与他们进行的日常学术探讨，使我能在繁复的生活中仍然保持着学术研究的热情。最后要感谢我的家人，感谢他们的信任、爱与支持，使我有足够的时间做自己想做的事。

因学识有限、力有不逮，文中鄙陋之处，请读者海涵并斧正为盼。

张丽萍

2022 年 8 月

目 录

绪论 ··· 001
 一、选题背景 ·· 002
 二、研究目标 ·· 003
 三、研究方法 ·· 003
 四、研究意义 ·· 004
 五、框架结构 ·· 006

第一章　庭审话语的特征与社会认知研究综述 ·· 008
 第一节　法庭话语的社会性与认知性 ·· 009
  一、法庭话语的社会性研究 ·· 009
  二、法庭话语的认知性研究 ·· 012
 第二节　语言学视野下的法庭话语研究 ··· 017
  一、关于法庭话语的社会性的语言学研究 ·· 017
  二、法庭话语认知的语言学研究 ·· 022
 第三节　法庭话语的最新研究方法与视角 ··· 024
  一、历时法庭话语研究 ·· 024
  二、法庭话语的语料库研究 ·· 026
  三、法庭话语的多模态研究 ·· 028
  四、法庭话语与媒体 ··· 034
 第四节　小结 ·· 038

第二章 庭审话语的社会认知研究框架 ……………………………… 040
第一节 社会认知视角的语篇观 ………………………………… 041
第二节 庭审话语与社会认知 …………………………………… 050
一、社会、文化结构与群体认知模式 ………………………… 050
二、法律文化与认知 …………………………………………… 052
三、庭审语言 …………………………………………………… 054
第三节 庭审话语的社会认知研究框架 ………………………… 056
第四节 小结 ……………………………………………………… 059

第三章 法官的中立者角色 ………………………………………… 061
第一节 法官的主持人角色意识与元语言 ……………………… 062
一、问题的提出 ………………………………………………… 062
二、法官主持庭审的元语言 …………………………………… 064
三、元语言与庭审交际中法官的中立主持意识 ……………… 068
四、法官元语言、中立主持角色意识与司法公正 …………… 075
第二节 法官的法律阐释者意识与重述言语行为 ……………… 078
一、问题的提出 ………………………………………………… 078
二、法官重述言语行为的界定 ………………………………… 079
三、法官重述言语行为的语境 ………………………………… 079
四、法官重述言语行为的类别和功能 ………………………… 082
五、法律阐释者角色意识的历时差异 ………………………… 087
第三节 小结 ……………………………………………………… 091

第四章 律师的法律人角色意识(上) ……………………………… 093
第一节 律师的理性辩论风格 …………………………………… 095
一、问题的提出 ………………………………………………… 095
二、主体间性观照下律师的理性辩论模式建构 ……………… 096
三、律师理性辩论模式的话语实践 …………………………… 100
第二节 律师在冲突话语中的两种互动 ………………………… 110
一、问题的提出 ………………………………………………… 110

二、律师辩论语言所处的冲突话语语境 ………………………………… 112
三、互文性视角下律师的两种互动倾向 ………………………………… 113
四、律师互动倾向的话语实践 …………………………………………… 114

第三节　小结 ……………………………………………………………… 122

第五章　律师的法律人角色意识（下） ……………………………… 123

第一节　"无讼"理念下律师的礼貌言语 ……………………………… 124
一、问题的提出 …………………………………………………………… 124
二、律师礼貌言语的交际环境与文化语境 ……………………………… 126
三、无讼理念下律师礼貌话语的分析框架 ……………………………… 129
四、古今律师申诉（请求）言语行为中的礼貌语言 …………………… 131

第二节　律师的不礼貌言语 ……………………………………………… 141
一、问题的提出 …………………………………………………………… 141
二、庭审语境中的（不）礼貌言语 ……………………………………… 144
三、律师不礼貌言语的分析框架：概念、结构与功能 ………………… 145
四、庭审话语中律师不礼貌言语的话语实践 …………………………… 155
五、不礼貌言语的语用功能与庭审交际效果 …………………………… 162

第三节　小结 ……………………………………………………………… 165

第六章　物化的隐身权威人意识 ……………………………………… 166

第一节　隐身权威人角色意识的空间符号化 …………………………… 168
一、问题的提出 …………………………………………………………… 168
二、法庭空间话语的语境 ………………………………………………… 171
三、空间权力视角下隐身权威人对法官的规训话语权力 ……………… 178
四、隐身权威人规训权力话语的空间实践体现 ………………………… 181
五、法官对隐身权威人角色规训言语的接受性言语反馈 ……………… 191

第二节　隐身权威人角色意识的服饰符号化 …………………………… 199
一、问题的提出 …………………………………………………………… 199
二、法官服的结构、功能与语境 ………………………………………… 205
三、社会符号学视角下的法官服视觉分析框架 ………………………… 208

四、古今法官服的视觉对比分析 …………………………………… 212
　第三节　小结 …………………………………………………………… 221

第七章　法制新闻话语中的庭审参与人角色 …………………………… 222
　第一节　法制新闻话语的主观性 ………………………………………… 223
　　一、问题的提出 …………………………………………………………… 223
　　二、新闻话语内在的主观性 …………………………………………… 225
　　三、叙事视角下电视新闻标题的主观性 ……………………………… 227
　第二节　法制新闻话语对庭审参与人的范畴化与偏见话语 …………… 237
　　一、问题的提出 …………………………………………………………… 238
　　二、新闻报道中的偏见话语 …………………………………………… 239
　　三、社会认知视角下的偏见话语实践：个案分析 …………………… 241
　第三节　小结 …………………………………………………………… 278

第八章　法庭在社会互动与对话中的正义维护者角色 ………………… 280
　第一节　问题的提出 …………………………………………………… 281
　第二节　"胚胎"意义分析的法律与社会文化语境 …………………… 282
　　一、法律语境中"胚胎"的意义 ……………………………………… 282
　　二、我国首例"胚胎案"的审理 ……………………………………… 284
　　三、正义的多维特征 …………………………………………………… 285
　第三节　法庭审判与社会互动分析框架 ……………………………… 286
　　一、再语境化与再符号化 ……………………………………………… 286
　　二、法庭审理与社会互动 ……………………………………………… 287
　　三、再语境化视角下的法庭审判与社会互动框架 …………………… 288
　第四节　"冷冻胚胎"的再符号化过程 ………………………………… 290
　　一、医疗话语中的"冷冻胚胎" ……………………………………… 290
　　二、伦理语境中的"冷冻胚胎" ……………………………………… 292
　　三、法律话语中的"冷冻胚胎" ……………………………………… 294
　　四、二审法庭对"冷冻胚胎"的开放性阐释 ………………………… 295
　第五节　法庭对"冷冻胚胎"的阐释与社会互动 …………………… 298

一、法庭的立场与对不同群体声音的回应 …………………… 299
二、两种司法判决所引发的社会评价与社会互动 …………… 300
三、围绕冷冻胚胎案的社会互动中法庭的角色 ……………… 302
第六节 小结 ……………………………………………………… 303

第九章 结论 ……………………………………………………… 305
第一节 研究回顾 ………………………………………………… 306
第二节 主要发现与总结 ………………………………………… 310
一、主要发现 ……………………………………………………… 310
二、总结 …………………………………………………………… 313
第三节 研究启示 ………………………………………………… 315
第四节 不足之处 ………………………………………………… 316
第五节 后续研究议题 …………………………………………… 318

参考文献 …………………………………………………………… 319

附录 ………………………………………………………………… 353
附录Ⅰ 内乡县衙相关图像（实地采录）………………………… 353
附录Ⅱ 对法官的访谈记录（部分）……………………………… 355
附录Ⅲ 阶段（2）中法官审判活动视频转写（样本）…………… 356
附录Ⅳ 彭宇案一审判决书全文 ………………………………… 359
附录Ⅴ 韵波图 …………………………………………………… 366

绪　　论

本研究从社会认知角度讨论中国庭审话语。

庭审话语是什么？指的是法庭语言的特征，包括其交际特征，主要指庭审动态交际中主要参与人（如法官、律师与原被告双方）的语言使用情况，考察其动态功能性特征（社会语用或话语特征），而非其静态语言结构特色。在本研究中，"法庭话语"与"庭审话语"为同一用语，均指法庭话语的动态使用，为行文方便，下文有时会采用不同的表述。

社会认知指的是社会文化语境下的认知阐释。庭审话语的社会性主要指庭审语言具有两个特点：第一，符号性特点，即庭审语言的结构（能指）与意义（所指）之间的关系是在社会生活中形成的，具有"自然"的对应关系，并随着社会的变化而变化；第二，社会性特点，语言是为社会生活服务的，并在社会文化生活中约定形成的，具有群体共享性，而非个人独有（见 Halliday，1978）。庭审话语的认知指的是描写庭审话语的特征时，考虑参与者的认知能力与视角，或对其进行认知性阐释，从知识、意识形态等方面为庭审话语特征进行理论阐释。

一、选题背景

十八大报告明确指出中国特色社会主义法律体系已经形成,但由于受某些个案的影响,尤其是大众媒体对相关法院判决书中某些主观判词的渲染报道,民众对法官的执法公信力颇有怀疑。法官审判话语现状及社会认知如何,是政法机关迫切希望了解的,也是法律语言学研究无法回避的重要课题。

围绕以形式理性为主的法律文化价值观,国外法律语言学通过大量实证个案检验司法语言使用与法律适用结果的唯一性,初步整合出与英美法律文化相对应的庭审语言理论,取得了意想不到的社会效果。法官庭审话语依法律意识形态("程序型-"/"规则型-")的选择而出现二元对立特征(Philips,1998;Solan,1993),使法官语言摆脱了神秘色彩。法庭判决书、对陪审团的指示曾因晦涩难懂使普通公民难以参与司法诉讼,经过法律语言平民化运动,逐渐得到简化,大大促进了社会大众对庭审话语的理解与参与。近年来,全球化进展使多元文化的接触成为趋势,区域法律语言与法律文化特色逐渐受到重视。

国内庭审话语研究在语言描写上取得了丰硕成果,但对相关社会文化与社会认知关照不足。吴伟平(2002)、王洁(1999)、杜金榜(2004)、廖美珍(2003a,2004)等较早研究法庭话语,并提出跨学科研究方法。廖美珍(2003a)最早采用实地收集的语料,对法制改革以来的法庭言语互动进行研究,指出庭审话语常用的语言形式与功能,明确了法官的权威角色体现在对庭审流程与信息进行某种控制上,较全面地勾勒出当代法庭话语"刚性"的一面,即"机构性"特征:抽象性、行业性、程序性等。立项大型法律语料库(杜金榜,2007)囊括了大量当代庭审语料,为研究法庭话语文本特征提供了良好平台。近年来,法庭话语研究拓展到调解语言、法庭叙事以及法律术语的文化溯源等,体现了研究者对法律语言的多语体、多文化、多功能性的重视,有的研究甚至参照了沈家本、张晋藩等法律史学家的观点,但尚没有直接将庭审语言的动态特征与法律意识形态、传统文化等因素联系起来,忽略了庭审语言的社会心理与教育功能,给未来研究留下了可探索的空间。

从 CSSCI 论文发表统计结果来看,法律语体在行业语体研究中所占比例较小,仅为 9.6%,每年 1 篇。本项目系统地研究当代法庭话语,并钩沉索隐将其置于中国法律文化传统的背景下进行梳理,将法庭话语的社会文化因素与语篇特征相联系,揭示独树一帜的社会主义法制体系下法庭话语语类特征。

当下,公众对实现社会公平给予了极大的期望,审判话语是否刚柔兼济,是否既体现法律的刚性原则,又兼具教育民众的社会功能,将影响司法公正的社会接受心理。据此,研究庭审话语的现状、法律价值观对法官审判语言的影响以及审判话语的社会认知与接受,对于法庭话语理论与法治社会建设有重大理论与现实意义。

二、研究目标

庭审话语以法官审判语言为主,但不限于此。本项目主要研究庭审语言的文本特征(是什么),分析其社会文化因素(为什么),调查公众对庭审的社会认知(怎么看)。主要包括以下四个方面的议题。

(1) 庭审话语语料库建设。旨在为庭审话语的语篇特征研究提供素材依据。

(2) 庭审话语的语篇文本特征。描写法官审判话语在法律词汇的选择、法律条文的引用与解释以及庭审言语互动中体现的系列语篇特征,分析它们在法理与情理、语言的主观性与客观性等维度上的体现。

(3) 庭审话语的社会文化因素,即法律意识形态与法律传统文化。探讨现阶段的庭审话语文本特征与法官的法律价值观、意识形态有何关联,在法文化轨道上有无相应的语体流变。

(4) 庭审话语的社会认知分析。庭审话语的社会认知包括认知途径、知识体系与庭审话语、法庭社会实践之间的关系,涉及法官形象的构建、律师的角色意识、诉讼参与人的角色、庭审话语的传播与认知、庭审话语的社会互动作用等问题。

三、研究方法

本研究是一项集语料库建设、理论探索、社会调查与实验相结合的系统工程,将遵循"法庭话语的语料采集—调查分析及理论探索—总结",即"实践→理论→实践"的基本思路,分阶段、分步骤地展开研究,后一阶段的研究要基于前一阶段的研究成果。

为全面把握法庭话语的特征,既要注重本土的文化特征,尤其是中国法律文化传统的影响,又不能忽视现代西方法律文化的浸润,要结合这两个方面的视角去讨论法庭话语。本研究将基于所收集的历时与共时庭审话语语料,对庭审话语进行理论探讨,同时从社会认知的角度对相关的发现进行阐释。

本课题根据不同的研究任务设计和采用相应的研究方法,大致包括以下几种研究方法。

第一,语料库方法。根据语料库语言学的基本方法,广泛采集各地的法庭话语,建设法庭话语语料库,规模约50万字。庭审语料为历时语料,其中,古代语料库为历代法官判案语料,主要是汉、唐、宋与明清时代,依据《春秋决狱》《唐律疏议》等法律典籍,采集有时代意义的典型案例;当代法官判案语料库主要从法庭的现场审理、电视转播与网络直播等途径采集。另外,也收集了适量英美庭审语料做参照语料。

第二,个案分析与总频统计相结合。从语料库中精选有代表性的庭审话语,尤其是有典型意义的个案,如南京彭宇案,进行深入的文本特征分析,并利用语料库进行总频统计,从而描写庭审话语的系列特征在法理与情理、语言主观性与客观性维度上的体现。

第三,社会调查与访谈法。设计不同的调查问卷与访谈,对法官的法律意识形态与庭审话语文本特征的相关度进行量化分析,再调查不同阶层和年龄段的受众对庭审话语的理解、认知与评价。

第四,话语分析与社会分析相结合。为有效探讨法庭话语的社会性,将描写庭审话语特征的微观语篇分析与阐释权力、话语、空间、服饰符号等形式与功能的社会分析有机结合起来,整合微观的语言描写、分析与较宏观的社会学阐释,在分析、阐释的过程中进行一定的批评分析,从而对我国的庭审话语进行系统性探讨。

第五,话语分析与社会认知分析相结合。本研究以 van Dijk(2014)对语篇的社会认知观为指导,将社会认知与语篇分析、社会实践联系起来,把语篇视为认知图式的社会表征,在综合论证我国庭审话语的社会文化语境、社会知识与庭审制度与实践的基础上,初步归纳出我国庭审话语的社会认知分析框架,从而避免在庭审话语与庭审实践之间建立简单、机械的联系,有利于我们了解并把握我国庭审话语的体系性特征。

四、研究意义

本研究将庭审话语置于法理与伦理、语言客观性与主观性等语境特征下考

绪 论

量其文本特征,并将文本特征与社会文化、社会心理因素联系起来,为法庭话语研究提供了更广的视角、更多的变量。在以法官话语为主导的庭审话语中,对争议事实的认定、法律条文的引用与解释、案件的判决等过程中使用较多的是客观性语言;同时,越来越多的法官、律师会根据案件所涉及人群的群体心理期待、受众的年龄、理解能力等因素对其言语进行适度的"个性化处理",比如,用简易方言重复提问,或在解释法律条款时用比较通俗的语言,或通过多种媒体对重大问题进行公开解释,更能体现法庭交际的"情理"性,增进庭审话语的交际说服效果。如何从社会文化的角度探讨庭审话语在主观性与客观性、法理与伦理之间的联系,并从多维交际方面对此进行描写与阐释,将有助于深化、拓展庭审话语的研究。

其次,从社会认知角度全面地调查、描写庭审语言的现状,是法治改革二十多年后一种新的法庭话语论证,有助于揭示在社会主义特色法律体系背景下我国法庭话语的国别特色与语域特色,也能更好地探析法庭话语语篇特色的深层原因。本研究将庭审话语与社会认知、社会文化联系起来进行分析,以实据分析证明我国当前的庭审话语特征不仅与现代的法律价值观有体裁互文,也与中华法系的"准礼入法"有内在的互文性,体现了对传统法文化的扬弃。法官如何在庭审中对冗余信息、无用信息、信息链等作出恰当的言语反应,都可追溯到法官的法律文化价值观,因为法官对法律价值的取向——程序正义或实体正义、对法律的社会整合功能与教育作用的认识会影响到庭审话语的具体使用(见 Solan,1993)。

再次,在当前电子化时代,民众对庭审话语的社会认知渠道与方式较之以前更趋多元化,电视或网络转播以及其他大众媒介的报道使得庭审话语越来越接近民众,而法庭话语也日益受到大众舆情的影响,庭审话语如何与社会大众进行宏观意义上的沟通与交流,如何通过媒体话语影响、引导大众的日常生活,促进社会秩序的调整与对正义的维护,是一个关乎国家稳定与发展的关键问题。虽然媒体所呈现的庭审话语基本围绕争议事实与法律条文等方面,但毋庸置疑,媒体对庭审话语的信息重组与再现将影响到民众对法官形象的多元建构与对庭公正的社会认知。本研究基于历时与共时法庭话语语料,涵盖的案件种类繁多,其中当代法庭话语子库包括从报刊、网络新闻平台、电视等多种渠道获取的有关近几年发生的诸多具有社会影响的案件,比如南京彭宇案、失独老人冷冻胚胎案、薄某某贪污案、杭州保姆纵火案,可以对当代法庭话语中的社会互动进行较有效的探讨。

最后,本研究的理论构建与实证案例分析将为司法改革提供政策决策与参照,也为后期的司法话语培训、教材编撰、普法话语等提供语料与理论准备。庭审话语语料库涵盖比较广,有古代法官、律师话语子语料库,也有当代法官、律师话语子库,还有动态、静态的多模态法庭话语子库,为更好地研究庭审语言提供了新的语料平台,也为后续的法律话语培训、教材编撰提供了很好的素材库,可以说,本研究具有较大的成果转化空间。

五、框架结构

本研究主要分九章。

第一章回顾国内外关于法庭话语研究的主要文献,包括法庭话语的社会性与认知性以及相关的语言学研究,重点梳理法庭话语的最新研究方向,包括历时法庭话语研究、语料库研究、多模态话语与媒体话语,总结其中的主要发现,并对其进行批评分析,从而为全书的研究奠定了基础,对研究方法的选择与确定提供了理论准备。

第二章主要基于van Dijk(2014)关于语篇的社会认知观,尤其是其关于语篇、认知与社会之间的三角关系概述,梳理庭审话语的特点、我国的法律体系与文化体系与庭审的社会功能这三者之间的关联,对其关联进行一定的符号描述与抽象概括,并初步提出本研究的分析框架。

庭审话语的语篇特征是庭审话语认知在语篇层面的社会表征。鉴于法官是庭审交际的组织者,本研究的分析框架主要以法官语言为主,但也兼顾其他主要参与者,包括律师与诉讼人。具体地说,本框架包括法官的中立者角色意识、律师的法律人角色意识、法庭话语中的隐身权威人角色、媒体转述话语中的庭审参与人角色与法庭在社会互动中的角色。这几个议题均紧扣庭审交际的主要特征,即庭审话语权力的言语表现与社会文化、认知根源,按照由近及远、由微观到宏观、由纯语言交际到多模态交际的逻辑与顺序,分别在第三章到第八章中展开论述。

第三章探讨庭审话语中的法官话语,分析法官在庭审交际过程中的主持人角色与其在庭审判决中的法律阐释者角色,研究这些角色意识分别在工具性元语言与重述言语行为中的具体体现与表征。本章基于当代与历时法官话语语料,阐释当代形式主义的法律价值观与以"礼"入法的传统法律价值观对法官话语的影响。

第四、五章为庭审话语中的律师语言,重点探讨律师的法律人角色在法庭话语中的体现,主要包括其在庭审交际中的理性辩论模式、对异己声音的对话性倾向、对法官使用的显性礼貌言语与对己方当事人所使用的不礼貌言语策略。话语层面的语言特征与律师对法庭活动的理性交际法律观、对我国传统"无讼"法律思想的理解与选择性认同是分不开的。此章也采用了当代与历时律师话语语料。

第六章为庭审话语中的隐身权威人角色意识,侧重分析法庭空间话语中的权力体系对法官的制约作用、法官在权力话语制约下对其司法角色的适应性建构。本章主要从多模态话语交际视角出发,对法庭空间中的权力话语与互动关系进行分析,以历时与共时法庭话语语料为基础,揭示了我国庭审话语中法官话语的非中心化与法庭话语所体现的对中西、现代与传统法律文化的融合。

第七章为媒体语境中庭审主要交际人的角色,包括原告人、被告人与法官,主要以南京彭宇案及其相关报道为个案,分析现代传媒对法庭话语的建构,讨论大众传媒对庭审主要交际人的角色建构以及此建构所产生的影响,以此说明媒体对法庭话语的主观建构一定程度上会影响受众对法庭话语的社会认知。主要采用了个案分析与语料库研究方法。

第八章研究法庭对秩序与正义的维护者角色,主要以冷冻胚胎案为典型个案,分析医疗界、法律界与普通社会成员对"冷冻胚胎"这一新生事物的再语境化过程,讨论在关乎民生的重大问题上,法庭如何以媒体为中介与社会大众开展社会互动。通过一系列的重语境化手段对关键问题"冷冻胚胎"进行相应的界定,法庭得以对各种社会态度、立场与看法进行反馈,体现其在维护社会秩序与正义方面的角色形象与意识。本章揭示了法官对法庭的社会角色与功能所持的开放性立场,指出了法律、媒体与社会大众之间进行的宏观社会互动,显示了媒体传播在此过程中的积极作用。

第九章为结论部分,简要回顾本研究的主要内容,指出研究发现与主要结论,讨论了研究启示,对研究中的问题与不足进行了说明,最后指出后续研究的议题。

第一章

庭审话语的特征与社会认知研究综述

本章简要回顾法庭话语的相关研究,首先讨论法庭话语的社会性与认知性,然后介绍相关的语言学分析,包括语料库、历时研究、多模态研究等,总结当前法律话语研究的热点与最新趋势。

本章的主要目的在于为本研究提供必要的基础,同时显示本研究如何与相关文献开展学术对话,并在吸取其观点的基础上对其进行必要的补充。

第一节 法庭话语的社会性与认知性

本节分别介绍法庭话语的社会性与认知性的含义,综述相关的研究。

一、法庭话语的社会性研究

法庭话语是一种语域变体,具有语言的普遍特点——社会性。法庭语言因社会的需要而产生,以服务于解决法律争端、完成法律诉讼等社会实践活动为目的。同时,法律语言与使用者的性别、年龄、种族、文化背景、教育背景等诸多社会因素之间具有密切联系。

法庭话语有别于日常语言,含有大量的法律专业词汇,包括古旧词汇、二联词、法律套语等,其句法比较复杂、冗长,在语篇排列上也有别于日常语言,从而使得法律语言成为一种特殊的语言变体(Mellinkoff,1963),有强烈的机构性特征(Anward,1997)。

首先,就法律语言的起源与发展来说,最初为口语体,随着书面文字的出现,法律语言逐渐向精确化、抽象化发展,形成庄重性与书面化特色(Danet & Bogoch,2014;Mellinkoff,1973)。在发展过程中,思维方式的演进、科技的进步等都推动了法律语言的发展。比如,在图书编目方法、逻辑排序方法等技术的影响下,法律文本在谋篇布局上逐渐具有了规则,形成部、章、节、条、款、段等层次性组织(Stevenson,2015)。由此可见,法律语言与法庭语言均随着语言、文化与人类社会的发展而发展,具有社会性特征。

其次,在法律语言体系内,根据法律话语在语境中的具体任务与交际目的的差异,又存在若干子类,法官、公诉人、律师、证人、被告人等均有各自相对稳定的法律语言特色(见 Maley,2014),使得法庭话语成为一个体系庞大的系统。法官在庭审中的主要交际活动在于处理法庭审理的程序性事务,其语言中经常出现大量带有书面性特征的立法语言,而律师在庭审中的主要作用是论证所诉行为是否违法或犯罪,其语言则以论证性或辩论性语体而著称,证人与当事人的主要角色在于叙述证据的事件或事实,因此其语言则主要以叙事语体为主,具有明显的日常语言特色。

再次,法律语言具有社会性的典型例证在于,法庭话语不是一个孤立的封闭系统,其实质是法律专业话语与日常话语、科技话语等诸多语言变体之间的意义碰撞与互动交流。当某种语言"跨界"侵入另一种话语,并与之"碰撞",两者之间的鸿沟会显露无遗。下义法官与农妇的对话中①,两者对同一个词(如 ground, foundation, grudge, infidelity, beat up)的指涉分别以法律话语与日常话语为语意参考体系,但意义上存在巨大的反差,造成了非常诙谐的交际效果。

A judge is questioning a woman over her pending separation.

"And the grounds for your divorce, madam?"

"Ooh," she replies, "about four acres, with a small stream running by …"

"No," says the judge, "I mean what is the foundation of this case?"

"Oh right," the woman continues, "well, it's mainly concrete, brick and mortar …"

"No, no," the judge reiterates, "what are your relations like?"

"I have an aunt and uncle living here in town," smiles the woman, "and my husband's parents aren't far from us either."

"Dear God," pleads the judge, "let's try this as simply as we can. Do you have a grudge?"

"Oh no," says the woman, "we have a huge driveway — we've never needed one, to be honest."

"Is there any infidelity in your marriage?" asks the judge, now tiring.

"Both my son and daughter have stereo sets," explains the woman, "they're always blaring out music!"

"Madam," asks the judge, sick to the back teeth, "does your husband ever beat you up?"

"Occasionally," she replies, "about twice a week he gets up about 20 minutes before me."

---

① 此例转引自李克兴教授的法律翻译讲义。

第一章　庭审话语的特征与社会认知研究综述

"That's it!" screams the judge, "why do you want a divorce?"

"Oh, I don't want a divorce," she replies, still smiling away, "my husband does — he says he can't communicate with me."

(法官在讯问一位申请离婚的妇女。"女士,你离婚的理由是什么?"

她答道:"哦,大约有四英亩,还有条小溪淌过……"

法官说:"不是,我是说这桩案子的基础是什么?"

她继续答道:"哦对,主要材料是混凝土、砖块和灰浆……"

法官再次强调:"不不,你们的关系如何?"

她笑着回答:"我有个叔叔和婶婶住在镇上,我丈夫的父母离我们也不远。"

法官无奈地恳求道:"老天,让我们简单点说,你有什么抱怨的吗?"

她说:"哦不,我们有个大车道,老实说,不需要车库了。"

法官已经筋疲力尽了,问道:"你们的婚姻有没有什么不忠行为?"

她解释道:"我儿子和女儿都有立体声音响,他们总是大声放音乐!"

法官无奈到了极点,又问:"女士,你丈夫打过你吗?"

她回答:"偶尔,一周大概有两次,他比我先起身 20 分钟。"

法官尖叫道:"够了! 你为什么要离婚?"

她仍然笑眯眯地说:"哦,我不想离婚,是我丈夫,他说跟我无法沟通。")

最后,在法庭话语的使用过程中,性别、年龄、种族、文化等多种社会因素均以显性或潜性方式对庭审话语(包括其过程与结果)产生影响,说明法庭话语与社会、公平以及正义之间存在复杂的联系。大量研究表明,法官与陪审员对不同性别、种族的被告人会作出不同的判决。对家庭故意伤害案中因长期受害而施暴或被丈夫胁迫施暴的女性犯罪嫌疑人,法官的量刑通常倾向于比较宽松(Russell & Melillo, 2006; Feldman-Summers & Lindner, 1976);在男权文化比较强的社会中,法官对性侵案中男性被告人的量刑则倾向于比较宽松(Crawley & Suarez, 2016);而在存在种族歧视的国家或地区,比如美国,法官往往对亚裔、非裔、南美裔的被告人作出较严格的判决(Paradis et al., 2004; Elizad, 2017),集中体现了特定社会的文化特征对庭审话语的影响。另外,法律文化与法律体制也会影响到法庭话语的语体与语用。比如,因对法律正义理念存在不同的理解,美国的法官基本上形成了两种不同的主持话语特征与风格,构成了二元对立的法官话语体系:程序主导型法官话语与规则主导型法庭话语(Solan,1993);与此类似,在我国,因对转型期庭审文化与程序存在两种不同的理解,即诉辩制程序与纠问制程序,律师的辩论语言也出现两种不同的话语风格,即对话性律师语言与对抗性律师语言(Zhang,2011)。证人语言也有类似的二元分类。因对法庭上人际关系的定位不同,一部分证人认为法庭话语是以人际关系为主的交际,因此其话语形成了以人际关系为主的叙述语言风格,而另外那些认为法庭话语是以规则为主导关系的证人则形成了规则主导的叙述语言(Conley & O'Barr,1990)。由此可知,社会文化体制对法庭文化与法庭语言具有很直接的影响。

更为严重的是,目前人们对性别、年龄、文化背景、受教育程度等相关社会因素造成的差异尚没有足够多的重视,使得这些因素以直接或间接的方式影响到庭审交际的质与量,从而影响到社会公平与正义的实现,不利于提高社会的整体性和谐。妇女、儿童、智障人士、外国公民、难民、少数民族等因文化、知识、语言、表达能力等多方面的限制,无法充分享受法庭审理的参与权,不能有效地捍卫其合法权利,成为法律意义上的"弱势群体",一方面他们无法正常理解庭审话语与庭审程序,另一方面他们的话语意义易于被法庭"误解"或错误评价。当然,因对这些弱势人群的同情而产生的"宽泛"判决,也同样值得注意(见 Jeffries & Bond,2010)。若某些法律专业人员凭借其语言、知识或程序的优势,在庭审话语进程上故意控制庭审交际,以谋求实现其所期望的庭审目的,是否影响法律公正与正义,也是值得关注的现象。

二、法庭话语的认知性研究

法庭话语并不是游离于个人的、完全独立的客体,在其发生与发展的过程中,离不开说话人的主观性参与,包括人对法律规则的内涵、表达与适用等方面的看法、理解、认同与反应等,使得法庭话语自然具有认知性特点。法庭话语的认知性包括两方面:第一方面,法庭话语首先具有符号属性,它的存在均离不开认知;第二方面,在庭审交际过程中,交际人的认知图式与对于相关事物的原型意义的理解都不可避免地直接影响庭审话语的理解与开展,使得法庭话语成为比较复杂的交际场景。

就其起源来说,法庭话语同法律语言一样均为隐喻化认知的产物,在这一过程中,人们把基于体验性感知形成的对事物与社会生活的认识逐渐转换为抽象的概念化体系(Danesi,1996)。早期的法律体系就是古代先民对"确当性"的"诗化"表达,诗化指的是这些关于生活的"确当性"规则,是人们根据自己的体感或情感对事件或事实进行想象而创造的。古人向来认为上帝或神圣的主主导着所有活动,应对神圣的力量存有敬畏,从而以"上帝的意志"创造了原始的法律制度(Bergin & Fisch,1984)。因此,世界各地无论哪种文化或社会形态,均无一例外地产生了与宗教相关的法律,当时掌管法律的人均是宗教首领,而这些宗教性质的法律均是对人们生活需要、情感或恐惧的创造性表述(Danesi,1996)。可以用层级结构来描述法律话语的认知性生成过程。用语言的句法与词汇所表达的法律规则可以被称为最上层的结构,即表层结构。在人的大脑中有一个层级,即人们基于身体的原始感觉对外在事物进行初步的反射性加工的层面,在此层面,人们对一些简单、基本的概念形成一定的符号表达,可将其称为大脑认知机制的底层结构。然后,依靠位于底层结构之上、表层结构之下的隐喻所起到的中介性概括、抽象与加工作用,这些有氏族生活特色并为其所共有的原始性符号概念被进一步加工,形成了更加抽象的逻辑体系,从而最终以语言的形式将法律体系表达出来(Danesi,1996)。隐喻对于人们创造语言与思想具有如此大的作用,以至于它被符号学家Vico描述为具有"童话般"的魅力。法庭话语是隐喻认知的产物,在法律语言中隐喻性表达比比皆是(杨德祥,2021)。比如,通常以天平来描述公正。同时,正因为逻辑与身体性体验在法律语言的形成过程中起着如此大的认知性作用,以至于很多人几乎将真相等同于逻辑,认为只要是经得起逻辑推敲的案件事实就是真相,而只要是亲眼所见的事情就是客观事实,从而使得人们在法庭话语中常常坠入迷雾,无法实现真正的法庭正义。

法庭话语认知性的另一方面在于法庭话语的使用过程是一个由诸多认知偏见、互相冲突的认知图式等制约的交际活动。法庭话语中对所涉事实、物体、过程等的指称、命名或阐释,以及对相关法律条款的理解与阐释均有不同的认知图式或框架。首先,对事物的命名过程总是基于一定的学科、方法、习俗或习惯等认知视角或框架而做出的社会化活动,从不同的认知视角出发来指称庭审所涉的物体,会衍生两种完全对立的阐释观点。Danet(1980)所讨论的妇科医生实施堕胎手术而被指控为谋杀的案件中,对堕胎手术案中的"受害者"的称呼,是"未出生婴儿""男婴儿""人体"还是"胚胎",暗含了对手术产物的两种概念认知:将其默认为有生命的人的某个阶段,还是默认为纯粹生物性质的物体的某个发展状态,而对这些概念的确认最终会决定该案中施行堕胎手术的医生(被告人)的法律行为的定性以及其最终应获得的法律判决。Cotterill(2001,2003,2004)对美国橄榄球运动员 O. J. Simpson 对其女友 Nick 的凶杀案庭审过程进行分析,发现辩方倾向于用"火""控制"等比较凶险与不稳定性的认知框架来描述受害人的行为,以弱化球员在此案中的责任。这就是说,对同一动作的运动过程使用不同的认知框架来描述,将建构不同的案件事实,也会导致人们对其有不同的感知。有研究发现(如 Loftus and Palmer,1974),即使对同一个汽车肇事这样简单的过程进行描述,不同的目击者也会对"撞击"的场面以及汽车的车速有不同的认知判断。对同一个殴打过程,若使用不同的认知框架,将导致出现两种不同的"事实",导致法庭对此作出截然相反的判决结果。在美国四名白人警察针对一名非洲黑人移民的故意伤害案中,由于两种不同的认知框架相互冲突与角逐,最终导致法庭对同一案件作出了不同的判决结果(见 Goodwin,1994)。面对殴打现场的视频,控方使用"强者对弱者施暴"这一默认图式来描述此过程,将持枪警察视为暴力执法者,而被告方的辩护律师却采用一种比较"专业技术"的认知解读框架,把警察触摸嫌疑人的动作视为警察评估嫌疑人抗法行为与抗法程度的专业手段来解读警察对黑人移民的殴打,从而将"持续、凶猛"的殴打过程,"科学地"分为"不断升级的武力"(escalating force)与"逐渐降级的武力"(deescalating force),并指出警察使用暴力是依据嫌疑人的身体反应而作出的专业反应。用这种"技术的认知视角"解读动作,成功地引导初审法庭的陪审团对打人的警察(被告人)作出了无罪判决,而在二审中,上诉方(原控方)揭示了被上诉方(原被告方)所用的认知框架存在牵强附会之嫌,并提出与被告方相左的认知框架与阐释视角,从刺激与反应这一解读视角指出被害人的部分身体反应(比如两腿弯曲、臀部微微翘起)均是人在受到金属工具击打之后的自然生理反应,从而使得二审的陪审员作出有罪判决(Goodwin,1994)。这一研究典型地说明了法庭话语中充满了多种认知阐释,如何选择认知视角或框架将影响到法庭对所涉事件的法律定性。在性侵案中,法官对女性受害者的角色与身份的认知判断(尊贵或普通,独立或依附)也会影响到法庭对此类案件事实的确认,以及对其应承担的责任的划分(如 Feldman-summers & Lindner,1976;Jones,2008)。

在具体的法律事务活动中,法律人士习惯性使用的认知框架是否合理与科学也越来越受到研究者的重视。法官对法律条款中重要术语的阐释涉及认知因素,此阐释活动本身就是一个认知过程(Solan,1993)。一般来说,立法者通常会在法案的立法目的(英文中称为 summary part 或 preamble)一节中表明其立法意图(Tiersma,1990,1999),以便人们对法律条例进行认知解读。同时,在裁判意见(court opinion)中,法官也会明确表明其对抽象法律条款的具体认知与解读过程,高级法院法官的裁判意见往往成为下级法院进行法律解读的依据,也就是说,高级法院法官对法律条款的认知解读与阐释框架往往会被当做解读抽象法律条款的认知"范式",而沿用下去(Tiersma,2006;Solan,2015)。

此外,在具体的诉讼过程中,如何根据法律条款中的关键术语(比如"威胁罪""做伪证""诽谤罪")对涉案行为进行阐释与界定,也需要考虑相关行为人的认知与心理因素,从其言语的意向性来判断其意图何在,结合语境作出法律定性(Tiersma,2006)。比如,在合同法中,如果一方提出合同延期的申请,当另一方选择沉默,不做任何回应时,法律上往往倾向于把其沉默行为解读为默认同意,而在其他法律条款中,沉默的意义却很模糊,其解读框架也各不相同。在庭审话语中,因认知视角不同,对沉默的意义就会有不同的界定,最终会影响案件审理的走向。比如,在 Berghuis v. Thompkins(2010)这则刑事案例中,法庭裁定嫌疑人的"沉默"行为与其运用其沉默权的方式成为影响米兰达权利之适用的著名案例,也凸显了认知视角对理解沉默权之真意的重要性(Leo,2015)。该案的具体情况是这样的:当警方羁押被告人 Thompkins 时,侦探曾将标准的米兰达权利信息递给被告人看,并按照法律程序口述一遍此信息,在口述完毕后,侦探先让被告人朗读了这几句,"不管在询问前的任何阶段或在询问期间的任何阶段,你都有权决定是否使用你的法定沉默权与你在被询问时需要律师在场的权利"。随后,又让他签一份米兰达警告的弃权申明,但他此时拒绝签字,并在接下来近3个小时的询问中,一直保持沉默,而在询问进行到2小时40多分的时候,当警方问"你是否祈祷上帝原谅你射杀那个男孩",被告人回答"是",并把目光移到别处(Berghuis v. Thompkins,2010:2257)。警方把被告人对这一问题的回答作为其认罪的证据呈送法庭,法院也接受了此口头证据的有效性,并判其罪名成立。但是，被告方律师对于此"有罪供述"却提出异议，认为警方在羁押初期对被告人的询问侵犯了其使用米兰达权利，在此期间所得到的证词应属无效，于是此案上诉到上级法院。美国最高法院最终裁定，可以将被告人当时的沉默行为看作其对米兰达权利的放弃，从而认定其在警方询问期间给出的证据为有罪供述。然而，如何理解被告人的"沉默"在其实行米兰达权利中的真正含义，却引起了法律界与语言学界的热烈争论（Leo, 2015）。在该案中，法院倾向于使用所谓的"自由主义"（liberalism）来理解或阐释人们说话的意图，认为被羁押的嫌疑人会用直接的话语表达其交际意图，认为警方用间接话语向被告人提问，就是有效的问话方式。这种阐释与认知框架与实际的交际情况截然相反。有研究证明，面对警方的官方权力，由于语用、会话等方面的社会习俗或心理因素，在经济、政治、法律等方面处于弱势的被告人往往会用比较间接的话语方式来回复警方的问话，以弱化其与警方之间的对抗性（见 Lakoff, 1989, 1973）。这一案件中，官方从自由主义的视角，任意将嫌疑人的沉默理解为其默认弃权，从而将"迫使嫌疑人自证其罪的陈述"认定为"有罪供述"，大大扭曲了美国米兰达权利的本义。因此，该案中对沉默权的阐释有悖于人们对于沉默意义的理解，一定程度上影响了人们对此术语的界定。正如该案中一位法官在其异议判决意见中的评说，"此案判决使得米兰达权利被本末倒置了。法律要求犯罪嫌疑人必须以清晰无误的方式使用其沉默权，而使用此权利意味着他必须先开口说话，这岂非与直觉正好相反！即使嫌疑人没有明确开口表述他们要放弃权利，他们的不开口行为也将被默认为放弃了权利"。令人不安的是，该法庭已经将旨在保护嫌疑人合法权利的米兰达警告转变为保护警方的权利，只要警方提前告知米兰达警告信息，在嫌疑人不做任何言语或非言语的回应的话，他们之后的审问就不会存在法律上的问题了（Leo, 2015）。

以上对法庭话语的社会性与认知性的研究所进行的文献回顾说明：法庭话语的社会性与认知性是法庭话语的内在属性，这既与法律话语的起源与发展历史有关，也与法律话语在实际生活中的运用有关。因此，对我国的法庭话语进行研究，必须围绕其社会性与认知性两个方面。下面将简要梳理与法庭话语的社会性与认知性相关的研究方法，首先讨论语言学分析方法，然后再总结当前的研究热点与最新趋势，包括历时与共时相结合的方法、语料库方法、多模态方法与媒体话语等。

第二节 语言学视野下的法庭话语研究

通过详细分析法庭话语的结构、功能与法庭话语的语境之间的联系,可以从微观层次探讨法庭话语的社会性与认知性的综合表征。简言之,运用语义、语法、语用、话语分析、批评话语分析等多种方法,针对法庭话语的形式与功能,对庭审交际、社会变量与认知变量之间的关系进行详细的多维分析,有助于解释法庭话语的社会与认知特点。

一、关于法庭话语的社会性的语言学研究

关于法庭话语的社会性,采用田野调查、问卷、访谈等社会学研究方法(如Latour,2010),其优点在于可以用大量的实证数据揭示法庭话语与性别、文化、方言等社会变量之间的相关性,但不免失于细微,而用语言学方法对法庭交际的语言形式与功能进行多维度的微观分析,则可弥补其不足。若以大量实地获取的庭审交际语料为研究素材,适度借鉴社会学研究方法(如访谈)不仅有助于揭示庭审话语的整体性特征的长处,同时,也可充分发挥语言学分析的优势,对交际话语进行不同程度的,甚至是原子式的微观分析与详尽阐述,对庭审话语的动态交际过程、庭审话语与社会文化因素之间的关系进行深刻的探讨。

从语言学视角研究法庭话语这一社会现象,大致包括以下内容:利用民俗方法学的具体方法讨论法庭话语的文化特征,从语言学的语义、语用、句法等特征讨论法庭话语的本体性特征,从话语分析、语用学等理论讨论法庭话语的动态过程,从批评话语分析视角讨论法庭话语中话语权力的不平等与法庭话语的社会生成机制。

鉴于民俗方法学(ethnomethodology)主张把语言交际与话语作为理解社会行为与社会实践活动本质属性的主要手段,据此,法庭话语既是法庭交际的重要手段,也是法庭交际的主要实现方式之一,因此研究法庭话语本身就是研究庭审交际这一社会现象的关键所在(Conley & O'barr,1990,1998)。在法庭交际中,庭审交际参与人的各种社会角色与社会性特征(如职业、教育背景、性别)均按照特定的方式融入庭审交际中,并对当前的法庭交际产生言语序列或交际结

果上的影响。Heydon(2005)利用Goffman(1981)的参与者框架(participation framework),分析警察与违法嫌疑人在初次问话中的交际,指出在这种对话中警察使用了多种社会性角色,包括代表国家警察权力机构的规则制定者、中间的宣传者与终端的言说者,并揭示了警察以言说者身份执行前两种角色的功能,从而指出这种警民问话根本不是平等角色之间的询问,而类似于上级对下级的审问。同理,对庭审话语中普通当事人的叙述性话语与他们在庭审中的反应进行民俗方法学研究,可以得知他们对庭审交际的目的有两种不同的期待:以倾诉为主,或以寻求正义为目的(Conley & O'barr,1990),这充分体现了当事人倾向于将普通的社会关系引入法庭的社会关系中,使得法庭交际变成多种交际场合的复合体。同理,律师语言也是一种融合法律逻辑与文化的综合体(Phillips, 2003)。

  对法庭话语的语言结构、形式等本体所进行的语言学研究,成果颇丰。首先,法庭话语中有大量的书面法律语言,具有立法语言的特点。自Mellinkoff(1963)对法律话语的特点进行系统的归纳之后,法律词汇的程序化、专业性、古典性等特色及其社会与历史原因已经广为学界所知(参见Tiersma,1999;陈炯, 2005;潘庆云,1989;姜剑云,1995;等)。同时,法律语言的句型比较复杂而冗长,这与其表意的精确性、准确性、简练性等内在要求与逻辑是一致的(Mellinkoff, 1963)。其次,法庭话语中有大量的模糊性词汇与句型,使得法庭话语从某种程度上沦为不同意义的竞技场。法律条文中的诸多词汇,比如"机动车",在其内涵与外延上就具有模糊性(陈炯,2005)。对于"公园内禁止机动车通行"这一规定,汽车、摩托车、卡车等这些符合"机动车"原型意义的车子当然不能通行,但自行车、轮滑车等有轮子且车速比行人步行快很多的车子能否通行?这就需要对"机动车"的意义进行讨论了。诸如此类,词汇意义的模糊性造成了法庭话语中的争议性。而随着社会语境的变化,词汇的语义也在发生变化,法庭话语中发生争议的现象越来越多。波兰某个学生在微博社区用"sex maniac"(波兰语是erotoman)这个短词评价其任课教师,而任课教师觉其具有侮辱性,遂以诽谤罪起诉他,针对此争议性的词汇的意义,律师与法官进行了较长时间的争论。被告律师基于大量的语言数据,举证该词系学生们内部私下常用的一个幽默词汇,属于学生话语中的俚语,因此主张微博社区语境中该词并不具有诋毁之意,法院采纳了这一阐释,最终裁定此案的语言诽谤罪不成立(Kredens,2015)。再次,法律句型的模糊意义也同样能引起争辩与分歧。众所周知,在著名的米兰达警告(或称为"警察告知")中,许多句型都具有模糊意义。在"你有权保持沉默,在警告询问你之前或期间,你有权获得律师在场为你辩护"这句话中,"之前或期间"到底指的是什么时间?是"询问之前"还是"询问期间"?"获得律师在场为你辩护"到底指的是"何种辩护"?对于嫌疑人来说,这些短语或句型都不容易理解(Gibbons,2003;袁传有,2005;张丽萍,2017;等)。最后,在司法适用过程中,抽象的法律语言需要经过必要的意义阐释,才能用于具体的案件。正如 Tiersma (1990,1999,2006)所言,立法语言本来非常抽象,虽然立法者会在立法目的(purpose of the act)或立法总结(summary)中写明该法的立法意图,以供法官与律师进行解读,但在实际的司法适用中,法官必须对法律条文进行必要的阐释,对其条文背后的规则进行推测或引申,即对法律进行一定的语篇化,才能将抽象的条文与具体的司法案件相结合,在法庭判决意见中,法官也会将其对法律条文的阐释明文表达出来,而这些阐释往往成为下级法院在进行司法审理时的参照与依据。因此,通过检索法庭判决意见中的"本庭认为"(the court holds),可以清楚地找出法官的阐释话语,这也是普通法系法律体系的一个显著特征。在大陆法体系中,法官也需要对法律条文进行必要的阐释,才能将法律条文用于具体案例(杜金榜,2004;张法连,2017)。

　　从语用学、话语分析等视角分析法庭话语("使用中的语言"),发现法庭话语同样具有日常语言中的间接性与言外之意,且话语交际也具有偶发性与动态交际性等特点。首先,法庭要求证据或证词的表述必须意义清晰、明了,但在庭审过程中或在案件的调查阶段中,非法律从业人员(包括证人、当事人、被告人等)均没有法律专业知识,更倾向于用间接性语言或含有语用弱化功能的语言与法律人士进行交际,以减少人际角色方面的冲突与对抗(Harris,1995;廖美珍,2003a,2003b;等)。证人或当事人在法庭上常用委婉语、附加疑问句、模糊词等语言手段,形成与法律从业人员截然不同的话语风格,即弱势语言(powerless language)风格(Conley & O'Barr,1990)。有趣的是,这种语言风格并非仅用于普通人与法律从业人员之间,在法庭的非正式场合(如休息间),律师也常常使用这种口语化的弱势语言风格与法官进行言语交际,以期获得法官的某种认同,从而有利于实现其庭审交际的目的(Gaines,2002)。然而,最让人疑惑的是,对于具有间接话语形式的证据,法庭对其法律效力的判决却各有不同。一般来说,法庭要求所有的言语证据均须以直接、明了的方式表明其意义,但以间接问话形式所获得的言语证词也曾被获准成为证据,对此法庭话语的研究者曾展开热烈的讨论。比如,在上文提到的 Berghuis v. Thompkins(2010)案件中,在羁押犯罪嫌疑人的时候,警方向嫌疑人宣告了其应享有的沉默权与获取律师辩护权,嫌疑人用沉默与动作("眼光移往别处")表示其要使用沉默权,但警方仍然用间接的诱导性问话询问他"是否在心里祈祷上帝宽恕你伤害那个男孩",从而获得嫌疑人的肯定回答"是的",据此获得的证词仍然被法庭裁定成为合法的证据——嫌疑人的有罪供词(Leo, 2015)。同时,在某些案件中,法庭不得不允许律师对某些言语证词采用语用分析,以便判断其言语目的。比如,在一则有争议的遗嘱中,因遗嘱的笔迹不清晰,且有文法错误,法庭只能请律师与专家证人根据语用学的合作原则来推测其遗嘱中的"原意",从而成功解决了该案件(Kaplan, 1998)。另外一则涉及伪证罪的案件中,某一申请破产的公司的主管 Samuel Bronston 接受警方问话时,针对"是否曾在瑞士开设个人账户"这一问题,提供了模糊的回答,没有提供关于自己账户的信息,反之却提供了公司的账户信息,结果被判伪证罪成立(Tiersma, 1990)。详见下文转写:

Q: Do you have any bank accounts in Swiss banks, Mr Bronston?(你有瑞士的银行账户吗,博朗斯通先生?)

A: No, Sir.(没有,先生。)

Q: Have you ever?(你曾经开过吗?)

A: The company had an account there for over six month, in Zurich.(公司曾在那里有一个账户,长达六个月,在苏黎世。)

话语分析可揭示庭审交际的动态性特征。法庭话语有既定的话语程序,并按照问与答的顺序来组织其交际,因此在交际模式上具有明显的规律(参见 Atkinson & Drew, 1979;廖美珍,2003a,2003b;等)。首先,庭审话语中包含了大量的口语交际特征。比如,交际人的话语并不非常连贯,充满了诸如"嗯""那么"之类的功能词填充词,同时在语句中也有不少自我纠错的现象,同时在庭审交际的整个流程中,存在大量的打断与话语重叠等交际不连贯现象,但仍有别于日常对话。尽管所有庭审交际均以口头形式开展,但其中,尤其在法官、律师等法律专业人员的话语中有浓厚的书面语特征。其次，庭审话语呈现阶段性，每个阶段具有特定的交际目的，围绕其总的交际目的与不同的子交际目的组织话语（廖美珍，2003a；张丽萍，2005；等），形成了显著的话语体裁（Maley，2014；韩征瑞，2016；等）。庭审交际的主要目的是查明案件的真相，进而根据法律规定对此进行判决或裁定，因此，庭审交际总体上分为开庭阶段、法庭调查、法庭质证（交叉询问）、法庭判决等四个阶段，每一个阶段下又可分若干个子阶段。在法庭调查阶段，按照证据提交的前后过程，可以分为原告方提交证据、被告方提交证据等两个阶段；在法庭质证阶段，又可分为原告方询问己方证人、被告方询问原告方证人、被告方询问己方证人、原告方询问被告方证人等几个子阶段。在庭审话语的不同阶段，又存在跨体裁的话语，比如在法官的判决话语中混杂着教育性话语（韩征瑞，2016）；当事人的事实陈述话语中又含有倾诉性话语（O'Barr & Conley，1990；Leung，2015；等）；律师的辩论话语中又存在评价功能（张丽萍，2007；Zhang，2011；等），这些都构成了法庭话语的互文性体裁。最后，法庭话语与社会文化语境之间具有强烈的互文性联系（Stygall，1994；Zhang，2014；等）。比如，法律文化体制与法庭话语之间存在密切的关联，在程序公平或实体正义这两种法律价值观的不同取向上，使法官话语呈现规则型（rule-oriented）或关系型（relationship-oriented）为主的两种风格（Solan，1993）。对于庭审过程中不符合言语规则的"违规"话语，女法官的打断频次比男法官高，也许女法官具有更强烈的性别意识，为了在男权为主的社会中矫正其性别的弱势，更倾向于过度纠正违规言语（廖美珍，龚进军，2015）。在法庭之外，比如社区青少年犯罪司法调解与矫正话语中，也形成了稳定的体裁性话语，包括指导性语篇与调整性语篇，这些话语随着说话人的角色、话题等有所变化（详见马丁，2012）。

从批评话语分析的角度讨论法庭话语，则揭示了法庭话语作为机构性话语的特殊性。首先，庭审交际中，法官、律师与普通人的话语权力是不平等的，其中，法官、律师等占有更多的话语权力。法官或律师享有法定赋予的问话权力，能决定话语进展的方向，有权力打断别人的话语。这样不平等的话语权力设置使得庭审话语成为冲突性话语场景，被告方对于强势话语会产生一定的对抗（Harris，1981，1984a，1984b；张丽萍，2004；等）。其次，从庭审交际的言语序列、进展与结果来看，法官、律师等法律工作者通过控制问话，控制言语交际的方向与话题进展的顺序。在庭审交叉质询中，个别狡猾的律师会控制问句的形式与数量,从而影响证人提供证词的方式,使得这些证词的质量与效度均受到影响(Harris,1984a;Ehrlich,2003;Cotterill,2001,2003,2007;葛云峰,杜金榜,2005;Fridland,2003;等)。再次,庭审交际中,律师通过控制对被告人或被害人的语言描述,随意建构有利于己方的案件事实,从而使得案件的审理变得更加复杂,这在刑事案件中,尤其是性侵案中体现得最为明显。比如,在美国棒球运动员故意杀害其女友这一案件中,辩护律师使用各种隐喻、有明显语义韵律的短语来描述被害者,把她描述为一个脾气暴躁、具有控制欲的人,从而大大弱化了被告人在该故意杀人案中的责任(Cotterill,2001,2003)。在性侵案中,被告方律师也常常用各种语言手段将女性受害人建构为没有道德感、缺乏自制力的风流女性,或者诱导受害者证明她对所涉性行为是"同意"的(Tiersma,2007;Ehrlich,2015;Matoesian,1993;Cotterill,2007;等)。最后,法庭话语中的强势话语是由法庭话语的生成机制造成的,一方面原因是法律语言本来具有很强的专业性与内在的逻辑,没有法律语言与法律专业知识的普通人面临着很大的沟通障碍(Leung,2015);另一方面法律专业人士为保护自身的社会、经济、知识上的特权而"不愿"做出改变,这可能也是一个重要的社会因素(见Tiersma,1999;Stygall,1994;Tiersma & Solan,2004)。

总之,对法庭话语的形式、结构与功能进行比较微观、详细的分析,有助于对动态法庭话语的本体意义进行探讨,也揭示了庭审交际的复杂性,有助于人们理解法庭话语的社会属性。

二、法庭话语认知的语言学研究

用语言学分析法庭话语的认知因素,同样可以揭示法庭话语的多维特征。首先,庭审交际的过程中,各参与人有不同的认知与理解框架,从而造成了诸多交际与沟通障碍。比如,Leung(2015)以话语分析与访谈数据证明,以自诉人身份出庭的普通香港市民认为,庭审的目的在于冲突双方在法庭的主持下进行充分的意见沟通,而在具有专业知识的法官眼中,庭审的目的是按照法定程序,基于真实与相关的证据,审议解决纠纷事宜,因此自诉人的话语与法官的话语就有一定的分歧与冲突。因认知框架不同,法官与被告人之间会有话语冲突,当法官打断被告人言语时,被告人对法官的问话出现抵触情绪(张丽萍,2005)。其次,涉及具体行为动作的证据,在缺乏语境说明的背景下,其意义存有歧义,若控辩双方从不同的认知视角进行阐释,则得出不同的证据。Goodwin(1994)整合认知框架与民俗方法学分析了洛杉矶四名白人警察在行政执法中殴打、伤害嫌疑人Rodney King的关键证据——殴打现场的短视频,指出控辩双方采用了不同的认知阐释框架,对视频中的打斗动作进行阐释,建构了相左的法律事实。控方将其打斗描述为白人警察对手无寸铁的黑人受害者的"无情、凶狠"的殴打,而辩方则把该打斗过程阐释为四位警察在仔细鉴别嫌疑人是否对警方的羁押行为给与"配合"的专业审查过程,其对嫌疑人的打击行为是此审查评估行为的一个组成部分,从而使得该涉案视频中的行为具有合理性。

从话语分析讨论语言与心理、行为等之间的联系,更清楚地揭示了认知因素对于庭审话语的影响。首先,证人的心理状态与认知能力对于其陈述的证词是否完整、准确,具有很大作用。即使对于一个简单的行为过程,由于人在视觉、听觉等方面的有限能力,不一定能看清、听清或记清全部的信息,在向警方陈述事实经过的时候,对于记忆不清楚的信息,人们通常会根据自己的想象或根据自己对事件的理解对其信息加以补充,从而使得该证词的可靠性受到影响(见Rock,2001;Fergusson,1993)。其次,有证据表明,证人对关键证据的记忆并不一定是客观的信息存储,而往往受到他人的经验、集体无意识等信息的干扰,使得其对案件事实的陈述具有强烈的主观性。根据Lambrou(2014)的研究,对2015年发生在伦敦的恐怖爆炸事件,请某个目击者在两个不同时间段(时间相隔三四个月)进行描述,得到两个叙事文本,从叙事结构上对这两个叙事文本进行对比分析,发现证人的第二次叙述中很多地方借用了当地新闻或报刊的相关报道。而Loftus & Palmer(1974)的研究表明,请受试观看完汽车相撞的视频短片,回答相关问题时,若问句中所用的动词不同,受试所给的答案也不同,体现高强度碰撞的动词"smash"(大力撞击)比一般强度的动词"hit"(碰撞)更容易"诱发"证人判断涉案车辆为高速行驶。这说明,在很大程度上,证人对事物或事件的判断受提问中关键词汇携带的主观倾向影响。此外,法官、陪审员等对处于"弱势"地位的被告人,比如因不堪忍受家庭暴力而施暴的女性被告人,通常具有更多的同情,无形中也会作出较轻的判决(如Feldman-summers & Lindner,1976)。

关于庭审参与人的已有知识或认知状况在庭审话语交际中产生的作用,van Dijk(2014)以强调社会认知为特色的话语分析框架可为此提供部分参考。简单地说,社会意识(普遍的社会意识或特定社区所形成的意识)以集体知识图式的形式存在于人们的大脑中,在解读文本的时候,人们会用这些知识图式与图文进行匹配,在匹配成功的基础上实现意义的理解。此分析框架主要从宏观的视角考察社会文化如何影响人们的话语交际,并提供了一个简单的解释路径。此框架主要用于分析媒体话语中的意识形态,尚没有充分用于法律话语研究。

综上,从语义、语用、句法、语篇等方面分析法庭话语,为我们勾勒了法庭话语的基本规律,并提供了继续开展研究的蓝本,但为了更全面地把握法庭话语的特点,仍需结合时代背景,将社会、认知与语篇的关系进行综合考虑,并应用相应的技术或分析手段,对其进行整合研究。

第三节　法庭话语的最新研究方法与视角

现代信息技术的发展使得法庭话语的语料存储、保存、转化与信息提取成为可能,不仅为法庭话语的分析创造了便利条件,也为法庭话语提供了扩展的机缘,同时也出现了很多新的研究方法,包括使用脑电技术开展的神经语言研究与心理语言研究。本节主要简要介绍相关的四个方面:第一,基于历时数据对法庭话语进行分析;第二,基于大型数据库或语料库对法庭话语开展研究;第三,从多模态符号探讨法庭话语;第四,将(新)媒体与法庭话语结合起来。

一、历时法庭话语研究

从共时与历时维度考察法律语言,可以更好地把握法律语言的总体规律(见许家金,2020)。Mellinkoff(1963)就是在综合梳理法律英语历时变化的基础上,提炼出法律语言的基本特点,包括精确性、模糊性、格式化、专业化等本体性特点。Tiersma(1990)则通过回顾法律语言在历时演进中的变化,提出法律从业人员为维护自身的经济、政治与知识上的垄断地位而不愿意简化法律语言,揭示了造成法律语言艰涩难懂的部分社会因素,加深了人们对法律语言复杂性的认识(参见 Gibbons,2003)。

将法律语言的语义与语用意义置于历史的长河中,可以考察社会语境的变化对法律语言的影响。随着社会生活的变化,很多词的意义都随之发生了变化,曾经是侮辱性的词汇已发展为某些社群内部的普通俚语(Leo,2015),而要检测律师辩护词中的某一个短语,如"in control"是否具有负面语义韵律,也需要参照某一时间段内的语料库才可以进行综合判断(如 Cotterill,2001,2004)。

以古代庭审语料为研究素材,考察当代的法律语言现象的历史流变,比如礼貌与权力,能够证明一点:即使古代与现代的语言体系存有差异,但法庭话语中的某些交际规律是依然存在的,尽管其具体的语言体现形式稍有不同。Kryk-Kastovsky(2006)、Chaemsaithong(2011)、Culpeper & Kytö(2000a,2000b)、Archer(2006、2011a)、Collins(2006)、Doty(2007)、Doty & Hiltunen(2002,2009)、Kahlas-Tarkka & Rissanen(2007)、Cao(2004,2007)、Zhang(2014)等分别对17世纪英国、美国、苏联、中国等法庭上的(不)礼貌策略、面子理论、言语行为、问答序列等进行分析,探讨它们与文化、语言、性别、语境等的关系,揭示了法庭话语本质上是一种话语建构,是特殊的"言语活动类型"(activity type)(Levinson,1992)。其中,Kryk-Kastovsky(2009)考察了17世纪英国的法庭话语,发现古代庭审记录中仍然保存了高度的口语特征,分析了庭审话语的言语目的与言后效果之后,指出法律语言与言语行为之间的对等联系(Tiersma,1993)在历时语料中仍然有效,认为建立历时言语行为理论(diachronic speech act theory)是可行的。Chaemsaithong(2011)、Kahlas-Tarkka & Rissanen(2007)、Zhang(2014)则运用了礼貌与不礼貌原则(Brown & Levinson,1987;Chen,2001)分别分析了英国、美国与中国古代法庭语境下专家证人、被告人、律师如何使用礼貌策略,实现对自身形象与面子的有效建构。Archer(2006、2011a)对英国古代庭审言语交际序列中礼貌言行的系统分析也证明了类似的规则。Collins(2006)、Doty(2007)分析了1692年发生在美国马萨诸塞州塞林镇(Salem)早期清教徒社区中的系列巫术审判案,对68份判案卷宗中的庭审记录进行语用分析,发现庭审记录员均使用语境表述词、评价性词汇对案件进行说明,并对巫术故事进行建构,这些语言特征在数量与质量上具有很高的一致性。Matylda(2016)对19世纪时期早期英属殖民地好望角起诉书的体裁进行了深入分析,揭示了在英语语言转型期,该起诉文书的演变与外部语言、社会环境之间的关系。以上研究证明,尽管不同历史文化背景下法律话语在形式上有显性的差异,与其文化有密切联系(如 Zhang,2014;Collins,2006),但其体裁与交际功能是内在一致、跨越时代的(如 Kryk-Kastovsky,2009)。

总之,对法庭话语的历时语料进行研究,可以多方位地考察法律语言特征在不同社会、历史、文化语境下的规律与变异,并超越这些语境特征分析法庭话语的本质,比较法庭话语与日常话语之间的差异,但要做好法庭话语的历时研究,首先必须能对语料进行深度的数据挖掘。为此,下面简要介绍法庭话语中的语料库方法与研究。

二、法庭话语的语料库研究

鉴于法庭话语的语域性与专业性,相关的大型语料库出现得比较晚。经初步检索,在早期推出的综合性语料库中,如英语国家语料库(British National Corpus,BNC)含有专门的法律文本,但占比比较小,而专业技术类语料库中常有法律文本,如英文与葡萄牙文语料库 CorTec,香港经贸服务语料库(Hong Kong Financial Services Corpus,HKFSC)中也含有大量的法律文本。近年来,大型的法律语料库逐渐得以建设并投入使用。美国高等法院案例语料库(Corpus of US Supreme Court Opinions)囊括了从 18 世纪 90 年代开始多达 32 000 份美国最高法院的判决书,总字数约 13 亿单词,我国也有类似的司法语料,如中国裁判文书网(中华人民共和国最高人民法院,2021)。

根据不同的研究需要而建立的中小规模的法律文本语料库也日渐增多,比如英国伯明翰法律语言学研究者正在建立的法律文本语料库 Habeas Corpus(Coulthard,1994)、广东外语外贸大学的法律语言语料库(杜金榜,2007)、上海交通大学在建的法律语言语料库(见于梅欣,王振华,2017;王振华,吴启竞,2018;等)、绍兴文理学院开发的中国法律法规汉英平行语料库(孙鸿仁,杨坚定,2010)、中国社会科学院在建的多模态话语语料库(顾曰国,2016)等,都已经初具规模,并有部分阶段性成果出现。

语料库方法本质上是一种研究方法与思路(Sinclair,2004),可以为法律语言学研究提供新的视角与证据,从数据入手,对法律语言的结构,尤其是其横组合关系开展综合研究,从关键词的词汇频次、搭配、语义韵律、语言风格等方面提供描述性数据,协助解决司法实践中的难题。在法庭话语研究中使用语料库方法,常见的做法是根据研究者的特定目的与需要,建立专门的小型语料库,很多研究都得出了比较令人信服的研究结果,对司法案件中的疑难问题提供了很好的语言学解释。比如对可疑文本的作者身份进行鉴别,对证词的真实性进行言语分析,对法庭参与人的语言风格进行探讨等(见 Coulthard,2005;Cotterill,

2012；Larner，2015，2016；等）。其中，法律语言学家 M. Coulthard 早在 20 世纪末就开始的语料库研究非常具有开创性。1952 年英国发生了一桩司法冤案，一名智力低下的青年 Derek Bentley 被指控枪杀一名警察，最终被判决死刑，但多年后人们却发现真凶另有其人。Coulthard(1994)对此案卷宗中被告人的证词进行分析，以查明其是否为真实证言，于是他以连接副词"然后"(then)为关键词，采用语料库方法分别对比了被告人的语言风格与警察话语的风格，再判断卷宗中被告人的证词是否与其之前的语言风格一致。他所采用的语料库有三个，两个对比语料库与一个参照语料库：对比语料库中，一个为证人证词语料库(共930 个单词)，包含与被告人身份类似的四名证人话语(两名来自该案，另两名随机取自其他案件)，另一个为警察证词库(约 2270 个单词)，包含三名警察(其中两名来自该案，另一名来自其他案件)；参照文本为 COBUILD 的子语料库伯明翰口语语料库(Brimingham Corpus of Spoken English，BCSE)。对比发现：该案中被告人的语言样本中，"然后"的使用不仅频率低，而且在语法上总倾向于置于主语之前，而警察话语中不仅"然后"的使用频率比较高，而且在用法上总倾向于后置，即置于句中或句尾，但案卷被告人的证词中，却出现了很多具有警察语言风格的"然后"，由此证明了该案中所谓的被告人的证词并非其真实的证言，而是警察加工改写的证词，从而在语言风格上证明了此案件中的证据不具有真实性。Cotterill(2001，2003，2004)曾以俗称"世纪审判"的辛普森案的庭审材料为语料库，深入挖掘庭审言语在语义韵律、搭配等方面所呈现的语义图式，推出了系列研究成果。同样，Danet(1980)以一个杀人指控案的庭审转写语料为小语料库，对控方与被告方所使用的不同的指称名词，"婴儿"与"胚胎"，分别进行了详细的统计分析，对它们出现的总频次与在庭审各阶段的相对频次、搭配与语境等进行了全方位的对比，得出结论：控、辩双方对词汇的使用都是有目的的，而辩方比控方更注意词汇的使用与意义上的一致性，说明辩方对于语言使用与辩护立场的关系了解得更好，把握得更强。

  我国当代的法庭话语研究已经脱离了传统的脱离语境、以单纯法律文本进行语义研究的范式，采用现代的语言研究方法，以实地采集的小规模法庭话语为语料样本与数据库，对相关课题进行深度的话语分析，并进行初步的描述性统计分析，以此开展各种探索性研究，大部分属于基于语料库的研究，而非严格意义上的数据驱动式研究。很多研究(如张法连，2017；廖美珍，2003a；杜金榜，2007；

王品,王振华,2016;Shi,2012;廖美珍,龚进军,2015;等)代表了我国法律话语研究的新成果。由于汉语语言的语义与功能重于语法形式,词汇的切分仍然没有实现有效的自动化,国内研究者目前尚无法像西方研究者那样对法律语料库进行多层次的语料检索与分析(杜金榜,2004,2007),但基于实证语料做深入、细致的语料分析,对法庭话语做探索性探讨,是目前比较现实的一种方法。随着汉字文本处理技术的逐渐提高,用语料库驱动的方法开展法庭话语研究将会成为现实。

目前,利用语料库方法开展的法庭话语研究更多地是关注电子化时代出现的新的话语现象,比如网络话语中的威胁言语行为的识别(Gales,2015),挑唆(trolling)言语行为的应对(Hardaker,2015),庭审参与人在官方角色与日常生活角色之间进行角色切换所采用的言语功能词(Tkačuková,2015)以及后现代背景下机构性的演变趋势(见 Freed & Ehrlich,2010)。可以说,对法庭话语中出现的新议题(如多模态话语)或跨界域问题(如语义的变化与革新、法律从业人士的多重角色、新型话语体裁)进行详细的分析,是法庭话语研究的新趋势(见 Tiersman & Solan,2010;Coulthard & Johnson,2010)。下文将简要梳理法庭话语与多模态话语、媒体语言的关系。

三、法庭话语的多模态研究

法庭话语是多模态交际,在庭审交际的整个过程中有丰富的多模态资源,不仅使用有声的语言,还要使用各种视觉符号(如图片、视频、物体等)、声觉符号(比如音频、音乐)与其他模态(比如距离、动作等),体现了"多模态交际是人类交际的本质特征"(Matthiessen,2007)。对法庭话语的多模态研究主要有以下两点:第一,从多模态话语交际来解读法庭交际的过程与组织,尤其是语言权力与交际特征的再解读;第二,法庭对多模态话语证据的解读与法律界定。

(一)庭审话语特征的多模态解读

早期的法律文本均以视觉符号的形式出现,因此形成了视觉体(visiocracy)特色(Goodrich,2014)。从颜色、艺术品、空间、服装等符号表意系统,而非仅仅语言这一传统的符号意义系统,来解读与描述法庭交际的特点,是对语言分析的有益补充与拓展,有利于人们对法庭话语的本质属性进行多维思考。一方面,庭审语境中的多模态符号均不同程度地再现或强化庭审话语中的不平等权力关系;另一方面,多模态符号的出现均以语境的形式对庭审交际产生一定的影响。

庭审语境中的多模态符号均不同程度地再现或强化庭审话语中的不平等权力关系。首先,法庭内部的空间布局是法庭交际中不平等话语权力的物化体现(参见 Goodrich,1990)。从法庭交际参与人之间的位置与距离的符号意义来看,法官总是居于法庭最前方的显赫位置,其座位也比地面高出许多,其座位上常附有表示权威的法律符号(如徽章,旗帜等),符号性地建构了法官占据着最高权力;原告方与被告人及其律师则在法官面前分列两侧,呈对立方向,而刑事法庭上的被告人则面对法官,处于法庭靠后且居中的一个位置,在所有人的视线之内。就视线可及的范围而言,法官的视域最大,其次是律师,最后是(刑事庭)被告人,分别代表了三者之间从高到低不同的话语权力(Brigham,1996;Gibbons,2003;Maley,1995;张丽萍,2005;Zhang,2011;Resnik,Curtis and Tait,2013等)。

其次,法庭大楼建筑的整体布局上带有明显的法律意识形态。现代的法庭大楼均采用庄严典雅的大理石材质,门厅高大宏伟。从大门进入,需经过多个门径与走廊才能到达审判大厅。从整体结构上看,审判大厅前设有多个门禁,周围有多个房间环绕,显得非常"安全",能保证法庭审判的顺利开展。可以说,法庭大楼在整体的建构设计上默认了法庭秩序与外部公共秩序之间的分割,或者说法庭秩序具有与外部公共秩序不同的交际规则(Mulcahy,2007;Resnik,Curtis & Tait,2013)。值得注意的是,这样的空间布局也隐喻性地说明,普通人很难自主地参与法庭交际。"法庭的空间设计也许给人一种秩序井然的印象,但参加过法庭交际的人却认为这种空间设计营造了一种剧场化的自闭,所有的演员都不知道对方在说什么。"(Carlen,1976:21-22,转引自 Mulcahy,2007:386)

若从历时的角度来考察法庭的建筑布局与其相应的符号意义,可以发现法庭的建筑形式与其当时盛行的法律意识形态存在密切的联系。英国最早的法庭并没有专门的法庭设计,审判工作一般在一个多功能房间进行,法庭的空间设计采用开放式,并不需要专门的密闭空间,因此普通的观众可以很容易地对法庭审理进行旁观。也就是说,法庭空间与社会空间之间并不存在分割,这样的设计无形中也实现了公开审判所具有的法律警示与宣传教育功能。工业革命之后,逐渐出现了专业的法庭建筑与设计,法庭空间的封闭性也越来越明显(Graham,2003,2004;Mulcahy,2007)。最近几年,法国、德国的法庭设计出现了复古的迹象,法庭大楼的建筑材质采用透明度比较高的玻璃而不是隔离度高的大理石,审判大厅的主体建筑材质也采用玻璃,尽量体现法庭空间上的开放性特点与透明性,以充分彰显现代法律制度的"民主化"(Resnik,Curtis & Tait,2013)。

> 将包容(inclusion)与参与性正义(participatory justice)等特点贯穿于法庭的空间设计上,司法界正努力促进新的司法理念的形成与其环境的营造。二战后德国的联邦法庭就采用了玻璃做建筑材料,以创造隐喻意义上的透明性,这可谓一个典型的例证。南非的法庭也是通过建筑空间与内部设计来创造一种改良宪法主义的色彩,以体现共和的理念。(Mulcahy,2007:384)

但是,这样的空间设计能否保证司法正义的实现,研究者对此仍然存有疑义。被告人处于法庭内外观众的注视,会不会增加他在精神上的不适,是否会压抑其交际与表达的欲望,从而不利于其充分表达其辩护意见,是有待解决的实践问题。

再次,法庭话语中的权力与控制以及相应的法律意识形态也体现于服饰、图像等互文性文本中。非语言符号系统具有与语言系统同样的表意功能,甚至在特定情况下以无声却更形象的方式体现更深刻的意义(Barthes,1967/1990;Foucoult,1979;Goodrich,2014)。法官的法袍、律师的律师服在颜色的选择、服式上都有特定的设计,其中英美法官的法袍均为黑色或猩红色,并配有白色的假发,以显示与日常生活中的服饰符号不一样的规则体系,符号化地再现相应的法律意识形态:法律的领地只有庄严的法律,必须摒弃个人情感等世俗化主观性色彩(Isani,2006;Watt,2013;Winter,2008)。我国的法官服也有别于日常服饰系统,以蓝色、黑色等专业性制服为主,也体现了同样的法律逻辑(张建伟,2017;蔡江,2011;吴志伟,2012;秦启迪,2016等)。对法官服进行历时对比研究可以发现,法官的服饰文本体现了司法威严从神圣化向世俗化转变的过程与结果,法庭内的其他法律文本,比如法徽或国徽(如 Goodrich,2014;Marusek,2014),也体现了神圣化与世俗化的有机结合。

无论多模态符号意义以语境的形式还是以意义载体的形式出现在庭审的议题中,均对法庭话语产生影响或带来挑战。众所周知,电子化为声、音频信息的呈现带来巨大的便捷性,越来越多的法律人开始采用音频、视频文件或以幻灯片的形式提交或呈现证据。也就是说,较之以往,法庭证据在载体形式上出现了较大转变,从原来的纸质变为现在的多模态化(参见 Kress,2009)。就庭审交际的特定目的——裁定案件这一前提而言,多模态话语在证据呈现与交际语境中的使用,都将对庭审交际活动的结果与过程产生实质性影响。

证据的多模态再现如何影响人们的法律实践,即如何对人们认知法律事实并作出法律裁定产生影响,是一个非常严肃的议题。当警方或律师把照片、文字证词等用幻灯片形式呈现出来的时候,本来破碎、不连贯的证据被当做连续的叙事展现出来,从而使得证据被不断符号化与再符号化,并被不经意地赋予新的意义,将"真相"与虚构混在一起,大大增加了法庭话语中意义解读的难度与复杂度,使得普通的陪审员很轻易就被各种直觉性经验所迷惑,并将其付诸对证据意义的解读,更难以按照法律的理性逻辑对案件事实进行裁定(Feigenson,2006)。同时,因为话语内在的多模态性,如音质、音长、重音等特点,律师在呈现法律证据的过程中会不可避免地创造新意义(如 Chaemsaithong,2018),若再伴随手势、姿势、身体移动等多种符号资源,将产生更多的意义创新潜势,实现意想不到的交际效果(Gilbert & Matoesian,2015)。Matoesian 和 Gilbert(2018)研究发现,尽管在庭审的初始阶段,律师只能将话语限于其诉讼主张与主要依据。但是,在陈述诉讼请求的过程中,律师会巧妙地利用空间距离、步伐与身体动作等多模态资源,扩展其陈述性话语的言语功能,衍生出证据展示的功能,从而无形中跨越庭审程序对言语内容的限制,先入为主地引导听众进入其预设的情景语境中,从而起到庭审说服的效果。

此外,处于法庭场景的多模态符号文本,比如图片、服饰、挂件等,都可能成为庭审交际的部分语境,影响庭审交际人对庭审活动的参与性与其认知结果。比如美国 Carey 诉 Musladin 案(见 Carey v. Musladin,2006)中,Musladin 与情敌发生争执,并在争执过程中开枪杀了情敌,以一级谋杀罪被起诉。在审判过程中,受害者的几位家属佩戴绘有其肖像的大标志出现在审判旁听席,虽然被告人当庭承认杀人罪行,但辩称其行为系出于自卫,同时被告人的律师向法庭提出,受害者家属佩戴的死者肖像会影响审判员与陪审员对被告人的主观态度,不利于被告人依法获得正当的审判,但法庭拒绝了被告的申请。对此,Brion(2014)研究指出,尽管法庭承认被告人出席庭审时穿的服饰——具有统一标志的囚服——会产生特殊的符号意义,影响到陪审员对案件的判断,容易使他们先入为主,推定被告人有罪,但庭审旁听席上观众的装束符号是否会影响到陪审员的判断,法庭对此尚没有足够的重视。就视觉交际而言,该案中受害者家属所佩戴的特殊图案会成为庭审交际的部分认知语境,一定程度上也会影响到陪审员对被告人的评价,因而庭审现场旁听者的服饰与庭审结果之间也许存在着某种联系。

从上文可知,多模态文本的潜在意义对法律公正的影响尚没得到足够的认识,那么,对多模态形式的证据如何进行法律界定,也是迫切需要关注的话题。

(二)法庭话语中多模态证据的解读难题

当案件的核心证据以多模态话语的形式呈现的时候,比如以影像艺术作品形式出现,或以歌谣艺术形式出现,换言之,传统的言语证据以艺术载体出现,或以新的体裁形式出现,如何对新形式或新体裁的证据进行意义解读,从而作出相应的法律裁定,是当前法庭话语研究的一个前沿与热点问题。

暂且不论法庭如何裁定艺术家对作品、历史的权利等这些比较棘手的本体性议题(见 Prowda, 2013; Merryman, Elsen & Urice, 2007),当电影、绘画艺术中对某一现实人物(历史上或尚在世的人物)进行艺术性虚构描述或刻画时,(在没有事先获得授权的情况下)是否会侵犯该相关人物的肖像权或对其造成言语诽谤,尚存有法律争议。电影《希拉里》(2008)主要以黑化希拉里为主要收视看点而叫卖,当此影片因侵犯个人隐私权、诽谤等被起诉时,如何裁定此诉讼?审理此案的法院指出其争议焦点主要在于其体裁属性:该影片是纪录片,还是政治性宣传片?如果是纪录片,则该影片因揭露或讽喻个人生活,有损当事人名誉,所以存在诽谤、侵犯个人人权的嫌疑;若是政治宣传片,则根据美国宪法对自由言论权的保护,该影片没有侵权的嫌疑。最终,法院根据该影片制作与放映的社会与文化语境——希拉里正处于总统竞选时期,裁定该片为政治宣传片,应该受言论自由条例保护。这一案例很典型,体现了电影媒介、文化与法律权利之间的关联性与复杂性(Silbey & Slack, 2014)。

同理,当言语证词以歌曲为媒介而出现的时候,歌曲中涉及的"脏话""侮辱性语言"是否与普通言语证词中的词义一样,即媒介形式是否改变或限制词义,法律上如何解读？同样棘手。在宾夕法尼亚州诉 Jamal Knox 与 Rashee Beasley 一案中（见 Commonwealth of Pennsylvania v. Jamal Knox and Rashee Beasley，2013），被告人 Jamal Knox 与 Rashee Beasley 系说唱流行音乐作者，2012 年的一天他们因交通违法行为被当街巡逻的两名警察拦下，并接受警示教育，事后他们合作制作了一则说唱音乐"×掉警察"（F∗∗k the police），在歌词中提到这两名警察的名字，并发布在视频网站油管网上。然而几个月后，该音乐被其中的一名警察发现，于是这位青年因恐怖威胁而被起诉，并在初审与上诉中被判定罪名成立。该案中，控方将音乐歌词翻译成文字，据此提出两个主要证据，该歌词中含有这两名警察的名字，同时含有表示报复的武器名称，因此推定作者的威胁性意图比较明显，原审法庭与上诉法院均认可了控方提交的证据。需要说明的是，该案发生之前，美国曾发生过几起警察被严重伤害致死的惨案，这样的社会背景无疑影响了法庭对于该案中言辞证据的界定。关于说唱音乐中歌词能否直接翻译成普通的言语，并把其作为言辞证据，研究者对此颇有分歧。Hirsch（2014）指出，音乐作品是含有乐曲、节奏、对话、合唱与歌词的多模态文本，其意义是综合的，单一模态的意义并不等于多模态综合形成的意义，如果将音乐中的歌词从综合的音乐作品中剥离出来，翻译成普通的文本进行解读，则构成对音乐文本的一种"暴力性翻译"。同时，该文还指出，该案中的说唱音乐实质上是西方社会中被大众广为接受的音乐体裁"F∗∗k the police"的互文性音乐文本，是一种艺术创造形式。鉴于这种音乐体裁一般以戏谑、自嘲等作为情绪的发泄与表达，本质上是一种动作性、表演性的作品，该作品是对现有音乐作品的一种纯粹的模仿、复制与再创造，并非普通的、静态的言语文本，因此不应认定其歌词的言辞具有普通言语文本中的交际意图，而法庭基于这种"偏激"、粗暴翻译过来的言语证据所作出的裁定实际上是对被告人合法权利的一种"暴力"侵犯。由此可见，法律对于音乐作品能否成为证据或其作为证据的效力仍然显出认知盲点，对多模态文本形式的证据如何进行意义解读，仍然没有形成指导性方案。而针对这些新媒介、新语域（如网络语境）形式的证据所发生的学术争论将推动法律对传统规范（比如"威胁"言语行为）进行必要的再界定。

尽管新媒介形式的证据对法庭话语构成了挑战，但是，即使是日常生活中常见的多模态言语或动作，其意义解读也并非用"眼见为实"这样简单的逻辑就能处理。Goodwin（1994）所分析的案例足以说明这一点，此处不再赘述。

除了动态的动作模态，看似简单的图文混合商标文本，虽在日常生活中随处可见，但在法庭话语中，其意义也充满了迷障。Butters（2014）讨论了两个相似图案的商标图文所引发的商标侵权纠纷，即 Hillyard Enterprises Inc.诉 Warren Oil Company 的商标侵权案，指出语言学的语义分析与符号分析方法可以解读商标中的图文文本的意义。该案中的相似图文由格状图"▰▰▰"与文字混合组成，原告 Hillyard 公司系汽车清洁用品公司，其商标中有格子状图案，而被告方的公司的主营为普通的清洁用品，其商标中也采用了格状图。

该案件的主要争议在于：格状图案是专用的图形，还是具有普遍意义的类属"词"。如果是专用图案，则被告所使用的格状文本就可能造成消费者对相关商品与商品来源的混淆，而如果格状图文系普通的图形词汇，则相关商标不构成侵权。基于语义分析、数据提取与实证调查，Butters（2014）指出格状图案是一个可以灵活使用的类属性词汇，通常在以下三种领域具有语义搭配：汽车与相关产品、清洁类用品、食品与相关服务，因此提出被告方商标中所使用的格状图文不存在商标侵权嫌疑。Johannessen（2014）则对两个侵权案，即 Apple Inc. v. NYC & Company Inc. (2007)与 Dansk Supermarked A/S v. Net2Maleren 相关的商标侵权进行了法律讨论。他建议利用多模态社会符号学与格式塔语法的相关观点为商标文本中图形意义的解读提供指导，但他的学理分析结果有别于法庭的裁定。到底语言符号学的框架能否有效地帮助解决多模态文本证据的解读问题，尚有待更多的验证。

由此可见，对于多模态文本形式的证据尚没有形成比较系统的意义解读范式，这与当前多模态话语的复杂性以及多模态话语分析目前仍处于起步阶段是密切相关的，而如何结合相应的语境与文化分析，将语言模态、多模态社会符号学的相关方法引入法庭话语实践中，仍需要不懈的学术研究与实践分析。

四、法庭话语与媒体

法庭话语与媒体的关系比较复杂，可以从两个方面对其进行总结。媒体对法律案件的报道也是一种意义建构行为，体现了媒体或公众对案件的主观性阐释。一方面，这种阐释有助于普法宣传，但在很多情况下，部分曲解性报道会对法律话语产生一定的负面影响；另一方面，媒体对法庭案件的报道与讨论，体现了社会话语与法律话语之间的互动与交往，这种宏观互动有利于不同社会团体之间进行沟通,最终将促进社会的整合与和谐。

媒体采用报刊、电视、网络视频、电影等方式对法律话语、法庭交际进行报道或信息传递,是对法庭案件与法庭话语的符号化再现,这对于普法宣传有一定的积极意义,但必须注意,客观上,大部分媒体记者缺乏必要的法律知识,不可避免地在案件的报道中出现偏误①。同时,鉴于新闻报道、影视剧本都有其内在的话语生成机制与文本生成机制,媒体所表达或传递的法庭话语不一定能促进受众对法治与正义的了解,反而会限定或制约受众对法庭话语的理解与认识(Brummett,1990;Drechsel,1983)。首先,由于语言内在的主观性特征(Lyons,1982),媒体对已有法律案件的报道不可避免地存有一定的主观阐释(周贤,2017;陈坚,2018),因此会误导受众。比如,电视犯罪剧中,如"犯罪现场",记录了不少犯罪现场的刑侦工作,观众对于犯罪现场的恐怖场面印象深刻,同时也对犯罪证据的复杂性有了一定的认知,当承担陪审员工作时,常常会先入为主,基于自己观赏犯罪剧的片面感觉对相应的法律案件进行直观判断,不利于探索案件真相,这一影响被称为"犯罪现场剧影响"(Robbers,2008;Shelton,2010)。

更为严重的是,在犯罪现场剧的影响下,陪审员往往对法庭上律师的法律论点产生不信任感,难以对案件事实进行裁定,从而使法庭上的判罪率持续走低。虽然有的学者专门对法律人士在媒体上曝光的案件故事与陪审员的感知等进行严密的实验分析,表明以上论断缺乏足够的事实依据(如 Cole & Dioso-Villa,2009),但不可否认,"媒体大量报道诉讼案件也许与社会上普遍流行的一种社会性焦虑有关——凡事依赖法律,而犯罪现场剧效应则反映了人们的另一种焦虑心态——在法律应用上茫然无措,从而奢望以科学手段发现案件真相"(Cole & Dioso-Villa,2009:1373)。Kim、Barak 和 Shelton(2009)在密歇根州采用更大规模的数据,采用诸多分析工具,对犯罪现场剧效应进行了研究。他们发现:看过犯罪现场剧的陪审员比没有看过的更期待科学证据,在只有旁证的案件中,如缺乏直接证据,他们更倾向于判决被告无罪;而在有目击证人证词的案件中,他们对被告的判决并不受此影响;此外,在只有旁证而没有科学证据的案件中,陪审员的性别、年龄、种族、受教育程度与政治立场与他们的决策心理非常相关,年龄偏老、受教育程度低、更保守的人更倾向于基于旁证作出有罪裁定(Kim,

---

① 根据一项研究,报道法律新闻的记者中,90%的人没有法律教育背景(Drechsel,1983)。

Barak & Shelton,2009)。总之,犯罪现场剧效应确实存在,而令人吃惊的是,最容易受法律电视剧影响的是那些在法律体系中工作的人,因为他们比较在意媒体对法律案件的陈述与报道(Spiesel,2014)。Williamson(1990)曾讨论了美国圣地亚哥州当地媒体对 Roger Hedgecock 市长妨碍司法罪案件的报道如何左右了法庭的判决,揭示了"媒体审判"对于司法公正的干扰。

另外,媒体语言的主观性不可避免,很多情况下,作为公众获取社会信息的主要渠道,媒体以其独特的商业营销方式建构事实,并在无形中引导公众在头脑中形成、固化或修正他们对某一社会事件、社团或个人的看法,形成特定的社会意识,一定程度上会影响到人们对社会与司法公正的看法。Wan 与 Leung (2014)研究了 2007 年底到 2008 年初香港各大主要报纸针对"艳照门"事件的新闻报道,指出媒体普遍丧失了陈述事实所必需的中立立场,没有讨论此事件所折射出来的侵犯个人隐私权、新闻自由等相关的法律议题,而是以满足受众的猎奇心理为卖点,以促进报刊的销售为目的,以压倒性的态势将陈某某建构成为一个私生活中的"性变态者",或者侵犯个人隐私权、破坏女性身体尊严的"罪犯",对陈某希进行各种道德审判,引起了受众对个人私生活、心理健康、家庭教育与社会规约等相关关系的认知混乱与错误的伦理判断,也对当事人造成了持久的负面影响。而对于智力低下的人群,影视媒体通常将他们刻画为如下刻板形象:具有先天性弱智或心理不正常,有某些怪异行为与社会规范不相容,或者道义上很无辜,而这样非白即黑的脸谱化往往影响人们对这类人群的正确认识,也有碍于司法话语对他们进行适当的定性(Yar & Rafter,2014)。正如社会学家 Khan(2009:391-392)所言,"媒体并没有报道新闻,而是在制造新闻,新闻工作者并不是纯粹地探寻真相,把事实的本质揭示给公众,却以隐含的方法完成霸权社会意识中的事实建构,反映其以逐利为主的商业价值与结构"。

媒体对法律话语的报道与呈现方式受到当时的主流文化与社会语境的影响。英国 18 世纪正处于后工业革命时期,出于对工业资本的仇恨与反叛,人们普遍地使用讽刺来阐释对现有社会状态的否定,把权贵与秩序,包括法律人士与法律逻辑,作为大众文化的消费品。比如在漫画中,平素不苟言笑的法官常被讽刺性地描写为愚蠢的"混蛋",而彼时常见的艺术品也多以对无序状态的描述为主,体现了人们对当时法律秩序的蔑视(Hemmings,2014)。在当代社会,新型媒体形式(比如电影)的出现,使得人们可以在可能世界中充分表达自己对法律或法律人士的角色及其社会作用的理解。在当代商业化盛行的时代背景下,好莱坞电影倾向于把律师塑造为超人形象(如 Kamir,2014),而影视媒体往往夸大法律诉讼的功能,并将诉讼与世俗的物质幸福与金钱上的回报联系在一起,使得人们淡忘了法律诉讼给亲情、人伦带来的破坏性作用(如 Bainbridge,2014)。根据 Kozin(2014)的分析,人们在漫画世界中充分探讨集侦探、缉捕、审判等工作为一体的法律人的理想工作状态,以突破现实的规则体系对理想生活的制约,但是这种以艺术形式对法律进行的许多符号"想象",虽然可以有效地将法律引入大众生活世界并促进其认知法律,但无法从根本上正确地体现法律的内在逻辑与体系,客观上只会误导公众对法律本质的认知,在特定的情况下还会营造或诱发社会大众的"道德恐慌"(Lemmings & Walker,2009),可以看出其有内在的局限性(如 Papke,2014;Hart,2014;Haltom & Mccann,2004)。

另一方面,尽管媒体对法律话语的报道并不一定有利于法律案件的审理与法律正义的实现,但是,媒体的报道将比较神秘、严谨的法律体系带到公众的社会生活中,一定程度上解构了法律体系的封闭性,因此以大众媒体的方式讨论法律已经发展成为一种常态化的公共生活方式,从而螺旋性地阐释了法律与生活的联系:法律逻辑与日常生活的逻辑本来就是融合在一起的(如 Staat,2014),同时在社会学意义上,大众媒体对法律话语的讨论与创作也是一种广泛意义上的社会交流方式。大众群体、社会团队与法律精英对涉及社会生活重大问题的法律与规则进行观点、意识形态、文化图式等意义上的互动,有两个方面的结果:修辞的与法律的。就修辞意义而言,如果通过这种互动,某一法律案件逐渐成为人们讨论日常生活中某些议题的参照标准与风向标,这种互动就彰显了其修辞功能;而如果通过互动,某法律案件在随后的法律话语与逻辑中产生重要影响,具有里程碑式的意义,则显示了这种互动的法律性功能(Hariman,1990a)。大众以媒体为中介"参与"审判是一种社会交往形式,体现了大众对事实与真理的社会性建构过程,通过法律话语与法庭审判的施为性运作,将已经在社会中获得公认并成为知识的观念传达出去,同时,鉴于社会知识总处于动态交流过程中,不断被创造、检验、改变、放弃或增大,社会知识体系不断再生,并不断修正自我的过程就是施为性的(performative)(Hariman,1990b;Katsh,1989)。这就从宏观上实现了公共话语与法律话语之间的互动,实现了不同社会群体对社会公共事件的讨论与交流,最终促进社会的整合。

由此可见,媒体话语是构建社会意识的重要手段与途径,从媒体话语来考察庭审话语的社会认知,是可行与合理的。

第四节 小 结

本章主要梳理了有关法庭话语社会性与认知性的文献,首先简要介绍法庭话语社会性与认知性的主要特点与内容,然后梳理了研究法庭话语社会与认知的语言学方法及相关观点,最后总结了法庭话语研究的热点与趋势。

从语义分析、语法分析、语用、语篇分析等方面研究法庭话语的语义、语法与语篇研究,比较微观地揭示了法庭话语的社会认知性在庭审话语的组织、开展与结果中的具体体现。从中可见:第一,对法庭话语开展详细的语篇分析是深入了解法庭话语特点的有效方法与途径;第二,法庭的社会文化语境,包括法律制度、历史文化与社会习俗,对于庭审话语的过程与结果均有直接的影响;第三,对法庭话语的社会性与认知性进行分析,需要把社会性与认知性综合考虑,在此方面,以社会认知为特色的批评话语分析(van Dijk,2014)是很好的研究范式。

对法庭话语开展的历时话语研究与语料库研究,以众多翔实的语料,佐证了当前法庭话语的特点有其历史语境,说明古今法庭话语具有跨时间的一致性。尽管由于语言与法律制度在历史中发生了演变,但在这些表面的异同下,法庭话语的言语行为、话语组织方式、话语权力与分配等都具有稳定的规律。这些发现为理解法庭话语的本质特点提供了历史语料素材,同时也为本研究的语言素材与研究视野提供了方向:对我国庭审话语的社会性与认知性进行分析,需要适当考察古代的庭审话语语料,并对数据进行深度的描述与挖掘,以便为研究提供历时的比较维度。

对法庭话语与多模态、媒体话语之间的关系所进行的分析表明,法庭话语中的多模态文本同语言文本一样是对法庭话语秩序与进展的一种符号表达,而以多模态文本形式呈现的证据是当前法庭话语中的难点问题。各种媒体对法庭话语的报道与讨论是对法庭话语的一种符号化再现,是普及法律常识的有效途径,但是由于其商业逐利的本质,媒体对法庭话语的选择性报道或不实乃至曲解报道在社会意识层面所留下的负面影响不可忽视。而从宏观社会交际来说,媒体对法庭话语的关注与参与是公共话语与法律话语之间的社会性互动,是形成社会意识与知识不断生成、更新与传递的过程。这些方面的研究扩展了本研究的方法与视野:第一,在讨论我国的庭审话语时,需要把多模态交际与话语纳入研究的范围,应尝试从多模态交际的角度来分析庭审话语的本质;第二,在讨论我国庭审话语的社会认知时,需要研究媒体对庭审话语的报道、讨论与关注。

第二章
庭审话语的社会认知研究框架

　　本章主要基于社会认知视角的语篇分析观(van Dijk,2014),结合我国的法律文化语境,建构庭审话语社会认知的研究框架。

第一节 社会认知视角的语篇观

　　van Dijk（2014）对语篇的社会认知观是对语篇分析"忽视认知"这一问题所进行的学术尝试与实践性回应。众所周知，语言有社会与符号双重属性（Halliday 1978）。语言不仅是社会生活的产物，也是社会成员共有的交流工具，而语言形式与意义之间并不存在必然的内在联系。但同时，形式与意义之间也存在一种由功能所驱动的"自然"联系（Halliday & Matthiessen，2014），正因如此，语言的意义会随着语境或时间、文化的变迁而发生嬗变。在符号化表意方面，语言与社会活动之间存在实现与被实现的关系（Halliday & Matthiessen，2014）：语言是社会文化的载体，它反映或体现着社会文化的方方面面，随社会因素的变化形成了许多语言变体，语言变量（如语体、方言、性别语言）与社会的变量（如性别、年龄、阶层）之间存在着联系；另外，语言是教育、医疗、商业洽谈、审判等各类社会实践的构成成分与重要的实现方式（Fairclough，2003）。以此为理据，系统功能语言学语篇分析或批评话语分析主要通过对语篇中的话语交际进行分析，通过解构语篇层面的言语交际问题或话语权力不平等现象，解释社会实践中存在的某一社团对另一社团的互动作用、权力控制或权力滥用等。换句话说，这种语篇分析把语篇与社会实践直接联系起来，没有顾及语篇使用人的认知因素。

　　为回应这一问题，van Dijk（2014）提出从认知角度入手来阐释语言与社会之间的关系。话语"不仅仅是一种自主言语表达的客体，更是具体情境中的社会实践"（van Dijk，2014），是社会成员或群体在社会、文化和历史语境中进行的语言交际活动，是社会互动与交往行为。对语言与社会的阐释都离不开认知方面的因素，van Dijk 认为，知识具有社会属性，是社会成员共有的，在社会中交流获得的，关于社会生活的普遍性议题，也是基于其他话语与社会实践形成的（van Dijk，2014）。从认知角度入手，van Dijk（2014）赋予话语新的含义，把话语看作是"社会互动的一种形式，同时也是社会认知的表达和再生产"，并将社会认知视角引入话语和知识研究中，强调从社会认知视角对话语展开跨学科研究（毛浩然、高丽珍、徐纠纠，2015：33）。

为了从社会认知视角建构话语观，van Dijk(2014)首先尝试按照信念与知识体系对意识形态与社会认知进行分类。这里的意识形态(ideology)并非含有负面意义的谬误思想，而是泛指群体的观点或思想，不分正误，正是这些意识形态确定了人们的身份、价值与目标(van Dijk, 2014)。虽然在心理学领域，意识形态可以区分社会性意识形态与个人意识形态，但这里的意识形态主要指的是社会性的或群体意识形态。

van Dijk 按知识的普遍性程度将社会知识体系(详见图 2.1)大致分四个层次，分别是全民共有的社会文化知识、群体意识、社会态度及个人认知模型，从下到上排列，位于下方的是社会全民共有的较普遍的知识，而位于上方的是较详细、更语境化，也更显个体化的小群体知识。按一定的知识标准(见图 2.1 底端左边的十边形)而逐步形成的全民共有的社会文化知识(general socio cultural knowledge)是民族文化中最基础的、普遍的知识体系，是形成较抽象的普通意识形态(general ideology)的基础。在此基础上某些人群(称为认知社团 epistemic community)根据其特定的生活经验或实践，按照某种社会文化规范与价值观(见图 2.1 底端右侧的十边形)形成特定的群体意识形态(group ideologies)，进而在稳定的价值体系基础上形成具体的社会态度(social attitudes)、情感等，当然这些社会态度中也会含有一些偏见性态度。如果这些具体的态度、情感在社会交流的过程中被整个小群体普遍接受，也可以发展成为稳定的群体意识形态，而群体的意识形态也可能在更大范围内被接受，从而成为普遍性的意识形态(见图 2.1 双向箭头)。所有这些文化、意识情态、情感等均以知识的形式存在语言使用者的语义记忆中(见图 2.1 右栏下方)。语言使用者在具体语境中长久接触这些文化知识或观念，形成其个人认知模型，并以语境化的形式将其存储于情节记忆中。一旦在交际中遇到触发这些认知模型的条件，激活这些认知模型，语言使用人就会将其用于语篇信息的理解、交流或语篇的生产中。需要指出，基于具体情景的个人认知模型也具有社会性特点，但是作为个人知识而言，也有其独特的一面。图 2.1 中，方框的形状与大小显示知识体系的等级，不同等级的知识体系的发展轨迹与转化轨迹，分别用单向箭头与双向箭头表示，而十边形方框表示形成知识体系的标准，虚箭头表示隐性制约作用，十边形显示文化知识标准不同于知识体系。

在 van Dijk (2014)的意识形态体系中，意识或知识体系与社群相联系，某一

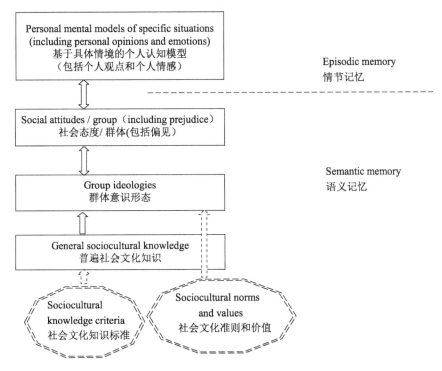

图 2.1　van Dijk 对社会知识体系的分类（van Dijk，2014：96）

社群（community）指的是操同样的语言，拥有同样的宗教、文化、种族或民族身份的社会文化团体。这一概念与话语分析中常用的"community of practice"（Lave & Wenger，1991；Wenger，1998）是不同的，后者指的是因参与同一言语活动而拥有共同行为目标的人。群体（group）指的是像科学家、文学家一样拥有共同的研究或文艺创作活动，或像政治家、哲学家一样对政治、道德等事物具有同样态度或类似知识的人。在群体下面，又可按不同的活动或事物等，分不同类别的小群体。这些小群体均可以在普遍社会文化知识的基础上，按照各自群体行业内部关于知识的标准与规范，形成自己的知识体系。

van Dijk（2014）指出，小群体的社会态度或情感性知识可能包含偏见性态度，比如性别歧视或地域歧视，不一定能被大众普遍接受或认可。在此情况下，此偏见性态度是处于存在并被社会知晓的状态，如果小群体内形成的诸如种族歧视这样的偏见性话语被大众接受之后，就会升格为普遍共有的知识文化，比如德国在二战前期所形成的对犹太人的偏见与仇视。另外，人们意识到偏见性话语的存在并不等于就是以偏见性话语的方式从事社会实践,比如儿童具有识别偏见话语知识的能力,也懂得偏见话语在什么场合下、以何种方式使用,即对具体语境中的偏见话语有个人情景模型,在偏见话语的语篇中能阐释其意义,但却不一定会自主使用这种偏见性话语。

van Dijk(2014)指出,知识、信念、态度或情感等社会意识在语篇的生产过程中体现出来,在语篇层面对社会实践进行表征,简称为"社会表征"。具有社会性特征的知识在语篇层面形成的社会表征非常接近人类学家所说的"文化模型"(cultural models)。认知层面的知识体系综合性地体现在社会表征上,详见图2.2。

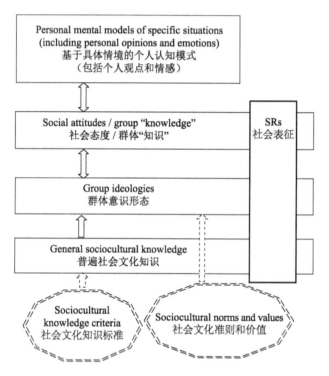

图 2.2 社会知识体系与综合的社会表征(van Dijk,2014:105)

如图 2.2 所示,不同层次的社会知识,包括普遍的社会文化知识、群体意识形态、比较具体的特定社群的社会态度都能通过语篇运作,集中反映在社会表征(见右侧加粗的黑框),而个人认知模型所反映在语篇层面的表征,也是这些群体社会表征的综合体。在 van Dijk(2014)的框架中,知识与表征都具有强烈的社会性特点。至于如何将各种知识综合融入社会表征的认知过程,目前并没有明确的说法,可以暂将这一过程称为锚定(anchoring)。

在社会信念或知识体系中,在普遍的社会文化知识的基础上,会有一部分群体按照本团队的行业准则或知识标准、规范形成特定的知识体系,比如某一专业团体所形成的专业知识(expert knowledge)。可以把这些群体的知识体系视作图2.2中的群体意识形态的一个组成部分,也可以根据需要,考虑另行在图2.2的基础上增加一个专业知识框,在此基础上形成小群体的意识与知识。当小群体的知识,比如科学知识与意识,被广大文化团体(community)所接受的话,这些知识就成为普遍的社会文化知识。由此看来,群体内部的社会知识会不断传播,并在社会交际过程中固化于日常的社会文化知识中。

知识通过话语的运作体系逐渐得以传播或再生产,其过程有若干层面。简单来说,主要有三个层面,分别是人与人之间的话语交际与沟通,其次是群体内部的话语交际与沟通,然后是群体之间的话语交际与沟通。人与人之间的沟通包括多种形式,比如家庭成员之间的各种正式或非正式沟通,公司内部员工之间的私下沟通等,群体内部的话语沟通则指的是在具有特定知识或文化价值观下的团队内部进行意见沟通,比如在医学、教育、科学界内部进行的意见沟通,而群体之间的话语交际则指的是不同群体,如医学、教育、法律等相互之间进行意见沟通。媒体话语是群体内部或群体之间进行社会交际的主要载体与媒介。

在语篇的产出、理解与交际过程中,诸多知识体系被激活,并投入交际的话语理解与感知(用向上的箭头表示),从而促使说话人形成确定的(asserted)信息并生成话语(用向右下方的箭头表示)。在这一过程中,知识体系主要以语景模式(context model)的形式参与其中,或在知识机制(K-device)的调控下发挥作用(详见图2.3,在交际事件中对信息进行控制的信息源结构模式)。具体地说,在某一交际情景(communicative situation)中,说话人对话语或文本的认知或理解,主要基于话语当前状态或话语人所储存的关于交际背景、参与者身份、其他知识机制等构成的语境模型(context model)而触发,而在认知层面起调控作用的知识机制首先由基于共有知识场的、以预设形式来发挥作用的知识决定(见图2.3第二排左侧方框),然后在话语理解中综合利用三个途径或三个来源的知识(见图2.3第二排与第三排方框的中间,用长箭头分别指向三个小箭头指引的方框),分别是:推断、多模态感知与当前话语交际知识(见图2.3)。推断有三种

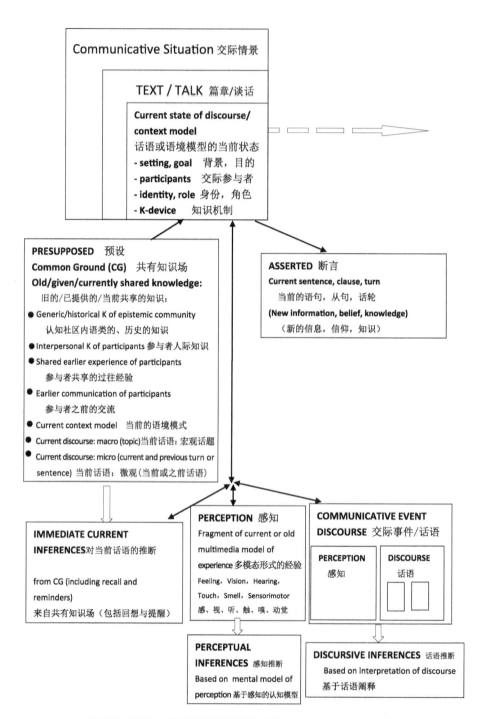

图 2.3 交际中控制话语理解的信息源(van Dijk,2014:267)

形式,分别是对当前话语的推断(immediate current inferences,见图 2.3 第三排左边的方框)、感知推断(perceptual inferences,见第四排左侧的方框)与话语推断(discursive inferences,见第四排右侧的方框)。对当前话语的推断主要由多种预设而形成(见空心箭头所示),预设指的是在以旧的或已知信息形式出现的共有知识场的基础上形成的假设,构成共有知识场的旧的或共享知识则包括以下几个来源:交际人所在社群的普遍知识或历史知识、人际知识、交际人共有的或个人以往经验、以前的交际、当前的语境模式,包括宏观话题与微观话题(见第二排左侧的方框)。从当前话语与以往话语获得的(多模态形式)的经验片段主要指从感觉、视觉、听觉、嗅觉、触觉及运动感觉而获得的经验(见第三排居中的方框),在感觉的基础上会形成感知推断(见第四排左边的方框)。交际事件/话语指的是对话语内容、形式、过程序列等方面的感知与相关知识(见第三排右边的方框)与由此而形成的话语推断(第四排右侧方框)。

van Dijk(2014)指出,在语篇层面获取的知识主要有三个信息渠道,分别是推断、多模态形式的感知经验与话语知识,并指出这些信息渠道之间又是循环作用的,即多模态形式的感知经验与话语成为信息输入,使推断形成新知识,而基于新知识的话语又在交际中不断引用,成为言语理据。另外,在话语的理解与生成过程中,言语理据是互动性的,而不是单向形成的,交际人基于三种来源获取的知识形成知识机制,综合作用于话语的理解与认知,并以此话语认知为基础与实据,生成话语,在生成话语的过程中,言语理据又在交际互动中得到验证与加强(van Dijk,2014:270),因此,在图 2.3 中,话语交际又反过来促进交际人获取知识(见双向箭头)。正因如此,van Dijk(2014:271)指出,在分析话语的时候,需要分三个层面,分别是起中介作用的认知因素、社会/交际语境与话语的线性组织。

因此完全可以说,语篇表层所体现的意义永远是很小的一部分,潜于表层结构之下的是大量的隐含信息,而这些隐含信息完全可以通过对语篇进行深层分析而获得。van Dijk(2014)曾列举出一些分析要点,比如语篇的主题与评述、宏观结构(语篇的标题与主题句等)、语篇的宏观衔接与微观衔接、语篇的线性组织、语篇的细节描述程度、语篇的情态、隐含意、言外之意、蕴含意、隐喻、信息实据语等。

van Dijk(2014)基于社会认知的话语观被称为"语言、认知、社会三角关系理论",如图 2.4 所示。

从图 2.4 可知,语篇与社会实践或社会结构之间并不存在直接的对应关系,两者通过认知的中介作用而建立起联系。

社会认知方法的核心涉及社会成员之间共享的知识、态度与意识形态(ideology)。意识形态是最为宏观的、社会化的解释层

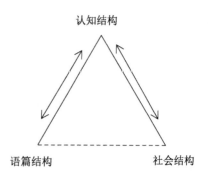

图 2.4 语篇、认知与社会关系图示

面。理解意识形态的关键在于弄清楚它的含义、组成机制、语境因素、功能及各种表现形式(语篇和社会实践形式、认知表征形式等)。首先,意识形态构成社会认知的基本框架,由社会群体共享,由社会文化价值等相关概念组成(如图 2.1 所示),间接操控社会实践以及社会群体成员的话语和语言表达,具有认知性、社会性、普遍性、复杂性、语境依赖性等特征。其次,意识形态分析通常基于某种理论框架,包括评价功能、内外群组分布、态度、情境模型、语境模型、偏见模型、话语控制等(van Dijk,1995,1998)。意识形态控制团体成员的社会行为,揭示团体成员在话语生产和再生产中如何直接或间接地把话语和自身的社会地位和意识形态联系起来(参见辛斌,刘辰,2017)。

van Dijk(2014)以社会认知为中心的话语分析模式适用于两种交际模式——语篇的生成模式与解读模式,前者指的是从语篇生成者角度出发,首先对意识形态及其控制的社会认知进行分析,而后分析语篇或话语的具体表现形式;后者指首先对话语结构、篇章语义展开分析,厘清整个语篇的加工机制,再揭示其中反映的意识形态。意识形态的分析不是空泛的,而是基于语义、句法、语音、图式结构、语用功能等方面的因素而体现的。对篇章语义进行详细的分析有助于我们对意识形态的属性与功能进行合理定位,理解并阐释相关的社会结构、社会制度的再现方式(辛斌,刘辰,2017)。

van Dijk(2014)关于话语的三角理论是一个较为完整的话语分析体系,主要从三个层面展开:心智表征与加工层面(认知)、话语秩序层面(语篇)和社会秩序层面(社会)。在具体分析时,首先从语境要素与话语特征开始,从知识构型着手,对导语、背景(历史与情境)、语境模型等进行分析。话语者不仅对交际环境

构建主观表征,同时也对当下的交际活动,即整个交际情节(包括交际事件本身),形成心理构念。语境对话语的控制不是决定性的,而是个人信仰、态度与社会文化准则等因素共同作用的结果。例如,对一则新闻报道进行分析时,首先需要启动关于新闻与相关话题的框架知识,激活分析者个人关于新闻与主题的图式与相关的社会图式知识,这些知识会影响到分析者对新闻话语的局部与整体连贯、蕴含、预设、前景与背景化等的认知与理解。同时,van Dijk(2014)特别重视语言理解的心理模式及语篇的心理现实性,强调宏观结构在语篇理解中的关键作用,而宏观视域下的语篇结构理解过程就是参与者建构主观语境模型的过程。因而,在话语秩序层面,从宏观的语义框架出发探讨语篇或话语的语言表达(例如转述言语、含蓄表达、部分与整体关系、代词使用等),然后进行局部意义的分析,尤其是命题的策略性含义与效果、语义蕴含和表意步骤等。最后,在语境分析与篇章语义阐释的基础上,挖掘更深层次的社会心理层面,从而揭示语篇中所体现的语篇生成者的态度和所隐含的意识形态及其效果。这往往需要跨学科的(如神经心理学、进化心理学、社会学)视野与理论方法,通过学科间的相互借鉴和融合,不断完善现有的话语分析理论,才能理想地解决问题。

从社会认知的角度分析社会行为人(social actors/agents)在语篇层面的实践行为,可获知其对社会实践行为的认知方式。van Dijk(2009b)也承认,自己的理论还是一个模糊的想法,需要通过更多的实证研究和对比研究来进一步验证、确定和深化(参见汪辉,张辉,2014b)。认知语言学的很多研究也为话语分析提供了很好的分析方法,比如采用认知隐喻来研究语篇层面隐含的意识形态,用心理空间与概念整合理论、转喻理论来研究等等。此外,认知语言学的经验观、原型理论等都能为认知话语分析提供新的路径(汪徽,张辉,2014a,2014b)。另外,就语篇与社会的关系而言,van Dijk(2014)从社会认知的角度提出的多学科话语理论,强调社会认知对话语的影响,使得对话语产出和理解的诠释更为全面,是对系统功能语法很好的补充(汪徽,张辉,2014b)。

van Dijk(2014)以社会认知为特色的话语观对于本研究具有很大的宏观指导作用,为我们理解法庭话语的社会认知提供了一个框架性的指导,但是鉴于其仅是一种探索性的理论建构,尚没有比较详细的、操作性强的分析框架,因此在本研究中,需要根据具体的法律交际语境与我国民族共有的社会文化知识,借助其主要思路,尝试性地搭建关于法庭话语认知的基本框架。

第二节　庭审话语与社会认知

本节主要讨论与庭审话语相关的社会文化知识体系及意识形态、法律认知的语境框架及庭审语篇等相关特征,以期探讨如何建构社会认知视角下的庭审话语研究。

一、社会、文化结构与群体认知模式

我国社会文化中最鲜明的特色是"和谐",这一观点符合辩证唯物主义的社会观,也有东方哲学的理论渊源。

按照马克思的观点,社会是人们交互活动的产物,是以人为中心的,但社会不是单个个人的堆积或简单相加,它是人与自然之间、人与人之间双重关系的统一(中共中央编译局,1956)。从社会学的角度来看,社会是以人为中心、以文化为纽带、以有目的的生产活动为基础、具有一套自我调节机制和特定地理空间的有组织的系统。社会分三个不同层次:第一,宏观层次上的人类社会,是与自然界相对应的一个概念;第二,中观层次上,社会是与经济、政治、文化相对应的概念,即社会结构、社会阶层、环境、管控、整治等;第三个层次的社会指的是复合的人的聚集状态,主要包括社区、家庭、学校等(秦宣,2007)。

和谐指的是和睦相协,包括三个层次的含义:第一,和谐是反映事物与现象的协调、适中、平衡和完美的存在状态的范畴,是多样化的协调与统一,表明事物的发展合乎逻辑或规律,这是和谐的内涵和本质特征。第二,和谐不是无差别、无矛盾、无冲突,每一种矛盾的两个方面,各以其对立的方面为自己存在的前提。第三,和谐是人类追求的最高目标(秦宣,2007)。

和谐社会包含以下几个方面:第一,人与自然的和谐。第二,人自身的和谐。第三,人与人之间的和谐,包括人与群体之间的和谐。第四,人与社会之间的和谐,包括人与社会制度之间的和谐。第五,社会内部结构的和谐,包括政治、经济、文化、社会各领域之间以及它们之间的和谐与发展。必须明白的是,和谐社会是一种状态,不是一种形态。社会是由来自不同民族、区域与具有不同个性、利益与爱好的人或人群构成的,多种民族与群体之间的和谐共存是社会治理

的根本目的,而和谐社会则是我国长久以来一贯努力奋斗的终极建设目标(秦宣,2007)。

虽然学界习惯上把"和谐社会"追溯到傅里叶或莫尔,但其实这一理念在我国也有本土的根源。在我国古代,诸子百家都对此有所阐述,其中,儒家人文主义的和谐观比较系统(见刘绪晶,曾振宇,2016),更具有现实性,体现了古人对人类生存的问题意识与价值关怀。孔子曾提出建立一个"和"的世界,就是和谐的社会,为我国建设和谐社会提供了哲学文化资源。"和"的思想源自我国古人关于万物源于"气"之宇宙观、天人相合的自然观与天人合一之政治人伦观、良知中和的心性观等,可以说古代的"和"既是中国人独特的宇宙观,也是一种自然观、心性观、价值观与方法论(见刘绪晶,曾振宇,2016)。金文中所记载的"和",本写作"咊",从口从声,表示唱和,声音相应,在春秋时期,逐渐演化为政治之和、人伦之和与性情之和,并在不同历史时期得到发展。董仲舒、张载、朱熹等都对此进行过论证,随着儒学思想在封建社会中成长为主流思想,其"和谐"观念也逐渐被普及并得以生活化(见刘永鹏,2007),并成为指导人们生活的基本思想与行为准则,在国人的美学思想与生活中产生了深深的文化烙印(周宪,2002;宗白华,1981)。

在我国当代社会,"和谐社会"最早是在2002年的十六大报告中首次被提出的。从2004年以来,我国政府与党屡次就"和谐社会"的理念进行了阐述,使得"和谐社会"成为社会主义建设时期的重要目标(谢嘉梁,胡祖凤,陈明,2005)。"我们所要建设的社会主义和谐社会,应该是民主法治、公平正义、诚信友爱、充满活力、安定有序、人与自然和谐相处的社会。"(秦宣,2006)和谐社会是以人为本的社会,用法律语言的话来表述,就是以人们的权利为本。尊重和保障人权是和谐社会的基本特征,也是构建和谐社会的前提(张文显,2006)。

关于有序化社会治理,哲学、社会学、政治学与管理学、交际学、符号学、语言学、美学等不同学科均提供了思路与方法,政府机构、新闻宣传、教育机构等也成为治理社会的工具,而法律则成为实现社会宏观管理与调控的规则体系,它规范着人与人、群体与群体、人与集体之间的相互权益关系,同时也为群体之间与群体内部的纠纷提供了解决方案,这就是审判机制。

法庭审判活动既是对具体个案的法律解决,也是对个体案件所代表的群体利益冲突的一种社会性干预与规范活动,更是促进有序化社会整合的主要话语机制(Habermas,1996)。庭审活动具有社会性特点。在庭审活动中,参与人代表不同群体,针对某一具体的诉讼争议按照一定的审判规则开展对话,进行协商,最终形成一定的判决意见,实现对其利益(包括公共利益与个人利益)的保护或限制,维护社会利益,实现公平与正义。因此,虽然参与庭审活动的是特定的个体,包括法官、律师、当事人、证人等,但他们具有社会符号性,代表了所属社会群体的部分利益(因为共同关心的话题或实质的利益联系)。

综上,我国普遍共有的社会文化知识是以"和谐"为主要特色的哲学思想与社会体制为基础的,和谐表现在政治、人际、伦理、修养等多个方面,是指导人们处理日常行为中的利益与话语冲突的指导原则。在普遍社会文化知识基础上所产生的专业性知识文化与领域,法律文化与认知,对于如何实现现实生活中的和谐有一定的知识规范与要求。

二、法律文化与认知

我国的社会共有文化包含很多元素,以"和"为特征的中国传统文化与社会主义核心价值观是主体。自新中国成立以来,社会主义特色的价值观与集体主义精神成为现代中国的共有文化内涵,社会主义特色的价值观更强调传统与现代的有机结合,既继承合理的传统文化,又积极借鉴西方先进文化的理念,使得现有的共有文化体系呈现多样化特点:以古代优秀传统(包括儒学传统)文化为基础,以社会主义核心价值观为核心,同时融合了现代西方法律的合理性理念(如对合理的私有权利的保护)(法言,2011;马国强,钱大军,2013;戴丽,袁洋,2018;张中秋,2006;等)。

在几千年的发展过程中,诸子百家各有所长,但唯有儒家思想在中国的官方文化中占据主要地位长达两千多年。儒学关于"治国、齐家、平天下""克己奉公"的思想与相关的等级秩序观念已经通过体制化的教育深入中国人的文化骨髓,成为中华民族最重要的文化基因之一,很多思想直接被引入法律条例,比如儒家的伦理观念"亲亲相隐"与法律面前人人平等的思想"上服度则六亲固"(张晋藩,1999;史广全,2006)。大量的法律文化研究表明,儒学观念在中国的法律文化体系中起着非常重要的作用,呈现出"引礼入法"的历史轨迹,而以儒学的礼法观念来指导古代的审判实践更是一个不争的事实(史广全,2006;张晋藩,1999等)。不仅在法典中逐渐确认了儒学观念的合理性与合法性,如《唐律疏义》《宋典》中

第二章　庭审话语的社会认知研究框架

均发现大量的儒学条例(史广全,2006),而且古代的法官、讼师等都是通过科举考试而入仕的儒学学生,使得中国的传统法律中具有浓厚的儒学色彩,而且部分观念,如儒学的"慎刑"思想对于今天的法律文化仍产生影响(见习近平,2015)。

同时,我国的社会主义法律体系积极吸纳世界优秀法律宝库中的合理部分,包括英美法律文化中积极的法律思想与方法,如孟德斯鸠的"公平正义"、英美法审判实践中的"对抗式"审判,摒弃大陆法系中以法官为主完成对被告的审查与判决(俗称"纠问式"审判),在刑事审判中摒弃"疑罪从有",实行"疑罪从无"等。

中国特色社会主义法律体系是自觉建构的成文法体系;中国特色社会主义法律体系是承载着当代中国核心价值追求的法律体系,其中建设公平正义的社会是我国人民的长期理想,维护公平正义是社会主义的首要任务;中国特色社会主义法律体系是由统一而多层次的法律规范构成的法律体系;中国特色社会主义法律体系是一个包容开放发展的法律体系。中国特色社会主义法律体系,既继承了我国传统法律文化的积极部分,又借鉴了其他国家法律的有益内容,同时又是与时俱进的,体现了极大的开放性和包容性。比如,我国有关法律所规定的调解制度,包括人民调解、行政调解、司法调解等多种形式,已经成为我国解决纠纷的重要机制,在国际上也受到了广泛好评。调解制度就是对我国历史上崇尚"无讼"思想和延安时期的马锡五审判方式的继承和发扬光大。对外国的借鉴也很多,比如现代公司制度、法人制度、证券制度、信托制度、破产制度等,主要是借鉴其他国家的做法和经验(陈斯喜,2011)。此外,有中国特色的社会主义法律体系体现了动态、开放、与时俱进的发展要求,具有稳定性与变异性、阶段性与连续性、现实性与前瞻性相统一的特点(法言,2011)。构建和谐社会主义的法律体制包括诸多方面,诸如对弱势群体的人权保护,对法律信用的重建,对媒体报道的正确引导等(张文显,2006)。

我国社会主义特色的法律体系主要体现在:在目的与价值导向方面,法律践行"以人为本、以民为本"的目的,维护人民的合法利益,保护工农群众与弱小群体的利益,而不是为资本服务,为富人阶级服务(见法言,2011);在审判程序上,采用对抗制审判,审判员只承担居中审理与判决的职责,举证、论证工作交由控辩双方来完成,而且担任审判工作的审判委员会至少由三人组成,除专业的审判人员外,另设立人民审判员一职,请人民大众参与并监督司法程序,以促进司法正义的实现。由此可见,中国特色社会主义法律体系,充分体现了我国社会体制的本质,保证了人民充分参与审判,立足于我国的实际情况,既不是凭空创造出来的,也不是直接从其他国家照搬过来的,而是扎根于中国的土壤、在建设中国特色社会主义的伟大实践中生长起来的,具有鲜明的民族特点和时代精神。必须注意的是,特定情况下,传统文化与社会主义核心价值观、传统文化与西方现代观念之间可能存在局部的矛盾或冲突之处,体现了共有文化体系包容性之中的矛盾性。

法律文化知识一经产生,并经过长期的生活经验积累与学习,比如法律实践、法律学习与教育等,被从事法律工作的社会成员习得,便以语义记忆的方式储存在其记忆中。从社会成员个体来看,这些知识或态度都以某种方式储存在其个人的长时记忆中,表现为情景记忆。

对这种多源的法律文化知识,不同的社会群体依据其自身利益、立场、观点与看法,形成多样化的态度或意识形态,包括相互冲突的态度或意识形态。比如,在法律诉讼中,对本土传统文化情有独钟的律师更倾向于"和解",避免出现直面交锋,而对英美法律观念比较喜爱的法律人士,则更看重审判程序的公正性,看重基于证据的对抗。同理,法官内部也会因不同的态度与看法形成一定的认知群体,共享某些特定的"态度"或偏见等(见沙季超,2016)。基于文化知识体系的态度或偏见将会在庭审实践中体现出来。当然,在特定的语境条件下,这些小群体的"态度"若被大范围地传播之后,也可以被法律大众所普遍接受,从而变成法律文化的共有知识。

根据van Dijk(2014)的观点,这些文化知识以认知脚本、图式等形式被有序化存储在社会成员的记忆中,在具体的庭审语境条件下被激活,从而使社会成员能有效地理解庭审话语,并互动性地参与庭审话语,输出适合庭审语境的话语,从而完成庭审社会实践(参见 Kevelson,1988)。

三、庭审语言

法律语言是法律文化的载体,是人们习得、交流或传播法律文化的主要载体。法律语言具有知识性或认知性特点,作为一种知识体系,法律语言有固有的词汇、句型、语篇特征,需要经过学习者的认知加工与认知因素的参与。法律语言也具有社会性特点,是社会全民共有的交流资源,且关乎社会生活的普遍性议题。法律语言不是孤立、静止的符号系统,而是在语义语境或语用语境中发生作用的。法律语言具有共性,也有变异性,随着语境与说话人角色的变化而变化。

就具体的载体形式而言,法律语言有语言符号与非语言符号之分。语言符号体系内,法庭语言有书面语与口语之分;在非语言系统中,法庭语言包括视觉图像文本、声音文本、空间文本、颜色文本等多种类型的语篇,其意义都与特定的法庭文化相关联。其实,无论是书面语言还是口语,均有非语言符号的参与,如书面语中有排版符号系统、字体字号系统等,口语中伴有音调系统、表情系统甚至手势语体系等,呈现多模态的语言现象(Matthiessen,2007)。本研究所指的法庭语言与语篇均指多模态类型的法庭语言,而且是语境中的语言,也是具有交际意义的语言。

庭审语言包括多种变体,包括法官的语言、律师的语言、诉讼当事人的语言、证人的语言,这些语言变体之间既有共性也有个性差异。共同特点在于:它们均是在法律文化基础上发展起来的,因此有一定的语域共性;同时,它们均植根于我国的共有社会文化,受相似的道德、文化制约,比如我国本土的儒学人文社会观念与交际规约,而呈现一定的共性特点;另外,它们均服务于其各自交际目的,体现出一定的策略性。它们之间也有不同之处。法官的语言主要围绕其主持审判并完成裁判的目的而体现出诸多特点。鉴于法官要主持双方当事人围绕证据与事实进行辩论,其语言具有一定的公式化、权威性与客观性(Philips,1998;张丽萍,2004,2006);在做判决时,法官还要在判决书中给出其审判结果与审判依据,其语言呈现很强的论说性。庭审话语中,律师的语言占比最多,是庭审话语的主体部分,其语言的论辩性、策略性与修辞性特点最为明显(Phillips,2003;Zhang,2011;等)。对庭审语言的特点与其背后的文化动因进行研究(如张法连,2017),对庭审语言与法庭实践之间的关系进行分析,是庭审话语研究的重要课题。

整体上来说,庭审语言的机构性与冲突性是最显著的特点。庭审交际有既定的话语规则,对话语的主题与发言人的次序有严格的说明,而且法官是庭审话语交际进展的控制者(Atkinson & Drew,1979;O'Bar & Conley,1990;等);法庭交际中发生言语打断的频率比较高,尤其以法官对律师或当事人的言语打断为主,而且观点的对抗比较强(廖美珍,2003 等;Cotterill,2013;张丽萍,2004;等)。

语篇是研究社会实践或文化的"最可靠与最有效"的渠道(van Dijk,2014),据此,对庭审语言或语篇的特征进行详细的描写与阐释,并以其为据,可以分析人们对庭审活动或实践的认识。当然，语篇与认知之间也不一定存在直接的对应关系，正如 van Dijk（2014）所言，话语不仅仅"是在认知群体的共有文化的基础上形成的或是在社会人个体的记忆模型的基础上形成的，更重要的是，话语的最终产出受到交际语境（比如交际中的面子因素）的影响"；另外，"即使阐述某一语篇的最佳语用条件已经具备，语篇的内容结构与社会行为人心中的知识结构并不一定等同……只有很小一部分的知识模型得以在语篇中表现，而绝大部分的信息处于被默认状态，这就需要对语篇中暗含的推理信息进行更详细的分析；而语篇信息的受访者也不一定能清楚地知晓并表达自己对文化信息的感受与体验，尽管这些文化体验或感受会影响到他们在社会实践中的行为"。也就是说，从社会认知的角度来说，语篇确实反映了社会行为人在社会实践中的活动或其对社会实践的理解与参与，但语篇中的信息并不一定全部等同于社会行为人个体的认知结果，若想对其认知过程与认知表征有较深入的了解，研究者仍然需要对语篇中所包含的所有已知与隐含信息进行全面的分析，才有可能比较全面地了解社会行为人对社会实践的认知过程与结果。从这个意义上说，语篇仍不失为"较直接"地了解知识系统的方式与渠道（van Dijk，2014）。

如何在庭审语篇中分析社会行为人对相关庭审社会实践的认知因素在庭审交际的理解、解读中的作用？对语篇的宏观结构、显性序列、衔接与连贯、隐含意义、预设、隐喻、认知实据词、话题与焦点等多方面进行分析，可有助于完成这一目的（van Dijk，2014）。

第三节　庭审话语的社会认知研究框架

根据 van Dijk（2014）关于语言、认知与社会的语篇分析理论，社会结构或法庭实践与法律语篇庭审话语之间并不存在直接的辩证对应关系，只有通过认知的中介作用，两者之间才建立起关联。

用法律的术语与逻辑来表达社会结构或社会实践的话，和谐社会是由有序化的社会组织、整合完成的，其中，不同社会群体之间就权益而发生的互动、冲突与沟通主要表现为个体（包括团体形式，比如公司的法人代表）之间的话语沟通与交际。

在社会的认知层面,有 van Dijk(2014)所说四个层级的知识体系。庭审参与人大脑中储存的语义记忆中,从下到上分别有四个层次的社会知识或意识,既有社会共有的文化,即以"和谐"为特色的民族文化,也有在此基础上形成的社会主义公平正义法治思想(相当于"集体意识"),还有不同社群(包括普通公民与法律从业人员,如法官、律师等)对法律的不同的态度、观点与意识形态,而在个人的情景记忆中,则是因个人经历与教育背景等方面的差异生成的语境化与个性化情景模型。具体地说,首先,庭审参与人,包括普通的公民与法律专业人士,处在共享的社会文化土壤中,对我国以"和谐"为主要特色的社会文化有普遍的心理认同,这种文化知识以默认或预设的观念成为庭审参与人的语义记忆内容。同时,社会成员或社会行为人通过日常经验或新闻、报刊等媒介了解了法律知识与文化,包括逐渐习得、理解了法律实践,并在其头脑中建立起相应的法律知识体系(包括专业的法律知识体系、有态度偏向的群体知识等),并将其储存在其语义记忆中。在此记忆的基础上,社会行为人个体对于法律或庭审交际有其个性化、语境化的情景记忆,这些情景记忆可能包含有与其他人观点相左的态度或观点。而法律人士不仅具有关于共有社会文化的语义记忆,同时作为法律群体的成员,对法律与相关交际规范有更专业的行业知识,也是其语义记忆的部分内容,当然其中可能包含了比较个性化的态度、情感或偏见。在个体的情景记忆中,这种语境化的法律交际知识与情感态度会更加丰富与多样化。

在具体的庭审交际中,这些以语义记忆或情景记忆的形式存储在社会行为人大脑中的知识体系将以显性或隐性的方式,通过语境的过滤或阐释作用(见Sinclair,1992)或综合作用,指导行为人对当前的庭审交际进行理解或阐释,并且生成新的话语,以完成当前的庭审交际,从而实现庭审话语的生产与再生产。

在认知的中介性作用下,庭审话语的语篇就是对法庭话语的社会表征,体现在法庭话语的诸多方面,包括法官话语的机构性特征、法庭交际的互动性、律师话语的论辩性与策略性、法官权威话语的有限性、法律新闻话语的主观性等,这些特征分别表征了法官在庭审交际中的中立者角色意识、律师作为法律人的角色意识、法庭话语中的隐身权威人角色、法律新闻所建构的庭审参与人角色,以及法庭在促进社会各界与法律进行互动的秩序维护者角色五个方面。

需要说明的是,这五个方面均与庭审话语的本质特征有关,即庭审话语的言语表现、话语权力与其社会文化、社会认知根源,围绕庭审交际的中心——法官语言而组织的,包括法官在庭审中的角色、以法官为主要受话人的律师话语、法官话语背后的权威声音、法官话语的媒体传播与法庭的社会作用这几点,依照由近到远、由纯语言交际到多模态交际、由微观到宏观的顺序与逻辑来开展讨论,以基本勾勒庭审话语社会认知的大致情况。

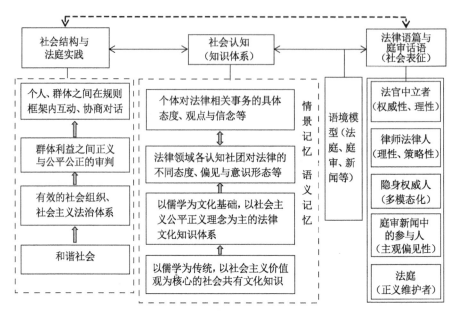

图 2.5 庭审话语的社会认知分析框架

社会结构或法庭实践以认知为中介,在法庭话语中进行社会表征,其路线与框架详见图 2.5,这一框架也将是本研究对庭审话语的社会认知进行分析的框架。在图 2.5 中,最上方的三个框,从左到右分别为:社会结构与法庭实践、社会认知、法律语篇与庭审话语,三者之间分别用双向箭头连接,表示它们两两之间的辩证对应关系,虚线表示间接的联系,实线表示直接的联系。这三个框下方连接的文本框有多个子文本框,分别表示其包含的子系统,其中,社会结构与法庭实践包括四个不同层次的文化制度,社会认知包括四个层次的社会知识或意识,法律语篇与庭审话语包括五个方面的语篇特征。这些子系统按照从下到上的顺序排列,表示其从宏观到微观、从一般到具体的逻辑顺序。但法律语篇与庭审话语下的多个子文本框,分别对应于法官的中立者角色、律师的法律人角色、隐身权威人角色、媒体话语中的庭审参与人角色及法庭的正义维护者角色,这几个角色之间没有严格的逻辑差别,因此各方框之间并没有层级关系,平行并列于大的长方块中。"语境激活"下的文本框内列举了多个语境模型,如法庭语境、庭审语境、法律新闻报道语境模型等。

有必要指出,虽然 van Dijk(2014)对语篇、社会与认知的关系建构了一个分析视角,且这里的认知更强调社会性的认知,而非社会行为人个体的独特认知,在做语篇的认知分析时,并不对认知进行具体的结构性分析,只是以态度、意识形态等为代表,从语篇层面做具体的分析,比如衔接与连贯、宏观结构、礼貌语言、话语策略等,因此本研究对法律语篇的社会认知进行分析,并不直接实证考察社会行为人大脑中的认知内容与结构,而主要从语篇层面考察这些认知的社会表征,同时将结合其他分析工具(如语用学、系统功能语言学、话语分析等)对语篇的意义进行深层的研究与分析,以探寻语篇层面所蕴含的社会表征。

第四节 小 结

本章简要提出了庭审话语的社会认知分析框架。社会结构或法庭实践以认知为中介,在法庭话语中进行社会表征,其中社会认知分四个层次的知识,分别是植根于传统文化基础上的社会共有文化,以社会主义公正正义理念为主的法律文化知识体系,法律领域的专业知识、态度等以及个体的具体法律记忆或态度,分别对应于社会实践中不同层次的体系、制度或文化,在具体语境下参与多种交际行为活动(如庭审、媒体报道等),激活大脑中存储的相关的情景模型,将四个层次的社会知识或意识作用于交际过程,最终生成特定的法庭话语语篇,动态性地将社会实践(庭审实践活动)在语篇层面进行社会表征。因此,从语篇层面分析庭审交际活动的特征,主要是法官的中立者角色、律师的法律人形象、隐身权威人的角色等,可以探讨庭审话语的社会表征。

在接下来的六章中,我们将对法庭话语进行比较详细的话语分析,探讨庭审实践在法庭话语中的社会表征,最终分析共有的社会文化知识或法律专业知识对法庭话语的影响,重点将集中在社会共有知识与法律专业知识在认知层面所发生的接触、冲突与对抗及其在语篇层面的具体表征。

第三章到第七章的章节安排也是依照由近到远、由纯语言交际到多模态交际、由微观到宏观的顺序与逻辑来开展讨论,先从庭审交际的中心——法官话语说起,然后分析以法官为主要受众的律师话语,再揭示法官话语之上、以多模态形式存在的隐身权威人角色,分析媒体传播话语中的法官话语与诉讼人角色,最后分析以法官为首的法庭话语的社会作用。

  第三章将讨论庭审话语中法官的中立者角色在话语层面的体现,即法官语言的权威性与说理性;第四、五章将讨论律师作为理性人角色的语篇特征,即理性辩论与策略性;第六章将讨论法庭话语中的隐身权威人角色,主要从法庭话语权力的空间配置与法官服饰的符号性来分析庭审话语中法律权威的具体体现;第七章主要分析法律新闻报道中的庭审话语,分析新闻记者在报道中所塑造的针对原告、被告、法官的各种偏见话语;第八章以典型个案为例,分析社会转型期,法庭在媒体的中介作用下,与当事人、法律界、社会大众之间所发生的观点互动与交流,探讨了不同的文化知识图式作用下,各方如何围绕意义阐释发生博弈与互动,揭示了庭审在维护社会秩序、促进社会沟通方面所体现的秩序维护者角色;第九章是结论部分。

第三章

法官的中立者角色

本章主要讨论法官对其角色功能的认知与法官语言的工具性与说理性。法官对其在法律角色的语义记忆包括很多内容,如社会主义法治体系的特色,我国的法律传统、法律的体系与内在特征等。其中,就审判而言,法官具有维护公平正义的作用。法官是法律的守护者,也是发挥法律效力的实施者与执行者,在庭审话语中其角色主要体现于以仲裁者的身份组织庭审的开展,并对诉讼案件的结果做出决定,因此本章将分析法官的中立角色意识,包括交际过程中的中立主持人角色与裁定过程中的法律阐释者角色。

按照 van Dijk(2014)关于语篇分析的认知观,法官在庭审交际中所生成的话语就是其知识体系在话语中的社会表征,因此,分析法官主持庭审交际所使用的元语言与法官在阐述判决意见的过程中所体现的论说性话语,可一窥认知对庭审交际的作用与影响。

在第一节,为考察法官中立角色的语义认知对于法官话语生成的作用,主要基于具体的庭审语料数据,分析法官语言中用了管理庭审交际的元语言的结构、形式与功能,探讨元语言的使用如何促进庭审交际的顺利开展,是否会限制庭审交际乃至影响诉讼案件参与人对"公平与正义"的认识。在第二节中,为考察法官作为法律阐释者与实施者这一角色的语义认知在其话语生成中的作用,将基于历时庭审话语语料,对法官话语中的重述(reformulation)言语行为进行分析,讨论古代与当代法官如何有效利用重述言语行为,充分引律论理——分析法律与事实之间的关系,互动性地将其说理与日常认知结合起来,从而开展法理论说。

第一节 法官的主持人角色意识与元语言[①]

庭审制度改革强化了程序公正的概念,强调了当事人在诉讼过程中的参与,力图从制度上、实践上保证司法公正的实现。司法公正从理念倡导变成社会现实的过程中,法官是其中最活跃、最关键的因素,法官的中立审判是保证程序公正的重要前提。然而,通过对法官的访谈调查,高其才等(2000)发现,虽然法官们大都认同程序公正与实体公正对于司法公正的重要性,但他们的实践经验是:大部分情况下,很难在实践中将两者有机地结合起来。这样,程序公正与实体公正的冲突必然会造成法官在中立审判中面临困境。鉴于庭审公正、公开是体现司法公正的一个重要体现方式(苏江,2003),本节拟对庭审交际进行语言学的描写与分析,探讨法官在庭审交际中同时处理程序公正与实体公正的角色意识,以期对研究审判实践问题提供参考。

一、问题的提出

对审判实践问题进行语言学分析的理据是:语言行为具有社会实践性。根据 Fairclough(1992)的论述,话语行为就是社会行为,是社会行为的重要构成部分。因此,研究社会行为,可以从研究社会行为参与者的话语行为入手,找出社会行为在语篇中留下的印记,从而发现其中包含的各种复杂的社会关系。根据上述理论,要研究法官在庭审主持中的中立,可以从其主持审判活动的重要手段——语言使用入手。

在英美法系国家,学者们从语言学分析入手,围绕法官的第三者角色已经进行了不少研究,如 Philips(1998)对美国法官在主持审判中体现的意识形态分析,Maley(1995)对澳大利亚法官主持与调解语言的功能分析等。对于我国的法官语言,国内学者基本上从人类文化学角度对其具体职能及表现进行了描写(李忠诚,1999;何畔,王冬香,1998;王冷,2000;等)。近年来,对庭审交际互动进

[①] 本节的基本观点见拙文《论法官在审判中立中的困境——来自庭审言语交际的证据》,《语言文字应用》,2006年第4期,第74-81页。收入本书时不仅在内容与文字上做了修订,也在语料方面做了扩充,增加了最新采录的庭审语料。

行的语言学研究(如廖美珍,2003a,2003b;王洁,2004;Han, Bhatia & Ge, 2018;等)也日益增多,从方法上开辟了我国庭审研究的新途径。以上文献为我们分析法官的主持语言奠定了基础。但要回答本文研究的问题,探讨法官在庭审主持中的中立者角色意识,必须建立新的操作工具。

首先需要明确的问题是"法官的中立者角色"这个概念。最高人民法院2001年颁布的《中华人民共和国法官职业道德基本准则》[①]第十一条和第三十二条涉及法官在庭审中保持中立的问题,为解释这个概念提供了依据。第十一条对法官在庭审交际中的交际行为(言、行、表情)作了明确规定,并指出法官主持行为对于审判中立的重要性。条文规定:"法官审理案件应当保持中立。法官在宣判前,不得通过言语、表情或者行为流露自己对裁判结果的观点或者态度。法官调解案件应当依法进行,并注意言行审慎,避免当事人和其他诉讼参与人对其公正性产生合理的怀疑。"第三十二条则从庭审交际中主体公平的角度出发,指出法官应如何主持庭审交际过程。条文规定:"法官应当尊重当事人和其他诉讼参与人的人格尊严,并做到:(一)认真、耐心地听取当事人和其他诉讼参与人发表意见,除非因维护法庭秩序和庭审的需要,开庭时不得随意打断或者制止当事人和其他诉讼参与人的发言;(二)使用规范、准确、文明的语言,不得对当事人或其他诉讼参与人有任何不公的训诫和不恰当的言辞。"可以看出,所谓法官在庭审交际中的中立,有两方面的含义:不在庭审过程中表露对诉讼结果的看法,即要避免法官的主持语言在庭审交际中对庭审交际实体(内容)或结果的影响;另一方面,不随意打断当事人与其他诉讼参与人的发言,即要尽量减少法官的主持语言对庭审交际过程的干预。因此,对庭审交际内容与交际过程的较少干预是体现庭审交际中法官中立的重要指标。当然,对诉讼结果的居中裁判也是一个重要方面。

那么,法官在庭审中如何体现其中立主持者角色意识,就要注意以下问题,法官在庭审交际中是否可以自始至终保持在庭审交际过程与内容两方面的中立?控制交际过程可否影响交际内容或实体?这也是本节要探讨的具体实践问题。

[①] 《中华人民共和国法官职业道德基本准则》,http:court.gov.cn/jianshe-xiangqing-963.html(2022 年 1 月 1 日获取)。

本节拟采用话语分析的方法,以 12 个庭审语料为基础进行分析[①]。本文的讨论与结论将限于所拥有的语料与国内外的相关研究。下文首先对法官的庭审主持语言进行功能界定与分类,然后以此为操作工具,围绕研究问题对语料进行分析,并总结分析结果,最后在结论部分指出本文的研究意义与下一步要研究的问题。

二、法官主持庭审的元语言

法官在主持庭审中有不同职能,包括组织庭审程序、法庭综述、证据认证等(融鹏,1997;李忠诚,1999)。也就是说,法官的庭审语言有不同的组成部分,各部分在庭审交际中具有不同的作用。为了分析的需要,我们首先要对庭审语言与法官的庭审主持语言进行必要的界定。

本节所讲的庭审语言或言语泛指围绕庭审交际活动而展开的各种言语行为,而法官的庭审语言或庭审主持语言专指法官在主持庭审过程中所使用的语言。庭审语言包括不同类型的语言,既包括诉讼双方陈述案件事实的语言,也包括诉讼双方对案件进行法律定性的语言活动,还包括法官对案件事实的问话,以及规范庭审交际的指令语言等,呈现错综复杂的关系。那么,法官的庭审主持语言与其他庭审语言的关系如何呢?

在抗辩制诉讼制度下,庭审是在法官的主持下诉讼双方为解决案件纠纷而开展的一种言语交际。其中,有两个不同层面的语言:诉讼双方关于案件的各种问答及相关陈述的语言和法官的主持语言,两者的性质截然不同。前者是庭审交际的主体部分,构成庭审交际的目标内容,这部分语言可以被定义为对象语言;而法官的言语角色是服务于双方交际的,法官用以组织、调节与指挥庭审会话的语言是不同性质的语言,是服务于诉讼双方开展交际的辅助性言语活动,这部分语言可以被定性为元语言。

对庭审语言进行对象语言与元语言的分类是依据元语言与对象语言这两个概念的不同内涵而作出的。"元语言"这个概念最早来自波兰语言哲学家与逻辑

---

① 其中 10 个庭审案例语料实地采录于某城市的基层法院,因为基层法院较能代表法律实施的真实状况,两个案例为近年来网络直播的庭审案例,包括 2013 年 8 月的《薄某来受贿、贪污与滥用职权案庭审实录》(来自人民网微博直播),此案曾因首次采用微博公开直播成为"庭审群众满意度最高"的案例。(http://www.people.com.cn/24hour/n/2013/0905/c25408-22816922.html)。

学家塔尔斯基,是他在处理语义真值理论的问题时为避免语义悖论问题而提出的(Tarski, 1999)。简单地说,我们用元语言来谈论对象语言,用元语言来解释和分析对象语言即被讨论的语言的特性,而元语言的核心概念是对对象语言的分析、解释、描写等(钱冠连,2003)。可以说,元语言与对象语言是一对互为依存的关系词,而且两者的界定是相对的,可以根据具体的情景与研究来划分与扩展。如果我们用汉语来分析、讨论英语,汉语就是元语言,而英语就是对象语言。如果我们用日常语言来解释逻辑语言,日常语言就是元语言,而逻辑语言就是对象语言。正因为元语言有这一特点,才能"使人们能明确地用语言表述自己对已有表述的解释或评价,使得人们对文学乃至文化的一再解释成为可能"(钱冠连,2003:33)。现在,元语言的使用已不局限于哲学范畴,而变成了一个泛学科的概念,用于不同学科的底层理论构建(苏新春,2003)。在这里,我们借用元语言这个概念对庭审交际进行分析。

明确了法官的庭审主持语言具有元语言的性质是远远不够的。在我国的庭审实践过程中,法官的主持语言包括几个不同部分,既有用于组织、调节与规范诉讼双方庭审交际的语言使用,也有针对案件内容的补充发问。因此,还需要依据其功能进一步分类。韩礼德(Halliday, 1978)将语言分为三大元功能[①],分别是概念功能、人际功能与语篇功能。概念功能指语言具有反映物质世界的功能;人际功能指语言具有体现和调整言语角色关系的功能;而语篇功能指语言具有组织篇章的功能。他指出,所有的成人语言都同时具有三大元功能,但是在特定场合下,语言使用者会着重运用某一个功能,相应地,为了特定的研究目的,研究者可以着重研究某个功能。根据这个指导思想,结合法官的主持语言在庭审会话交际中的具体作用,法官的庭审语言又可细分为以下几种:组织庭审进程,将庭审交际参与人的发言顺序(庭审各阶段)有机连接起来的语言,主要具有元语篇(Meta-textual,简写为 MT)功能;对控辩双方的发言内容进行总结或评论(包括法庭综述,对证据的认证),用于确认双方辩论的焦点语言,主要具有元评论(Meta-comment,简写为 MC)的功能,属于人际功能;对庭审参与人的发言方式进行规范或对其提出的请求给予答复的反馈性语言,这部分语言主要具有

---

① 元功能与元语言中的"元"意义不同。

元评论(MC)功能。下面举例说明①。

1　(1) 法官：被告方发表质证意见。(MT)
　　　　被代：对这个证明无异议,但对证明的问题本代理人有异议。
　　　　法官：对证据的真实性有无异议？(MC)
　　　　被代：这个没有异议。
5　　　法官：对证明的事实有异议？(MC)
　　　　被代：是。
　　　　法官：有何不同意见？(MT)
　　(2) 公诉人：薄某某一再强调唐某某作证时未向检察机关办案机关说出倒
　　　　　　　　卖汽车配额与倒卖房子指标的事实,认为这是案件的核心事
　　　　　　　　实,公诉人认为这是薄某某对受贿案件要件不了解,这两个问
　　　　　　　　题都不影响受贿犯罪的构成,受贿犯罪的客观要件是指……
5　　　被告人：我发表一点意见,就一句话。
　　　　法官：可以。(MT)
　　　　被告人：即使公诉人不去询问唐某某不告诉薄某某这些情节就能认定
　　　　　　　　薄某某受贿的事实。公诉人如果确认了这一点,我很满意。
　　　　　　　　唐某某投机倒卖建房和汽车指标,隐瞒了我,然后说我受贿,
10　　　　　　　而且……本身就已经犯罪,在此情况下他还作证,是不合
　　　　　　　　适的。
　　　　法官：在质证过程中要围绕证据的真实性、合法性及关联性发表意见,
　　　　　　　至于这些证据能否认定案件事实,以及能否认定被告人有罪、何
　　　　　　　罪,以及罪轻罪重,本庭会给予充分时间在辩论阶段发表意见,
15　　　　　　各方是否明白？(MC)
　　　　所有人：明白。
　　　　法官：公诉人继续举证。(MT)

---

① 转写规则说明：数字表行数；(***)：单括号内星号表示声音不可辨认；(( ))：双括号表示转写者的注释内容；[ ]：单方括号表示两人话语重叠开始与结束；"被代"代表被告代理人；"原代"代表原告代理人。另外,为保护当事人利益,引例中将真实姓名隐去。

例(1)中第1、7行,例(2)中第6、17行中,法官语言是组织交际发言顺序的元语言,主要具有元语篇功能;而例(1)第3、5行,例(2)第12~15行中的问话分别是针对被告代理人(第2行)或被告人的发言方式(第7~11行)进行的追加问话或评论性话语,是对其发言方式的规范调节,主要具有元评论的功能。

此外,在主持庭审中,法官就案件审理不清楚的地方进行的必要的补充性问话具有什么样的功能呢?这部分的法官语言与庭审语言中的对象语言非常相似,很容易造成概念上的混乱。那么,它究竟是否具有元语言的特点呢?答案是肯定的。因为法官的补充性问话,从本质上讲,是对诉讼双方对案件仍不清楚的地方进行的补充问话,因此是针对庭审交际的对象语言进行的另一层面的言语活动,它仍属于元语言的范畴。从具体功能来讲,这部分元语言不同于前面提到的其他几种元语言。鉴于它具有类似指向案件事实的概念功能,为了显示区别,在此姑且将其称为补充问话性元语言(Meta-inquisition,简写为MI)。

(3) 法官:下面由原告方对被告方提供的关于财产保全的证据进行质证。(MT)

原代:本代理人对被告的证据的真实性与关联性没有意见。

法官:被告方对原告方的财产进行保全申请的根据是什么?(MI)

被代:我们的根据就是原被告双方根据省建行直属支行出具的工程造价减去原告已支付的工程款,这个在被告的工程催款函当中也都提到。

例(3)中,法官对案件所涉内容的问话(第3行),从上下文构成的语境看,显然是在被告代理人关于财产保全的话语不够充分明晰的情况下对其进行的补充性问话,属于补充问话性元语言。例(4)中第7行法官的问话也具有同样的属性。

(4) 法 官:被告人对公诉人出示的证据是否有异议?(MT)

被告人:我可以非常确切地说,机票、住房、订酒店、旅行、到非洲、平衡车我一概不知情。薄某某到非洲我毫无印象,但如果我听说

5　　　　　薄某某到非洲去,打过一个招呼,这也是从普通的父亲出发来讲的。对于平衡车,我自始至终都不知道平衡车是谁买的,没有任何人跟我讲过。

法　　官:刚才公诉人出示的平衡车的照片,你是否见过? (MI)

被告人:我见过,但走南闯北事很多,怎么可能关心这么个玩具。

下面是对法官庭审主持语言分类的图示总结,其中,具有语篇与评论功能的元语言占主要部分。图 3.1 中,大括号表示这些功能之间是并存关系,而非排他性关系。

图 3.1　法官庭审语言的类别

三、元语言与庭审交际中法官的中立主持意识

庭审交际中的对象语言所指向并构建的外部世界可以分为两个层面,或两个言语现实(Gibbons, 2003: 78 - 79):"第一现实(the primary courtroom reality)是当前庭审的言语环境,包括法庭环境与交际者;第二现实(the secondary reality)指向诉讼案件的客观事实。这两个现实都通过语言表现,而且在庭审交际者的语言活动中相互作用。也可以说,庭审中第二现实的言语再现必须在第一个现实的基础上得以反映(即投射)。"由此可见庭审交际过程(第一现实)对于庭审交际实体内容(第二现实)的重要性。

法官通过元语言对庭审的交际过程进行指导或控制,这是显而易见的,是法官作为庭审主持人角色的重要体现,也是法官的中立角色意识在语言层面的社会性表征。那么,从语言交际入手研究法官在庭审中的中立地位,实际上就是分析法官对庭审交际过程(第一现实)的干预是否会影响到诉讼双方对庭审案件(第二现实)的言语再现及如何影响。

法官的补充问话性元语言(MI)很清楚地体现法官在案件中的介入,这部分元语言的过多使用是庭审职权主义的主要标志,在纠问式庭审中占主要地位,但在目前的庭审制度下,这部分语言所占比例已经很小。为了回答法官的元语言使用是否会影响诉讼双方对案件的言语再现活动,具有元语篇与元评论功能的主持语言成为分析的重点。

通过对收集到的语料进行全面的分析,发现法官元语言对于庭审交际内容具有促进作用,也有限制作用,说明法官的中立角色意识在话语输出中具有中介性作用。

(一) 元语言使用对庭审交际内容的积极影响

法官用元语言对庭审交际过程进行控制,直接作用于诉讼双方的交际过程,即第一现实,但是这种影响是对庭审交际组织的积极作用,有利于庭审活动的开展。

(5) 法官:下面进入法庭辩论。(MT)本庭先归纳一下双方的争议焦点。第一,被告与原告是否存在房屋借用关系;第二,原告的诉讼有无法律依据。双方是否同意本庭的归纳?(MT/MC)

原代:同意。

被代:同意。

法官对双方争议焦点的综述部分是用来指导法庭辩论中双方的发言内容的,这里的元语言明显作用于庭审交际的内容,但是这种影响应该是积极的(诉讼双方表示"同意"可以证明)。

(6) 法官:现在进入法庭辩论。原告人可以对诉讼证据或其他发表辩论意见。(MT)

原告:被告人刚才讲的一份证据,我们有不同的看法。

法官:现在恢复庭审调查。原告人,发表你对证据的看法。(MT)

例(6)中,在宣布庭审(第1行)进入法庭辩论阶段后,鉴于原告方提出对证据有看法,法官使用元语言(第3行)灵活地将庭审从辩论阶段拉回到调查阶段,随之,原告人此后的话语性质也发生了变化,由原来期望的辩论发言转变为质证发言。显然,两种不同性质的发言有可能关系到证据认证,但在本例的语境中并没有发现负面影响。

(7) 法　官:下面公诉人继续举证。(MT)

公诉人:公诉人想对刚才被告人的辩解意见发表一些意见。王某某是本案的关键证人,他证实了本案的核心事实,即起诉书指控的贪污500万元的事实。这500万是公款,但经过被告人薄某某同意了王某某的补贴家用的提议,安排王某某与谷某某商量,最后这500万元进入了其控制的账户。

法　官:公诉人注意,辩论意见留在辩论阶段再发表(MC),现在继续举证(MT)。

公诉人:如果没有被告人薄某某的同意,王某某怎么能去找谷某某?如果……

法　官:再次提醒公诉人,辩论意见在辩论阶段再发表,对被告人供述的质证意见在质证阶段再行发表(MC/MT)。

在例(7)中,法官告知公诉人继续举证(见第1行),但公诉人却对被告人的辩解进行了反驳性的解释(见第2~6行),于是,法官对其话语的性质进行了评价,认为是"辩论意见",并告知他等到下一阶段再说此番话,然后让他继续举证(见第7~8行),而公诉人继续延续其论证(见第9~10行),于是法官再次进行言语干预(见第11~12行),随后法官宣布法庭休庭。

(8) 法　官:被告人薄某某对证人证言有什么意见?(MT)

被告人:王某某作证过程中不断地撒谎,他的证言完全不足以采信,他的证言充满了欺骗,而且是信口开河。比如关于光盘的事情,他昨天讲的与他自己的笔录证词中就显然不同,他自己听力极佳……他说我不是一耳光,而是一拳,而我没有练过拳术,而且我没有这么大的打击力。

法　官:被告人的意见是昨天证人王某某发表的相关证言不真实?(MT/MC)

被告人：对，是不真实的。
10　　法　官：被告人的意见本庭已经听清，庭后我们合议庭在综合评议相关证据的时候会予以充分的注意。(MT/MC)
被告人：行。法院已经认定他形成滥用职权罪和叛逃罪，特别是叛逃引起了极其恶劣的影响，昨天他狡辩他不是叛逃，而是正常的外交，有手续。
15　　法　官：对于已经经过判决生效的事实，在法庭上不需要再讨论，这都是公之于众的判决。(MC/MT)
被告人：综上，此人品质极其恶劣，一是当场造谣，二是把水搅浑，这种人作为重要证人进行举证，有失法律公信力。
法　官：本庭提醒被告人，通知王某某到庭前作证是根据公诉机关和
20　　　　　被告人双方的申请作出的决定。(MC)
被告人：谢谢。
法　官：辩护人有什么意见？(MT)

在例(8)中，对于被告人关于证人证言的评价性意见(第2～6行)，因其没有采用符合法律逻辑的语言进行表述，法官遂用法律术语"真实"对其要义进行重述，并以问话的形式表达出来(见第7行)，给予被告人进行确认的机会。在得到被告人的肯定答复后，法官对其进行了反馈性答复，"本庭已经听清……予以充分的注意"(第10～11行)，但被告人却继续对证人进行批评(第12～14行)，法官使用元语言对此进行制止，"不需要再讨论"(第15～16行)，但被告人仍然滔滔不绝地对证人的品质进行了否定评价，以此否认其证言的公信力(见第17～18行)。于是法官以提醒被告人注意的方式，反驳被告人的观点，指出证人出庭系被告人与公诉人的申请，从而否决了被告人在第17～18行中的否定与诋毁言语中可能隐含的言外之意：此人不合适出庭而法庭却安排了此人出庭作证，法庭对此有责任。对此，被告人可能为避免与法庭发生直接对抗，用"谢谢"结束其发言。此时，法官成功地控制了被告人的话语，使得庭审继续按要求开展下去。

从以上话语片段可见，法官使用元语言对庭审交际的话语组织进行有效的言语控制，保证了庭审交际按照既定的阶段开展下去。也就是说，对庭审交际第

一现实的调控性行为没有影响庭审交际的第二现实,即对案件事实本身的呈现。法官元语言的有效使用是由法官大脑中关于庭审交际程序的知识图式来管理或控制的,是法官中立角色意识在言语中的表征。

(二)元语言使用对庭审交际内容的间接影响

法官用元语言对庭审的交际过程进行控制,有时会间接地影响到当事人发言内容的质量,即庭审的第二现实,尤其是在当事人没有法律代理人而自行出庭参与诉讼的案件,或是在允许对证人进行交叉询问的案件中,则对庭审的程序公正可能产生负面影响。因为这种影响是不易觉察的,所以被称为间接消极影响。

片段(9)是一则法官与被告人的交际片段。

(9) 法官:被告人,现在你可以对公诉人提供的有关你犯罪事实的证据发表你的看法。(MT)

被告:我在那天,本来是到白某家里玩的,他叫我跟他出去一下,我就[跟他出去

5 法官: [现在]你可以对公诉人提供的有关你犯罪事实的证言证词提出异议,有没有不同的看法?(MT)

被告:有。我(0.7秒)

法官:有就说。你对哪一份证据有哪些不同的看法(MC),为什么?你讲呀!(MT)

10 被告:那天,我本来是到白某家里玩的,当时他叫我跟他出去一下[可是

法官:[要你讲]你对证据的看法(MC),你这人怎么,不懂呀?你对证据有无异议?(MC/MT)

被告:((声音低下去))没有。

片段(9)凸显了法官对被告人答话方式的调节。首先,他用元语言引导被告人进入对庭审内容的参与(第1~2行),但是,被告人的回答(第3~4行)不是法官所期待的方式——用简洁的语言明确地回答法庭问话(张丽萍,2005)。于是,他再次提醒被告人对公诉人的证据发表"看法"(第5~6行),这句重复问话既具

有元语篇功能——让被告加入当前关于庭审内容的发言,同时也具有元评论的功能——间接表明被告的答复不合规范。但是,被告人仍不明白法官的言语意图,出现犹豫(第7行)。在这种情况下,法官果断地用元评论的语言(第8行),加上带有明显主观倾向的命令("你讲呀!"),对被告人的发言方式进行规范。可是,被告人仍然执着地用同样的方式回答(第10行)。值得注意的是,虽然法官在这里的元语言使用是有法律依据的[①],但是,会话分析显示,法官对交际过程的控制却最终限制了被告人对案件的表述,被告的否定答复"没有"(第14行)与初始的回答(第7行)相比,出现了质与量的差别,即影响了被告人对案件完整事实的呈现。

片段(9)显示了法官过量使用元语言对庭审交际进行控制,从而影响了被告人的话语。在另一则由律师代理的刑事庭审中,当对出庭作证的证人进行交叉询问时,法官没有充分使用元语言调控庭审交际,使得被告代理人对证人进行了"无关"的询问,使证人陈述了过量证词,也会无意中对庭审的第二现实——案例事实造成负面影响。

(10) 被代1:凭你主观判断,你认为他是谨慎的人还是粗率的人?
　　　证人:我今天只是陈述事实,不做任何评价。
　　　被代1:王某某是不是通过你认识的谷某某?
　　　证人:是。
5　　被代1:你讲一下认识的过程。
　　　证人:这与本案无关。
　　　被代1:请你如实回答。
　　　法官:辩护人说明一下你为什么提这个问题。(MT)
　　　证人:因为后面的滥用职权罪会与这个问题有关。
10　　公诉人:公诉人反对,因为下面的滥用职权犯罪中徐某某不是证人。
　　　法官:反对有效。(MC/MT)辩护人继续发问。(MT)
　　　被代2:这个问题你能回答还是不能回答?
　　　证人:好,当时谷某某家里工勤人员有案子,谷某某很不满意,我去谷
　　　　　某某家里时,谷某某给我说过她不满意,她问我有什么办法,我

---

① 可参见《中华人民共和国法官职业道德基本准则》(2001)第三十二条。

给她推荐的王某某,他让我约王某某见面,他们就认识了。

在片段(10)中,被告辩护人在交叉询问证人,要求证人讲一下认识的过程(见第5行),在证人拒绝回答的情况下,他仍然坚持要求证人回答(第7行),此时法官以评论性元语言介入话语交际,让被告代理人解释一下提该要求的理由(第8行),在被告代理人给出理由后(第9行),公诉人提出反对意见,对此法官明确同意"反对有效",让辩护人继续发问(第11行),其言下之意是,不能重复提问上面的问题,接着提问别的问题(如果有的话),但此时第二被告代理人突然插话,以激将法提问证人,"能回答还是不能回答"(第12行),质问证人的胆量或资质,而避开了提问的合理性原因,证人上当,开始提供回答。鉴于该证人不是滥用职权案的证人,其拒绝回答关于"认识过程",就有正当理由,对此法官也明确同意,但当第二被告代理人策略性地使用激将法提问时,法官没有使用元语言施行任何言语调控,使得证人不得不说了一些在公诉人看来"无关"的证词,这无疑会影响到证人言辞或人品的可信度,也即庭审的第二现实。

庭审中法官元语言的过多使用或使用不足都将影响到庭审交际的过程,间接影响到诉讼双方对案件实体的再现。在当事人自行辩护时,如片段(9),法官的元评论语言使被告人没能为自己的行为辩护,影响了被告人对公诉人观点的反驳,或在对证人的交叉询问中,如片段(10),法官没有使用足够的元语言对律师的提问进行限制,使得证人被迫提供了"无关"的案件信息,影响了庭审第二现实的完整性,不仅可能会使当事人或律师对程序公正产生看法,同时也可能影响到法庭对证据的认证及法律适用(诉讼结果)的工作,从而对实体公正产生影响。由此看来,若元语言的使用间接影响交际内容时,可能会对法官树立中立角色形成潜在威胁。

在这方面,法官元语言的过度使用或使用不足反映了法官的中立意识与普通人的角色意识产生了冲突,后者干扰了前者或与前者形成了对抗、冲突。在片段(9)中,显然法官对于庭审交际的认知图式与普通人关于庭审的理解是不同的,前者是以规则为主的,而后者是非规则的,以叙事或故事为主的,法官对于被告人不合法庭逻辑的话语进行打断,是对其认知图式的一种过度矫正,从而造成言语交际上的不连贯(详见张丽萍,2005)。而片段(10)中,法官明确使用元语言对被告代理人进行制止,"反对有效",已经构成了对被告代理人面子的一种语用威胁,而当第二被告代理人贸然介入提问序列的时候,法官此时可能受到其他意识的干扰,比如在用言语挫败别人的时候应给对方保留一定面子这样的人际交往常识,因此法官并没有继续实施言语控制。总之,法官元语言的使用表征了中立意识在庭审交际话语中的作用。

四、法官元语言、中立主持角色意识与司法公正

在有关法律法规的指导下,出于调节庭审过程的正常需要,法官用元语言对诉讼参与人的不当言语进行调控,从而体现其在庭审中的中立角色,可能影响到诉讼参与人对案件事实的再现,相应地,影响庭审交际的实体部分。那么,法官对庭审交际过程的干预是否会使公民对法官的中立角色和司法公正的理解产生疑惑呢?我们认为,这是完全有可能的。理由是,法官的中立意识必须得到庭审参与人的认可与理解,在话语交际层面,法官的规范性元语言必须被听话人正确地解码,并给予配合,才能达到预期的目的。如果听话人不懂得庭审交际的言语规范,就可能对法官在主持中的中立地位产生怀疑,从而影响他们对司法公正的看法。这个论断在话语分析层面可以找到证据。

(11) 主持法官:(((在被告人发表完答辩词之后))好,下面呢,我们宣布法庭调查开始。

　　　　　　下面宣读有关证据。我们以前举过的证据就不要再举了。现在呢,原告方你(MT)

5　　原告:我希望那个,有一部分情况,我要提出来啊。

　　主持法官:嗯。

　　原告:当时呢,我们提到非典这一个事情。实质上,这个事情的发生,主要是说非典之后这个大气候给我们之间的这一经历。所以,我在法庭上讲的时候呢,当时你法院呢,好像跟非典=

10　　主持法官:=你那个东西我收到了。

　　原告:哎,非典有关系。还是啊?这个,这个东西呢,如果没有非典,我们也就不成立这一段历史。不可能的。因为呢,是那个非典是5月份,5月份、6月份,到那个6月份以后呢,那个非典基本上已经过了,但是,非典呢,虽经过,但是非典的残余依然是存在

15　　　　　的。这个,你不是说,我们在中央电视台一看,今天全国一例非
　　　　　典没有,啊,大家就都出去了。它得也有个过程。所以说,非典
　　　　　的残余实际上是存在的。所以,((因篇幅所限,余下删减))
　　　　主持法官:这个可以放在法庭辩论里讲,好不好?(MC)
20　　　原告:哦。
　　　　主持法官:因为你说……
　　　　原告:啊,这,这个,我给你解答一下。当时,她((被告人))说,她那个
　　　　　为了营业额,这个,说不上,所以要我拿产品去卖的。她不是考
　　　　　虑到(***)什么的,她没有考虑这个问题。她怕自己,她留得
25　　　　　青山在,怕,不怕没柴烧。
　　　　审判长:这样吧,你有没有新的证据要拿到法院来质证的?(MC)
　　　　原告:所以说,我们讲的一个呢,这个口头协议这是一个参考,主要还
　　　　　是要证据。
　　　　第三法官:你有没有证据来提交的?(MC)
30　　　原告:啊,这个事情呢,主要,原来打算,我讲的时候……
　　　　主持法官:你们现在有没有证据?(MC)
　　　　原告:讲的时候呢,给你们打断了么!
　　　　主持法官:不是怕你说,你放在法庭辩论上说,好不好? 因为现在是举
　　　　　证阶段,我们按照程序来说,好不好?
35　　　第三法官:没有证据的话,你不要讲话就可以了。(MC)
　　　　原告:哦。
　　　　主持法官:有没有新的证据了?(MT)
　　　　原告代理人:没有。

　　在语段(11)中,原告人在举证阶段长篇大论,却并没有提供任何证据,于是,合议庭的三位法官都用元语言对其发言方式进行规范(见第19、26、29行),这是她们中立角色意识的言语表征,尽管各自的规范方式有所不同,但是,原告人并没有领会法官们的规范性元语言的意图,反而对法官的干涉心存疑惑,满怀怨愤地说:"讲的时候呢,给你们打断了么!"(第32行)主持法官针对原告人的不满所进行的解释(见第33~34行),也在话语序列上显示了她完

全意识到被告人的不满情绪,这也印证了我们的分析——被告的不满的确在话语层面有所体现。这个例子同时显示,虽然法官的规范性元语言行为有"不礼貌"之嫌,但是有必要指出,三位法官的语言共性证明,它并非法官个体语言的特征,而是法官语言在庭审体制的制约下形成的群体语言特征。对香港市民以自诉人身份参加庭审的案例所进行的话语分析也证明了这一点(见Leung,2015),由此可知,法官元语言的使用情况是其庭审主持人中立角色意识在话语层面的体现。

因此,我们有理由得出结论:如果法官对庭审交际过程的干预使受话人产生不满情绪,不仅会影响他对程序公正与实体公正的认识,严重的甚至会导致针对法官主持不公的上诉行为。英国诉讼历史中有一个很典型的例子,琼斯诉国家煤炭委员会(Jones v. National Coal Board)一案中,原告就因为对一审法官的庭审语言有怨言而进行了上诉(Dennings,1980)。

本节对法官在主持庭审话语交际中所使用的元语言进行了分析,探讨了法官的中立主持角色意识在话语层面的体现。首先,法官的元语言有三种具体功能,分别是语篇功能、评论功能与补充提问功能。其次,基于具体的庭审语料,对法官元语言在庭审交际过程的调控作用进行考察,主要以元语言对庭审交际过程的调控(庭审的第一现实)是否改变庭审的实质内容——对案件事实的认定(第二现实)为标准。分析发现:元语言的使用对于庭审内容既有积极影响,也有消极影响,其中,当这种影响足以改变庭审交际内容的质或量时,可能对庭审的程序公正与实体公正产生影响。元语言的使用情况从话语的层面表征了法官中立角色意识的显性与隐性作用。

如何根据具体的案件与当事人的情况,恰当、灵活地发挥中立角色作用,这是一个值得探讨的问题。另外,元语言的使用为何会产生这种消极影响,有无消除的对策?这些将是本文后续研究要解决的问题。

对庭审交际进行话语分析旨在说明,语言学研究可以将司法公正在实践中面临的问题放在显微镜下进行具体的描写与分析,从而帮助法学界更好地锁定庭审实践中的实际情况。作为探讨,我们认为,对法官的主持语言进行元语言的定性与功能分类,是区分法官角色的重要标尺之一,这种分类可为将来建立并标注大型司法语言语料库提供一定的思路与操作方法。

第二节　法官的法律阐释者意识与重述言语行为①

除了主持庭审过程,法官的中立者角色还体现在对庭审交际中控辩或原告与被告双方所提交的证据及辩论意见进行判决,并根据相关法律对案件进行最终的裁定,为此法官需要进行一系列的证据比对、逻辑论证、法律辩论等活动,其论证过程与结果以生成判决书这一话语实践为标志。判决书文本就是法官在语篇层面进行法律论证的社会实践活动(如李诗芳,2007),因此分析法官在判决书文本层面的话语行为可以探讨其中立意识的另一个方面——法律阐释者角色意识。

本节主要分析法官的重述言语行为与法律阐释者角色,即法官语言的辩论性与动态交际性。

一、问题的提出

重述在日常言语(如 Garfinkel & Sacks,1986)和机构话语研究(如 Heritage & Watson,1979;廖美珍,2006;辛斌,1998;辛斌,高小丽,2019;Chaemsaithong,2017b;等)中已经得到了广泛的研究,但它在同一国家的不同历史时期如何使用却有待研究。正如 Kryk-Kastovsky(2006)所言,基于历时或古代的庭审记录语料,对庭审话语的言语目的与言后效果进行分析,可以更好地检验庭审交际中的言语行为在不同社会语境下的使用,从而证明言语行为与庭审话语之间跨时空的对应关系,更好地理解庭审交际的本质。随着时间的推移,我国社会制度发生了重大变革,汉语的语言体系和法律制度也随之出现了重大变化,重述言语行为在历史长河中的复杂性与变异性,尚有待探讨。

鉴于我国的社会主义法律体系是在继承我国本土的优秀法律传统的基础

---

① 对法官重述言语行为的初步研究系本人与研究生张亭亭合作完成(见张亭亭,2016)的。经过后期不断的修改完善,在最新研究中,将法官的重述言语置于国际司法交流语境中进行讨论,最终成果将刊发于国际英文期刊《历史语用学》(*Journal of Historical Pragmatics*)。本书付印时,该文尚未见刊,因版权限制,本节仅在合理使用范围内,简单将该研究的初步观点与思路以摘要的方法收录于此,以不影响本研究的整体完整。

上,积极借鉴世界优秀法律文化,本节对法官重述语言的研究将不仅仅限于其形式,同时将在具体语境的基础上对其功能进行分析,为此将以传统和当代两个时期庭审判决书为语料,从句法、语义和语用方面对法官的重述言语行为进行比较研究与批评分析。

二、法官重述言语行为的界定

根据言语行为理论,当人们说某件事的时候,实际上是在做一件事情,故称之为言语行为(Austin 1962)。每一个言语行为包括三种行为:言内行为(口头上表述的行为)、言外行为(说话人的语用意图)和言后行为(言语行为的效果)。根据适切条件可以将言语行为归类为不同的类别(Searle,1969;Wierzbicka,1987)。重述是一种常见的言语行为,认为交际人"可以使用部分话语去描述会话本身或解释、总结会话的特点",或"提出会话的要旨或及时提示会话是否符合规约"(Garfinkel & Sacks,1986:15)。结合本研究的语境,可将重述定义如下:以书面或口头形式重新提出或重新阐述有关规则、道德或法律规则的言语行为,其目的在于使所引法律法规适用于当前的庭审案件。重述与转述类言语行为具有相似的特质,本文之所以采用"重述"而非"转述",是因为转述更多侧重在语法层面上复制其他来源的词汇(Baynham & Slembrouck,1999;沈志先,2010),而本文中的重述侧重说话人在话语中对所重述言语的语用与互动(Sakita,2002),强调说话人对其在结构或话语中的操作变化所引起的差异。

三、法官重述言语行为的语境

(一)机构话语中的重述

在判决书中文本语境发生的重述言语行为所面对的目标读者有多个群体,首先是控辩双方或原、被告双方,其次是双方各自代表的有共同利益的子社群,然后是普通的社会大众,此外,还有法学学生、法学界专业认知群体,因为法律论证是这一群体内共享的知识体系、价值标准与认知手段(苏力,2001)。援引法律对案件进行判决的言语活动,就是与这些(潜在)群体进行交流、论证的过程,也是体现其中立立场,表征其法律阐释者角色意识的重要载体。

重述言语行为在具有语境中具有不同的交际目的,实现不同的功能。在新闻、学术和医患话语等机构话语中,重述有助于建构话语角色并完成机构性(见辛斌,高小丽,2019;Baynham & Slembrouck,1999)。在交际中,信息的接受者常用重述来阐明或表达自己的理解要点(主要是为了引起对方的注意)或阐明一些不言而喻的想法(结论)(Heritage & Watson,1979),而且就分布而言,在医患谈话的不同位置,均可使用到重述,重述起着总结言语("结论性重述")或促进交互("操作性重述")的作用,同时有助于建立并促进话语间的连贯(Gafaranga & Britten,2004)。重述在话语互动中出现的频次很高,交际功能也很多,比如在会话中提高命题的真实性(如 Good,2015)、诋毁对手、回避批评(如 Svahn,2016;Holt & Clift,2006)或表达不同的意见(如 Harry,2014;Buttny & Williams,2000;Wooffitt,2001;Clift,2006a,2006b)。重述能促进话语参与者之间达成理解、解决争议(另见 Hak & de Boer,1996;Davis,1986;Smirnova,2009;Buttny & Williams,2000;辛斌,高小丽,2019)。在判决书中,法官使用重述言语来实现双重功能:既表明法官对法规与当前事实间联系的理解,也用于说服案件的争议双方接受该司法判决(Ksrner,2000)。

律师在英美法庭对证人证言进行重述或提及"他人意见"时会采用不同的策略,使重述言语的结构出现变化(如 Chaemsaithong,2017b),语境对此有很大影响作用(见 Matoesian,2000;Eades,1996;Philips,1986)。受西方审判制度的语境制约,判决控诉罪名是否成立主要由陪审团而非法官完成,因此西方研究者很少关注法官语言中的重述,但是法官语言在大陆法国家的司法体制中起着重要的作用,因为法官在庭审话语的组织、开展与案件事实的判决与最终判决结果的制定方面均起着非常重要的作用。当今在我国的庭审语境下,可用典型标记语,如话语标记语"那是""换言之"或"不是吗"等来界定重述言语行为(廖美珍,2006;罗桂花,2013;等)。

对法官重述言语行为的讨论必须置于判决书文本的体裁规范与宏观语境。我国的判决书经历了三个时期的变化,分别是封建社会时期(1911 年前)、民主革命时期(1919—1949)和当代(1949 年迄今),其结构上相应有一些变化。封建社会时期的判决书没有固定形式,论说中带有很强的伦理性,庭审通常是基于伦理或道德原则而不是按照严格的书面法规[①],同时因汉语繁体字用字简洁、正式,判决书显得文风典雅(汪世荣,1997);民主革命时期,判决书的格式更趋于旧

[①] 中国封建时期的法律制度在很大程度上受到儒家道德的影响(张晋藩,1997)。

时判决书的书写风格;当代判决书在结构上更趋于标准化、公式化和学术化,句子冗长,内容完整,包括诉讼双方的诉讼要求、事实调查和法院的最终判决(田荔枝 2010,展凌 2006)。当代司法语境下,法官更重视判决在解决纠纷中的工具性特点,很少关注判决的社会功能——法律教育。虽使用简洁通俗的中文进行论证,但当代判决书中司法论证是否充分仍然值得研究(苏力,2001)。为弥补此缺憾,同时也为了强化判决书的法律教育功能,近来,部分判决书后面附加了一些评论性的话语,对涉案当事人的道德和伦理进行一定的评论(Liu & Liu,2007),简称"法官后语",但此等论述并没有弥补判决中缺乏法律论证这一内在问题(傅郁林,2000)。

判决书不仅仅是一个文本,也是法官与庭审交际的参与人之间进行司法讨论、辩论和互动的载体(如苏力,2001;Han,Bhatia & Ge,2018)。根据 Philips(1998)的观点,法官话语受到法律制度和意识形态的影响。受中国法律文化的影响,传统司法时期的法官在审议案件、作出判决时,主要从伦理道德上对事实进行论证,对当事人进行说服,这表明他们更看中司法判决对于教育人们实现和谐社会的作用(见董敏,2007;汪世荣,1997;等),采用多种办法与庭审参与者磋商法律观点,用系统功能语言学的术语来说,法官们综合使用模态(李战子,2003)和其他人际资源(Ksrner,2000)来表达自己的观点,并尽力使其合法化。

(二) 重述言语行为的语料选择

为了更好地理解法官话语中的重述言语,有必要从历时语料中或较完整的裁判文书中考察法官如何引用(历史)法律条文,以进行法律论证,探讨法官作为法律阐释者的角色意识的话语体现。

本文的语料范围是:随机各抽取 85 份传统判决书和当代判决书,围绕与家庭纠纷相关的案例①,其中传统判决书语料来自两本公开发表的资料,《断案精华:大清拍案惊奇》(金人叹,吴果迟,2003)为清朝案件精选,《古代判词三百篇》(陈重业,2009)则为汉朝至明朝期间的案例精选。本文将不同朝代的判决书归类为传统判决书,因为中国封建社会的法律制度和文化具有同质特征,其法规有儒家伦理与理念的显性影响(张晋藩,2010;史广全,2006;张法连,2017;等)。当

---

① 大多数判决是民事判决,但有些则是刑事判决,因为传统时期民事和刑事案件之间并没有明确的划分。

代判决书(1979 至今)则取自政府部门的免费开放资源平台"中国裁判文书网"(最高人民法院,2021)。

言语行为通常由行为动词或话语标记语来实现。本文中借助"在法""准法"或"根据"等话语标记语对重述言语行为的识别与判断,着重于分析言外和言后行为,以了解其话语功能。巴赫金的对话性理论为我们了解言语行为的话语功能提供了更宽阔的视野。

四、法官重述言语行为的类别和功能

本节首先对重述言语行为进行分类,列出识别重述言语行为的标记语,为详细分析法官如何使用重述言语行为来完成法律论证与说服工作,体现其法律阐释者的角色意识,提供操作性工具。

(一)法官重述言语的分类

根据 Bakhtin(1981)的对话性理论,在社会互动中,任何文本或话语本质上都具有对话性,体现在几个方面的互动:作者与其意识主体、与观众/听众、与之前的文本或后续文本之间的互动,或与以上不同声音所代表的社会、文化意识形态之间的广泛互动。从这个哲学意义上说,所有文字,无论是口头还是书面,都具有对话性,但在社会实践中,因话语生成时具有时间、地点等语境方面的制约,在单一的语篇中说话人的对话性倾向或意愿各不相同。从文本所呈现的对话性程度来看,可分为独白性文本和对话性文本。对话性文本显示了作者强烈的互动倾向,承认其他声音的存在,认为意义可以商谈、可更改;相反,独白性文本中,作者拒绝互动,反对任何质疑和讨论,总是以其观点为唯一正确的、终极的意义(Bakhtin, 1981)。有必要指出,对话性与独白性是相互依存的概念,不存在绝对的对话性或独白性。

可从句法与形式上区分对话性文本和独性白文本。在对话性文本中,话语语境力求"分解间接引语的独立风格,突破此风格并消除其边界"(Bakhtin, 1984:122),Bakhtin(1981)认为这是社会文化潮流的结果和反映,话语语境与被引话语之间相互渗透、整合和对话的特点是这种风格的主要代表。在独白性文本中,"说话人总是为转述语构建明确的外部轮廓"(Bakhtin, 1981;巴赫金,1998),显示叙述者话语与转述话语之间存在明确的界限。这种风格的典例就是

第三章 法官的中立者角色

持续使用直接引语。

根据叙述声音和被转述声音(Bakhtin,1981)间是否存在清晰的界限,即引用的声音在结构、语义或语用方面是否发生变化,将法官的重述言语进行分类。一般来说,结构上的变化有三种类型:无变化、部分变化和完全新建构,因为汉语在时态上没有明确的形态标记,其变化基本上是由词序变动而衍生的。当被引话语——法律条文——的声音在法官话语新的语境中被直接重复且词序无变化时,重述言语就具有"无变化"结构的特点,而当被引话语的声音在新语境中被部分挑选(或摘取)或彻底改变时,就出现"部分选择"或"新"变化。一般来说,结构上的变化也会带来意义上的变化。更为准确地说,这些变化体现为重述话语与被引用话语之间的意义互动①,即法官在司法推理中对所引法律条例进行了阐释、示范或延伸,或对其进行反驳或进行其他形式的互动。基于结构变化和意义变化这两个标准,本研究将重述分为三类,分别是重复性重述、概要性重述和解释性重述。

当法官直接、忠实地引用法律条款原文时,若句法结构无改变,也未对所引述的观点进行干预,就是重复性重述。这种重述一般由"在法""准法"或"根据"等话语标记语或实据标志词来引导(Aikhenvald,2004;Plungian,2001;Mushin,2006),或由"说""认为"等报道类言语行为动词来标识,或偶尔用引号来标识。

语段(1)、(2)中,使用了引号或使用标记语"云"引导重复性重述言语。

(1)"诸义子孙所养祖父母、父母俱亡,或本身虽存,而生前所养祖父母、父母俱亡,被论及自称者,官司不得受理。"

(2)况再按大清律云:自首有不尽者,仍以不尽之罪罪之。

在当代判决书中,法官的重复性重述采用了引号和话语标记语,见语料片段(3)。为便于参阅,用下划线标识语料中的重述言语,并按小句对其编号。

(3)根据《中华人民共和国婚姻法》第二十一条第二款、第三款的规定,遂判

---

① 也可视作重述者在语义和语用方面对所引言语的操纵或干预程度。

决：被告徐×飙于判决生效之月起每月支付原告徐×赡养费人民币300元。

在片段(3)中,说话人用标记语"根据"来标记对法律的援引,而且对法律条文的指代采用法规的序号"第二十一条第二款、第三款……",并没有重述条款的具体内容,因此,该重述均没有引起原文在结构或语义上的变化。这种由"依/根据"或"据"等标识的重述言语在当代判决中出现的频率很高。

在概要性重述中,法官从被重述信息中选择某些关键词汇并对其主要观点进行总结或概括,在此过程中,被重述话语在结构上发生细微变化但含义未有更改或延伸。可结合相关的文化语境信息,借助"法"之类的关键词素以识别概要性重述。

(4) 每年额派小麦、赤豆、白豆、大青、黄豆、库子三名,俱见条鞭法。

在片段(4),"条鞭"即"一条鞭法","总括一州县之赋役,量地计丁,丁粮毕输于官"。这则财税征收条例的概要性总结,属于概要性重述。在此重述过程中,法官用"条鞭"形象化地描述各种赋税征收的项目,用"法"来说明该条例的属性,法规在名称与结构上发生了变化但意思未改变。在当代判决书中,法规短标题也常用于概要性重述。

在解释性重述中,重述者(法官)对被述话语中的人称、时态、代词、时空进行灵活修改,或将主观评论添加在重述言语中,从而使被述话语在形式和意义上均发生改变。换言之,在新语境下法官的叙述声音对重述观点做了解释。

(5) 王季陶与何月妹,虽有秦晋之盟,并无伉俪之实。……历年三十,子女成行,乃翻旧案,重求配合。①<u>已同陌路萧郎</u>,②<u>自认东床坦腹</u>;③<u>忽鼓求凰之操</u>,冀图破镜之圆。活拆现成夫妻,而践口头契约。有是理乎?……姑念王季陶一贫如洗,予以宽释。

在片段(5)中,元代书生崔郊在《赠婢诗》中的诗句"侯门一入深似海,从此萧郎是路人"(郑红峰,2015)被巧妙地重述为"已同'陌路萧郎'",法官选用"萧郎"

这一人名,增添了评价性色彩的形容词"陌"字与具有双关语意义的"路",最后合为"陌路"(路人的同义词)。词序的显著变化产生了新的含意。在原句中,"萧郎"本来泛指女子所爱之人,在新语境中,"萧郎"特指这位失去爱人的绝望男子。通过连接副词"已同",法官将所述话语再次语境化,将原本同情爱人的词赋予了评判含意,用以批评该案中的王季陶。法官的重述言语直接地表达了他的言外之意:王季陶与何月妹现在没有恋人关系。同理,"东床坦腹"和"求凰之操"均为解释性重述。由于篇幅有限,暂不展开讨论。

综上所述,根据结构和意义的变化以及重述者与所转述思想的互动程度,可将重述分为三种类型:重复性重述、概要性重述以及解释性重述,见表3.1。

表 3.1 三类重述的特点和区别

	结构变化	语义变化	交互度/干预度
重复性重述	否	否	最低(线性)
概要性重述	是	否	低/中(线性)
解释性重述	是	是	高(立体的)

相对而言,解释性重述中,法官与被重述思想(条文)之间的意义互动程度最大,或者说法官对被引条文的干预性程度最高①。虽然概要性重述在结构上发生一些变化,但意义上并没有明显变化,因此它更接近于重复性重述,而不是解释性重述。鉴于重复性重述和概要性重述中,重述者很少与被重述话语进行意义互动或对其进行干预,两者均属于独白风格。而解释性重述中,法官对被引话语进行了一定的意义阐释,与其发生了积极的意义互动,所以更接近于对话风格(参见 Kuo,2001)。

(二) 被述条例的来源

本研究中被重述的条例有三种不同的来源,分别是儒家规范、正式的法律法规(成文法)和其他规约(如传统习俗、民间乡俗或规约)。儒家规范包括《诗经》《论语》《书》《礼》《春秋》和《孟子》儒学经典中的规约;典纂法规包括已正

---

① 对重述的分类,也参考了与之有关联的引语。根据叙述者对所引话语的干预程度,Leech 和 Short (1981)将引语分为叙述性话语行为、间接引语、自由间接引语、直接引语和自由直接引语,它们构成一个连续体,其中链条左端的是叙述性言语行为,表明叙述者或引用者控制和干预程度最高,右端的自由直接引语则确保被引话语具有最大的自由度与独立性。

式制定公开的法律规定,如《唐律》《宋朝刑法》《大清律例》以及现今的法规,如《中华人民共和国民法典》;其他规约包括民间约定或规约,比如名人轶事和经典案例所承载记录的行为规范,如摘录(5)中提到的"陌路萧郎"和"东床坦腹"。

在传统封建社会时期,"引礼入法""礼法相容",即儒家关于治国与社会秩序的伦理观点均被引入或应用于法律体系中,对法律发挥了显性的影响作用,而有些观点,如民间以典故或传说等方式流传的具有伦理道德意义的陈述,也被默认为具有规约性法律功能(见张晋藩,1999;史广全,2006)。除儒家经典思想之外,法家、道家等思想也对古代的法律产生了影响,本研究只考察儒家经典的影响。当然,自秦统一以降,古代各朝各代的司法体系中均有大量专业的成文法律条文。我国当代的法律条文呈现很高的法律专业性,已经脱离了对伦理经典陈述的直接或间接借用,但这并非排除当代成文法与伦理道德的内在联系(见庞德,2003;赖怡静,2016)。

(三)重述的功能

作为一种言语行为,重述在言语交际中有多重功能。其基本功能是表达重述者对法律条文的理解,对法律条文与待核定案件事实之间的逻辑、语义或语用关系的认识,体现法官进行法律推理的认知与心理过程。在法律论证这一交际过程中,重述言语的话语功能主要有两方面。首先,通过引用法律规章或准规章制度并将其与所审案件事实之间建立"自然"的联系,使法规成为法律定性的依据,因此其功能在于与法律人士这一认知群体进行学理性交流。重述言语行为在司法推理与论证中极其重要,它为法律论证提供了"先决条件",但由于隐含的抽象法规和具体案例间存在一定差距,因此必须将所重述思想和事实之间建立联系,并对其联系加以解释。在建立自然联系的基础上进行推断,其论点的接受程度就会很高(van Eemeren et al.,1996)。其次,重述言语更重要的话语功能是,通过将法律条文与案件事实之间建立联系,以引导或说服普通读者(包括普通当事人或一般社会大众)接受其论说观点,从而实现法律教育的社会功能。如果说重述的基本功能在于体现法官进行法律推理的心理或思维过程的话,则重述在交际语境中的话语互动功能,包括与法律人士的互动交流、与普通读者的互动交流,则更突出了其社会性功能:向社会阐释法律,实施法律。

因此，法官使用的重述言语行为是其法律阐释者角色意识在言语层面的社会表征。

法官在重述方式和被重述条文的选择上存有不同，体现了他们与所引条例之间不同程度的意义互动。使用重复性重述保持了被述思想最佳的自主性状态，能确保、巩固所引条例的权威性和真实性。由于被重述的思想（尤其是法律规则）通常具有抽象性，其与所审案件事实之间缺乏显性的关联，因此其与事实间的关系需要通过进一步的推断而确立。使用概要性重述可改变所引条例的句法形式，但不会使其含意出现实质性变化，使得重述的表达更简洁、具有针对性，但它和重复性重述存在类似的缺点，即缺乏逻辑关系上的鸿沟，因此这两种重述言语显然说理性与交际性较弱。由于在意义上进行了不同程度的互动，解释性重述有利于重述者呈现自己对所引条例的解释、理解，并且将其解释性话语整合到辩论性的言语中，从而能促进或引发读者或受众对其论证提供回应或反馈，可提高法庭判决的交际性与说服效果。

五、法律阐释者角色意识的历时差异

对数据进行定量分析表明，传统司法时期的法官对重述言语的使用无论在言语行为的类型还是被引条文的来源上均呈现多样化趋势，解释性重述的使用非常突出。在174例重述言语中，96例为解释性重述，占55.2%，远远高于重复性重述（49例，约占28.2%）和概要性重述（29例，占16.7%）；其中，61例重述（35.1%）中引用到儒家伦理观点，57例（32.8%）为其他经典故事，比例远远大于对成文法规的重述（56例，32.2%）。这意味着，在封建社会的司法语境中，法官倾向于引用道德原则和与道德相关的经典陈述、文化故事、轶事为其法律决策提供论证依据（田荔枝，2010；Zhang，2014；管伟，2013）。同时，在将抽象的法规与具体语境中的案件事实相关联的论辩与说理交际过程中，他们大量使用解释性重述言语。也就是说，法官更倾向于使用解释性重述言语行为，体现了其对话性论说风格，其法律阐释者角色的意识更明显。

若与当代判决书中重述言语行为的数据相比，此结论会更加清楚。在当代判决书的186例重述案例中，重复性重述占69.3%，其次为概要性判决（28.0%）和解释性重述（2.7%）；对成文的法律法规的重述占94.1%，儒家经典陈述占5.9%。这表明当代法官更倾向于使用重复性重述，在重述时较少与所引观点产

生实质意义上的互动。最明显的是,重复性和概要性重述言语均用于对法规的直接引用,一方面体现了他们对法律条文的重视与对写作规范与标准化的遵守意识,有利于提高判决书的公式化风格,但其与所引条文有限的意义互动使得其重述的论证功能相当薄弱。换言之,相对而言,当代法官对重复性与概要性重述言语行为的使用,表现了更多的独白性论说风格,其法律阐释者角色意识没有封建历代法官那么明显。

(一)传统时期法官的重述言语

传统司法时期的法官倾向于与被重述法律思想或观点发生意义互动。在重述的过程中增加一些解释性的评论意见,阐明自己对所重述的规则和具体的待审事实之间的联系,用以论证随后作出的最终裁定。请参阅语段(6)。

> (6)甲父乙与丙争言相斗,丙以佩刀刺乙,甲即以杖击丙,误伤乙。甲当何论?或曰:"殴父也,当枭首。"议曰:臣愚以父子至亲也,闻其斗,莫不有怵怅之心。扶伏而救之,非所以欲诟父也。<u>《春秋》之义,许止父病,进药于其父而卒。君子原心,赦而不诛。</u>甲非律所谓殴父也,不当坐。

片段(6)选自董仲舒《春秋决狱》中的一则判例。该案中的案件事实是这样的:甲某人的父亲与丙某人发生争执甚至打斗起来,丙某人用佩带的刀刺杀其父,甲某人于是用棍棒还击丙某人,但却误伤了其父亲。对此,董仲舒法官的评议中,重述了《春秋》中的大义故事,"《春秋》之义"提示了引用的来源,其后的标记语"云"是可省略的。被述内容"<u>许止父病,进药于其父而卒。君子原心,赦而不诛</u>",源自《左传·昭公十九年》的原文:"夏,许悼公疟。五月戊辰,饮大子止之药,卒。大子奔晋。书曰:'弑其君。'君子曰:'尽心力以事君,舍药物可也。'"对比可见,董仲舒在重述言语中,将原文的结构与语义都进行了一些调整,原文中给出了许父的名字,却没有指出儿子的名字,原文中指出了具体的疾病"疟",原文中有时间与地点,但在重述中均出现了变化,使用了儿子的名字"许止",使用了比较泛化的动词"病",省却了时间与地点。从语篇功能上来说,将信息的重点放在"儿子"的身份上,将其与其父的关系做普遍化与抽象化处理,使得父子之间的权利关系意义具有了普遍性与一般化特点。同时,对于原文中君子的话也做了结构与意义上的处理,用"君子"来评价对父亲有忠义之心的人,"原心"指儿子保护父亲时的"初衷、本意或出发点",并用"赦而不诛"这个具有法律意义的词汇来直接提升或概括原文中君子的评论性总结。通过对原文进行如上的解释性重述,一方面使得"《春秋》大义"的观点更加简洁,同时也对其所体现的一般性意义进行了总结、提炼与阐释,使其具有法律意义,从而能与当前的案例事实建立起因果联系。由此可见,董仲舒法官通过重述言语行为,成功地在儒家条例与案件之间建立互动联系,同时也让不同的读者能从其论说过程中,根据其提供的因与果接受其观点。这里也体现了董仲舒的法律阐释者角色意识,以对话性的方式进行法律论证。当然,他开头以自己的亲身经验论说此事,"臣愚以父子至亲也……"也体现了他对自己作为法律阐释者角色的论说与交际意识。

法官用重复性重述言语引述法律条文,见片段(7)。

(7) 判词:孝者,人伦之本,未有不孝故父,而能事君忠,待友信者,先王治国,不赦枭境。朝廷教民,首在伦纪。①<u>律文所载,凡遇赦不赦者,除叛逆外,即推不孝。</u>②<u>故他罪有议功议贵之举,而不孝独自天湟以至庶人</u>,无分贵贱。所以重人伦,厚孝道也。本案先由曾庭桂、曾庭槐呈控到县,曾庭森亦投牒公庭,声明并未藏匿。本县查父母疾,不敢解带,奉药先尝之。……

在片段(7)中,小句群①中由"律文所载"引导的重述是简单性重述,是对原法律的直接转述,而②中的重述则是解释性重述,是对所谓的"刑不上大夫,礼不下庶人""人生之德性,孝为大"等条例做类比并总结,这一重述言语行为也将律令中的规定与该案的事实相结合,体现了对条例意义的引申,也起到了交际沟通的作用。

综上,传统法律体系下的法官倾向于使用解释性重述言语,在将自己内在的逻辑思维在语篇上外化的同时,也互动性地把法律人认知群体及其他读者拉入法律论证的对话中来,从而更好地说服他们接受法官的观点,体现了法官作为法律阐释者角色的互动交际意识。

(二) 当代法官的重述言语

为了达到标准化、公式化、准确性(沈志先，2010)的要求，当代法官在使用重述时受到一定的限制，他们很少在形式和意义上对所述观点进行改动。

(8) 本院认为：原、被告<u>经登记结婚，系合法婚姻关系</u>，依法应受法律保护。调解不成，<u>依照《中华人民共和国婚姻法》第二十一条、第三十二条、第三十六条、第三十七条，《中华人民共和国民事诉讼法》第一百四十二条之规定</u>，判决如下……

在片段(8)中，"经登记结婚，系合法婚姻关系……"是对《中华人民共和国婚姻法》第8条的直接转述，法官就将其杂糅在其判决话语中，因此这种重述是重复性重述。"依照《中华人民共和国婚姻法》第二十一条、第三十二条、第三十六条……之规定，判决如下"只给出法规的序号，属于概要性重述。

当代法官对法律规则的重述相当简短，对所引法规没有进行详细的介绍，使得其在当前审理案件的适用性情况不够明确，没有体现与公众进行意义互动的明显趋向。当然这并不意味着当代的法官不可能进行解释性重述。经过深入的对比分析，当代法官也会对传统的伦理规范进行解释性重述，但其使用目的仍围绕对当代法律条文的重述。此次不赘述，烦请参阅本节的最新观点。

总的说来，当代司法体系下的法官使用重述时，更趋向于独白性(Bakhtin，1981)，没有提供足够的意义互动，不容易让普通读者了解其内在的法律逻辑论证。或者说，其法律阐释者的角色意识更多是面对法律人专业认知群体，而缺乏与普通读者进行沟通或交流的意识，也许这与现代社会中法律变得越来越精英化、越来越专业化(Tiersma，1999)这一趋势是一致的。

为分析中国法官作为法律阐释者的角色意识，本节以古代与当代的判决书为语料，对传统司法体系下和当代司法体系下法官的重述言语进行了比较分析。以 Bakhtin 的对话论(1981)为依据，首先界定判决中的重述言语行为，并将其划分为三种类型，即重复性重述、解释性重述和概要性重述，接着基于小型判决书语料，对法官的重述言语行为进行了详细的分析。

通过研究发现：在引用条文时，传统司法体系下的法官倾向于使用解释性重述，对所述规则进行一定的评价性解释，有机地将所述规则与相关的经典案例结合起来以阐明其法律推理,以体现话语的对话性趋势,使得不同群体的读者可以理解其论证过程,提高了说服的效果;而当代法官倾向于使用重复性重述,在交际方面体现了明显的独白性。就所引规则的来源种类而言,传统体系下的法官使用多种来源的条文,包括儒家经典观点、文化典故与成文法律条文,并多以解释性重述将其用于论证交际,表明他们在将被重述思想适用于所审案件的事实的过程中,积极进行意义互动,在法律论证中具有较大的自由度;当代法官重述的对象比较明确,多以成文的法律条文为主,而且其重述言语的使用体现出较强的程序化,在抽象规则和案件事实之间表现出有限的意义互动。可以说,就法律阐释者的角色意识而言,传统时期的法官在判决书与不同受众进行言语交际的互动趋势比较明显,而当代法官则更趋向于默认读者拥有所需要的法律知识,或更愿意与法律人专业群体进行互动,其与普通读者进行说服交际的趋势比较弱。

第三节 小 结

为分析法官在庭审中的中立者角色意识,本章分两个方面进行讨论。首先,从法官元语言的使用情况,考察了法官在主持庭审交际过程中所体现的中立主持人角色;其次,从法官在判决文书中所使用的重述言语行为,讨论了法官在庭审判决过程中所体现的法律阐释者角色。

法官使用的元语言可以显示其中立角色意识。法官的主持语言是服务于庭审主要参与人(包括律师、原告与被告等)对案件的分析与法律论证的,是辅助性的,因此相对于律师与当事人的语言,叫"元语言",在功能上分语篇功能、评论功能与补充问话功能。前两种功能的使用有效地促进庭审交际按照法庭程序或既定的规则开展下去,而且不影响庭审参与人对案件本身的陈述、讨论与认识(庭审的第二现实),对庭审交际起到积极的促进作用,较好地体现法官作为中立主持人的角色意识。而对评论性语言或语篇功能性元语言的过多使用或不当使用,尤其在当事人没有委托代理或在对证人的交叉质证环节,对庭审交际过程(庭审的第一现实)的管理与控制将会影响到庭审参与人对相关案件本身的陈述、讨论或认知(庭审的第二现实),也会间接地影响到人们对司法公正的认知,在这种情况下,法官作为中立主持人的角色意识可能会有失恰之嫌。当然,从更深层意义上说,对庭审交际过程的过多或过宽松的管理与控制,也与庭审交际所依循的法律文化体制有关,也许对交际过程管理偏多的法官,更加认同实体正义,而对交际过程管理偏松的法官,更加认同程序正义,或更加看重庭审参与人在法律语境下的自我表述权利。

对传统与当代不同司法时期法官的重述言语行为进行对比分析,发现法官作为法律阐释者的角色意识体现于其在法律论证交际过程的对话性或互动性程度。传统时期的法官具有比较强的法律阐释者意识,在重述言语上呈现更多的互动性或对话性,而相对而言,当代法官的法律阐释者意识比较弱,或其目标读者人群比较专业或固定,在重述言语中体现更多的独白性。传统时期的法官更倾向于使用体现其主观阐释能力的解释性重述言语行为,在重述不同来源的规则时,善于通过语法或语义上的变动,对相关条例进行解释、引申或评说,从而将相关条例与待审案件进行有机的结合,不仅在语篇上明示体现法官的法律推理过程,同时也积极将不同群体的读者拉入其论证交际过程,因此其说服性较强。反之,当代的法官偏向于对成文的法律条文进行重复性或概要性重述,无意中默认目标读者是专业法律人社群,没有足够照顾普通读者的认知能力,没有将普通读者积极拉入其论证交际过程,因此其(面向普通读者的)法律阐释者角色意识不够明显。

需要指出的是,当代与传统时期法官在重述言语上所体现的差异,是由很多原因综合造成的,包括司法文化、语言体系以及判决书的风格等。

总之,法官在庭审交际中的中立角色意识离不开具体的庭审语境,尤其与那些承担着提交证据并进行查证、质证与法律辩论等任务的律师有关。

第四章

律师的法律人角色意识（上）

本章主要研究律师这一典型的"法律人"角色意识在法庭话语中的体现。人们往往将律师作为法律的化身，在介绍法律语言的特点时，也通常把律师的语言等同于法律的语言，典型的例子是 Phillips(2003)的专著《律师的语言：法律语言因何不同》。

律师的法律人意识主要源于其对法律之作用与本质的专业认识，以及有关其如何参与法律事务的具体规定的专业理解。换句话说，律师的法律人角色意识是与他们对法庭话语的认知图式分不开的。律师对法庭话语的认知图式，首先是法律在解决社会冲突中的作用——以"理/法"论"事"，"理"的具体原则与规定虽在我国传统法律体系与现代法律体系中有所差异，但实质是相同的(见张晋藩，1997；范忠信，2001；等)，其次是庭审语境下开展交际的具体规约性特征(详见第二章)。因此，律师的法律人角色意识可用两个短语来概括：理性、机智/策略性。理性指的是律师要基于法律规则，按照特定的逻辑方法进行法律论证或法律辩论，而策略性指的是要在法律规范、社会规范与具体的交际目的之间采用一定的手段以实现两者之间恰当的平衡。理性与机智/策略性分别构成了律师作为法律人角色的两个维度。

按照 van Dijk(2004)对话语与认知的观点，话语的产出基于人们对某一社会活动的认知，即大脑中对这些活动的社会文化知识与具体的活动序列的认知模型。在认知模型的信息控制下所生成的话语也成为社会现实在话语中的表征,认知是社会现实与语篇之间的中介环节。据此,话语特征体现了律师作为法律人的角色意识在语篇层面上的体现。鉴于律师的认知模型中可能存有不同甚至相抵触的知识或观点,处于法庭这一交际场景,其对认知模型及语言进行有意识的选择,从而在语篇的不同维度上出现多种言语风格,动态地体现法律人的角色意识。因此,对律师作为法律人的角色意识的分析将从四个特征来分析,包括律师的理性辩论风格、对话性倾向、礼貌性语言与非礼貌性语言。其中,理性辩论风格与对话性风格体现了律师法律人角色的理性维度,而礼貌性语言与非礼貌性语言则体现了律师作为法律人角色的机智的一面,或策略性维度。

鉴于内容繁多,暂分两章进行讨论。本章讨论律师作为法律人角色意识的理性维度在律师理性辩论风格上与对话性风格上的体现,下一章将重点讨论律师作为法律人角色意识的机智性或策略性维度在礼貌语言与非礼貌语言上的体现。

第一节 律师的理性辩论风格①

本节主要讨论作为法律人的律师角色意识与其在法庭话语中的理性辩论风格,主要把理论思辨与语料分析相结合,即有效结合演绎方法与归纳方法。

一、问题的提出

对律师的理性辩论风格这一问题进行研究源于现实与理论研究中的必要性。

在我国当前的司法改革中,律师的辩论语言如何适应新的庭审方式已经成为重要论题。在讨论庭审辩论中的问题时,张军等提出目前比较理想的辩论模式是"理性辩论",具体体现为"第一……第二,对方有道理、符合法律观点的要给予肯定;第三,对方确实提出一些不适合的观点,可以进行辩论,但辩论的语言要文明,要尊重对方"(张军,姜伟,田文昌,2001:23)。张军等人的观点与我国的传统文化观念"和而不同"有密切的联系。在《论语·子路篇》中,孔子指出"君子和而不同,小人同而不和"。意思是说,君子,讲求和谐而不盲从附和;小人,同流合污而不能和谐(钱穆,2006:236)。"和"主要指的是人与人之间的和谐关系,而"同"则指的是观点的相同。张军等人提出的"理性辩论"其实是对孔子"和而不同"的演绎:辩论双方在人际关系意义上要"和(谐)",在表达观点上要有理据地"(不)同"。

虽然张军等从法理的角度对理性辩论进行了概括,但是,要使"理性"辩论具有足够的说服力并发挥指导作用,还需对律师辩论语言进行全面的语言建构与理论阐释。理性辩论是否有哲学基础,其语言有何特征,实现手段是什么? 这些是法庭话语研究应该解决的问题。

很多学者从韩礼德的社会符号观入手,对司法语言进行了研究,揭示了司法环境对法庭语言的影响与制约,发现了诸多交际规律。但是,大部分研究集中反

---

① 本节的主要观点曾在拙文(与张荷、詹王镇合作)《和而不同:哈贝马斯主体间性观照下的法庭辩论模式》(刊于《兰州大学学报》(社科版),2015年第5期,第103-109页)上发表,在本节中,对语言描写部分进行了扩展,并对语料进行了更新。

映权力与控制这一主题,也就是说,从人际意义研究的权势关系这一维度出发(Kšrner,2000),尚没有充分涉及另一个维度——亲疏关系。

在对司法话语"亲疏关系"这一维度进行的研究中,Gaines(2002)发现,当没有当事人在场时,律师会采用一系列的言语策略,如强调律师职业道德、论辩技能等,以求同存异,用自己与法官或对方律师之间共有的"集体"意识,来减弱相互间的对立情绪。此研究证明,在没有陪审员出现的情况下,律师能够采用特定的语言手段,来谋求与他人的团结和谐。但是,其不足之处是,仅仅将话语中建立团结和谐关系解释为"最终压制对方",而没有挖掘出它在解决法律纠纷中的深层积极意义。在这方面,Kšrner(2000)与Miller(2002)的研究更有创造性。他们均从功能语言学的人际意义框架出发,探讨法官们如何在尊重他人观点的基础上发表自己的看法,并有效地说服别人。他们指出,在发表己方的审理意见时,法官会有意识地在语篇推进过程中,利用语言手段建立自己与同伴的"集体"意识,赢得对方的认同,最终达成对案件的判决(Miller,2002)。但是,由于没有将法官的具体语言选择与宏观的法律文化语境联系起来,他们的发现不免具有或然性。

由此可见,对律师理性辩论模式的语言学建构既有必要,也具有可行性。使用一定的语言资源(主要是介入资源、态度系统等)与实现手段,从平等这一维度研究法庭辩论,可以更好地了解法庭话语的内在工作机制。

本节试将语言学与哲学相结合,探讨律师辩论语言模式或风格的深层动机,为理解其法律人角色意识的理性特征提供一定的解释。具体地说,本节拟从社会符号观入手,以系统功能语言学的人际意义框架(包括评价理论)为分析工具,研究在哈贝马斯主体间性法哲学观念的指导下,律师如何"理性"地进行法庭辩论,发挥其法律人角色。

二、主体间性观照下律师的理性辩论模式建构

(一)哈贝马斯的主体间性与法庭辩论

哈贝马斯的"主体间性"指的是参与交际的主体之间应该是平等交流、解释、对话、相互理解、求同、合作的关系,其"交往行为"是指两个主体之间以语言为媒介的,以言语的有效性为基础,以相互理解为目的,以实现个人同一性与社会化相统一的合作化的、合理的内在活动(欧力同,1997)。哈贝马斯提出,用基于自

主、平等的主体间性结构的交往理性，取代以主体—客体结构为指向的工具理性和技术理性。他认为，法律不能因其形式理性而使自身合法化，其有效性应源于自由、平等表达的交往形式，源于在一种对话性的立法过程中达到的全体公民的认同。这种认同和共识以交往行为的主体彼此均自由承认的对称性互动关系为基础，是允许多种见解互相竞争。也就是说，法律必须反映社会共识，这种共识则生成于平等、自由的交往主体间以主体—主体的方式达到相互理解和对话沟通。而要达到真正的相互理解与对话沟通并形成妥协和共识，就必须遵循话语伦理和论证原则，即"话语的共识必须满足以下条件：每一个有语言和行为能力的主体自觉放弃使用权力和暴力，自由平等地参与话语的论证，并且，在此过程中，人人都必须怀着追求真理、服从真理的动机和愿望。不但如此，通过话语共识建立起来的规则，还必须为所有人遵守，每个人都必须对这种规则的实行所带来的后果承担责任。在这里，话语行为的三大有效性要求——真实性、正确性、真诚性起着决定性的作用"（Harbemas，1996：228）。这就要求法律民主必须具有程序上的公开性和公正性，并为交往行为和主体间的平等沟通和相互理解提供相应条件和交互期待，确保相关人享有平等的参与权和话语权，而不能成为话语上的霸权者和操纵者。在这里，哈氏强调了程序上的必要条件。

主体间性观点对于解决法庭纠纷与探讨律师的辩论语言风格有重大指导意义。总的来说，法官与律师的交际语言应有平等、自由、民主的沟通协商机制（Phillips，2003）。从法官的角度讲，要使判决具有合法性与有效性，必须经过民主、公正的对话与协商机制，这样才能在遵守法规（哈贝马斯所指的"生活世界"）的基础上，获得对话主体（诉讼双方）的接受，从而不仅具有法律的约束力，而且具有有效性。从律师的角度讲，只有遵循法律的论证原则，以平等、自由的主体身份参与法庭辩论，才能在现有的法规基础上，充分表达自己的立场，达到有效的辩护效果（参见陈新仁，2018）。

由此看来，关于律师在法庭上的辩论，哈氏至少提了两方面的规范：第一，在论证协商的过程中，要讲究言语角色的平等参与；第二，按统一的标准检查有争议的法律观点。可见，他的观点与孔子的"和而不同"异曲同工，或者更确切地说，是对后者在哲学层面上较系统、深刻的表述（童世骏，2005）。

(二) 主体间性与律师的法律人角色

至于主体间性在法律论证中的具体体现与操作,哈氏大略抽象出参与交际的主体之间的角色关系,将它们称为"理想的前提条件"。他指出,为确保交往行为的顺利进行,参与者应满足以下角色要求,"第一,参与各方都怀有解决争议的目的。第二,对所有有关各方的利益与意见,应给予同等的重视与尊重,允许所有人发表自己的见解。第三,为检验有争议的法律观点是否达到有效性的三个标准,会话人必须提供足够的理由。第四,参与者要使用同样的语言表达方式"(Habermas,1996:230)。

尽管这些前提条件仍然不够具体[①],主体间性观点与法庭辩论参与人的角色关系同样适用于法庭辩论的主体人——律师,可以为本节对律师辩论风格的探讨提供依据,不仅因为律师是庭审的主要参与人之一,更重要的原因在于,包括哈氏的主体间性法哲学观点在内的法律知识是法律专业学生的必修课程,在多年的法律专业教育中,这些理念与观点已经成为法律专业社群的常识性知识。鉴于哈氏理论提出以语言交际为主要媒介,来实现对人际关系的调整,我们认为,从社会符号观来看,交往行为参与者完全可以在话语交流过程中构建平等的关系,毕竟语言是实现社会现实的重要手段(Halliday,1978)。

下面以系统功能语言学为指导思想,结合哈贝马斯的主体间性观点,从理论上对庭审辩论中律师法律人角色意识的"理性"特征与辩论风格进行建构,并指出理性辩论模式所需要采用的语言策略、具体的语言资源及实现手段。

(三) 理性辩论模式建构

根据韩礼德对语境与语言使用之辩证关系的解释,语境(包括情景语境与文化语境)决定语篇的模式,情景语境决定语篇的基本人际关系,而文化语境起着中介作用,决定基本人际关系在语篇中的具体表现方式(Halliday,1978)。比如,课堂话语的情景语境决定了师生之间的基本关系是知识传授者与接受者,分别处于权力的上下两端,但是这种关系在话语中如何表现,是由所在课堂的文化语境决定的。在比较民主的文化语境中(如美国校园),师生关系体现为较平等

---

① 作为哲学家,哈贝马斯关注的讨论重点是程序范式对于法律与民主理论的重构,而对具体语言使用不是很关心,也因此被批判为"乌托邦式"的哲学构想(见欧力同,1997)。我们认为,对哈贝马斯不能求全责备,作为哲学家,他所看重关注的是宏观哲学构想,关于如何实施对话理论可从从其他角度(如语言学)进行探讨。

的互动关系,而在比较传统的家长制文化环境中(如我国旧时的校园),却体现为长者与晚辈的关系。语境的各个要素均要在语篇层面得到反映与实现。

对庭审的情景语境特征进行符号化描写可以知道,由于双方律师代表不同的利益集体,针对同一个问题进行辩论,因此他们之间的主要人际关系是对立。文化语境的存在使对立关系在社会实践或言语中基本体现为两个维度:权势或平等。究竟这种对立关系在语篇中如何体现,应参照我国当前的法庭文化语境。

对法庭的文化语境,即哈氏主体间性与司法领域理性交往的原则[①],进行符号化描写可以得知,法庭辩论中律师之间的对立关系主要表现在平等维度上。要想理性地进行法庭辩论,他们应该在言语中建立这样的角色关系:就交际目的而言,双方持共同的愿望,通过对话机制来解决争议;在人际关系上,要平等、自由地参与交际,尊重不同意见,使各方充分地表达自己的观点;在话语方式上,为恪守有效性与合法性的要求,发表观点时应体现因果关系,使其具有可检验性。体现在话语层面上,以上三点就是法庭理性辩论具有的基本特征[②],大致可概括为,在人际意义上应"和",即双方处于平等的角色关系,允许不同声音共同存在;在辩论过程中应"不同",即遵守法律论证原则,在辩论中形成不同话语团体。为了论述方便,暂分为三个基本特征:平等的角色关系,多声的言语环境与不同话语团体的构建。鉴于哈氏的观点以理性著称,其哲学观照下的律师辩论被称为理性辩论模式。

这些特征在话语中如何实现呢?社会符号观认为,在话语层面,可以通过一系列语言策略,通过话语的修辞效果,取得对方的认同感,获得双方对己方观点的理解与共识。系统功能语言学以及其旗下的评价理论(Martin & Rose, 2003),主要是人际意义资源中的参与系统和评价系统,为实现这些特征提供了途径。以上为本节的理论推导过程,具体可图示如下(见图 4.1)。其中,图 4.1 中虚单箭头表示决定关系,如情景语境决定了律师之间的关系是"对立",单向双箭头与弯转双箭头均表示文化语境的中介决定作用,双向双箭头表示交际策略的语言实现手段。

律师法律人角色中,理性辩论的三个特征在话语中是这样体现的:平等的

[①] 本研究认为哈贝马斯的观点与我国当前的法庭文化是相容的,与我国的社会主义法治理念基本相符。
[②] 这里我们大致将两个方面对等起来,至于是否处于如此完美的对应,还有赖于进一步的论述。

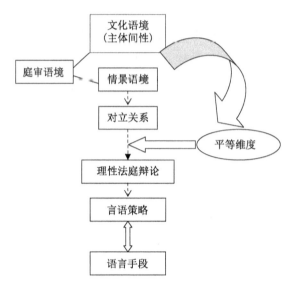

图 4.1 平和理性的辩论模式推理过程图

角色关系通过语用策略,主要利用参与系统(如人称指示语)或其他语言手段,来建立双方在言语地位上的平等,或利用评价系统(主要是表态度性的词汇语法手段)对双方的共同立场、职业特点等进行正面评价,以建立双方的集体共同感;多声的言语环境由说话人对不同声音的回应来实现,主要利用评价资源的介入系统,如投射词语、连接词等为标志的言语互动手段;建构不同的话语团体由说话人利用表态度的词汇语法手段,对双方的观点进行不同评价(主要是肯定、否定及梯度评价)来实现。

至此,本节对律师法律人角色之理性辩论的理论建构包括几个部分:哲学基础为哈贝马斯的"主体间性"法哲学观点,三个基本特征指的是平等的角色关系、多声的言语环境和不同话语团体的构建,这些特征均可在话语的推进过程中由律师灵活、有策略性地使用人际意义资源(参与系统、评价系统等)来实现。图4.2 是对该理性辩论模式的简单总结。

三、律师理性辩论模式的话语实践

此部分基于庭审话语语料,论证律师平和理性的辩论模式在话语实践中的具体运用。

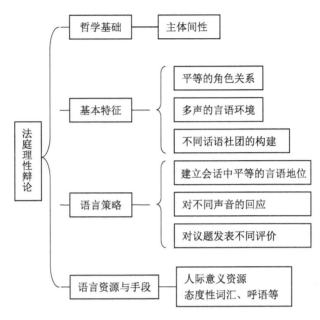

图 4.2 律师的理性辩论模式

（一）平等的角色关系

法庭话语的基本人际关系是对立竞争,话语权力不均等,为了创造有利于辩论的环境,在话语推进的过程中,律师应有策略地利用人际意义资源,尤其是参与系统与评价系统(Martin & Rose, 2003),建立相互平等的言语角色关系。

为了建立所期望的人际关系,律师在话语中大量使用人称指示语、代词、称呼语、俚语、脏话等参与系统,塑立与对方平等的言语角色关系(Halliday, 1978)。

(1) 案例[①]：民-审-转-09

  原代：我们认为呢,本案的事实清楚,原告自取得注册商标专用权之后,就开始在自己生产的烧饼上使用了这个香妃的商标。(在)被告提供的证据里,他已经提供了,而且被告代理人也已经承认了,他们当时在采用这个新香妃的这个称呼的时候,也是考虑到有一个香妃在先,所以我们认为他的侵权是属于明知的。

---

① 语料标注方法同前,但下划线表示笔者在分析中所涉及的语言部分,并非说话人的音韵特征。

被代：我们认为呢，不构成商标的侵权。对于商标的这个概念和定义，法律都有明确规定。所谓商标，就是……

原代：……所以我们认为呢，对方的侵权事实呢，也是已经成立的。

被代：我单位的商标与原告的商标没有任何的相同和相似之处。因此，我单位商标不构成对原告的商标侵权。

原代：按照商标法的实施细则第50条的第一项①，在同一种或者是类似的商品上，我们这属于在同一种商品上，将与他人注册商标相同或者近似的标志作为商品名称，或者商品装潢使用，误导公众的，这构成侵犯商标专用权。

被代：对于原告所谓使用商标条例里的这一规定，但是这一规定呀，我想，它首先离不开商标法对于商标侵权的这一定义以及它的标准的概念。就是说，我觉得，应该以商标法以及最高人民法院所颁布的有关司法解释作为我们审判的依据((面向法官))。

在语段(1)中，双方律师频繁地使用复数人称代词来建立平等的人际关系。"我们"是说话者对己方的指称，"你们"和"他们"分别是对作为(直接)受话人与第三者的律师的指称。在前三个话轮中(见第1、6、8行)，他们一致对称性地选择"我们""你们"，而不是单数代词"你""我"，来指称己方与对方，说明双方都将相互关系定位为平等对话人，因为在对话双方持有对立观点的情况下，用复数人称比单数人称指代显示的关系要缓和、平等(Kuo，2002；Hyland，2002)。随着话语的开展，在第五与第六话轮中(见第12与18行)，双方又同时使用包含听话人在内的第一人称复数代词"我们"指代会话双方，进一步说明说话人将双方的关系建构为享有平等地位的职业伙伴关系。在第12行，原告律师的话语"我们这属于在同一种商品上"中，"我们"既包括原告方，也包括被告方，甚至法官。话轮6中(第17～18行)，"我们"在被告代理人的话语"应该以商标法以及最高……司法解释作为我们审判的依据"中的包含性意义更加明显。总之，包含性人称指示语"我们"为双方建构了一个平等的当前会话关系，将各方会话人联系

---

① 见《中华人民共和国商标法实施条例》(2001年修订)第50条，或《中华人民共和国商标法》(2019年修订)第57条，原语料中"实施细则"系会话人的口误，应为"实施条例"。

在一起,凸显出三方的共同点——都是从事法律工作的专业人员(王建华,2001)。从某种意义上说,不同的视角被转化为共同的视角,会话双方的平等关系在话语中得到确立与强化。

使用评价资源,尤其是态度系统与级差系统,也可以在话语中激起对方的共鸣,从而建立期望的人际关系。律师常通过对双方的共同点,如法律的基本作用、原则与立场等,或对共同职业特点等进行正面评价,获得对方的认同,从而强化双方之间平等的言语角色关系(见 Chaemsaithong, 2017a)。

 (2) 案例:刑-代-024
  被代:公诉机关提到:权力的滥用是……没有依法行事。因此,在如何认定许某徇私舞弊滥用职权案问题上,<u>依法行事将是控辩审三方的共识</u>。基于辩护人的法定职责是据实依法表明公诉人的指控是否成立的辩护意见,提出有利于被告人的材料和意见,以利法庭兼听则明。辩护人的诉讼职能、角度与公诉人虽有所区别,但在<u>寻求依法办事,通过法律手段依法制裁……犯罪问题上的根本目的是一致的</u>。

如语段(2)所示,在审理贪污案的庭审会话中,控、辩双方在诉讼立场与情感上存在很大差异,为了与控方建立平等的角色关系,被告人的代理律师对案件审理的基本原则表达了积极评价。其态度首先体现在对"依法办事"的评价上,具体体现在词语"共识"上,判断句"是"所体现的陈述语气也强化了这种积极态度。同时,在指明自己诉讼立场不同的基础上,用转折句"但……"所表达的肯定语气,着重强调控、辩、审三方的共同点:(寻求依法办事,通过法律手段依法制裁……犯罪问题上的)"根本目的是一致的"。两次强调基本原则,不仅仅是言语重复,更强化了对方的共同立场,使各方之间的平等言语角色——法律尊严的维护者——得到了确认与巩固。

民事诉讼中原、被告双方在社会地位与言语角色之间的距离虽不如刑事庭那么明显,但是双方在言语角色上的对立关系依旧存在。对双方之间的共同点进行正面评价仍然不失为减小差距、构建平等地位的有效手段。通常,被告方会使用公式化的表达,如"依法发表代理意见",突出表达他对"依法办事"的认同,从而降低与对方之间的对立,构建互相平等的关系。

强调双方共有的知识背景,如法律论证的逻辑,也可以促进双方对平等、团结关系的认识与建立(Duszak,2002a,2002b)。例(3)中,律师在话语中大量使用逻辑连接词,如"因为""如果"等,体现观点的内在逻辑关系,赢得对方的认同。

(3) 案例:刑-代-025

被代:1996年12月三联公司所送2万元不应认定为被告人受贿。1.利用职务上的便利是构成受贿罪的必不可少的条件,是受贿罪各要件的核心。因为这一条件决定了受贿罪的亵渎性质。如果没有利用职务上的便利,则不构成受贿罪。2.被告人为刘某担保不是起诉书所指控的是以涟钢的名义担保,而是以被告人个人名义担保……3.被告人以个人名义担保的行为未利用任何职权,也未利用职务上的便利……因此,我们认为这2万元应视为被告人以个人名义担保,承担了担保风险后刘某给的风险费,不应视为受贿。

语段(3)中,说话人为证明观点"1996年12月……所送2万元不应认定为被告人受贿"的有效性,从三个方面进行了论证。首先,将"利用职务上的便利"视为受贿罪"必不可少的条件",肯定句"……是……"强调了前者在受贿罪中的重要性,并且在"因为"引导的句子中得到了解释,另外又用假设从句"如果没有……,则不构成……"对此看法进行加强。其次,在序号为"2、3"所标明的话语中,用并列否定句"不是……而是……""未利用……也未利用……"证明上述论点的合法性。从连接词"因此"可以看出,以上几点使说话人顺理成章地得出结论。总之,说话人的发言与立场建立在逻辑推理上,体现了法律论证以理性著称的内在特征。就话语交际效果而言,通过展示司法话语特有的发言风格,律师不仅显示了自己的业务技能与知识,也在言语互动中将听话人默认为遵守法律规范、具有良好业务技能的专业人士,从而使双方找到"集体"的感觉,因此诉讼双方平等的言语角色关系在无形中得以确立与维护。

以上语料分析所示,为在话语中理性地进行辩论,律师常用到人际意义资源,尤其是参与系统、评价系统(包括态度系统、介入系统、级差系统)等,在词汇语法方面,常用的语言手段包括体现态度的各种词汇(如名词、动词、副词、连词)、句法(如强调句,肯定、否定句,排比句等)、语篇结构(如议论性文体等)。

(二) 多声的话语环境

律师法律人角色之理性辩论模式的第二个方面在于建构多声的话语环境,指的是在律师自己的话语进展中,允许他人话语的出现与存在,从而实现哈氏所主张的"允许所有各方平等地参与辩论,各方的观点均应在话语中得到重视"。为建构多声的话语环境,律师常常采用具有言语投射功能的词语(如叙述性言语行为动词)、转述动词或评价性副词。

使用具有句法投射功能的言语行为动词或转述动词都可以在话语中引入不同的声音与立场,建构多声的话语环境。

(4) 民-代-021
原代:原告贵阳南明公司的诉讼请求是……被告湖南华越公司……严重侵犯了原告合法权益,故请求法院根据《反不正当竞争法》第五条之规定,对本案作出公正判决。
被代:被告湖南华越公司辩称,依《反不正当竞争法》第五条之规定,判决被告行为是否侵犯指明商品特有名称、包装的前提是看……

如语段(4)所示,原告方代理人与被告方代理人均使用具有投射功能的言语动词或其名词介绍各自的观点,并且在其言语中均提及法案名《反不正当竞争法》,从而使得其言语中出现不同的声音或立场。

(5) 刑-代-001
被代:我们认为,被告人张某非法剥夺他人生命的事实是清楚的,其行为已经构成了故意杀人罪。所以,我们对公诉人指控的罪名不持异议。但是……

在语段(5)中,被告方代理人不仅仅用"我们认为"显示了其立场与观点,还用名词化的言语行为动词"公诉人指控的罪名"来引出公诉方的声音与立场,使得其话语成为多种声音存在的话语环境。

使用诸如"即使""尽管""虽然"等连接性副词,也可以在话语中引入其他话语声音,并与其进行话语互动。只不过这种话语的引入方式没有言语行为动词引入得明显,但对于熟悉庭审交际话语上下文语境的律师与法官来说,连接性副词所引入的话语声音并不难辨识,所以其建构的多声的话语环境仍然足够有效。

(6)民-审-转-08
原代:作为这商标的所有人、使用人、许可使用人,我们是有权利起诉的。第一,即使我们签订的联营协议是暗箱协议,中国的法律没有规定,签订协议一定要向新闻界公开。我们爱怎么签,就怎么签,这是我们的权利。所以说,我们的主体资格是一点问题都没有的。

在语段(6)中,原告方代理人采用了多种语言手段来引入不同的声音与立场,首先是连接副词"即使"所引导的话语命题,"我们签订的联营协议是暗箱协议",或者说"即使"这一连接副词所蕴含的语用预设命题,这一话语命题就是被告代理人在前面的法庭辩论中所提到的立场。此外,在强化判断句"我们是有权利起诉的"与"我们的主体资格是一点问题都没有的"中,对相反的话语声音("没有权利起诉""主体资格有问题")进行了照应与回答。因此,语段(6)中存在着多种话语声音与这些声音之间的互动。

(三)建立不同的话语社群

在多声的话语环境中,通过补充足够的言语理据或论证依据来否决或压制其他的声音,肯定或扩大己方的声音,在话语进展中证明己方话语声音的合理性,从而实现哈氏所言之"不随意忽视任何声音或立场……在足够的理据的基础上对不同的声音进行回应"(Habermas,1996:230;Cooke,1998:4-5)。为此,律师所采用的话语资源主要是评价系统的级差子系统,包括肯定、否定或梯度性评价手段。

在法庭辩论中,对于对方的观点没有异议,应以明确的方式表达其态度。为此,律师常采用肯定评价手段来表达其对对方观点的反馈,如语段(7)。

(7) 刑-代-026

被代:开庭前,我们认真查阅了案卷,会见了当事人,两天来又参加了法庭调查活动,由此使我们对本案有了比较全面、系统与客观的了解。我们首先感到,检察机关在本案的侦查、起诉阶段做了大量艰苦、细致的工作,他们的辛勤劳动对于泰安市乃至山东省的反腐败斗争将产生积极的影响。……其次,我们认为《起诉书》指控的被告人的犯罪行为,大部分事实基本上是清楚的,证据也是确实、充分的,在此基础上提出的定性意见也是正确的。

在语段(7)中,被告代理人对于起诉书所指控的"犯罪行为""事实"与"证据"以及相关的"定性意见"都发表了看法,并且以肯定的评价性手段对其进行了回应,显示了对这些观点的认同。当然,在其肯定性回应中,律师也采用了模糊性语言手段"基本上",为后文对这些观点提出挑战留下了空间。

对有争议的观点,律师同样会以明确的方式对此发表异议,并对其异议提供足够的论证依据,从而体现哈贝马斯所言之"在足够理据的基础上,发表对不同声音的否定",为此常采用的语言资源是否定评价。

(8) 刑-审-转-030

被代:第一,刚才同步的录音录像,对应的补充侦查也有录像。询问笔录并未完全反映审讯当时的真实情况。还有一个10分40秒时,唐某某讲时间是"2005年四五月份",但他又讲一句话"大连大厦竣工之后","2005年四五月份"笔录里有,但"大连大厦竣工"笔录里就没有。那么对于唐某某刚才的证言和播放的录音录像,关于送钱的情节,我们认为是不真实的。

在语段(8)中,被告代理人对于庭审笔录与唐某某的证言及播放的录音录像,均通过否定评价"并未完全""是不真实的"表示了异议,而且这两个否定评价均基于一定的理据,即在询问笔录与录音录像上唐某某言辞存在不一致现象。

(9) 民-代-018

被代：湖南经济电视台没有给原告人署上演唱者的名字，不仅符合行业操作规范有正当的理由，也没有违背著作权法的规定，根本没有什么过错，原告人完全没有必要肆意诉讼。

在语段(9)中，被告代理人用否定评价"没有什么过错"来否定原告方的立场，并将其否定评价建立于解释的基础上，即"不仅符合……也没有……"。此外，还用副词"完全"来强化其对原告人的否定评价"没有必要肆意诉讼"，同时还用贬义形容词"肆意"来对原告方的行为发表消极评价，在话语层面与不同的声音进行交流，并在论证的基础上否定其声音的意义，以此确立己方的合法立场。

在与不同声音进行互动与交流的过程中，律师也会采用不同的梯度级差评价资源，对对方的声音进行意义上的沟通，从而逐渐在话语中建立两个不同的话语社群（discourse community），以便将庭审的裁判——法官拉入自己的话语社群。

(10) 刑-代-008

受害者代理人：故意伤害他人的手段很多，以毁容最为残忍。毁容的方法各有不同（如香烟烫、刀划等），又以用化学液体毁容最为灭绝人性。解放前，采用这种方式毁容的往往是那些黑社会的流氓，在当时杀人也不用偿命的社会条件下，黑势力为何舍性命而求伤害呢？道理十分简单，就是企图用毁容来摧残被害人的肉体与心灵，使后者永远生活在生不如死的日子中备受煎熬。解放后，我国每年发生无数起故意伤害案件，但以化学液体毁容的，迄今为止并不多见。这种犯罪的手段极端残忍和灭绝人性，这种犯罪给被害人带来的巨大的悲剧后果，使这种犯罪为整个人类社会所不齿、所痛恨，即使罪犯也极少有人敢采用这种犯罪手段。

在语段(10)中,受害人的律师采用一系列的梯度评价资源,包括"最为残忍""最为灭绝人性""极端残忍和灭绝人性"等态度性评价形容词来描述该犯罪行为"以化学液体毁容"的可恶程度,同时用描述行为反应的词汇"巨大的悲剧后果""所不齿、所痛恨"来表达普通人对该犯罪行为的负面评价。另外,他还用评判行为道德的词汇,如"黑社会的流氓""罪犯"等来孤立被告人,这一系列的梯度评价资源使得该律师在话语的推进过程中有效地建构了两个不同的话语社群,即以受害人为中心的"我们"与以被告人为中心的"他们",重点从对"他们"的负面评价中,实现了对"他们"的谴责与批判。

(11) 民-代-019

> 被代:我们认为《还珠格格》的第一部与第二部是一个完整的电视剧作品……如果将它分开,必然会导致因果分离且瞻前不顾后,这对原告来说似乎有利其诉讼的隐秘动因,而对被告来说,就是不公平了,因为这样不能让被告人很好地行使举证、辩论的机会和权利,抹杀了湖南电视台给原告人的理解、同情和满足。同时,也会将法庭引入片面的判决歧途,给全面、公正的审理投上了黯然的哑色……

在语段(11)中,被告方代理人采用鉴赏评价资源,将"《还珠格格》的第一部与第二部"判断为一个"完整的电视剧作品",并对将两者分开的危害进行了负面评价,将该分裂做法给被告方的不利危害,"不能让被告人很好地行使举证……""抹杀了……",与带给法庭审理的危害"将法庭引入片面的判决歧途",给公正审判带来的影响"黯然的哑色"并列放置在一起,从而可在话语中激发起人们对该分裂行为的负面意义评价,在话语层面实现对不同声音的应对:否定、压制对方的声音,肯定己方的声音与立场。

综上,探讨律师法律人角色意识的理性辩论风格,主要以系统功能语言学的社会符号观为切入点,以其人际意义(主要是评价理论)为分析工具,从哈贝马斯的主体间性观点出发,着重对理性辩论模式进行了法律语言学的建构。首先根据哈氏对理性交往的参与者应具有的人际关系的阐释,归纳出理性辩论的特点,然后讨论了这些特点在话语层面的反映与实现,主要包括三个方面,即平等角色的建构,多声的话语环境与建立不同的话语社群。系统功能语言学的人际意义模型为实现这些特点提供了语言手段。具体地说,参与系统与态度系统为实现平等自由的角色关系提供了工具,介入系统为多声的言语环境提供了手段,态度与级差系统为双方通过辩论确立不同的话语团体提供了手段。

本研究不仅从理论上对"理性辩论方式"进行了可行性分析,建立了一套具体的语言实现手段,同时在实践上为如何优化法庭辩论、增强法律口语教学的针对性,提供了有价值的参考。

第二节　律师在冲突话语中的两种互动①

上节从理论与话语实践上讨论了律师作为法律人的角色意识在理性辩论模式上的体现,论证了其可能性与现实性,说明在较理想的认知模式下,即哈贝马斯主体间性法哲学的观照下,律师的话语具有理性辩论的风格特征。但是,鉴于我国的法庭文化兼容并包,同时融合了传统文化特征与现代法制特征(见第三章),根据 van Dijk(2014)的观点,在律师认知群体(epistemic community)内部会产生认知差异,对法律文化不同的理解与阐释,会使其对法庭辩论产生迥然不同的态度与话语风格。本节将考察在我国法庭的互文文化语境,即在传统法律文化与现代法律文化的杂合语境中,律师如何体现其角色意识。

一、问题的提出

对互文语境中的律师语言进行探讨,源于我国法律话语的实践需要。我国的法律制度基本上属于大陆法系,自 20 世纪 80 年代以来进入转型期,经历着多方面的深刻变化,主要特点是摒弃了借鉴于苏联的职权主义的弊端,吸取了英美制法律体系中的当事人主义(汤唯,2007)②。在当前的民事诉讼程序中,法庭辩

---

① 本节的主要内容曾以 *Arguing with otherness: dialogical construction of lawyer stance in Chinese courtroom* ("与异同话语的辩论——中国法庭中律师态度的对话性建构")为题发表于国际期刊 *Text and Talk* 《语篇与话语》,2011 年第 6 期,第 753-769 页。收入本节时,略有改动。
② 见有关民事程序的法律法规所呈现的变化,即《中华人民共和国民法通则》(1986 年,修订于 2009 年)与《中华人民共和国民事诉讼法》(1991 年,修订于 2007 年)。

论赋予了当事人参与诉讼程序的权利,包括搜集/提供证据,并在庭上与对手辩论。这样的辩论在理论与实践上均有益于法庭寻找终极真相。尽管法庭会在当事人相互辩论的基础上对案件作出公正的判决(严玮,2008),但是律师的片面阐述与法官不受限制的自由心证,都会影响到法官对法律的适用与执行,从而降低司法透明度(白洁,殷季峰 2003)。事实上,虽然法律实证研究证明诉讼程序的调整有利于司法公正[①],但是庭审依然受到外来的干涉,"新职权主义"的趋势还普遍存在(例如对于疑难案件,法庭总会尽量避免作出判决)(刘荣军,2006),学术界对此均有批评。鉴于以上情况,我们默认庭审各方均认同并遵守对抗制审判机制,从律师在庭审中对差异(不同或冲突性观点)的态度与互动来讨论律师的法律人角色意识。

有海量文献谈到论辩者对冲突话语的态度,其研究范畴既有常见的权力与平等关系这两个维度(Gee,1999),又有很细微的微观研究,比如讨论说话人如何使用代词的人际意义建构话语群体(Duszak,2002b;Kuo,2002);研究的场景既包括普通场合又包括具体的机构性场合(Grimshaw,1990;Miller,2002),研究内容也涵盖了最基本的两人互动与复杂的多方会谈框架(Tracy & Coupland,1990)。尽管冲突话语对个人和人类生活起到重大影响(Shantz & Hartup,1995;Anderson,Baxter & Cissna,2004),然而,鉴于多种原因,直接针对说话者如何应对冲突话语、如何以对话方法解决冲突(Fairclough,2003)所开展的语言学研究还相对不足。关于法庭对话的话语模式,二元模式非常有影响,包括规则主导型与人际关系主导型的证人话语模式(Conley & O'Barr,1990)、规则主导型与程序主导型的法官语言模式(Philips,1998)。有关律师辩论的研究多侧重于律师如何在互动交际中对事实陈述进行控制(Gibbons,1994,2003),也许因为对案件事实的陈述将会影响到陪审团对案件的判决[②]。虽然很多研究讨论了律师在庭审中的论辩(如 Stewart & Maxwell,2010),但尚有必要对律师在法庭冲突中的言语取向进行分析[③]。许多情况下,对律师的语言类型进行分类并不一定会促进庭审交际,但至少可帮我们识别律师在社会文化立场或意识形态上存在的差异(Yu & Wen,2004;张法连,2017)。

---

① 见王亚新(2004)。
② Eades(2008:36-37)提出学者们"已忽视了问题所在的更为宽泛的语言和非语言语境"。
③ 根据 Harris(2003:34)的说法,对口语话语类型进行明确的"分类"应该没有什么特别的帮助。

本节主要讨论在我国法庭中法官同时承担判决与案件审理双重功能的语境下,律师在质证环节之后的辩论环节中,如何与异己之声进行辩论,以体现其法律人角色。鉴于克里斯蒂娃的互文性理论拓展了巴赫金的对话理论(Allen,2000),本节在互文性理论指导下,探究律师如何与反方观点与相关"资料/观点"(如通用规则、证人证词或是普遍意义上的证据)进行互动,并在这两方面互文性地建构自己的态度与立场。本节也探究律师的观点、态度是否会在法官判决书中得到互动性回应。

二、律师辩论语言所处的冲突话语语境

在法庭这一机构性语境中,律师与其对手处在激烈的竞争中。"双方律师各代表其委托人在公正的观众(法官和陪审团)前,针对刑事或民事案件中所涉行为是否合法进行辩论,以获得有利于己方的判决"(Maley,2014:32-33)。交际严格地按照问与答的会话序列展开(Drew & Atkinson,1979;Drew & Heritage,1992),但律师的辩论话语仍然具有一定的灵活性。他们会根据其交际目的,频繁在专业术语与非正式话语之间进行切换(见 Gaines,2002),其语言风格的变化是由多种因素决定的,如法律意识形态(Philips,1998)、微观或宏观的社会背景(Conley & O'Barr,1998;张法连,2017)等。在我国,律师在庭审交际中担任的角色有别于英美法庭中律师的角色,同时律师的辩论话语最终由具有法律素养的审判法官来裁定,而不是由民间人士组成的陪审团来裁定,因此律师之间的言语争议虽然仍是法庭辩论的主体部分,但却并不像在西方法庭那么激烈(王立民,2007)。

我国民事法庭中律师话语的语境特征可简述如下。在庭审过程中,律师面对着一大群人(包括书记员、代理人和听众)发言,但实际上,他们的直接会话交际人只有对方律师与(包括主审法官在内的)审判委员会,构成一种"三方会话"(Pascual,2003),其中,审判长是这场口头辩护的仲裁者,但是在庭审过程中他很少发表意见。在庭前的证据交换环节,双方律师都熟知应该出示何种证据并已预先做了全面的准备,所以,尽管律师的论证发言是口头表述的,实际上,其大部分言语带有浓厚的书面语特征。根据我国法律的规定,法庭上律师的交际目的是通过当庭辩论来"维护当事人的合法权益"①,并最终助其胜诉。

---

① 见《中华人民共和国律师法》(2007年修订)。

关于话语和冲突,Fairclough(2003)这样说过:"根据人们对待冲突的态度趋向,会出现不同的社会事件与互动方式,相应地,也会产生不同的文本类型,因为语篇本身就是社会实践的组成部分之一。"他概括地总结了两种基本态度,"一种是开放、接受、认同差异并阐述差异,如广泛意义中的对话;另一种是加重差异、冲突、争议,对意义、准则和权力展开争夺"(2003:42)。前者是一种建设性解决方法(Anderson,Baxter & Cissna,2004)。就言语交际来讲,讲话者会在话语中与听众建构亲密关系或疏远关系,形成"话语中的社群"(Duszak,2002b)。毫无疑问,人们在冲突话语中采用何种语言行为,主要由他们对解决冲突方式的取向决定。

三、互文性视角下律师的两种互动倾向

根据巴赫金的对话理论,任何话语都是对既有话语的回应,或是后续话语的准备。因为这种呼应性应答,意义在连续的交际中产生,并会在交互中发生变化。话语模式包括对话性与独白性。独白或单声话语只承认自己及其对象,不涉及他者的话语内容(Bakhtin,1981),独白性话语"指向其参照对象,在既定的语境限制下生成最终的语义权威"(1984)。相比之下,对话或双声话语包含了对他者话语的有意参照(1984),"在已经拥有并保留自身言意图的话语中嵌入新的话语语义"(1984)。显然,这种蕴含了意义可变性的话语被视为对话性话语,反之则被视为独白性话语(Volosinov,1973)。

巴赫金对意识、主体性和交际的对话理论主要基于这一观点:语言不仅仅是符号指称系统,它体现人们在意识形态、世界观、观点和阐释上持续发生的冲突与差异。后来,他的对话思想被克里斯蒂娃更名为互文性(Allen,2000)。为"有效地"分析不同语境中各种观点的动态,克里斯蒂娃将互文性分为横向互文性和垂直互文性,前者指主体与接受人之间的相互作用,而后者表示文本与语境有何关联(Allen,2000)。因此互文性是意义生成的方式,体现在其他文本/观点是如何被评价和论引的,尽管并非所有引用都需要引号。相比之下,改述或翻译比机械的直接引用更具意义上的对话性(Volosinov,1973)。然而在我们看来,为确定讲话者在言语交际中的对话性,不仅要考察说话者如何在句法上处理转述引语,还要考察其相关的语境。

根据律师在话语中对异己观点的言语应对方式,可将我国法庭互文语境下

律师的论辩风格分两种,分别是对抗性独白和理性对话。从概念上说,如果律师仅仅承认自己的意见而否认另一种观点的存在或拒绝进行意义协商、沟通或改变的可能性,那么其对异己声音的应对就呈单声辩论模式,因其在冲突语境中更强调意义上的争论与对抗,因此被称为对抗性独白。如果他们对意义上的差异持开放态度,并试图解释差异以达成共识,那么他们对意义的协商持开放态度,倾向于在互动中对意义进行改变,其话语会表现出双声话语模式,把自己和对手置于平等位置,并与之开展理性对话[①]。简单来说,当律师认可相左的意见(对方的观点)的存在,并试图在已有证据或法律规则的基础上与他们进行意义协商,他们就对差异表现出(理性的)对话态度。相反,如果他们试图通过忽视对方或努力在言语中压制对方的声音,只专注于己方的证据或声音,那么他们在沟通中就更趋于对抗性和单一性。

话语交际中,可从句法关系上辨识这两种言语类型,从律师话语中是否引述对立方的观点与(特定语境下)其他方的观点来探讨。为避免草率结论,本节还考察了律师与异己观点发生互文性交际的功能,包括语义功能与动态互动功能,即在法庭辩论话语的推进过程中,正反方观点是否会随之出现语义变化,是否在后续的对话中生成新的意义。

律师在法庭交际中呈现的这两种辩论风格可能与他们对庭审文化的认知模型有关,对抗性独白模式主要与以职权主义为主的审判认知模型有关,而理性对话则多与以当事人主义为主的庭审认知模型有关。

四、律师互动倾向的话语实践

这一部分对语料文本中律师的辩论风格进行深入的话语分析。为证明所代理的当事人之相关社会行为的合法性,双方律师都需要通过庭审辩论使法官信服其论据,并采信其论点,鉴于此,律师们对异己声音的取向各不相同。有些律师倾向于认为自己的论点是正当合理的,独白式地将话语的声音专注于自己一方的论证,而有的律师会更广泛地与他者声音发生互动,在话语向前推进的过程中与他者声音进行着多重、复杂的协商与沟通。

[①] 理性对话的术语是从"法律是建立在合理论证基础之上"的思想上借鉴来的(见 Habermas,1996;张千帆,2002)。

本节语料包括三起公开发布的侵权案的庭审影音资料、庭审话语的转录(由作者完成)及相关判决文书①。语料的选择有如下两个原因。首先,这三例典型侵权案件记录完整,涵盖了律师的绝大部分话语(在其案件中所占时长约 30~35 分钟),可以满足本研究对律师话语的复杂性和长度方面的要求;此外,语料中还包含法官在采访实录中(约 3~5 分钟)对相关判决的解释说明,这为我们考察律师的辩论言语的言后效果,即可否引起评审委员的言语回应,提供了宝贵的证据。

在肖像侵权案件(M-S-Z12)中,原告人是一名演员,控告天伦王朝饭店侵犯其肖像权。原告称,被告人在未经其授权的情形下擅自在餐厅内摆放含有其角色形象的电影剧照。在名誉侵犯案件(M-S-Z08)中,原告方三家电脑销售代理人对中国消费者协会提起侵犯名誉权的诉讼。为测试电脑的辐射性,被告人在 2003 年组织了一场包括原告旗下电脑在内的比较检验,检验报告显示原告人旗下电脑的辐射指标不合格,为此原告人申诉称被告人的行为导致其遭受巨大损失。第三个案例是商标侵权案件(M-S-Z09),原告人北京市香妃烤鸡快餐有限责任公司诉被告人北京市红伟食品有限公司的食品包装上使用的"新香妃"字样,对其公司"香妃"的商标专用权造成了侵害。

(一) 对抗性独白与冲突

在多种诠释意见并存的冲突对立语境下,一味单方面地论述自身的立场只会加剧冲突,因为它无法为双方交流观点营造一个可行的言语环境,不利于问题的解决(Anderson, Baxter & Cissna, 2004)。这样的独白式话语突出了双方律师对意义主导权的争夺,进一步加大了不同立场之间的差异,详见语段(1)。

(1) 民-审-转 09(M-S-Z09)

原代:被告人他在自己的产品包装上,使用"新香妃"文字以及拼音。这个事实呢,经过刚才的法庭调查呢是已经得到确认的。所以我们认为呢,对方的侵权事实呢,也是已经成立的。

被代:我单位……不构成对原告的商标侵权。

---

① M-S-Z08 和 M-S-Z09 是音像资料;M-S-Z12 是音频资料,来源于北京电台在线。电脑销售代理商诉中国消费者协会(M-S-E08)(vcd. ISRCCN X04-03-301-22/VD),北京:人民法院出版社,2003.真假香妃(M-S-Z09)(vcd. ISRC CN X04-03-301-22/VD),北京:人民法院出版社,2003.蓝天野 vs.天伦王朝饭店(M-S-Z12),www.bjradio.com.cn,2.26,3.03,2003.

在出示并质证了相关证据之后,双方律师之间随即产生了以上对话。句法上,原告代理人独白性地坚持并重申他的观点——被告已造成侵权行为。他的观点是在引述已被双方认可的证据(亦可说是前文)的基础上提出的,并在小句"这个事实呢,经过刚才的法庭调查呢是已经得到确认的"中以准关系过程(Halliday & Matthiessen,2014)的方式"事实刚刚已被查明……"来表达。然而,鉴于法官并没有明确表示上述证据的有效性,所以原告代理人的言论仅仅是一种非实言类依据,或称之为片面之词。而且,律师片面性的说法背后,"新香妃"一词中"新"的意义本身尚不确定。对"新"这一词汇来说,可有两种解释,既可以把它看成一种使"新香妃"这个词组成为一个新商标名的黏着词素;又可以作为与被告人的商标名"香妃"相组合的自由词素①。据此,"香妃"和"新香妃"在意义上仍然存在差异,这也正是被告人始终坚持异议的原因。

在语义上,原告代理人一直在两个命题中使用"事实"这一词组来指代一件悬而未决的案件事实。在说到"这个事实"时,他先把被告人对"新香妃"的使用视为一种法律事实,然后在"对方的侵权事实"中,将其重新编码。在信息组织上,他将这两个含有"事实"的短语进行主位化处理(作为主语、已知信息),因这两个主位带有相同的述位,也就是说,他将这两个短语的意义等同处理。这表明他有意将自己的理解视为唯一的权威意义。鉴于在庭审的这个阶段中这两个商标所指涉的语义域尚待讨论(参见 Solan,1993),而原告代理人却一味以同义反复的方式坚持己方的解释,显示了他独白式言语的风格取向。

从互动角度看,原告代理人的话语中完全没有引述对方的观点,带有指责意味的独白未体现实质性的互动或引发产生意义互动的可能性。在其话轮之后,对方对其话语完全否认,从而使得双方观点间的冲突陷入僵持状态。

(2) 民-审-代 08(M-S-Z08)

> 原代:既然法律没有明文的授权,中国消费者协会,做这个((比较实验)),就是违法的,很明确,第一点。第二,既然你又是起草者,又是立法者,你不能既当运动员,又当裁判员。你既然起草了,又为什么要去执法?这是法律最基本的原理……就像假定,最

---

① 根据《新华字典》的释义(新华字典编委会,2007:1061),"新"至少有两层含义。

5	起码的观点,你怎么能执行这个法律?……相反,《消费者权益保护法》《产品质量法》把你们的权利规定得清清楚楚……有了投诉,你们协调一下,就这么回事!
被代:	我不知原告注意到了没有,最近,最近这段时间,已经,国家工商局已经抽检了多少批次,我不知道你注意到了没有,这个不是说,就只有一家,这是一个概念……所以这个,跟你说的那个情况,是-不是一回事。什么又是裁判员啦,又是什么这个,我觉得这个说法是不对的。

在该案(名誉侵权案)的交叉质证环节,原告代理人对中国消费者协会的委托检测资格提出质疑,在随后的辩论阶段,双方对被告是否有权检验上述品牌电脑质量持相反意见。在语段(2)中,原告代理人间接、含蓄地控诉被告方滥用职权,但他完全没有引用或呼应被告人的观点而直接提出两个论点,意在证明原告的评比试验不合乎法律程序。语义上看,律师在其推论中称原告人"违法""起草"和"执法",而又没能援引法律来支持其论点,因此他的论辩无法生成新的含义;同时他的话语方式中不仅采用了强烈的诘问"既然起草了,又为什么……"(第3~4行),同时对被告人的职责进行讽刺性评价(见第7行"就这么回事!"),这凸显出其论点是一种威胁面子的评论。对此,辩方律师给出了直接的独白式反驳。显而易见,双方均借助于"话语的威力"与对方辩论,没有"基于理性进行辩论"(Habermas,1996)。有趣的是,原告代理人以独白式风格提出的观点也没有获得法官的任何支持。法官在作出判决后的采访中解释说,由于法律没有明确禁止被告方的检验行为,所以否决了被告方涉嫌违法检测的指控。

(二) 理性对话方式与差异

在另一种对待冲突的言语应对取向中,双方律师在话语进展的过程中积极与对方发生言语互动,并引用带有社会语境特征的文本(法律规章或案件中的证人证言)为其论辩提供合理性依据。这一话语应对风格使得意义的磋商与改变有迹可循,同时也为他人留出回应的空间。因此这一模式也被称为可促进解决分歧的建设性态度。

(3) 民-审-代 12(M-S-Z12)

原代：刚才我听了两个被告人的论述，对于他们提出的意见我总结了一下，两个被告人的意见无非是四个方面，我的答辩针对两个被告的意见，第一个就是剧照是否构成侵害肖像权，也就是说影视剧团在影视剧中是否享有肖像权的问题；第二个问题……针对这四项方面，在诉讼过程中，被告天伦王朝饭店从未否认其自 1998 年起在地下一层影视院餐厅内摆放一个含有原告人形象的架子，那个形象问题我认为对形象构成了侵害。一个形象里边包含了原告的肖像内容。另外在该餐厅的门楣处设置有该剧照的照片事实。同时，第二被告北京电影制片厂在法庭质证过程中，出具证明其允许其被告营业性使用上述剧照，因此代理人针对上述事实，向法庭进行论述。

首先我要说的第一点就是，原告是否有权对第一被告北京天伦王朝饭店使用了含有电影《茶馆》剧照主张肖像权的问题，也就是说影视剧照中的演员是否有肖像权。肖像是……

被代1：尊敬的审判长、审判员，首先需要明确的是被告在影院餐厅内使用的不是原告的肖像，而是电影《茶馆》的剧照，这一点我想原告人也不持任何意见。既然使用的不是肖像而是剧照，剧照就是电影的一个镜头，在市场它是属于电影作品的一个部分，这一点我们国家的《民法通则》以及《版权法》都没有规定也没有相应的司法解释和判例。但是，关于剧照是属于电影作品的一部分，这个观点在 1981 年的英国上诉法院曾经有一个判例……

在语段(3)的辩论中，双方律师都在言辞上与对方的观点积极进行互动交流。原告方总结复述了辩方的四个论点。从宏观层面看，原告代理人的整个论证中都贯穿着被告方的观点。为确立其立场的合理性，他又引用了质证过程中的证据，并针对这些观点一一提出自己的论据。在法庭之上展现的是一系列复杂却有序的引证和观点互动。

从语义上说，原告代理人不断提及与本案相关的关键词（肖像、形象、原告形象、架子和剧照），试图在这些概念间建立一个语义链条。原告代理人在其第一点论证中(第 11～13 行)表明了自己的观点，即演员是否拥有对电影剧照中角色形象的肖像权。在论说过程中他用"形象"一词来缩小两个短语之间的语义差距,即属于表演者的个人肖像和属于电影制片厂的电影剧照。

从互文角度上看,原告代理人拓宽了人们对"肖像"意义的认知——表演者对电影集体剧照中的个人角色形象享有肖像权。原告代理人对其他文本信息进行互文性的复述和总结表明他承认、肯定这些文本的存在及其价值。此外,他也明确承认对方律师和法庭的声音,见"被告天伦王朝饭店从未否认其……"(第5~6行)和"向法庭进行论述"(第10行)中。据此,他的话语中动态性地建构了"原告方—法官—被告方"三方参与会话的语境模式。

当然,原告代理人的理性对话引发了被告方同样方式的话语回应——明确的否认。语句构成上,被告首先对原告方所持观点给予(部分)否定,然后通过引述国内外相关的法律解释对自己的观点进行进一步阐释。在语义上,被告代理人先是否定了控方对"肖像"一词的宽泛定义(包括表演者在剧照中的角色形象),接着回到对电影"剧照"问题的讨论。然后,他又互文性地援引了英国有关电影剧照的判例来扩展电影剧照的语义属性范围。在言语互动方面,在话语开展的过程中,被告代理人始终提及原告方的声音,尤其体现在"这一点我想原告人也不持任何意见"中(见第15~16行)。同时他又试图通过引用英国法律对电影海报的司法概念来吸引法庭的注意。有趣的是,在随后的采访中,法官不仅提及了双方所持的观点,也对其分别给出相应的回应。

(三) 互动倾向在话语中的协同建构

需要指出的是,法庭语境下,话语意义是交际双方在话轮的转换过程中协同产生的。对话式的话语模式更容易引出相同模式的回应,如语段(3);而对抗式独白往往引发更激烈的回击,见语段(1)和(2)。有趣的是,语料显示,理性对话还可以由控辩双方在问答话语序列中共同建构,详见语段(4)。

(4) 民-审-转 09(M-S-Z09)

原代:我们认为呢,本案的事实清楚,原告自取得注册商标专用权之后,就开始在自己生产的烧饼上使用了这个"香妃"的商标……所以我们认为他的侵权是属于明知的。

被代:我们认为呢,不构成商标的侵权。对于商标的这个概念和定义,

5   法律都有明确规定。所谓商标,也就是图形和文字的组合。那
        么,从图形和文字的组合,从双方的商标对比来看,它不可能是
        相同的,相同不存在。
   原代:按照《商标法实施细则》第50条的第一项,在同一种或者是类似
        的商品上,我们这属于在同一种商品上,将与他人注册商标相同
10   或者近似的标志作为商品名称,或者商品装潢使用,误导公众
        的,这构成侵犯商标专用权。
   被代:对于原告所谓使用商标条例里的这一规定,但是这一规定呀,我
        想,它首先离不开商标法对于商标侵权的这一定义以及它的标
        准的概念。就是说,我觉得,应该以商标法以及最高人民法院所
15   颁布的有关司法解释作为我们审判的依据((面向法官))。

  由于"相同性"和"相似性"都是含义模糊的词语,因此两个商标相同到何种程度可以有不同诠释,这也正是语段(4)中原告方与被告方产生分歧的地方。依据常识性认知,原告认为被告的商标——"新香妃"这一复合短语与自己的商标"香妃"相似,于是以一种独白性口吻坚称被告的侵权行为是"清楚"和"明知的"(见第3行)。对于此,被告方则采取了一种较动态、开放的对话性态度。被告代理人援引了商标的法律概念,"图形和文字的组合"(第5行),然后据此提出两个商标间不存在相同性。通过引用"商标"的模糊、宽泛的定义,他以"它不可能是相同的,相同不存在"(第6~7行)这一强势的论断来否定原告方的观点。可以看出,对定义的引述使被告方能进一步就侵权的标准进行辩论,并在更大更具体的语境下讨论"二者的区别"。从互动意义上讲,被告代理人的意义协商为双方接下来的讨论创造了更大的语义空间。

  在被告方的对话性辩论所设定的上下文语境下,原告代理人也参与到当前的意义磋商中,他不仅引用了《商标法实施细则》中"第50条的第一项"(见第8行)这一法律规定的具体定义,同时也将其与当前的社会语境(案件事实)联系起来进行阐释,"我们这属于在同一种商品上"(第9行),从而使双方的意义磋商向纵深发展。

  面对原告方如此激烈的对话性论辩,被告方代理人放弃了与他的直接交流,转而请求法院加入对案件事实的意义裁定,"我觉得,应该以商标法……作为我

们审判的依据"(第14~15行),同时身体也有意识地转向法官一侧。被告方从动态的对话转向僵化的独白,这种话语风格的转变有两个重要意义:首先,独白性或对话性的论辩是在庭审话语的序列组织中交互形成的,尽管我们必须承认这也是律师使用语言的策略;其次,更为重要的是,这一切表明律师选择话语风格的时候,确实意识到法院对其法庭上的辩论话语具有决定权这一语境事实,或者说,律师选择何种话语风格,受到其大脑中储存的法庭文化语境的影响。

综上,律师在面对话语冲突时有两种可能的选择,产生两种不同的话语风格:第一种是独白式的争辩,这往往会使冲突持续下去;第二种是在己方论辩中引入其他声音、情境、观点和立场,给予交际双方进行意义协商的空间,继而促成一种合作解决争端的语境。另外,分析表明,律师的辩论观点是在庭审的序列组织过程中互动合作形成的,并且其辩论会引发法官在庭审判决的阶段对其观点给出不同程度的言语回应。

理性对话还可以由原、被告律师双方在庭审序列组织中合作完成,这一发现很有意义,因为这证明在庭审话语中律师对语境的制约作用有明确的认知,并会有意识地调整自身的言语来适应语境的变化。因此可以推测,当法官面对纠纷或意见分歧时(例如 Kšrner,2000),他们极有可能会有类似的意义生成过程(张卫平,2001;Solan,1993)。这也可以解释理性对话更有可能得到法庭的反馈,比如在判决书中或在后续采访中,法官均会对此进行回应。然而,语段(4)中,不能把被告代理人话语方式的转变,即从当前的对话性辩论中突然撤出而转向独白性话语,视为一种简单的、偶然的例外情况来解读。本质而言,从其话语方式的转变,可以测试独白性立场和理性对话是否会产生类似的话语效果。在该案的判决书和法官采访中,对经律师双方合作磋商却仍存争议的"商标相似性"这一问题,法官均阐述了法庭的正面回应与评价,丝毫没有回应该律师的独白式诉求。本研究证明:在我国的庭审语境下,律师对异己声音的话语应对方式与论辩过程确实与法院的最终判决结果有一定的联系。

律师对待异己声音的两种话语应对或互动风格并不仅仅是我国法庭中所特有的,可以从理论上补充英美法庭话语的研究,比如以规则为导向的法官话语(Philips,1998),同时本研究还证实了律师的话语与法律意识形态、律师的认知模型有关。本节采用的话语分析方法也为 Haire、Lindquist & Hartley(1999)的观点提供了有效的依据,即律师辩护词的质量对诉讼的成功与否有潜在的影响。

本研究的局限之处在于仅专注话语本身的特征,而没有考虑关于律师、法官等个体的特点和案件类型等这些社会因素,这将是未来研究需要考虑的内容。

第三节 小 结

鉴于我国的法庭文化兼容并包,融合了我国的传统司法文化特征与现代法制文化特征(见第二章),在律师认知群体内部可能会产生认知差异,律师个体对法律文化不同的理解与阐释,会使其对法庭辩论产生迥然不同的态度与话语风格。为此,本章考察了在我国法庭的互文文化语境,即在传统法律文化与现代法律文化的杂合语境中,律师如何对待冲突性话语或声音,如何在庭审话语进展中体现不同的互动倾向,体现其法律人的角色意识。

研究发现,对待异同观点或声音,律师互文性地构建了两种话语风格,即对抗性独白和理性对话,而且不同的话语风格会产生迥然不同的言语交际效果。相对而言,独白性话语更容易引发或加剧冲突,而理性的对话性争论更容易促进双方在争议之处进行深层的沟通与交流,而且,也更容易得到法庭对其争议的正面回应。另外,律师的互动倾向也是在庭审言语交际的序列话语中合作建构完成的,是动态的。

本章的研究具有双重研究意义,首先,证明律师在法庭上的辩论语言与辩论方式受到文化情境语境的制约,同时其辩护方式将潜在地影响到庭审的结果。

第五章

律师的法律人角色意识（下）

鉴于说话人大脑中所储存的交际认知模型会影响并决定他在话语中所使用的言语策略(van Dijk, 2014)，我国当代的社会主义法制体系是以延续千年之久的"礼法并用"传统文化为基础的，律师个体对法律传统文化的认知以及对法庭辩论的最终目的、利益等的追求也会影响到其法律人角色意识与其在庭审过程中的语言策略选择（见杜金榜，2004；张法连，2017；廖美珍，2006；等）。本章主要讨论律师作为法律人角色意识的机智或策略性维度，主要包括面对法官所采用的礼貌语言策略与针对己方代理人所采用的不礼貌言语策略。

第一节 "无讼"理念下律师的礼貌言语[①]

一、问题的提出

近期对中国法律文化的相关研究表明,几百年来,儒家关于"和谐社会"的思想一直影响着律师的行为(党江舟,2005;张晋藩,1997)。《论语》第十二章记录了孔子关于"无讼"的思想,"听讼,吾犹人也。必也,使无讼乎"(Legge,1994),可知儒家心目中理想的社会秩序是:人们自觉守礼,不需要使用外在法律来干预(党江舟,2005)。在无讼思想的影响下,政府与舆论倾向于劝阻诉讼,并将压制诉讼作为达到终极社会状态"无讼"的途径。据此,在中国法律史上,封建社会时期并没有现代意义上的专业律师群体(身份)(马作武,1997;张晋藩,1997;等),在社会实践中,大量儒家学者却秘密地参与法律事务,形成了一支盛行于地下的讼师群体(党江舟,2005;龚汝富,2008)。在律师受到主流意识形态的压制、排斥的历史背景下,按照Brown和Levinson(1978)的观点,代理出席审判将是相当危险且有伤面子的行为,他们如何在法律诉状中展示拳脚、其诉状何以呈送法官,这些一直是法律、社会、语言领域中值得关注的问题(龚汝富,2008)。流传于讼师内部的手抄本《讼师秘本》中提到,谨慎地参与诉讼对律师的安全与生存至关重要,"讼之一道,身家所系。非抱不白之冤,不是戴天之仇,切戒轻举,以贻后患……慎之,慎之"(襟霞阁主,1919,转引自潘宇,2007:17)。古代讼师对于参与诉讼的这种谨慎务实的态度使我们对其如何使用礼貌语言产生极大的兴趣。

礼貌原则分经典礼貌原则与后经典礼貌原则两个阶段。在经典礼貌原则中,Brown和Levinson(1978/1987)认为,每个理智的"理想人"都具有两种特殊需求:其行动不受阻碍的需要(消极面子)和其行为得到认可、肯定的需要(积极

[①] 本节的主要内容见英文论文 *Linguistic politeness in lawyers' petitions under the Confucian Ideal of no litigation*(《儒家无讼理念下律师诉状中的礼貌语言》),载于 *International Journal of Speech, Language and the Law*(《国际法律语言学杂志》),2014年第2期,第317—342页。收入此书时,对该文中部分文献与观点及文字略做了更新与改动。

面子)。鉴于这一假设,对那些可能威胁到面子的行为,人们通常用礼貌表达以弱化或降低其影响。积极礼貌语言迎合了听者保护其积极面子(人们在公众面前的自我形象)的需要,消极礼貌主要为了满足听者的消极面子以及满足他们维护自己的行动自由、实现自主的基本愿望。

对这一传统的礼貌原则假说,后现代视角和新礼貌原则均从理论与概念层面进行了讨论(如 Eelen,2001),并提出了改进与更新建议(Terkourafi,2005)。与本节有关的有三方面观点有:第一,与面向听众的礼貌原则(hearer-oriented politeness)相比,面向说话人的礼貌原则(speaker-oriented politeness)可极大地避免冲突(Craig,Tracy & Spisak,1986;Meier,1995;Chen,2001;Penman,1990)。不礼貌行为并非礼貌行为的对立行为,是指说话者故意、直白地攻击听话者的面子,不礼貌言语行为在复杂的社会生活中亦很重要(Meier,1995;Culpeper,1996,2012;Mills,2009;Xie,2018;Xie,He & Lin,2005;等)。第二,一些学者曾质疑经典礼貌原则理论的效度,认为其模型主要基于西方的个人主义和理性观念,并不适合以集体主义与和谐为核心的东方文化(如 Ide,1989;Nwoye,1992;Scollon & Scollon,1995;Gu,1990;Mao,1994;Lim,1994 等),但相关的理论分析(见 O'Driscoll 1996 关于欲望和面子的双重性)和跨文化、内文化分析(见 Fukada & Asata,2004;Ji,2000;Leech,2007 等对于面子相关概念的反驳)均支撑了 Brown 和 Levinson(1978)模型的优越性(Locher,2004)。第三,近期的研究结果进一步消除了人们对经典礼貌模型的操作与应用的怀疑。日常语言中所谓的礼貌指人们期待的社会行为规范(简称礼貌1),与语言使用中的构念——言语礼貌(简称礼貌2)存在概念上的差异(Watts,2003;Xie,He & Lin,2005)。礼貌言语行为是在互动性、动态性交际中由交际人合作建构的(Watts,2003;Locher,2004;Holmes,Marra & Vine,2012;Locher & Watts,2008;等)。重要的是,学界越来越注重民族文化在具体情境与交际中的社会制约作用[Holmes,Marra & Vine,2012;Kadar,2017。详见 Mills(2009)对"实践共同体"(community of practice)中互动交际准则的讨论]。但是,我国古今律师也是一种实践共同体,他们群体的交际风格中有哪些特征,尤其是在庭审话语实践中有哪些相似或相异的言语行为与策略,尚有待分析。

鉴于语篇是社会活动的实现方式与构成成分,同时也是社会活动及变化的产物(Fairclough,2003),本节将从语篇层面讨论律师的礼貌语言和权势之间的关系,并将其关系放置于更广泛的历史语境中进行考察,目的在于考察儒家无讼意识对我国律师申诉语言使用的影响①。为此,将基于历时语料,对比分析律师向法院申请具体法律行动时所采用的礼貌言语的差异。本研究中,将律师向法院提出申请,请求法院具体法律行动这一语言活动称为"请求"言语行为,在这一请求言语活动中,律师为缓和面子②威胁而采用的礼貌语言,属于语言使用意义上的礼貌(linguistic politeness),而非社会行为意义上的礼貌;采用"律师"这一术语涵盖封建社会(公元前221年至公元1911年)中从事法律代理事务的专业人士,即"讼师"(党江舟,2005;Macauley,1998),与当代的律师(1979年后)。当然,封建时代的讼师并没有得到主流社会的认可,他们与当今现代意义上的合法律师在概念与功能上存在本质的差异(党江舟,2005)。

二、律师礼貌言语的交际环境与文化语境

(一) 庭审语境中律师的礼貌言语

法庭为人们研究语言礼貌以及权力、距离等情境因素提供了绝佳的场所(见Lakoff,1973;Harris,1995;Archer,2011a,2011b)。法院的等级结构将法官的社会权力置于其他参与者之上,律师和其他参与人员必须按照特定的模式向法官发言,最典型的例子是各种表尊称的专业称呼语,如"尊敬的法官大人"(Atkinson & Drew,1979;Maley,2014;Conley & O'Barr,1990),相当于言语交际中的"政治行为"(politic behaviour)(Watts,2003:20)。然而,为实现最终的交际目的,礼貌语言,即政治和政治以外的行为,也会被巧妙地应用,成为一种交际策略。比如,在中、英法庭上,被告人公然使用无礼的语言讽刺法官(Kadar,2008;Kadar & Pan,2012;Archer,2006,2008);在美国的庭审间歇,律师策略性地在法官休息室运用"寒暄"语,与法官建立良好的人际关系(Gaines,2002);在庭审交叉询问阶段的互动交际中,某些参与人员"非常便利地"使用礼貌语言以打击他人的面子(Johnson & Clifford,2011:57),算是将礼貌语言用到妙处了。

---

① 为避免语言与文化泛化问题,本节对律师诉状中的礼貌言语的研究仅限于汉族人。
② 面子和礼貌是两个相关但不同的概念,本文没有沿用 Brown 和 Levinson(1987)模型中认知意义上的面子,而是将它定义为具有社会价值的范畴。此外,本节暂不涉及礼貌的心理层面。

Penman(1990)将 Brown 和 Levinson(1978)的经典礼貌模型拓展到法庭话语中,并针对动态审判语境提出 2×2 矩阵(分别为面向说话者与听话者的礼貌,积极与消极礼貌)。她指出礼貌语言具有多重功能,参与者的角色与礼貌策略的选择之间具有紧密关系;在澳大利亚的法庭上,与证人相比,律师使用礼貌策略的次数、形式等不仅有限,而且其使用情况也因交际对象的不同而呈现差异,总的来说,律师使用了很多面向听众的礼貌策略来威胁证人的面子,却很少使用面向说话人的礼貌策略,故此认为在法庭语境下消极面子比积极面子更显著(Penman, 1990)。这些观点对本研究具有很大的启发意义,中国法庭上律师如何使用礼貌语言情况还有待研究:礼貌语言受到社会行为惯例以及语言体系的约束,在这种语境下,以他者(听话人)为导向的礼貌是否仍具有显著特色?

与律师的礼貌话语相关的是他们在言语场景中所承担的实际角色。如果是言语"传话人"角色的话,说话者只发出、传递言语行为,而不必为言语内容负责;如果是言语"作者"的话,说话者负责话语的表述方式与内容;而若是言语"负责人",则他不只是言语的发言人,还是话语来源的最终责任人,其地位由所说言语所确立(Goffman, 1981:144)。在仪式化的机构话语中,同时存在众多声音,个人在其中的参与度可区分其在交际中承担的实际角色[详见 Heydon(2005)针对警察询问话语的研究],并决定其如何选择面子策略。重要的是,作为一种话语策略,律师的礼貌语言受到机构语境的限制。一方面,不平等的权力分配阻碍了礼貌的使用(Harris, 1995;Kadar, 2008);另一方面,多元交际目标共存的语境也决定了礼貌言语的使用必须巧妙且有策略性(例如 Harris, 2001;Gaines, 2002;Penman, 1990)。

对我国法庭话语的礼貌语言研究揭示了法庭沟通是非常复杂的,机构权力对参与者具有制约作用,律师使用的语言形式与其询问技巧之间具有密切的关系(参见廖美珍,2003;Zhang, 2011;等)。除 Kadar(2008)等少数研究关注到我国古代的律师言语与法律话语外,汉语语境下律师言语的历时使用尚有待深入探讨。当然,随着社会的变化和语言系统的变化,语言行为在不同历史时代会有所不同(Pan & Kadar, 2011)。我国的礼貌语言表达也发生了巨大的变化。1911 年前,礼貌语曾集中出现于敬语中,是礼貌语言在形式结构上的体现(Pan & Kadar, 2011;王力,1983),但在民主革命(1911—1949)期间及以后,白话文、简体中文逐渐取代了古汉字,敬语逐渐消失。礼貌语言主要由与社会等级、地位相关联的言语秩序所取代与实现(Pan & Kadar, 2011),1911 年前与在我国当代不同历史时期,律师是否巧妙地运用敬语和礼貌语言,在礼貌语言的使用上有何差异?

(二) 律师礼貌言语的文化语境:儒家的"无讼"观念

在我国传统法制时期,儒家思想是主流意识形态,社会和谐、自律等儒学理念指导着国家、集体与个人活动。在"无讼"这一终极治理目标与思想的指导下,诉讼被认为是麻烦事,法律体系重刑轻民(张晋藩,1997;史广全,2006),法律诉讼通常由当地行政官员处理,若向官方提起诉讼,诉讼人必须提交书面申诉书,且其申诉书必须由官方许可的申诉代写人起草并盖章(党江舟,2005;龚汝富,2008)。撰写法律申诉书对于大批不识字的平民来说是一个难题,他们迫切需要具备专门知识的人提供服务,这就为讼师群体的出现提供了社会需求。

儒家不赞成"析言破律""言伪而辩"等相关的行为,明确规定对其进行严肃惩治,不经审判即可处死,如《礼记》第五章所言,"析言破律,乱名改作,执左道以乱政,杀。作淫声,异服,奇技,奇器以疑众,杀。行伪而坚,言伪而辩,学非而博,顺非而泽以疑众,杀。假于鬼神,时日,卜筮以疑众,杀。此四诛者,不以听。凡执禁以齐众,不赦过"(陈成国,2019;Legge,1967)。因此,在整个封建社会时期,自愿提供诉讼代理服务的儒家落第学者总被边缘化为"他者"(龚汝富,2008;党江舟,2005),讼师的始祖邓析子(?—公元前 501 年)被斩首示众之悲剧下场述说了这一群体被异化的悲惨现实。在官方出版的书籍中,对讼师相关的贬义称呼语很多,比如"狡猾的公民"(战国时期,公元前 475—公元前 221 年)、"邪恶的讼棍""骗子""麻烦制造者""邪恶的煽动者"(宋代,960—1279)和"受利益驱使的流氓"(元代,1271—1368)等贬义词,且此类贬义词的数量远远超过了官方正式批准的申诉书起草人的称呼(党江舟,2005)。由此可知,长久以来讼师身处被异化的地位,在官员和百姓印象中名声很不好。

讼师所从事的法律服务也受到严格限制。事实上,经官方授权的法律服务也仅限于起草申诉书。大多数讼师试图获得百姓的认可以及为谋生需要,长期"处于地下",伪装成书屋、茶馆、客栈或私塾的员工(龚汝富,2008)。除起草诉状外,他们也秘密参与到诸如规划诉讼、代委托人处理案子等在内的系列法律活动中。虽然讼师无法代表委托人去官府打官司,但其私下所承担的法律功能与现代律师的功能很相似(党江舟,2005)。

20世纪80年代开始,我国就采用了现代意义上的对抗诉讼制度进行法庭审判,尽管当代律师会偶尔遭遇诸如被忽视或在法庭上无法充分享有争辩权等挫折,但他们是以合法的法律专业人员身份出现在庭审中[①],参与包括起诉、代表委托人出席并参与法庭审判在内的各类法律活动(陈有西,2011;徐家力,2009)。虽然儒家思想在现代社会已逐渐没落,但由于其数千年来对官方与民间意识形态的长期控制以及官方有意识的教育传播所形成的无形影响,儒家思想有关的法律文化至今仍存在于人们的长期记忆中,不免会影响到他们在法庭交际中的言语行为。因此,有关无讼观念的知识模型仍然影响着人们对诉讼的态度(陈来,2014;Yao,2000)。

三、无讼理念下律师礼貌话语的分析框架

本研究采用Penman(1990)的框架研究律师为缓和其申诉言语行为(以请求言语行为实现的法律申诉行为)中威胁面子的风险而使用的礼貌言语策略,并将"面子"定义为个人在交际中所寻求的积极的社会价值(Bargiela-Chiappini,2003)。律师的申诉请求侧重于律师(S)在语篇层面向法官(H)申请采取某种法律行为的言语行为(参见Searle,1972)。在权力至上的法官面前,为缓和申诉言语行为所造成的面子威胁,律师须以适当的方式撰写诉状(参见Searle,1975;Leech,1983;Penman,1990;Meier,1995)。实践共同体(community of practice)中文化对礼貌语言的使用具有社会制约作用(见Holmes,Marra & Vine,2012),据此,我国律师使用的礼貌语言也受到占主导地位的(新)儒家文化思想的制约。对中国人来说,使用恰当的言语进行交际指的是在交际语境中将语言风格和语言内容方面进行内在的统一(汤一介,张耀南,方铭,2001;Gu,1990;Pan & Kadar,2011),这种规范决定了礼貌语言的结构与形式。我们从语言的风格(言语的态度层面)和命题内容(更类似于言语的互动层面)这两个层面(参见Sinclair,1981)来分析律师的礼貌语言。

礼貌语言是植根于语境中的社会行为,与特定社会文化语境制约下所形成的群体面子的关注相联系(Penman,1990;Holmes,Marra & Vine,2012)。在

[①] 《中华人民共和国宪法》(1978)和《中华人民共和国律师暂行条例》(1980)。

言语风格层面,说话人根据个人所处的社会地位,使用恰当的言语,比如贬低自己抬高他人,以表达礼貌言语(Gu,1990;Fraser,1990;Watts,Ide & Ehlich,1992)。使用语言时,说话者根据社会等级秩序选择合适的头衔、称呼语以及敬语。一般来说,官员和学者的地位通常高于其他职业,在家庭内部,长者的地位高于其他人。这种说话方式能满足说话者与听者的积极面子需求,是避免交际不悦的绝佳策略(Lakoff,1973)。敬语和称呼语不仅是标识社会角色的重要手段,更是建构动态意义与避免冲突的话语策略(如 Ide,1989;Okamoto,2011)。

在礼貌话语的命题内容层面,儒家观念中的"理想人"将行为建立在与个人自我修养及个人的社会角色、义务相关的伦理价值观上(汤一介,张耀南,方铭,2001)。为集体利益发出请求或请求实现的行为优先于那些为个人利益所驱动的行为,并给行为人带来荣誉(汤一介,张耀南,方铭,2001)。当然,为集体利益而采取的行动(包括请求行为或请求实现的行为),尤其当说话人在话语中将听话人与某一集体建构为同一个话语群体时,必须符合以集体主义为核心的听话人一方的群体面子(Nwoye,1992;O'Driscoll,2011)。与那些为特定个体而采取的行为相比,这种为集体利益而发出的请求或请求实现的行为所带来的面子威胁比较小。因此,基于这种命题内容的言语行为能满足听者的消极(积极)面子需求,是缓和请求的语言手段。

中国文化比较重视人们在面对冲突时体现自我修养与自我约束(汤一介,张耀南,方铭,2001),这导致了交际者对个人公众形象的社会认知,塑造了以自我为本的礼貌表达。一般来说,只有在以下两种情况下与别人发生对抗性行为,交际人才会在伦理上站得住脚。首先,说话者自具德性,只有这样才能不陷入泥潭(Legge,1994;潘宇,2007),发起请求言语行为时,发言者在话语中会将自己与请求言语中所涉及的行为拉开距离,构成了以说话人为中心的礼貌策略(Chen,2001;Tracy,1990);其次,这种申诉(请求)"不礼貌"行为具有社会所认可的道德层面的理由——共同的利益、神圣的道理或广泛意义上的儒家"大义"(尤其当说话人将自己的行为与"义"联系在一起时)(汤一介,张耀南,方铭,2001)。为"义"的辩护策略或道歉策略体现说话人对集体面子的关注,能起到较好的交际效果。在这两种情况下,发言人的面子需求得到交际人的同意与认可,其诉求言语行为不受阻碍这一自由将会得到满足。

鉴于上述分析,律师的申诉言语(请求言语)由言语风格与言语命题内容两

个层面的礼貌策略得以缓和:

1. 风格层面:贬低自己、抬高他人的策略。
2. 命题内容层面:
   A. 以听话人为中心的礼貌言语:为了听话人所认同的集体利益而申请某一法律行为,属于团结(交际求同)策略。
   B. 以说话人为中心的礼貌言语:
      a. 疏离策略:说话者是自律、公正的人,与所申请事由没有利益联系;
      b. 辩护或道歉策略:说话者为集体道德相关的缘由而不得已提出申诉。

礼貌策略的风格层面关注参与者(说话人与听话人)的积极面子,同时也兼顾其消极面子。礼貌策略的命题内容与参与者的消极(多数情况下,也是积极)面子相关。准确地讲,风格和内容层面的语言次级策略具有多功能性,可实现多元目标(Penman,1990;Johnson & Clifford,2011)。通过整合语篇中缓和性礼貌策略的六个维度,即两个层面、针对双方交际人、积极与消极,可将律师对法官发出的礼貌性请求(申诉)释义为:本人是一个无私而又微不足道的律师,站在委托人的立场上(Goffman,1981),受到自身义务相关理由的驱使,在此特诚请尊贵的法院为法官阁下您所认同的公众利益采取法律行动(Archer,2008)。

四、古今律师申诉(请求)言语行为中的礼貌语言

本研究基于清代(1644—1911)和当代中国(1979年以来)两个时期的语料进行对比研究,其中,清代的语料代表我国封建社会时期的诉讼语言,因为在我国数千年封闭的封建统治下,不同朝代的讼师言语具有诸多本质上的相似性(Pan & Kadar,2011),我国当代的律师用语是本研究的补充语料,用以观察无讼思想对当今律师礼貌言语的影响。古代讼师的诉状语料为清代90篇匿名讼师书写的诉讼知识手抄稿,均为古文,其长度从数十到数百个汉字不等,其中,37篇摘自《刀笔菁华》[①],主要概述记载了17世纪的官方诉讼,53篇收录于1821—

---

① 虞山襟霞阁(假名)(主编).刀笔菁华.北京:中国工商联合出版社,2001。

1850年间《江西万载佚名讼师底本》①。为确保语料的可比性,当代语料也保证了同等数量的文本,系公开出版的律师书面(口头陈述)诉状(王涛,2003),简体汉字的文本长度不一。

关于诉状中的作者身份与诉状的交际功能,古代的普通百姓大多数不识字,遇到诉讼需求也不会写诉状,为帮他们发起诉讼,讼师以口头或书面形式为其撰写诉状提供专业建议(龚汝富,2008),因此是诉状的真正作者,在某种程度上也是这些诉状的秘密"负责人"(Goffman,1981);在当时恶讼或嫌弃争执的时代与文化背景下,诉状是讼师"铤而走险"参与法律事务(代表申诉人与官府进行互动)的唯一载体与渠道。在当代中国,律师可通过法定方式在审判前、审判中以及审判后以口头或书面形式与法官进行沟通,其沟通内容大多以书面文本的形式(见 Zhang,2011)记录在案卷中,而且一经委托,律师可作为委托人的合法代言人,同时也是口头申诉的撰写者、作者和负责人。

经过历时语料对比,发现古代与当代律师在礼貌言语的使用上基本具有同样的范式,但其语言形式稍有差异。

(一)古代讼师申诉(请求)言语行为中的礼貌言语

由于考虑到面子,讼师的诉状中有大量显性的礼貌言语,以至于其言语交际听起来更像"恳求官府施恩"(潘宇,2007)以实现正义,其礼貌语言主要体现在两个方面:其一,在风格层面充分利用敬语;其二,在命题内容层面综合使用多种与言语适恰性相关的礼貌策略。

1. 敬语

在整个诉状中,讼师尤其通过指称敬语和对听话人的敬语,透露出申述人对官员的敬意和请愿者的谦卑。在说话者——听话人这一横轴上,他们称申诉者(或自己)为"小的"(身份卑微)、"窃身"(毫无价值的人)、"蚁民"(脆弱的人)、"弱息"(无能的人)、"愚盲"(未接受过教育的人),而将官府尊称为"天"(有权且公正的仲裁者)、"明镜"(全能的府尹)。在说话者——指称这一横轴上,他们用诸如"琴堂"(官府)等指称敬语,这种词汇层面的尊称比比皆是,如语段(1)所示。

(1)窃民久居乡里,务农为业,从不敢违法作恶,为害乡里……盖李志先固

---

① 清朝道光时期的手稿,系龚汝富的私人收藏。

欲以此相恫吓,而不料明镜高悬,竟下乡勘验也……
乞天做主。

讼师隐藏在申请人的身份下,长篇的叙述之后,在最后一句才庄重地提出其诉求。在词汇上他将自己贬为"窃民",将县官奉为"明镜""天"。在话语层面,通过评价副词"不料"引导的短语赞美了县官的智慧和辛劳。口语化的短语"竟下乡勘验也"在此也是一种敬语,隐喻西周著名人物召公于甘棠树下为民决狱的故事。据《史记·燕召公世家》记载,召公当政时期,经常巡行乡邑,到老百姓当中去就地审理案件,受到百姓的爱戴,后来百姓为了纪念他,都不砍伐甘棠。在这一文化语境中,敬语"下乡勘验也"满足了县官作为公职人员的积极面子需求。从交际效果来看,他将令人不悦的申诉转变为对县官的赞美,这种做法很可能获得官员的即刻回应。

(2) 特匍匐案下,请求核准备案。不特氏一人感戴,冯氏祖宗也常结草于九原。哀哀上禀,扶希鉴察。

语段(2)中可见讼师为提高县官的面子做了双重努力。除以词汇化的行为"匍匐案下"这类对自我身份的贬低,讼师还通过贬低仙逝的祖先强化自己对县官衷心的感谢,如"冯氏祖宗也常结草于九原"。在古代,死者最应受到生者的尊重,打扰死者的行为等同于不孝。当讼师将整个家族"拉出来"宣誓,将自己的孝置于风口浪尖,其自我贬低的行为目的在于迎合县官的面子需求,削弱其申诉言语中的冒犯,使用夸张的敬语和感谢这一次级言语策略所体现尊敬,意味着讼师所采纳的礼貌语言符合社会行为准则,是一种政治性的言语行为(Watts,2003),同时又不仅仅囿于此,实际上此语言行为具有高度的策略性。当然,因礼貌言语是在具体语境中建构的,其意义具有梯度变化(Archer,2011a)。

此外,为缓和申诉言语行为的不利影响,讼师甚至在以下语段中采用直白的奉承。

(3) 特匍匐案下,叩求申雪,庶恃势者……公侯万代,富贵无极。

语段(3)除了包含有重复语义的指称敬语"匍匐""叩求"这两个以言辞形式出现的动词词汇外,还用了一种极度夸张的赞颂,"公侯万代,富贵无极"。讼师的社会地位比较低下,无法在这样一个正式的场合公然地奉承县官,这将威胁到他们自己的面子,因此应将这里的奉承看作讼师在话语交际中的磋商策略:希望最大程度地抬高县官的社会声望,或者努力将官府的公众形象定位为法律权威,以获得听话人(法官)的认可。再者,这样使用敬体显然超出了低位者对身处高位者表尊重的常规方法,属于 Watts 所言之政治语言式"礼貌行为"(Watts,2003)。原因如下:在讼师这一"同一行为社群"中(讼师是秘密从事法律事务的地下群体),关于如何向法官呈递诉状尚没有固定或一致的做法,讼师秘籍中也只是总结了一些个人提倡的交际技巧,但在古代,这种抬高他人的行为极其常见。自我贬低也能达到类似效果,如将自己描述为值得同情的人,如"哀哀上禀"〔见语段(2)〕。

2. 以听话人为中心的礼貌言语

在礼貌言语策略的内容层面上,讼师利用适当的方式表达申诉,为缓和其面子威胁,他们运用诸如关系联结(aligning)、情感介入(involvement)之类的次级策略。语段(4)中讼师代表委托人恳求县官承其所请,立案调查。该案中,某钱庄老板控告申诉人的妻子窃取了一名位居藩司的省级官员的一张价值不菲的银票。据传,当其妻带着银票去钱庄兑换银两时,钱庄掌柜拒绝了她,并扣下银票,认定该银票必是藩司儿子遗失的财产。讼师代申诉人请求官府对该案进行彻查,言称此申诉是为了县官上级藩司的名誉。

> (4)窃思藩司何等尊贵,藩司公子亦克承家训……且与民云泥远隔,从未相识……某钱庄意图吞没,托词公子,不特欺侮良善,图赖巨金。抑且诬及大吏,辱及官裔,其事可恶,其心更可诛。务乞琴堂核准,迅提钱庄主到案,穷讯根底,尽法惩处。民固不致遭此意外损失,即藩司及藩司公子亦得一洗恶名。

语段(4)中,讼师分别用"何等尊贵""克承家训""琴堂"等表达其对藩司、藩司儿子、官府的尊重,用这些敬语在话语中将县官和藩司建构为同一群体,使讼师成为另一群体。但随着文本向前展开,这种以听话人为导向的礼貌语言策略被赋予双重会话含义。钱庄掌柜控告了该申诉人的妻子偷窃藩司儿子房里的银票,然而讼师却通过"与民云泥远隔"这一描述将委托人的妻子与该官员之间拉开距离,反驳了掌柜的控告;同时他强调控告中有意暗指藩司和该夫人有着亲密不道德的关系,如果该案被判为事实,他们的行为就属违反礼节之举,这也是对县官本人的上级与同行——藩司大人名节的侮辱。保护藩司的名声不受恶习袭击成为接受申诉请求的一种回应,见"即藩司……亦得一洗恶名"中对此的清晰表达。讼师称自己为"你的子民"而不是"我",并将县官与藩司归为一类,这两种做法均使县官难以拒绝请求。有趣的是,讼师巧妙地将礼貌策略隐藏在"合理的否认"(plausible deniability)(Archer,2011b:78)之下,也就是说,即使对名声诽谤一说持有异议,他也可以否认自己的言语中存有冒犯之意。他可以摆脱自己在言语上污蔑官员的罪名,同时也可以让法官认为他只是在做策略性的辩护。因此,他的礼貌策略在表面上满足了藩司(官府)的面子,也有助于其实现意想不到的目标——击败钱庄掌柜,赢得县官的支持。

3. 以说话人为中心的礼貌言语

为缓和申诉行为中威胁面子的风险,讼师使用迎合县官面子的语言策略,同时也满足了自己的面子需求。他们采用道歉之类的次级策略,表示不愿强迫县官,或营造"置身事外"的距离感。

在一桩臭名昭著的杀人案件中,某妇女杀害了其小叔子,声称是为了阻止他对她正在实施的性侵犯,讼师以妇女捍卫清白(社会所认同的女性的面子)为由,申请无罪。

(5) 窃氏幼出名门,长娴女训,粗知礼节,深重名节。不幸薄命,夫君见背,孤灯穗帐,志失柏舟,一载以来,邻里咸悉。

不竟夫弟某豺狼其性,禽兽其行,背礼灭义,妄思非分……氏竭力挣脱,终以力弱被阻……不得以出此下策,以全名节。杀人之咎,固无可逃,而全节之情,或犹可恕。为特上陈宪台,彻底查究。

氏一未亡人耳,生死早置度外,苟得洁身以见先夫于地下,死亦何恤!不敢逃罪,不敢求恕,唯不甘死而无名,含垢以没世。故敢不避斧钺,昧死上闻。

语段(5)中,讼师通过"粗知礼节"来贬低委托人,但当涉及女性面子时用"幼出名门,长娴女训"等来强调委托人熟知女德、品德无瑕,用"见背""柏舟"显示对她丈夫的尊重,用"不幸薄命"贬低她自己,两者的对比更凸显了讼师对面子的关注。虽然后一种自贬表达满足了儒家关于女性礼节的规范,但其意更在博取同情。正如最后几句所言,"而全节之情,或犹可恕""唯不甘死而无名,含垢以没世",讼师以她对清白的守护为名请求法律宽恕。显然,重复性地提及"清白",加上不愿给县官施加压力,以及第三人称"氏",这三种话语均满足了讼师或委托人作为说话人的面子需求,缓和了其请求言语中的冒犯程度。有趣的是,从说话人个人的面子到公众所认同的女性面子,对面子的保护需求意义不断升级,使得讼师提出申诉所伴随的冒犯性不断降低,也使法官拒绝此申诉的代价不断增大,这再次阐释了礼貌语言可包含多元目标(Johnson & Clifford, 2011)。

在讼师自身涉案的案件中,他们必须直接为自己辩护,此时作者、负责人、传话人三个身份合并成一个;他们仍然使用同样的言语礼貌,但在尊敬程度上稍有变化,因为在社会阶级秩序中,儒家学者的地位处于公职官员和普通百姓之间。在语段(6)中,讼师针对当地一位官员的恶行提起诉讼请求,控告他违反皇帝的命令对百姓征收赋税。

(6) 生员束身自好,素不预闻公务,且事不干己,更不欲轻肆饶饶以开罪官长。特以兹事体大,关涉圣旨,不敢缄默不言。为特不避斧钺,匍匐上陈,不仅为民请命,实为整肃纪纲,毋使乡曲细含冤莫诉,而且疑圣旨为具文,法令如弃髦,有碍朝廷盛德也。

迫切陈词,伏俟钧裁。

语段(6)中,讼师在成功的儒家学者——县官面前谦称自己为"生员",用"束身自好""不预闻公务"称赞自己是个非常体面和谨慎的学者,从而将自己塑造为符合当时儒家规范的学者形象。实际上,这是一种疏离(detachment)策略,消除任何可能把自己看作欲"激发仇恨"的讼棍的概率,同时抵消自己发出法律请求所带来的潜在面子威胁。此外,他也恰当地在请求言语中使用了敬语,通过"朝廷盛德"抬高县官与国家的地位,谦称自己为"伏",百姓为"乡曲细",这样,其言语满足了所有人的积极与消极面子。

此外,"不敢缄默不言"是道歉策略,是礼貌策略的次级策略,有利于缓和申诉请求言语中的面子威胁。最后,他将促使其发出请求的原因从老百姓转移到国家和皇帝,而国家和皇帝是县官在意的群体,从而加强了听话人对群体认同的需求,缓解了对县官个人自由的面子威胁。从群体认同的面子层面来解释自己申诉的缘由,使讼师的请求言语拥有了足够的自由空间。更重要的是,所有这些礼貌都会减轻对他个人面子的威胁。一定意义上讲,在语篇层面他已成功地将具有潜在面子威胁风险的请求转变成值得认可的、勇敢而高尚的行为。

(二) 当代律师起诉话语中的礼貌言语

由于长期的儒学传统习俗给我国法律文化带来的惯性影响,儒家无讼思想下衍生的礼貌言语策略,像化石一样,仍然实实在在地残存在当代的法律语言中。当代语境下,律师具有传话人、作者、负责人三者合一的身份,虽然其语言使用与讼师的话语在词汇语法上稍有偏差,但在风格和内容两个层面同时体现其礼貌语言,以缓和其申诉请求言语行为中的面子威胁。两者话语在语法词汇上存在差异大概有两方面原因:我国的语言体系在20世纪上半叶曾经过重大变革,从古文变为白话文、现代汉语,使得词汇与语法系统均出现差异[①];同时,1911年至1978年间发生了一系列社会变革,社会的等级秩序出现变化,从而带来语言使用上的变化(Pan & Kadar, 2011)。

在言语风格上,律师通常用尊称语与一些赞扬言语策略来表达对法官的尊重,这种尊重基本限于对法官的职务行为的敬意,因此是常规尊重,而在言语内容层面上,律师会综合采用既有利于听话人又有利于说话人的礼貌策略来缓和其申诉请求言语行为中的面子威胁。

1. 称呼语与赞扬策略实现的礼貌策略

在礼貌言语的风格层面,由于现代汉语中消失了大量敬语,机构化的称呼语和固定的发言次序成为体现礼貌言语的主要手段(Pan & Kadar, 2011)。语料分析显示,除了通过公式化的机构性称呼语,如"尊敬的法官",来表达尊重外,律师还积极使用其他话语资源,其中,感激、赞美、信任、抬高他人地位等是主要策略。在级别不同的人之间,礼貌语言的使用是不对称的,高级别的官员可以赞美

---

① 出现不对应问题是由于语言差异,简体汉语和英语均不能充分表达古汉语中的敬语词汇的含义(见Gu, 1990)。

和评价低级别的官员,但反之则行不通(Chan,2008)。因此,律师不会像讼师那样很直接地、习惯性地迎合县官的面子,他们通常会通过表达自己对法院的信赖,以提高法官的地位,比如"我们相信法庭会作出公正的判决,谢谢尊敬的审判长"。可以说,在法庭交际语境的动态意义建构中,使用职业称呼语也是表达礼貌语言的策略,可以用以满足法院维持其对机构性面子的需求与期待,而不是仅仅只出于遵守机构准则的需要(Harris,2001)。对于话语权力地位不高的律师来说,用言语对法院的权力表达自己的信任,即使看似与其地位不相称、不恰当,也并不意味着其言语不礼貌,这类言语体现出他对法庭之公共形象的认可,而是一种积极礼貌策略。

(7) 庭审表明……人民法院主持的庭审是严格依法办事的。对此,我表示由衷的敬意……一位名人说过:法官除了法律之外没有别的上司。我深信,尊敬的人民法官一定会忠于事实与法律,铁肩担正义,排除来源于新闻媒体的不正常的司法干预,依法判决!

直接以听话人为导向的礼貌语言在语料中也有体现。语段(7)摘自2000年的一例审判,律师通过评价法官的表现、对法官表示尊重,从而在表面上强化了法院的积极面子。为了增强申诉请求"依法判决"中的言语缓和效果,律师故意以各种策略称赞法官,引用马克思的名言"法官除了……没有别的上司",还引用著名的典故"铁肩担道义",将法官比肩引言中有思想、坚持捍卫正义的经典人物杨继生和李大钊。有趣的是,在其引用中,该律师创造性地将原本意义宽泛的概念"仁慈和公正"放在现代法律背景下,并重新将其语境化为"正义"。与语段(1)中召公的典故相似,此处的引用和典故符合法庭长期以来的文化形象。抬高对方地位这一礼貌策略当然有助于缓和其下文由"我相信"引导的间接请求,也使法庭很难拒绝这种请求。当然,当代语境下,这种礼貌语言的频率远不及清代。

2. 以听话人与说话人为中心的礼貌策略

和古代的先辈一样,律师普遍在请求言语行为的内容层面上运用与群体面子相关的礼貌策略,绝大部分是道歉和疏离,来缓和其申诉言语行为中的面子威胁,从而使法官或听众很难拒绝其请求。

(8) 作为辩护人,我们希望二审法庭对被告人的主动坦白情节应当充分肯定,量刑时应当充分体现。少杀一个人是小事,维护党的威信,体现党的政策,取信于群众,取信于犯罪人是大事。

语段(8)中,律师请求法院认同其提出的被告人主动供认情节时,为减少损害法庭消极面子的风险,巧妙地将自己的利益与申诉分离开来,并将重点转移到与法庭面子相关的国家和党的名誉上,如"少杀一个人是小事,维护党的威信……",这与语段(5)与(6)中讼师的语气相似。因此,这在一定程度上抵消了律师超越法庭允许的范围提出请求时可能存在的不礼貌,并且使得其请求更加难以驳斥。

如前所述,中国素来有提倡和谐、反对对抗的文化传统,站在权力至上的法庭面前,不管是刑事还是民事法庭,律师都感到信心不足,因而采用道歉或疏离等以说话人为中心的礼貌策略,从而缓解提出申诉时的面子威胁,见语段(9)。

(9) 审判长、人民陪审员:
根据法律的规定,我受被告人吴的委托,经广东×律师事务所指派,为其担任辩护人,依法参加今天的庭审活动。
《中华人民共和国刑事诉讼法》第32条规定:"辩护人的责任是……"。
现就起诉书指控被告人吴……构成强奸罪、抢劫罪一案,为履行职责,维护被告人的合法权益,根据事实和法律,发表如下辩护意见……

与语段(6)相似,在长段的解释之后,律师提出其法律请求,以凸显其出场参与诉讼与作为律师发言的被动性。在句法上,两个被动句"受……委托""经……指派"体现了律师的被动与谦卑,表明他在法庭上的不安心情,随后不厌其烦地对辩护人的具体法律义务进行叙述,尽管这些知识对于法官与法律人士来说已是默认的共有常识,很显然,其叙述具有目的性,用以强化其被动的角色地位。同时,这也透露出他对自己的不利地位与面子受到威胁的关注,以及处理该问题所体现的元语用意识。在该例中,通过"为履行职责"这种职业道德上的"义"的强调,他努力挽回自己的面子,使其免于处于对抗环境而被人指责,同时,也将自己不情愿提出请求的态度转变为一种道歉性的言语策略,用于抵消自己请求言语中的面子威胁风险。

综上,本节研究了律师的法律人角色意识在礼貌言语上的体现,分析了律师如何运用礼貌语言策略,缓和法庭上威胁面子的申诉(请求)行为。方法上,从请求言语的两个层面研究礼貌策略,力图将语言和文化特定因素融合于礼貌语言的表达中。但本节对以上两个层面如何融合、输出次级策略,以及在结构上如何组织,尚未做出比较详细的解释。

通过对我国法庭话语的历史和当代语料进行话语分析证明,源于儒家的无讼思想,律师在法律诉状中使用系列的礼貌言语,比如数量众多、形式多样的敬语以及一系列言语策略,用于缓和其请求言语所内在的面子威胁,这种语言策略仍然留存在现代法庭话语中,尽管在具体的词汇语法的种类上,其数量明显下降。关于律师在中国法庭中采用的具体策略,由于律师在社会和文化上仍然处于相对"弱"的地位,维护和保护自我面子尤其突出,这与澳大利亚法庭中律师广泛使用以听话人为主的礼貌策略虽有所不同,但也可以说相辅相成(见Penman,1990)。

对律师诉状中的礼貌语言进行对比分析表明,当"渴望正义的法定代表人"和"需要法律保护的普通公民"这两重身份在法庭上出现冲突时,律师会充分利用与体现其法律人意识,使用多种礼貌策略。对身体或心理"安全"的追求(Tiersma,1999)造就了古代讼师对语言使用的专业审慎,最终对当代律师的言语也产生了影响,即使如今法律体系和社会结构发生了巨大变化,律师的礼貌言语仍保持了其谨慎风格特点。

本研究支持了Tiersma(1999)的观点:无论过去和现在,历史和社会现实均影响到法律语言的形成,但本节仍有遗留问题有待解决。鉴于儒家思想对社会和法律体系的影响,律师言语在多大程度上与社会语境相关?与面子相关的礼貌在言语交际中是如何被感知的?为回答这些问题,建议对包括马来西亚、新加坡、中国香港等其他以儒家思想为基础的国家或地区的法庭言语进行定性研究。

第二节 律师的不礼貌言语[①]

上节讨论了律师作为法律人角色意识所体现的策略性维度,即面向法官所采用的礼貌策略,本节讨论律师辩论话语中的不礼貌语言的使用,此不礼貌语言也是一种语言策略,是在与法官交际的言语中对交际的第三方,即己方代理人(主要是被告人),所使用的不礼貌语言,是一种自贬策略。不礼貌言语策略确实会发生在庭审话语的情境里,通常发生在有利益冲突的直接交际两方之间,比如被告人对法官的不礼貌言语行为[见 Kadar(2008)所讨论的元曲中所记载的窦娥对法官的嘲讽话语]。本节关注的是发生在具有相同利益的同一阵营内部,即辩护律师针对己方被告人的不礼貌言语,体现了律师作为法律人角色意识的策略性:通过言语上贬低、批评、自黑或自罚的方式以获得法官对己方行为的谅解或同情,从而达到辩护目的(柯贤兵,2014)。

本研究旨在证明,对己方代理人所使用的不礼貌言语仍然是律师辩护语言的策略之一,同时也努力探讨中国文化语境下的不礼貌言语是否有别于 Culpeper(2011a,2011b)关于不礼貌言语的界定。本研究将基于自然语料,采用定性研究的方法对庭审话语中律师的不礼貌言语进行分析。具体的研究问题是:律师的不礼貌言语有何内涵?其形式特征与语用效果是什么?下面简要介绍相关文献、语料,再介绍本节对律师不礼貌言语的描述框架,最后是详细的话语分析。

一、问题的提出

礼貌和不礼貌言语长时间以来就有许多讨论。一些学者,比如 Lakoff(1989)、Leech(1983)、Brown & Levinson(1987)均提出了有影响力的经典理论。在礼貌言语领域,Brown & Levinson(1987)的研究是最著名且研究得最深入的,他们着重关注面子和行为之间的关系,指出影响面子的社会学变量包括人际关系、话题等,认为说话人会采用具体的语言学策略以抵消面子威胁,同时,他们指出礼貌言语现象具有泛文化性,因为处于互动交际中的个体普遍具有"理性

[①] 研究生孙胜难协助本人开展此子课题,见孙胜难(2017)。

的"特征,有维护"面子"的心理需求:享受其行为不受约束的自由,同时希望得到赞赏与认可的需求(1987)。自面世以来,其理论一直都伴随着各种争论,诸如礼貌语言是否因文化不同而呈现差异,礼貌语言如何在动态交际中发挥作用等,这些争论引发了众多研究。其中,Mills(2003)采用社会建构主义方法来分析礼貌语言和性别,认为男性与女性在交际中使用的礼貌语言是在社会活动中建构的,而并非人们固有的语言使用习惯;Holmes(1995)同样提出了礼貌言语使用的性别差异性;Wood & Kroger(1991)尝试性地分析了名、物指称与交际人的社会地位之间的关系,指出在特定场合下,消极礼貌比积极礼貌的作用更大、更明显,衡量礼貌言语的权重要综合考虑交际人的社会地位与他们之间的人际关系。此外,在后礼貌经典理论下,学者们将礼貌区分语言礼貌与行为礼貌(非语言礼貌)(见 Watts,2003),并指出礼貌语言的使用是与具体实践共同体内特定语境下的文化规约性有关的,需要根据交际人所在的民族文化特征来分析(见 Holmes,Marra & Vine,2012 等)。这些研究对于我们理解律师这一言语社群内所使用的礼貌语言与不礼貌语言同样有启发意义。

在中国,学者把我国的民族文化、语言特征和西方的经典礼貌语言理论结合起来,讨论了在中文语言情境下的礼貌言语策略。刘润清(1987)、丁崇明(2011)均以中文的语言特征为基础研究了礼貌言语,其中 Gu(1990)、顾曰国(1992)和索振羽(1993)各自提出了中文语境下礼貌言语的策略类型和原则参数。

礼貌语言研究得到如此深入而广泛的研究,但不礼貌言语的研究则没有得到应有的重视。Culpeper(1996)将不礼貌语言引入研究者的视野,他指出不礼貌言语是一个独立的语言现象,并不是礼貌语言的相反现象,并非因弥补礼貌言语的研究不足才需要研究不礼貌语言。

在西方,对不礼貌言语理论研究可以分三个发展阶段。早在 1996 年以前,就有学者注意到不礼貌言语,如 Lachenicht(1980)对激怒他人的语言进行的分析、Austin(1987)对攻击性语言的关注以及 Beebe(1996)对无礼言语行为及其语用效果的探讨。虽然有关不礼貌言语的现象得到了学者的关注,然而,学者们并没有把它作为一个独立的语言现象对其进行系统的研究。随着 Culpeper(1996)从理论创新的角度提出不礼貌言语的语用性并对其进行了系列研究,不礼貌言语研究才迈入了正式的发展研究阶段。Kienpointner(1997)、Bousfield(2008)、Bousfield & Locher(2008)分别从功能和特征方面分析了不礼貌言语。

Culpeper(2011b,2012)正视了无礼言语行为和不礼貌言语之间的差异,并着重从学理角度对不礼貌言语进行界定;同时,他依照 Brown & Levinson(1987)的礼貌言语模型提出了不礼貌言语的几个策略。

2008年以后,针对不礼貌言语研究的方法论进行的研究成为重点。采用实验方法研究不礼貌言语的文章或论著越来越多,如 Bousfield(2008)、Johnson(2007)与 Tajeddin、Alemi & Razzaghi(2014)等对不礼貌言语的感知做了研究。文化背景和言语感知对于研究不礼貌言语具有重要意义(Mills,2009),在两人会话与多人对话中不礼貌言语的使用方法也各不相同(见 Dynel,2013)。Culpeper(2011a)在专著中系统地阐述了不礼貌言语理论,并给出更详细和准确的分类,但是其不礼貌言语理论仅是一个大略的框架,同时在其分类与结构形式的表述中仍存在不少重叠部分,或言语表达不明的地方,尚需要结合具体的交际语境对不礼貌言语进行深入、系统的探讨。近年来,结合具体语境对不礼貌言语进行研究的也越来越多(如 Culpeper, Haugh & Kadar, 2017; Xie, 2018; Harris, 2001; Kienpointner, 1997; Alfahad, 2015;等)。

从2005年开始,国内的语言学家开始探索不礼貌言语,对如何在汉语语境下界定不礼貌言语,进行了很多探讨,比如,不礼貌言语定义为"在交流中造成不和谐情况并损害参与者的脸面"的言语(王传奔,2006);不礼貌言语与社会规范、权利距离、社会距离等其他因素密切相关(张大毛,2009)。因此,不礼貌言语意味着在特定条件下对语言使用标准的某种违背,可能具有消极和积极的交流价值。关于不礼貌言语的表达有两个重要问题:在表达不礼貌言语时,说话者是如何感受的?如何解读不礼貌言语?(杨子,于国栋,2007)。除了概念之外,不礼貌言语的具体体现与功能也成为研究的重点,如:以重复形式出现的不礼貌言语;在参与者具有不同的心理价值观、社会背景的情况下不礼貌言语的语用效果(丁崇明,2001;赖小卞,2014;李元胖,2014;李俊丽,2015);以冒犯性的称谓语所体现的不礼貌言语(胡剑波,2008);在机构性话语中,不礼貌言语在结构与形式上的特殊性(毛延生,2014)。那么,在庭审话语中,律师是否会使用不礼貌言语?其不礼貌话语的结构与形式有何特征?本研究拟以律师的庭审话语为例,对不礼貌言语略加讨论。

二、庭审语境中的(不)礼貌言语

随着法律语言的研究中心从法律文本转移到庭审话语互动,庭审话语中的(不)礼貌言语日益受到重视。在庭审交际这一具有机构性特征的话语语境下,(不)礼貌语言仍然存在,但与日常语境相比,具有一定的特殊性,比如使用的频率较少,因交际的对象不同出现结构形式与显性程度上的差异(见 Harris, 1995, 2003)。

在严肃、紧张的审判语境下,虽然表面上不适合使用礼貌语言,但法官则习惯性地频繁使用积极或消极的礼貌言语策略(Ching, 2001; Bromme, Brummernhenrich, Becker 等,2012)。在判决书中也有礼貌言语的使用,比较而言,处理上诉案件的美国法官比其英国的同僚更常批评律师,虽然律师与自己同属法律专业人士这一认知群体(Kurzon, 2001)。礼貌语言的使用与交际目的、交际话语的进展、话语角色、性别更都有关系(见廖美珍与龚进军,2015;柯贤斌,2012;等)。

关于庭审话语的不礼貌言语的研究相对较少。古代法庭话语中,普遍出现过不礼貌语言(如 Archer,2006, 2008, 2017; Kryk-Kastovsky, 2006;等)。我国古代的法庭互动中就有不礼貌言语的使用,比如元曲中记录了被告人窦娥对法官的讥讽话语(Kadar, 2008);在英国的古代法庭上也能见到其端倪,Kryk-Kastovsky(2006)分析了英国古代法庭的审判记录,发现共时语言学中的不礼貌言语也同样出现在历时语境中,同时指出不礼貌语言的表达可以从其表层形式来判断,也可从互动语境中推断出来。

在当代法庭中,不礼貌言语的形式与作用也比较明显。除不礼貌称谓以外,庭审调解的动态言语交际过程中所产生的无序话轮转换,比如打断、沉默、暂停,可以构成不礼貌言语,虽然这些语言现象同时也是一种元调解话语策略(瞿巧玲,2014;廖美珍,龚进军,2015;柯贤兵,2012;等),而不礼貌称谓、转移话题和重复等话语策略无助于建构和谐的交际语境(柯贤兵,2012)。否定式论断也是实现不礼貌言语策略的一种重要结构形式(见 Culpeper,2011a)。在我国比较重视人际和谐的民族文化语境下,虽然不礼貌言语现象确实存在并影响法庭审判,但庭审参与人大都会采用积极、消极与间接礼貌言语策略(肖明星,2012)。综上,法庭交际中的不礼貌语言多用于不同利益阵营的交际者之间,比如法官与被告人、原告方与被告方,而对于处于同一利益阵营内的交际人之间是否适用不礼貌语言,仍然缺少一定的分析,本节将尝试分析律师对己方当事人所采用的不礼貌言语。

我国法庭交际语境中主要的角色关系,可用等边三角形来概括,居于上端正中地位的是法官,三角形下边的左右两个角分别是原告方与被告方律师,两者处于对立状态(见张军,姜伟,田文昌,2001)。律师主要代表己方当事人向法庭陈述其诉讼意见,包括开庭陈词与总结陈词,这些言语的直接目标受话人是作为庭审中立裁判的审判委员会(法官),也可能包括对方律师,但因为己方当事人(被告人)均参与法庭庭审交际,虽然其与律师在庭审交际中的交际目的是一致的——向法庭证明被告人无罪或罪轻,有的情况下,律师是受雇于被告人,律师须以维护被告人的切身利益为其首要任务,以其代言人的身份出现,就言语交际来说,律师对其当事人应尊敬、理解,与其具有比较亲近的人际关系。但是,鉴于律师的主要社会角色是维护正义,其与法官、公诉人之间同属于同一实践共同体或认知社群。鉴于认知背景、文化、面子等多方面的社会因素与人际因素,律师又常常对其法律人的角色具有更加强烈的意识,因此会主动对法官或对方律师示好,并努力保持他们之间的群体认同关系。因此,其对己方当事人的指称、评价、描述中会体现出其对后者的距离感。因此,律师面对法官(与对方律师)的直接言语交际中,以他们为目标受众,但因为被告人就在庭审交际现场,在其话语交际的听觉与视觉范围内,所以,律师的言语也会有意无意地以被告人为第二受众,以体现其对被告人的诚意或尽职之心。总之,在庭审交际语境中,律师使用不礼貌言语处于这样的交际模式中:以法官或对方律师为直接目标受众,以己方被告人为第三方,但却常常无意中将被告人默认为间接听话人。这样的交际语境使得律师对被告人的不礼貌言语在内容、功能与形式上,均具有一定特定性。

三、律师不礼貌言语的分析框架:概念、结构与功能

在很多刑事案件中,被告人的代理律师在庭审交际的开庭陈词与总结陈词中,在涉及被告人或己方当事人的事项上采用不礼貌言语,本节对此提出一个描述与分析框架,包括其定义、分类、结构与功能。

鉴于不礼貌言语的界定既要基于社会规约,也有赖于交际人对其意义的感

知与识别,更要看其交际效果,本研究综合使用了归纳与演绎相结合的方法,根据Culpeper(2011a,2011b)的不礼貌言语与Brown & Levinson(1987)的礼貌语言理论,结合汉语的民族文化语境与法庭交际的特点,对律师的不礼貌语言进行一定分析,包括其定义、结构与功能。为避免或减少研究者的主观臆断,适当采用了问卷调查与访谈法,以便分析不礼貌言语行为的识别、感知与言后效果。其中,问卷调查主要用于协助检验本研究中对不礼貌言语行为的界定是否符合人们的认知判断,而访谈则用于检验不礼貌言语的庭审交际效果。

(一)概念

Culpeper(2011a:67)将不礼貌言语定义为:"发生在特定语境下、针对特定行为的消极态度,这种消极态度是基于人们对互动交际中如何将社会组织尤其是个人或群体的身份向他人传达而产生的期待、渴望和/或信念而产生的,当语境中的行为与人们期待他们成为的、想要他们成为的或认为他们应该成为的样子相冲突时,该情景行为会被看作是消极的,且该行为总会或被假定会对至少一名参与者产生情绪上的后果,也就是说,该行为可导致或被认为会导致冒犯。多种因素,比如人们是否认为该行为是蓄意而为,都可能会加剧不礼貌行为的冒犯程度。"在这一定义中,以下三个方面的特征很重要:第一,交际语境下,人与人之间发生的交际言语行为;第二,人们对相互关系的一种心理期待;第三,交际人对此行为的感知与判断。不礼貌言语的核心意义是针对特定行为或人物的消极态度,促使其产生的原因是人们对交往中人际关系或相关事物的期待在现实中受挫,不礼貌言语是一种梯阶概念,其具体强度与言语行为人的感知或评判意识有关。Culpeper(2011a)指出不礼貌言语是攻击面子的手段或策略。

虽然Culpeper(2011a)没有在定义中明确指出,但从相关讨论可以得知,人们在交际中所发生的言语交际活动及其对这些言语活动的认知与判断均与交际人所处的行为社群(community of practice)的社交规范有关,因此对不礼貌言语的分析必须结合交际人所处的交际语境来分析。此外,不礼貌言语是一种"消极态度",既包括语言层面的态度,也包括非语言层面的态度,我们暂将不礼貌言语行为限定于语言层面。

根据以上定义,综合考虑庭审的文化与语境特征,结合收集到的语料与调查问卷的结果,我们将律师对己方当事人(尤指被告人)的不礼貌言语行为进行了界定：在庭审语境下，律师在为己方当事人进行辩护中（在与法官或其他庭审参与人进行言语交际的过程中）使用针对己方当事人的消极语言态度或评价行为，构成了对被告人的不礼貌言语，当然这种消极语言态度或评价是基于人们对互动交际中代理律师如何将有过错的被告人的身份或待审理的相关行为向他人传达而产生的期待、渴望和/或信念而产生的。一般认为，律师应时刻为己方当事人服务，成为他们忠实的传声筒与利益守护人，为维护其面子行为与法律行为展开论证，当律师在庭审语境中对其当事人的行为与当事人自己或庭审其他交际人所期待的、想要实现的或认为应该成为的样子相冲突时，该行为会被当事人或庭审其他交际人看作是消极的，且该行为总会使当事人（包括被告人）产生情绪上的挫伤，也就是说，被告人会把该行为看作是有冒犯意味的。庭审交际参与人对该行为的出发点的看法，决定了他们如何判断律师的不礼貌行为的冒犯程度。

　　律师的不礼貌言语的生成涉及四个因素，分别是面子、社会规范、意图和情感，下面分别围绕四个方面对上述定义进行解释。在庭审交际中，律师与被代理人或被告人都是具有双重身份的理性人，都有面子需求，虽然法律语境会使其对面子的需求没有日常语境下那么显著，但也是非常重要的一个方面，因为在法庭上对个人的法律行为的判断总是基于其日常行为的规范性，比如，证人在日常生活中的品德将影响到他所出具的证言的有效性程度。在法庭交际中，被告人期待满足其多重面子需求，既有希望其人格尊严得以保护与受到尊重的普通需求，也有希望其法律权利不受干涉、侵犯的法律需求，更有希望其代理律师能维护其面子、与其同舟共济的心理期待，希望其涉事行为免受法律处罚或获得较轻处罚的心理需要。律师作为一个法律人与普通人的结合体角色，也同样具有多个层面的面子需求。一方面，作为法律人，需要获得法官与其他同行对其职业形象与能力的认可；另一方面，因受雇于被告人，律师与被告人有共同的根本利益（经济与社会），对被告人的面子需求也有一定的认同，但作为普通人，律师也具有不想在社会大众面前与"有污点"的当事人成为一个群体的面子需求与渴望。如何平衡多种面子，如何指称己方当事人就成为律师体现其法律人意识角色的策略性问题。

　　庭审交际中，既有普通的社会规范，比如长幼次序，同时也有其特定的法律交际规范。对于没有专业法律知识的普通人来说，被告人或被代理人更多以日常社会规范为行为准则,而律师则可能在日常行为准则与法律准则之间进行有选择的取舍。从法律的观点来看,任何被告人在法庭作出判决之前,都是普通的公民,言语中对其身份的建构应按日常行为中的身份来建构,但由于控辩双方在庭审中的交际目的不同,他们一般会先入为主地将被告人设定为有法律过错的人,因此对其身份建构会有或企图有一些消极、负面性的期待或评价。同时,在我国大陆法为主的法庭语境下,因为公检法均为一个司法系统,有共同的职业价值观与伦理道德观,且"有罪推定"的观念对人们影响颇深,包括法官在内的庭审参与人几乎都会倾向性地认为被告人为有"错误"的人。因此,在被告人对庭审交际的期待与律师对庭审交际的期待中会存在一些偏差,从而会造成对不礼貌言语行为的不同感知。

就律师针对被告人的不礼貌行为的意图来说,主要以故意为主,当然这种故意既可能是律师自身对被告人所涉及的行为的主观负面评价所驱动,也可能是出于对其在庭审交际中的不利地位的一种保护性策略。而对被告人来说,律师使用不礼貌言语行为的意图是比较明显的,羞辱自己,或以羞辱作为道德惩罚,以博得法庭及社会的谅解。当然,律师故意使用对被告人的不礼貌言语,除了语用交际中的道德尴尬地位,也可从其法律人的辩护动机来解释。

刑法中对定罪、量刑的有关规定为律师确定辩护方案与策略提供了依据。《中华人民共和国刑法》第五条规定,"刑法的轻重,应当与犯罪分子所犯罪行和承担的刑事责任相适应",同时,"刑事责任应依照犯罪行为判断"。第十七条规定,"对依照规定追究刑事责任的不满十八周岁的人,应当从轻或者减轻处罚";第十八条规定,"尚未完全丧失辨认或者控制自己行为能力的精神病人犯罪的,应当负刑事责任,但是可以从轻或者减轻处罚";第二十七条规定,在共同犯罪中起次要或者辅助作用的是从犯。对于从犯,应当从轻、减轻处罚或者免除处罚。从法律的角度看,如何判断犯罪情节,如何将法律规则适用到所涉案件,均需要一个看似科学客观,实则主观化的概念匹配过程,庭审交际的目的就是用语言对规则与事实之间的关系进行主观评价的过程(张丽萍,2007;Zhang,2011)。另外,影响判刑的重要因素是量刑情节。依法量刑情节由刑法决定,并以书面形式明确规定,例如放弃/终止犯罪、自首、防卫过当、从犯和胁从犯,然而如何酌定量刑情节是根据法官和审判委员会的经验,其中最重要的因素是判决该人的潜在危害性。如果被告人因各种原因和犯罪者的表现表明其不太可能有第二次犯罪,那么会依据刑罚免于或给予其较少或较轻的处罚;反之,如果嫌犯可能再次有反社会行为,那么嫌犯应该受到更大的惩罚。总之,酌定量刑情节由司法审判经验决定,但受到许多因素的影响,比如犯罪原因(性格因素或社会因素)、犯罪前的表现、犯罪后采取的措施,以及被捕后的态度变化。

从以上分析可见,为了使被告人这边的案件事实被法官定性为边缘或较低层次的违法行为,律师会积极、有意识地建构关于被告人的负面形象,且这些负面形象的建构大多围绕其成长中的个性缺陷、家庭原因、认知能力等内在且无法克制的因素,而非关于其性格残暴这一个方面,这构成了律师运用不礼貌言语的法律与理性动机。同时,将有过错的行为用这些外在因素来辩解,也能同时满足被告人对其行动自由的面子需求的渴望。

就情感而言,律师所使用的不礼貌言语既是为了引发被告人对自己行为的忏悔、内疚,从而产生耻辱感,也是为了顺应庭审其他参与人或社会大众对其污点行为的憎恨、不满或负面评价,同时也一定程度上体现了律师自己对"有污点"的被告人的主观负面评价。

从本质来说,律师在法庭陈述中对其当事人采用的不礼貌言语是一种言语策略,是为了满足其在法庭交际语境中的多重面子需求,在平衡多重法庭交际规范的情况下,为更好地达成庭审言语交际而采用的元语用策略[参见 Culpeper (2011a):222 所言之感染性不礼貌(affective impoliteness)中的"工具性冒犯"(instrumental offence)]。

(二) 分类

Culpeper(2011a)指出不礼貌言语具体包括直接不礼貌、间接不礼貌、积极不礼貌、消极不礼貌、抑制(保留)礼貌和不礼貌元策略六种类型。

直接不礼貌指以直接、简洁的方式对面子进行威胁,在无视面子或将面子最小化的情况下进行的行为。例如,当有人走近你的时候,你尖叫:"滚!"这些直接传递的命令式言语就是直接不礼貌。

间接不礼貌意味着使用暗示来执行面子威胁行为,但这样做的意图明显超过任何其他方式。日常沟通中经常使用间接不礼貌言语策略实现不礼貌言语。

积极不礼貌指的是旨在损害受话人积极面子需求的言语策略,包括以下多种语言策略。比如,忽略对方,不承认其他人的存在;用言语排除他人的参与,禁止对方参与某项活动;言语上疏远他人,拒绝接受和谐;不关心、不担忧、不同情别人;使用不当的身份标记,在亲友之间的交流中使用头衔或姓氏,或在与陌生人的交流中使用昵称,或使用贬损语言评价别人;故意使用晦涩或秘密的语言或用行话迷惑对方,或对特定圈子或群体使用已知的内部代码,而不是标准语言;选择敏感话题;使用禁忌词或辱骂或亵渎的语言;甚至用否定评论评估别人。

消极不礼貌意味着使用旨在破坏受话人消极面子需求的策略,有五种外部策略(Culpeper,2011a),包括灌输惊恐信念,以对另一方造成不利影响;俯就、蔑视或嘲笑他人;小看他人并使用其绰号;把自己放在比对方允许或暗喻的关系更近的位置,要求或谈论超越当前关系的亲密信息;把别人所欠的人情债明确说出来;违反谈话结构,打断他人话语。

抑制礼貌指的是礼貌言语的缺席所形成的不礼貌。Brown 和 Levinson(1987:68)声称"礼貌言语必须被传达,而没有传达礼貌可能被认为是没有礼貌的态度"。

不礼貌言语元策略指的是用礼貌言语策略来实现的不礼貌言语,通常其表现为表面的欣赏或赞美,而话语具有相反的含义,比如批评或讽刺对方。它无法满足真诚的条件,其目的是让听众感到难堪。这个策略的本质就是用礼貌的言语来实现嘲笑这一言外之意,实现无礼之言后效果。

基于《庭审现场》(中央电视台)采集的电视庭审与庭审实地采录的小型语料库(约50次庭审),法庭上律师使用的不礼貌言语主要包括积极不礼貌、消极不礼貌、直接不礼貌与间接不礼貌。辩护律师以积极不礼貌言语,比如,当众批评被告人"学历不高、弱智"等,攻击被告人的积极面子。辩护律师揭示被告人的经济或家庭困难、法律知识淡漠等状况,形成了消极不礼貌。虽然一个人的经济困难或家庭结构状告属于客观实际信息,但当这些信息被当众点明时,成为经济上或认知能力上的"弱势",也是对被告人(此时他尚没被定罪,其对消极面子的需求仍然是主要的)消极面子的威胁。直接不礼貌言语指的是用明显的消极负面评价词汇或句型对己方当事人的面子进行攻击,比如,"被告人智力低下"。大部分不礼貌言语均为直接不礼貌言语。间接不礼貌言语意味着以言外之意的方式实现对面子的威胁,是比较间接的方式,但其对面子进行攻击的意图比较明显。从语义上看,这种不礼貌是不容易被发现的。不过,讲话者对听话人表达的不礼貌言语行为仍然是有意行为。

(三) 结构

通常认为，某些言语结构或结构形式比其他话语和结构更具有不礼貌特点，包括体现负面评价意义的形容词、名词或句型，或体现具有挑战性或负面意义的预设，或体现强烈权威信息的祈使句，或对互动言语交际的不恰当应对，如突然结束、沉默，或打断他人言语，或对对方使用直接威胁性话语(Culpeper,2011a,2011b)。但是，对不礼貌言语的鉴别主要以交际人对双方话语的感知与判断为主，以交际语境的言语行为规范为参考，并不仅仅依靠结构形式。

法庭话语是典型的机构性话语，普遍使用法律术语，且句子结构相对完整，含义明晰。就言语交际的顺序来说，法庭话语中的话轮转换机制比较固定，基本上按照"法官—控方—辩方"这样的次序来组织开展，因此，无论是控方还是辩方的发言均是在征得法官的同意下才发出的，其话轮转换非常有秩序，整体上说，话轮转换的进度比较慢。律师对被告人所使用的不礼貌言语出现于律师长篇大段的话语中，基本上是律师已备发言稿的一部分，并不一定是即兴发言之作。律师对其当事人所使用的不礼貌言语所在位置的上下言语序列，不是被告人可以不经允许就直接加入的话轮，但仍然可以从其话语的前后序列上，获得被告人对其不礼貌言语的部分言语反馈，为考察不礼貌言语的形式与功能提供了语境参考。

律师的不礼貌言语一般出现在下列三种典型话语结构中，分别是描述评价型情景、谴责或警告型情景和解释型情景(也见 Culpeper,2011a)。

第一类，描述评估型情景中的积极与消极不礼貌言语

描述评估型情景中的不礼貌言语是指律师以陈述事实的语气发表对被告人或已方当事人的评价，且其评价倾向于负面，比如被告人家庭条件差，教育水平低下、愚蠢等，话语结构上常以被告人作为主位，以对其负面评价性形容词或动词为述位。表层结构为：被告人或被告人相关的人＋[消极意义的形容词或名词短语]＋[消极意义的小句/具体细节]。

(1) 他家庭情况窘迫，母亲已早逝，父亲是一个已满80岁的老人，常年患有肺气肿等疾病，需要人照顾，且尚有一非婚生子，现年10岁。
(2) 他(天生)智力不够健全，被告人只上了小学三年级便辍学在家多年。
(3) 他这是一种狭隘的正义感。

(1)~(3)的语段中,"家庭情况窘迫""智力不够健全""狭隘的正义感"都是对被告人的个人能力或特点的负面评价,采用了负面评价性形容词短语,出现在以被告人为主位的句子中。这类不礼貌言语比较容易被识别,问卷调查中有超过一半的被调查人能成功识别这类不礼貌言语。

第二类,谴责型情景中的直接不礼貌言语

谴责型情景中的不礼貌言语指的是律师以正面对己方当事人或被告人说话的方式,对其言行发表谴责、批评或规劝,且这种当众的谴责、批评或规劝中明显体现出对被代理人或被告人能力或行为的否定。其基本句型为:律师(自称)+[告诫类/谴责类]言语行为动词+被告人/被代理人(第二人称)+[不能做坏事]。如:

(4) 我今天在这里为你辩护,并不是我同情你,也不是我可怜你,相反地,我很憎恨你的行为。

(5) 我希望你们要懂得感恩,再也不能做这些违反人性的事儿。记住没有?

(4)与(5)中,律师对被告人直接地表示憎恨态度或要求其偿还人情,均使用言语行为动词"憎恨""希望……感恩",且用第二人称称呼被告人,并对其发表直接的强制性命令。这类不礼貌言语非常容易被识别,问卷调查中超过三分之二的调查者能成功识别这类不礼貌言语。

第三类,解释型情景中的(间接)不礼貌言语

解释型情景中的不礼貌言语是指律师在解释被代理人或被告人出现过错行为的语义情景(scenario)中使用了对被告人的不礼貌语言,将外在客观的原因作为小句的主位,或将其名物化,作为动作过程的实施人(agent),即致使结构。常见的表层结构是:原因状语(注:可默认省略)+(致使)被告人(对被告人的第三人称称呼语)+[消极意义的行为]+[不良结果/犯罪事实],比如:

(6) 长期的这种遭受家庭暴力的情况下,使没有文化也无法律意识的她走上了,或者把她推向了犯罪的这个道路。

语段(6)中,不礼貌言语表现在具有消极意义的形容词评价词汇,"没有文化也无法律意识"。在语段(6)中,主句中含有两个动作过程"使……她走向了""把

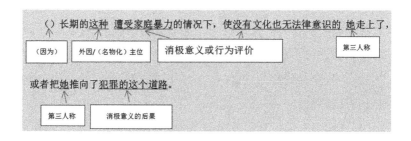

她推向了",其中,"长期……遭受家庭暴力"是名物化的外因,是整个句子的主位,也是述位中过程动作的施事者,而被告人则成为动作的宾语,但"没有文化也无法律意识"是对被告人消极特征的描述,"犯罪道路"是此过程的消极结果。这一话语结构将外因作为主位,作为已知信息,使得听众无意中接受了被告人被迫走上犯罪道路这一新信息,接受此信息的始作俑者是家暴。

在庭审话语中,不礼貌言语嵌套在解释型语义情景话语中,但因律师把被告人的行为用"路径—发展"的隐喻来组织,更容易把听众的注意力吸引到"发展"这一结果上,因此成功地用"客观的"描述来淡化其中的不礼貌言语,使得其不礼貌言语具有隐秘性、间接性。成功将这一句型判定为不礼貌言语的被调查人不到40%。

(7) 他在思想上也放松了警惕,没有洁身自好,严格要求自己,进而一步步发展到今天的这种境地,给自己给家人都造成了极大的困扰和伤害。

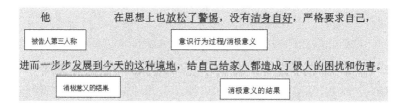

语段(7)中"没有洁身自好""发展到今天的这种境地"这些负面评价出现在解释型情景中,"他在思想上也放松了警惕"是主句"没有洁身自好……"的原因,只不过这个原因是被告人的心理过程。

(四)庭审交际功能

律师对其当事人的不礼貌言语是一种语言策略,具有多重功能。首先,是在各种面子需求之间进行平衡、选择的结果,为弥补各种面子威胁而采取的一种语言策略。如前所述,作为理性人,在法庭语境下的律师与当事人具有多种需求。当事人仍然具有获得赞赏的普通心理需求,有其行为不受法律制裁的行为自由需求,具有从其代理律师那里获得友情与赞同的需求,有获得其法律援助的心理需求。而律师具有获得人们赞赏的心理需求,有获得法律同行的认同与理解的需求,有其行为不受当事人限制的行为自由需求,具有其辩论行为不受法律惩罚的行为自由需求。为平衡诸多种面子需求,律师采用了对被告人进行不礼貌言语的策略,但其不礼貌言语均属于用日常语言弱化当事人行为过错的言语,而非用法律语言评估其行为的话语。用对己方当事人的不礼貌言语,以表达相似的价值观与世界观,以展现相似的言语风格,建构了律师与其他律师认知群体(如对方律师、法官)之间的亲近人际关系(参见 Gaines,2004;张丽萍,2010;Martinovski,2006)。

其次,是实现庭审的社会功能而采取的一种语言策略。庭审的社会功能体现在很多方面,包括法律教育、社会和谐与社会各阶层之间的意义磋商等。为了满足相关受害人或社会大众对违法违规行为的愤慨与不满,实现庭审所承担的调节社会矛盾、促进社会和谐的功能,律师对被告人所涉违法犯罪行为发表一些不礼貌言语,是顺应庭审相关受害人或大众的心理需求,顺应庭审社会功能的一种语言策略。

最后,是实现律师参与庭审交际的最终目的而采取的元语用功能。律师与其所代理的当事人享有同样的经济、社会利益,律师受雇于当事人,以当事人的利益为自己的利益,为其提供服务,在维护当事人利益的过程中获得自己在法律界的声誉与经济利益。律师对己方当事人发表的不礼貌言语属于故意贬损或自贬行为,是一种言语策略,其最终言语功能与目的在于,以自贬、自罚、自损的话语方式,满足法庭对涉案行为或行为人的公开谴责或惩罚,从而赢得法庭对被告人的理解或谅解,从而达到其参与庭审交际的终结目的:实现无罪辩护或罪轻辩护。

以上三种言语功能使得律师对己方当事人的不礼貌言语成为一种复杂的言语策略,灵活地使用对被告人的不礼貌言语是体现律师法律人角色意识的重要方面。

四、庭审话语中律师不礼貌言语的话语实践

本节对律师在庭审交际中使用的针对己方当事人的不礼貌言语策略进行详细的话语分析,分析它们出现的语境、类别、话语结构与拟取得的语用效果。本节基于小型庭审语料库,包括35个案例(大多是刑事案),来自《庭审现场》电视庭审实况记录(中央电视台,2014年1月至2015年6月)、网络庭审转播(包括2013年9月"公审公判一周"内审理的案例)以及庭审现场实地采录的语料。其中,非常有代表意义的不礼貌言语行为近60例。调查问卷的设计主要基于语料中提取的不礼貌言语,设计了10个交际场景,主要是在公众面前用第三人称或第二人称,对站在身边的间接受话人发表的评价,请读者按照三分法对相应场景中的话语进行感知判断,测量它们是否"礼貌、与礼貌无关、不礼貌"。调查问卷采用网络形式,发放给100名以汉语为母语的大学生,实际回收的有效问卷为96份。对于获得半数以上受试者的确认的"不礼貌言语",将重点对其句式、内容与言语功能进行考察与分析,而对于低于一半的,将其定为参考案例。

分析可见,辩护律师采用不同类别的不礼貌言语与话语结构,以实现多重交际效果:为自己所代理的当事人的错误行为进行"辩解",无意中损害了当事人的面子需求;通过故意损害被告人的面子,以实现法律对其的规劝、教育与惩戒功能;通过对被告人的面子进行攻击,从话语上拉开与被告人的距离,拉近与法官所代表的社会大众的心理距离(建立关系联系),以在言语上建构与庭审其他参与人之间的人际亲近关系,以保护自己的面子不受威胁。

(一)直接的积极不礼貌与消极不礼貌

积极不礼貌是指故意攻击被告人或己方当事人积极面子需求的行为,而消极不礼貌指损害被告人消极面子(渴望行动不受约束)的行为。

(8)法　　官:法庭质证结束。下面进行法庭辩论,请控辩双方就量刑情节及量刑数量提出具体的建议。

公　诉　人:本案中两被告所抢到的金额虽然不大,刚刚超出金额2万元多一点,但是他们劫持受害人达到20多个小时,虽然没有对被害人造成伤害,但给受害人造成极大的精神损害,此案涉及的空

间之广,时间之长,可以说是比较少见的,而且该案的社会影响比较大,也比较恶劣,受害人最后逃脱也不是两被告人有所改变,而是因为受害人自己主动争取的,同时考虑到两被告人均有前科,所以公诉人坚持对两被告处以12年到13年这个幅度(的有期徒刑),才能体现刑罚罪、责、刑相适应的原则。

10 (高某的)被代:我想审判长或者合议庭能否考虑,将这个刚刚达到的犯罪数额与那些抢劫金额达到70万或200万的在量刑上应当有所区别,另外,我就想跟被告人讲一句话哦,①<u>被告人哪,今天在这里为你辩护,并不是我同情你,也不是我可怜你,相反地,我很憎恨你们的行为</u>,因为②<u>今天是法庭,公,那个,它是代表国家的</u>,他们给你们这个合法权利,要我们律师来维护你们的合法权益,所以<u>我希望</u>,你们要懂得感恩,再也不能做那些违法的事情,记住了没有?

两被告人:(点头)记住了。

(《被劫持的女子》)

语段(8)的案件中,两名被告人将受害人劫持到外地长达20多小时,并勒令其交出财物,后受害人成功逃脱后报警,这两位被告人被指控犯有抢劫罪。在该案件的庭审辩论阶段,法官请控辩双方就量刑情节与量刑数量发表看法,当控方发表其意见后,辩护律师提出了自己的辩护意见。从言语序列上看,辩护律师的辩护意见的直接目标受话人是法官或检方,但在其言语开展的过程中,她故意使用了话轮转换标记语"另外,我就想跟被告人讲一句话",将话语转向面对被告人的直接话语,并且对被告人采用了第二人称标记,使得其与被告人的言语交际嵌入其与法官的话语中,成为插入序列。

在辩护律师对被告人的话语中,有四例不礼貌言语,标号为①与②的小句中各有两例,均使用了谴责/警告情景话语结构中的显性言语行为动词,构成了对被告人消极面子的攻击,是直接的、消极不礼貌言语。小句①中有两例谴责情景话语结构中的直接、积极不礼貌言语,"并不是我同情你,也不是我可怜你",用两个否定词"不是……也不是"和情感类心理动词(同情/可怜)表明了律师对被告人的消极疏远态度,构成了对被告人积极面子的攻击,是以直接形式表达的积极不礼貌言语;而"我很憎恨你们的行为"是对被告人的当面、公然的谴责,会威胁到被告人(直接受话人)的积极面子——渴望得到认可,同时也影响到其消极面子——渴望行为不受道义约束的需求。就调查问卷的结果而言,超过三分之二的受访者将此句辨识为针对被告人的不礼貌言语行为。

就语用效果来说,律师通过小句①的不礼貌言语行为,表达了她对被告人行为的负面评价,同时,鉴于此辩护语言是对公诉人观点的一个反馈性应答,也是对法官话语的一种回应。如上所述,当她从面对法官与其他庭审参与人的话语,特意转向被告人,从话语转向标记"另外,我就想跟被告人讲一句"使得她对被告人的负面评价成为她辩论话语的插入序列,从话语交际的动态序列来看,设计此插入序列可同时实现几个语用目的:第一,她刚刚发表的观点与公诉人意见有分歧,可能对公诉人的面子造成威胁,为缓解此面子威胁,采取不礼貌话语策略;第二,因发表不同于公诉人的意见而被默认为被告人的同党,从而有可能损害自己的公众面子,为保护自己的面子免受威胁而采取的话语策略;第三,鉴于此插入序列是律师与法官交际应答的一个补充部分,是其辩论意见"我想审判长或者合议庭……在量刑上应当有所区别"的依据之一,可知此插入序列中的不礼貌言语的言语功能是为被告人减轻罪行而采取的言语策略,是为整体的庭审交际目的而服务的。

小句②中含有两个不礼貌言语行为,分别是"今天是法庭,公,那个,它是代表国家的,他们给你们这个合法权利,要我们律师来维护你们的合法权益",与"我希望,你们要懂得感恩,再也不能做那些违法的事情,记住了没有?"前一例明确告知"给你们"、给某人做某事,表面上看是以直接的方式,形成对被告人消极面子的威胁,是直接、消极不礼貌言语,但也是律师为身陷"尴尬境地"(与公诉人对立、向法庭提出请求)所带来的对法庭的"不礼貌行为"所进行的一种语用弱化策略与保护自身面子的策略。后一例劝诫被告人要感恩、别再干坏事,使用了言语行为动词,使得其警告意义非常突出,构成了对被告人消极面子的威胁,也是一种直接不礼貌与消极不礼貌言语,同时疑问句"记住了没有"表面上看是一个要求反馈的话语,实际上命令的意味比较强,是强化了的命令句,这种强势命令是对被告人消极面子的一种显性干涉,是直接、消极不礼貌言语。

在问卷调查中,约三分之二的受访者认为这四例话语是不礼貌言语。有的参与者认为这是"可以接受的不礼貌言语",还有一些参与者提出"律师应该为被告辩护,但不应该在法庭上对当事人进行教育"。可见,律师所使用的这些针对当事人的不礼貌言语行为具有一定的模糊性或隐秘性,有其特定的话语功能,是一种策略性的辩护语言。

小句②与小句①一样具有相似的话语功能。从其上下文语境来看,这些不礼貌言语均为争取在量刑情节上实现轻判这一交际目的,从言语上对被告人进行"攻击"与"惩罚",即公开告诫、教育被告人,损害其积极与消极面子,而获得法庭对其行为的部分认可。同时,因为被告人所犯之错违背了社会道德秩序,为被告人的利益进行辩护,也会使律师陷入与社会公德相冲的道德困境,因此这里针对被告人的不礼貌言语行为也是律师为拯救自我面子免受冲击所用的语用弱化策略。

刑事辩护中,被告人的律师通常会采用针对被告人的不礼貌言语来为其进行辩护。语段(9)与(10),同样是显性不礼貌语言,"愚昧偏激""是非不分,没有思想头脑"都是描述与评价被告人的,带有明显歧义色彩的短语,是对被告人的直接不礼貌言语,但是使用了不同的话语结构。

(9) 被告人的辩护律师:正是长时间的压抑和担心,促使<u>愚昧偏激的被告人</u>,走向了极端。

(《疯狂的公交车》)

(10) 被告人的辩护律师:他是一个<u>是非不分,没有思想头脑</u>的人。

(《假冒囚犯之名的死者》)

语段(9)中的不礼貌言语使用了解释型情景话语,表层结构为"(因为)名物化的因素＋使＋被告人＋走向消极后果",把"长时间的压抑和担心"这一间接因素作为此句中动作过程"使……被告人,走向了极端"的名物化逻辑主语,为被告人的违法行为提供辩解,也弱化了其消极负面的行为后果"走向了极端"的恶行程度。语段(10)中的不礼貌言语使用了评价型情景话语结构,表层结构为:被告人＋负面评价形容词＋人。

这两例不礼貌言语都使用第三人称来指称被告人,可见这些话语是嵌套在律师对法官与合议庭成员的对话中,但鉴于被告人就在说话人身边,完全能听到这些言语,因此这些言语肯定会导致被告人产生情感上的不愉快,是显性不礼貌言语。大多数受访者认为辩护人应遵从规约,尊重并保护其当事人,这些针对被告人的负面评价言语也会被其他受众视为不礼貌言语,但这些负面评价均为有目的的元语用策略。

除直接用贬义的描述型短语来评价被告人之外,辩护律师还常把被告人的遭遇描述为"不幸",以同情的语气对其进行评价,从而直接损害了其积极与消极面子。在东方文化中,人们渴望得到平等的尊重,以同情的语气对其进行描述,也会构成对其面子的威胁。详见语段(11)。

(11) 法　官:庭审调查结束,现在进行法庭辩论,就是对被告人王某峰的定罪和量刑发表意见,首先由公诉人发表公诉意见。

公诉人:本案犯罪事实清楚,证据确实充分,被告人应当对其故意杀人的行为承担相应的刑事责任。虽然被告人今天在庭审过程中对他所犯的事实均称不知道的状态,但其在其之前所有的供述中都是如实供述的,根据《刑法》第63条之规定,系坦白可以从轻处罚。建议对被告人处以无期徒刑。

法　官:被告人王某峰,你是自己为自己辩护,还是请你的辩护律师为你辩护?

被告人:我不知道,我,我头晕,我。

法　官:那下面请被告人王某峰的辩护人发表辩护意见。

被　代:这个①<u>智力不够健全的孩子</u>,本来应该在家庭或社会中收到更多的关爱,而本案的现实却恰恰相反,②<u>被告人只上了小学三年级,便辍学在家,在学校与家庭中呢都不被待见,甚至受到歧视</u>,这样的生活环境使得被告人变得更加孤独、压抑,<u>甚至自闭</u>,在案发前,③被告人因向其父亲索要零花钱遭拒绝,又被父亲数落,一气之下又去喝了酒,这使得<u>本来就不够健全的头脑更加糊涂,一念之差犯下了大错</u>。王某峰的奶奶已经永远地离开了,整个家庭,甚至整个家族都陷入了无尽的悲痛,尤其是王某峰的父母亲,自己的亲生儿子杀害了自己的亲生母亲,他们该如何面对,所谓"逝者已逝,生者尚存",整个家庭已经失去了一位老奶奶,我们不能再让整个家庭再失去他们唯一的儿子。

法　官：请辩护人明确一下你们的量刑意见。

辩护人：我们建议法庭考虑本案的客观事实情况，对被告人王某峰能够处以有期徒刑。

（《奶奶被害案》）

在语段(11)的辩护词中，辩护律师使用了三例对被告人的不礼貌言语，见标号为①②③的句子，①中的不礼貌言语出现在评价型情景话语结构中，②与③中的不礼貌言语出现在解释型情景话语结构中。在这三例不礼貌言语中，律师反复三次用负面评价词汇提到被告人"智力不够健全、糊涂"，同时对其遭遇也多次做负面评价，比如"不被待见""受到歧视""遭拒绝""被数落"，一大半的话语在于描绘被告人的"黑"形象，构成对被告人面子需求的直接攻击，即不礼貌言语。在问卷调查中，对于判断原因，有的参与者提出，"如果被告人没有精神残疾，这种辩论词就是对被告人的一种侮辱。如果被告人患有精神残疾的话，将其残疾、不受尊重等这些经历公然暴露在公众面前，也是不恰当的"。

从这些不礼貌言语所处的话语序列与言语交际环境可知，不礼貌言语是一种言语策略，是为律师的最终的庭审交际目的而服务的。从此段辩护词的话语序列可知，辩护人使用的不礼貌言语是在公诉人发表完量刑建议，在被告人表示无力回应的情况下，经过法官的同意才正式进入庭审交际序列的，可见其话语既是为了回应公诉人提出的"被告人均称不知道的状态"与"无期徒刑"的意见，也是为了达成其关于"量刑从轻"的辩护意见。从话语的推进过程可知，当辩护律师充分描述了被告人的"可怜"境地之后，剩余话语均是对被告人父母与家庭的同情语气。从言语方式来说，这些不礼貌言语与同情性话语并不是对法官的话语——为被告人发表量刑意见——的直接回应，也就是说，他并没有马上将其辩护意见提出来，在法官的后续追问之下，他才提出其"建议"——处以有期徒刑，这一延迟语步的回复也证明了其上文对被告人的不礼貌言语与同情话语是为此语用目的与庭审交际目的而服务的。

此外，通过直接揭示被告人的"可怜"境地而造成对被告人的面子威胁形成直接不礼貌言语，也见语段(12)的评价型情景话语结构与(13)、(14)中的解释型情景话语结构。

(12) 被代：他<u>家庭情况窘迫,母亲已早逝,父亲是一个已满八十岁的老人,常年患有肺气肿等疾病,需要人照顾,</u>且<u>尚有一非婚生子</u>,现年10岁。

(《轻信他人的少妇》)

(13) 被代：<u>她的丈夫经常殴打辱骂她及她的亲人</u>——她年迈的父母。

(《谋杀丈夫的女人》)

在我国的文化语境下,在公众面前描述或讨论一个人的家庭生活,也是不恰当的。同时,关于被告人的私人生活,有很多评价都与普通人所期待的规约相反,比如"非婚生子"、家庭暴力等,根据 Culpeper(2011)的定义,违反社会规范和揭示与群体身份不一致的信息都是不礼貌的。

当然,这些不礼貌言语也同样服务于律师的辩护目的——为被告人争取减刑。

(二) 间接的积极或消极不礼貌

间接不礼貌意味着对面子实施威胁是由言外之意而实现的,通过间接方式表达了不礼貌。在日常沟通中人们经常使用间接不礼貌言语策略,而在法庭上,律师也会使用间接不礼貌言语。在下面一则民事辩护中,原告的律师就采用了一例间接不礼貌言语,详见语段(14)。

(14) 法官：法庭认为主要焦点在于：原被告双方之间是否感情已经破裂？法庭辩论应该围绕法庭归纳的焦点展开。下面由原告方发表你的辩论意见。

原代：第一点,原被告双方之间的感情基础,本来来说,是较差的,<u>他们是 2008 年 4 月的时候经人(介绍)认识,刚才在庭审中他们也讲了,他们是认识几天后就住到一起了</u>,哎,也就是说,他们对双方之间的了解是比较缺乏的,而 2008 年的时候,原告杨某平她的年纪只有十八九岁,哎,可以说,那时候还是一个懵懂不懂事的年纪……原告杨某平自 2012 年就出去打工了,三年时间内,他们之间没有任何联系,也就是说,他们之间没有任何的感情联络,所以说两人之间的夫妻感情已经彻底破裂。

法官:被告代理人发表你的答辩意见。

被代:……

(《三年未归的母亲》)

在语段(14)中,"认识几天后就住到一起了"中,连接副词"就"表示说话人即原告代理律师认为此行为不合于传统社会规范,因此,其对原告人行为的描述中隐含了一种负面评价:原告人(女孩)比较不成熟、不稳重。这种负面隐含意是对己方代理人行为自由与获得赞赏的心理需求的一种面子威胁,因此是间接积极不礼貌言语。在调查问卷中,近百分之六十的参与者认为画线部分的话语为不礼貌言语,他们认为,按照传统文化,一个好女孩应该有自尊和自爱,珍惜好名誉,而这里一个十八九岁的女孩和一个刚见面的男人就住在一起好几天,从中国传统的意义上说,此行为意味着这个女孩不是一个好女孩,这种从话语中暗示的对原告的负面评价,是对原告人积极与消极面子的一种威胁。从波浪线部分可知,原告人的代理律师应该也意识到揭示这种行为是不礼貌或不恰当的,因此特意采用了言语实据"刚才在庭审中他们也讲了",说明他正努力弱化此不礼貌言语行为对原告人与自己的面子的影响。当然,这种不礼貌言语也是服务于该律师的辩护意见。

五、不礼貌言语的语用功能与庭审交际效果

律师在法庭审判中对己方当事人运用不礼貌策略,是在多重面子行为实现冲突的情况下实现的综合平衡,有多重目的。首先,对有"过错"的人表达负面评价,维护律师作为理性社会人的面子需求。虽然在法庭语境下,律师与当事人或被告人作为普通人的面子需求仍然是第一位的。当某个"有过错的行为"或"有过失的人"成为讨论的议题的时候,律师作为理性的人,会对这些行为或个人有自己的评价,而且希望其评价与社会规范相一致,从而得到认可。因此,他们会对这些行为或个人,包括自己的当事人表达自己的负面评价,但这种负面评价显然与当事人所期待的尊重不一致,从而造成对其当事人或被告人的面子损伤。

其次,在冲突语境中建立话语中的认同与联盟,顺应庭审的社会功能。当律师以对立方身份出现在法庭的冲突话语语境中,并以对立的身份与法官或公诉人进行辩论,这将给其带来潜在的面子威胁,为挽救其面子风险,律师通常会设法在言语上疏离自己与所述行为或个人之间的距离,以便在话语中建立与对方的认同或同盟关系,同时通过故意冒犯己方当事人的面子,"表演"对有过错的己方当事人行为的公开谴责与批评,舒缓大众的憎恶心理,惩戒类似违法或犯罪行为,从而顺应庭审在协调社会矛盾与进行法律教育等方面的社会功能。

最后,实现法庭辩论的具体目的。当接受委托代理庭审事务时,律师需在法律许可的范围内,为当事人提供法律代理服务,帮其争取最大的权益。律师在辩论词中的言语均服务于这一庭审交际目标。为此,他们会采用多种语言策略,其中,对己方当事人的不礼貌言语也是其中的一个。不礼貌的策略在表面上看具有不礼貌性,但其主要目的在于将被代理人的行为合理化、自然化,从而将量刑的情节主观化。

为了初步佐证律师对己方当事人所采用的不礼貌行为的语用功效与庭审交际效果,研究者对四位有经验的法官进行了采访。访谈以半结构式设计,首先向法官展现了本研究语料库中四个庭审的视频与相应的文字转写,请他们对律师的言语策略与审判结果的联系发表看法。

首先,四名法官都表示,在他们所审理的案件中,都遇到过律师对己方当事人的不礼貌言语策略。可见,律师对己方当事人所使用的不礼貌言语策略是比较普遍的现象,是律师作为法律人角色意识的言语体现。其次,四名法官均明确表示律师所用的辩护策略,包括对己方当事人的不礼貌言语策略,与案件的事实没有关系,但均同意,律师对己方当事人的成长环境、个人生活中的挫折或客观因素等信息的披露会提高审判员对这些当事人处境的心理认同;同时明确指出,他们同意这四个案件的最终判决意见,但一再强调,他们在审理案件时,不会考虑被告人是否可怜、是否值得同情,而主要基于案件事情进行量刑裁定。也就是说,法官并不认为律师的不礼貌言语策略会取得其所期望的庭审交际目的,也不会影响法官的判决过程,因为案件的审判是以事实为依据、以法律为准绳的。

有趣的是,既然法官们认为自己在裁定案件的时候根本不会考虑律师"指桑骂槐",对己方当事人使用不礼貌言语行为,但实践中律师却经常使用这种策略,这是为什么呢?一种可能的解释是,对"坏人坏事"表达个人的负面评价从而体现理性社会人的面子需求,同时在冲突话语中努力建立群体的认同感,这两种语用功能显然是律师使用不礼貌言语的主要原因;另一种可能的解释是,鉴于案件

庭审话语的社会认知研究

事实与所适用的法律之间确实存在距离,需要通过法官的自由裁量或对案件事实进行一定解读才能完成两者之间的匹配,其中,语言的主观性无所不在。虽然在法官对案件进行自由裁量的过程中,需要全面听取原被告双方的事实依据、观点与立场,律师的辩护策略也会起到一定的作用(张丽萍,2010),但因这种话语作用对法官来说可能显得"过于主观",因此他们也许有意识地排除或不承认其作用。在本研究的语料库中,针对《被劫持的女子》的庭审实录,当在采访中问到"该如何判决量刑情节"时,该案的主审法官明确指出,"一般不单单是考虑到被告人他在你面前是多可怜,或者有多后悔,我们更看他们当时在实施犯罪行为时,给被害人造成一个什么样的伤害"。从"不单单"可知,这位法官也确认律师对其当事人的状况的评价对最终的裁定量刑情节有一些作用。[①] 因此,可以认为,虽然本研究中四位法官在访谈中没有确认不礼貌言语可以帮助律师取得实际的减刑等具体庭审目的,但不等于说这种策略不具备这种交际功能,因为辩论言语的功效恰恰在于其无形的说服效果(Hodge & Kress,1993;Harris,2001)。

综上,从本质上讲,律师的不礼貌言语是一种策略,是在庭审话语交际语境与言语交际序列中产生的,其意义与功能也要从言语交际序列上的位置来讨论。不礼貌言语主要分四类,分别是积极不礼貌、消极不礼貌、直接不礼貌与间接不礼貌。话语结构上,不礼貌言语多使用消极、负面的评价性名词、形容词或动词,或与之相关的句型,总是出现在谴责型/警告型情景话语结构、消极评价型情景话语结构与解释型情景话语结构中。在功能上,不礼貌言语具有多重功能,主要包括三种,分别是:发表对有过错当事人的主观负面评价;以攻击己方代理人的面子行为来实现与法律认知社群或社会大众的心理认同与亲近型话语联盟,并顺应庭审在惩戒违法犯罪、教育公民、促进社会和谐方面的社会功能;最终为己方代理人取得相应的庭审交际目的,证明其无错、错小或无罪与减轻罪责。

律师对己方当事人所使用的不礼貌言语是一种语言策略与元语用策略,体现了律师作为法律人角色意识的一个方面:机智与灵活。鉴于本研究中的语料相对比较小,且对调查问卷与访谈的设计略显松散,因此本研究的结论仍需要进一步的验证与补充。

[①] 该案最终的判决结果:判决黄某 12 年零 6 个月,剥夺政治权利 2 年,判决吴某 12 年,剥夺政治权利 2 年。也就是说,最终判决的年限恰好是在被告人辩护律师的请求(12 年以下)与公诉人的请求(12 年或 13 年)之间的折中数字。

第三节 小 结

本章主要讨论律师作为法律人的角色意识的策略性维度,即对待不同交际人采用不同的言语策略。面对法官时,律师采用系列礼貌言语,这种礼貌言语的使用与我国古代儒学文化中"无讼"观念有文化上的关联性。传统时期的律师使用了非常显性、形式丰富的礼貌语言,当代的律师也使用了显性的礼貌言语,但其形式却更加格式化,表现手法更单一。律师对己方当事人采用不礼貌言语,也是律师为平衡庭审交际语境下自己与他人的多重面子行为而采用的言语策略,最终服务于其庭审交际的具体目的,这与传统讼师在诉状中采用自贬手法,去指称己方行为与活动是一致的。

归根到底,律师的律师人角色意识的生成与社会表征都与庭审话语环境所设定的话语权力关系有密切的联系,下一章从多模态视角探讨庭审交际中的隐形权力关系与表现形式。

第六章

物化的隐身权威人意识

法庭交际是为处理法律纠纷而设定的一种法定沟通程序与纠纷解决机制,其中的交际规则与参与者角色均按照立法机构指定的法律而开展,而立法机构所代表的是处于执政地位的集体或国家利益,因为法庭话语交际中的最终权威人是国家司法话语。研究法庭话语不能只考虑法庭语境中的具体交际人(包括法官、律师)与具体的交际问题,还应考察制约其话语生成与开展的宏观社会文化语境——法律所服务的国家利益。正如 van Dijk(2014)所言,语篇是社会意识在语言中的社会表征。本章分析法庭话语中的最终权威人角色——国家利益,鉴于法律体系中的国家声音总是以空间、服饰等非语言符号出现,即以物化的隐性形式出现,本研究暂将其称为隐身权威人,并探讨隐身权威人意识的物化表征。

对法庭话语中的隐身权威人角色意识进行多模态分析,可探析我国传统文化中"无为而治"的治国思想在司法空间或衣着上的符号体现。《道德经》第十七章有言,"太上,不知有之;其次,亲而誉之;其次,畏之"。意思是说,最高明的治理者是治理国家却无人知道其存在;中等水平的治理者是人们对其进行赞誉;下等的治理者,人们总是会害怕他。一定意义上说,以物化形式出现在法律体系中的隐身权威人角色正是这种治国理念的一种阐释。

本章从多模态视角对法庭话语进行分析,主要从两个方面开展研究:第一,法庭话语中的权力配置,探讨隐身权威人角色意识在物化符号上的社会表征;第二,隐身权威人角色意识在法官服上的表征。对法庭空间的符号化分析重在讨论法庭空间配置所建构的权力话语对法官的制约,而对法官服的符号分析则重在探讨服饰符号中所体现的"规则"与法官对权力话语的主体性适应。

在方法论上,本章主要采用社会符号学关于符号、空间结构、服装结构与意义的相关理论,所用语料则兼顾传统时期与当代法律体系下的法庭语境。本章中,"法官"这一术语包含现代职业性的法官群体,也包括古代兼有司法审判功能的官员,尽管我国古代的地方官员的职责素有行政与司法合一的传统。

第一节 隐身权威人角色意识的空间符号化[①]

一、问题的提出

讨论法庭话语中隐身权威人角色意识的空间符号建构,兼论法庭话语中法官话语的非中心化,源于当前法庭话语研究中的问题。当前的法庭话语研究中,国内外学界普遍认同法官与被告人在话语权力上存在显著不平等,包括在话轮转换机制、言语信息、知识图示等言语交际的各个层面,而对于法官在庭审话语中受到哪些制约尚没有足够的分析,虽然学界对司法领域中法官的话语与权力困境均有提及。

庭审话语研究一向认为,庭审话语权力是以法官为中心的(见 Atkinson & Drew,1979;Conley & O'Barr,1990;廖美珍,2006;杜金榜,2004;等),法官控制着庭审话语的流程、进展、节奏及话题领域。当然,法官话语有其内在的社会意识形态(如 Philips,1998)与运行逻辑(如 Solan,1993),这是理解法官语言与日常语言差异的关键。同时,法官的话语权力具有形式多样的符号性表达与体现,如建筑、座位、衣着等(详见 Gibbon,2003;Isani,2006)。但是,囿于政治制度或法律制度的差异,比如说,英美国家三权分立的政治体制可能对法官话语具有必要的权力限制,或者因为法治历史久远,英美国家的法官可能形成了较高的职业素质,英美法系的法律语言学研究者对于法官是否居于权力中心这一观点,并没有进行很多辩证解读与讨论。国内学者对法官语言进行了话语分析、语用学、句法语义等各个层面较系统的探讨,一致认为我国的庭审话语权力中存在以法官为主的不平衡结构(如廖美珍,2003;张丽萍,2004;等),同时,也注意到法官话语与社会变体之间的关系(如廖美珍,龚进军,2015),但相对来说,对法官话语的非语言符号化及相关的社会性机制,尚缺乏足够深入的研究。另外,目前对法官话语的批评分析尚没有关照到法官话语权力背后的显性或隐性社会语境因

[①] 本节的基本观点见《法庭话语权力的空间配置与法官话语的非中心化》,载于《语言学研究》(2017年第2期,第5—16页)。收录时对其文字进行了修订,并对内容进行了扩充。

素,即没有对法官话语之上的隐身权威人角色进行探讨。也就是说,以追随英美法律语言学范式为主的法律语言研究与我国的司法实践稍有脱节。近年来,司法实践中也出现很多问题,面对司法界发出的"法官弱势"的呼声(何成,2010;孔俊钰,2016),学界迫切需要对法官话语进行一定的反向研究,从庭审交际理论上进行分析与解释。

从非语言符号的表意来讨论法庭话语中的隐身权威人,有其内在的必要性与可行性。首先,法庭的非语言符号,包括审判庭的空间设置与法院大楼的整体建筑空间、法庭交际参与人与庭审旁听人员的服饰,都具有符号意义,是法庭交际语境的重要构成成分,也是人们对法庭交际情景模式中记忆最醒目的语境成分。同时这些非语言符号也是法庭与庭审交际参与人与听众建构起身份的一个重要符号手段。在法庭言语交际活动中,这些静态的符号对庭审交际的过程与结果均产生一定的影响,虽然这些影响目前尚没有得到足够的关注。其次,鉴于这些非语言符号存储于特定的物质载体上,木石材料或纺织材料,可以存储较长时间,能突破时空的限制,一定程度上,具有在时间与空间上的表意优势,因此法庭空间与法官服饰等这些静态符号所承载或建构的意义甚至比法庭言语符号更加特别。正如 Bourdieu(1977:188)所说,"最能表达意识观念的是那些没有文字的东西,根本不需要任何回应"。但是,针对这种由建筑空间或装饰物所构成的"多模态文本"所进行的研究相对较少(Markus & Cameron,2002)。为此,跨学科合作探讨将是解决这一问题的必要条件,在这方面,著名话语分析研究者 Cameron 与社会学研究者 Markus 合作完成的研究《空间中的文字》(Markus & Cameron,2002)为我们树立了典范。最后,多模态性是语言的本质特征之一(Matthiessen,2007),法庭语言的多模态性特点不仅体现在语言的韵律性与副语言特征上,还体现在法庭语言的多模态语境中,而语言自身的多模态性使得我们可以用语言符号体系所有的语义逻辑去探讨其他符号系统(或模态)的意义(见 Matthiessen,2007;张丽萍,2017),因此,完全可以从多模态视角分析法庭话语的最终权威人在法庭建筑空间与服饰符号等方面的物体体现。

多模态话语分析研究由文字、图像、色彩等多种模态构成的语篇所具有的整体意义。这一研究领域主要分四个流派(Jewitt 2009),分别是社会符号学流派(如 Kress & van Leeuwen,1996)、交互社会学流派(如 Norris,2004)、认知学流派(如 Forceville & Urios-Aparisi,2009)与语料库流派(如 Bateman,2008)。多模态话语分析认同"语言是社会符号和意义潜势"(Halliday & Matthiessen,2014)的观点,认为语言和其他符号系统都是意义产生的资源,所有符号系统都具有多功能性——概念功能、人际功能和语篇功能(Kress & van Leeuwen,1996)。O'Toole(1994)首次把系统功能语法理论运用到包括绘画、雕塑和建筑等视觉艺术中去,通过自上而下的分析,为建筑语篇的理解提供了分析模型。Kress 和 van Leeuwen(1996)把 Halliday(1978)的语言三大元功能延伸到视觉领域,构建了视觉语法,核心包括再现意义、互动意义和构图意义。多模态文本的不同模态之间存在多种语义关系,包括增强、拓展、例释等(Matinenc & Salway,2005)。到目前为止,多模态话语分析已经在建筑、教育、广告、数学等多领域发挥了强大的解释力。在我国,多模态话语分析也呈现蓬勃发展的势头(见李战子,2003;朱永生,2007;张德禄,2009;等),在视觉广告、口语交际和教学等领域产生了不少有价值的发现。但是,多模态话语分析尚没有充分涉及法庭空间话语的交际意义。

在福柯的"权力—空间"思想中,空间是规训权力的最佳载体。规训权力不同于仅仅具有压抑性、否定性的传统权力,而是一种更具体、更持久的运作机制:通过调教、约束等技术话语来规训人们的思想,从而改变后者的运作机制(福柯,2003)。作为一种凝固的话语符号,法庭的空间结构是法庭话语的物质性体现,是权力在空间上的具象表征。

本节将运用福柯关于空间与规训权力的相关观点为阐释框架,结合我国古代关于治国的哲学思想,采用系统功能语言学对于多模态文本的具体分析框架,以河南省内乡县衙的大堂为例,分析我国法庭空间话语中面向法官的规训话语所体现的隐身权威人角色意识。本文选取内乡县衙大堂为例,鉴于它是我国迄今为止保存最为完好的古代县级官署衙门,是我国唯一的衙署博物馆(刘鹏九、苗丙雪,1995;刘鹏九,1999),具有考古文化学研究的价值,不仅是研究地方行政设置或司法审判的实物标本(刘鹏九,1999),也能为考察我国当代法官在庭审中隐性的弱势(葛洪义,2003;李拥军等,2014)提供宏观的历史语境解释(Reisigl & Wodak,2009)。本节中的话语,有两个层面的意义:符号学意义上的话语指的是交际过程中涉及的言语与非言语形式的有意义的具体语篇,主要用于语篇分析;社会学意义上的话语指的是某一领域的规约性习俗、观念或秩序,主要用

第六章 物化的隐身权威人意识

于对语篇分析的社会学解释。

为此,本节拟对法庭空间的符号意义进行批评分析,旨在揭示司法话语机制中存在隐身的权威人角色,探讨其对法官话语权力的制约机制,为全面理解庭审话语提供参考。主要研究问题是:法庭话语中的规训权力具体体现了隐身权威人角色的什么意识?这一权力体现在哪些空间话语中?对法官的话语权力有何影响?

二、法庭空间话语的语境

(一)建筑空间隐含的社会意识与价值观

空间是意识形态的重要载体与实现方式,建筑物是人们对空间进行符号化建构的一种符号手段。当然,这里所说的"意识形态"是广泛意义上的,指的是特定文化中的价值、观点,是介于思想与物质结构之间的意义,而并非狭义的界定——在特定文化价值体系下错误的观点或意识(Williams,1980)。虽然意识形态会限制我们的体验与行为,但也是我们对外界进行认知的重要工具与框架(van Dijk,1998,2014)。

对于建筑物的符号意义,巴尔特、艾柯、维特根斯坦、海德格尔等都对此进行过深入分析,不同流派有不同的观点。结构主义理论认为,建筑物的形式(能指)与其意义(所指)之间具有任意性,但随着人们对结构主义意义观的不断反思与批评,以及人们对意义与社会文化之间关系的深入了解,越来越多的学者,如维特根斯坦、巴尔特等倾向于认为建筑物的意义并非内在固有的意义,而是与社会价值、意识形态等紧密联系在一起的,并且是以语言为中介来表达的。首先,在建筑空间的制作与生成过程中,语言起了非常重要的作用。在建筑物的设计、构思与生产环节,设计师需要花费大量的时间用于与其他人进行意见沟通与交流。在此过程中,虽然用到了设计图形等工具,但语言表达仍是最主要的工具(Markus & Cameron,2002),也就是说,在建筑物的设计与生产过程中,人们将观点、理念、态度与情感等文化因素通过语言反映到建筑物上,并将这些观点凝结在建筑物上,使其具有丰富的符号意义。另外,关于建筑物的介绍、说明、分析与批评等,也主要是通过语言来引导观众对建筑物的意义进行思考与欣赏,其中,语言中隐含的意识形态与价值观也一并得以传播。其次,建筑物并不是一个自足的体系,只有与其他符号系统相结合,才具有符号性(Eco,1976,

1986),体现其特殊的蕴含意义。比如,哥特式教堂高耸入云的建筑线条与精神上的升华在认知上具有一定的内在相似性联系,因此其教堂建筑就具有了宗教符号意义。建筑物并非与语言相异,而是非常依赖于语言,从而与语言构成了密切的互动联系,而不是简单的类比关系(Markus & Cameron,2002)。总之,建筑物是一种符号,其意义的界定、理解与阐释也离不开其生产语境与相应的文化语境。

建筑物是人们进行意义建构的产物与表达意义的媒介,但空间的建构也并非凭空任意建构,而是以人的认知体验为基础。一般来说,根据人们在天地之间的身体感受,当身体与天地平行,与水平线方向一致时,这种姿势是平稳、安全的姿势,而当人站立起来,就容易产生失衡的感觉,造成费力感与不适感,因此基于身体在外界空间的感知经验,人们将水平展开的方向与"平稳""安全""协调"等抽象意义相联系,而将垂直向上的空间方向与"行动或探索"这一意义联系起来。其中,视觉上的可见度也成为建构空间意义的重要标尺,高度与话语秩序中的"层次"联系起来,位置越高,越有空间上的优势感,因此我们对尊者的称呼大部分与"上"有关,比如"皇上""长者""上人"等(Dovey,1999)。正因如此,在西方国家,高耸入云的哥特式建筑才被视作"精神升华"的物化表达,而我国传统的平面展开的建筑更能体现我们追求人与自然之间"和"与"稳"的思想。

但是对于空间建筑来说,表面的真实性(其外观与其实用价值)并不是其本质意义,因为"这种真实源自一种简单的忠实,只会导致含混的意义",从而使得空间的权力话语变得更加模糊,从而具有神秘化色彩(Berger,1992)。海德格尔所说的"语言是人类的最后家园"也具有类似的作用。因此,哲学家们才主张破除意义能指与所指之间的固有的"神话",寻求意义的本质。

就建筑与艺术的意义来说,视觉感觉(或可视性)与想象性具有重要的决定作用。也就是说,对于建筑物意义的建构机制,除了水平与垂直这一标准之外,尚有其他操作性机制存在。其中,内与外也是一种重要机制。身体的内与外是人们区分健康与疾病、自我与外来物体的重要感知尺度。基于此,内与外的分别也被用于建构建筑空间的诸多意义,比如安全与危险、保守与开放、亲密与陌生、自己与他人等,用于表达权力关系。因此,建筑群某角落任一个封闭监控室或全景式瞭望塔就具有了"监控"这一权力意义,在里面的人可以毫无遮拦地"看"到外面的人,而不会被注意到。由此可知,在确定建筑空间的意义上,具有不同的操作机制,其意义越来越多元化。

建筑物空间的意义具有多元化特征。建筑与城市空间有三个不同层面,分别是实践空间、构念空间与感知空间(Lefebvre,1991)。具体来说,实践空间指的是该建筑在社会生活中所承担的具体物质或功能,比如居住、装饰等;构念空间指的是人们对该建筑的习惯性定位,一般是通过该建筑物的官方文字介绍而将其固化的;感知空间指的是人们对建筑物的身体体验与认知(Lefebvre,1991)。与此相联系,建筑空间也具有三个不同层次的意义。

建筑空间的符号意义既影响或塑造我们对社会现实的认知,同时,其意义也随着人们社会实践的变化而发生变化,这就是建筑空间意义与社会实践之间的互动关系。按照互动主义对建筑符号的观点,建筑空间的基本功能在于表达社会现实,但是这种表达并不是单向的,而是在人们的日常生活中不断加强,在人与建筑空间的互动关系中发生变化(Lerup,1977;Percy,1981)。举一个简单的例子,西方国家现有的议会厅是开放性的空间,符号性地建构了人们可自由参与辩论的可能性,但是这种符号意义能否被使用议会厅的人们所激活,还要依赖他们在长久的言语实践(如辩论)中践行这一原则,正是人们对此空间意义的互动性接受,使得该建筑意义得以长久存在;而一旦在社会实践发生变化的情况下,比如,某一政党采用欺骗性手段影响其他人的观点的情况下,自由参与政治讨论就变成了一党的专权独裁,此时,此空间的符号意义即发生变化。法庭建筑在空间风格上的变迁与其所建构的社会意义之间也体现了这种互动关系,如德国、意大利等国家目前在司法理念改革过程中推出新型的法庭建筑,以透明玻璃为外墙,从而建构、体现或传达法庭的开放性原则与社会共和的属性(见Resnik,Curtis & Tait,2013;Mulcahy,2007)。

分析建筑空间的符号意义可采用空间句法分析法(Hillier & Hanson,1984),即根据该建筑物从最外面的入口向建筑物内行进的路线对其进行结构分析,一般具有三种结构,分别是线性结构、圈状结构与扇形结构。线性结构的建筑从外到内只有一条路线,其中没有其他出口或入口,而圈状结构的建筑表示该建筑从外到内有不同的出口与入口相连,扇形结构的建筑表示从同一个入口进入后可有不同路径通往不同的空间方位。在这些建筑中,处于出入交会路径的空间占有很大的自由度,能控制人们的通行,因此在空间权力上占据有话语优势。在空间句法结构分析中,通常用句法结构的深度(depth)来衡量其空间权力。通常来说,结构越长的建筑,越具有重要性,在总体路线长短相同的情况下,显然线性结构的建筑比其他类型的建筑更显得重要,因为其凸显了空间权力上的极度不平衡。此外,还有另一个参数,即路线的曲折度显示了权力的控制度。线性结构的建筑比其他类型的建筑具有更强的控制度,因为只有一个出入口,所谓"一夫当关,万夫莫开",而扇形结构的建筑比圈状结构的建筑具有更高的控制度。此外,对建筑物空间句法的分析还需要参照建筑物内人群的身份来进行,即常住人口的行进空间与路线、游人或外来访客的行进路线与空间界限,这样才能更好地理解建筑空间的权力划分。当然,也可以参考建筑物内不同活动的社会功能来区分,比如,围绕庆祝仪式或日常生活实践,其行进路线与空间句法结构就会呈现不同。可以说,空间结构分析(Hillier & Hanson,1984)可以使我们有效区分建筑内的不同空间,划分医院、监狱等不同建筑的开放空间与空间界限,是对福柯权力空间学说的发展(Dovey,1999)。

同时,空间分割能符号性地建构两种不同的人际关系,权势(power)不平等或平等亲密(bonding),圈状结构的建筑可建构平等团结的关系,而线性结构的建筑则倾向于建构权势关系,但是这种建构脱离了建筑空间内行为人的社会实践活动。换言之,如果考虑到社会实践活动,这种空间建构的人际关系可能会发生改变(Dovey,1999)。

运用空间句法分析法,Dovey(1999)分析了英国议会厅与我国中式故宫的空间结构,指出虽然两者都趋于圈状结构,但在可视性方面,前者更具有开放性特点,而后者更具有封闭性与隐秘性(参见 Zhou,1984);此外,他还指出在建筑物里人们的社会实践活动会改变这些权力空间的意义。

利用空间的句法分析对建筑的结构进行深层分析告诉我们,空间是按横组合分布并建构的,分析空间如何被命名并被赋予意义是理解这些建筑符号意义的有效途径;同时可以看出,建筑物不仅仅用于区分空间,它们本身也是一种符号文本,是建构社会关系的重要手段,人们置身其中并从其中习得空间实践经验,使人们了解自己在社会生活中的角色位置,空间上的视角造就了人们对外部世界的看法与认知。总之,供人们栖息的建筑物是人们的存身之所、空间与文化家园,建构了人们的社会生活(Dovey,1999)。

（二）古代县衙建筑与其文化语境

作为司法实践的运作场域,法庭建筑是一种物化的法治文化,它以凝固的话语符号的形式,客观真实地反映出法庭话语的司法理念和价值追求(曹国媛,曾克明,2006)。

我国古代县衙(法庭)的建筑空间与建筑理念均受到传统哲学思想的文化影响。我国古代哲学思想中关于社会秩序的思想渗透于生活的各个领域,包括建筑空间。其中,儒家以礼为核心的思想是人们在进行"治国、齐家、平天下"等社会实践时的道德准绳,而礼制对社会秩序思想的确立就体现在社会生活的方方面面中,尤其在建筑空间上,"正名分,辨等级"。《论语·子路》中记述了子路向孔子请教如何为政,孔子回答说:"必也正名……名不正,则言不顺;言不顺,则事不成;事不成,则礼乐不兴;礼乐不兴,则刑罚不中;刑罚不中,则民无所措手足。故……君子于其言,无所苟而已矣。"《周礼》开宗明义第一句话就是"惟王建国,辨方正位,体国经野,设官分职,以为民极"。意思是说,王者建立首都首先要辨别方向,判别确定宫室居所的方向位置和等级次序,以此划分城中与郊野的疆域,分设官职,治理天下的臣民,使他们都能成为善良高尚的人。正位,就是正礼制等级之次序,以达到礼治之目的,"辨方"则是为正位服务的。这种思想体现于衣食住行各个方面。无论从文献记述,还是对实物的考察结果来看,我国古代的城邑、宫阙、府第、佛寺、道观、陵墓等建筑的内容、形制以及标准都按"礼"的基本制度而制定出来。关于建筑的知识也往往被看作是官员必备的伦理修养,而非单独的学科。可以说,建筑的社会功能远远大于其实用功能,整个建筑所体现的无非是人伦秩序的"礼"(程建军,1999)。

内乡县衙位于河南省南阳市内乡县城东大街,是官吏主持县事、审案办公的场所,整体建筑沿用标准的衙署建筑风格,整个建筑群坐北向南,轴向对称,监狱居南、前衙后邸(见图6.1),从外到内,分别是影壁、大门、大堂、二堂与三堂,大堂是处理重要刑事案件、公开审判,或举行重要庆典或仪式的主要场所,二堂为处理日常案件或公务的主要场所,三堂为处理较小的公务的场所,三堂之后是官员的府邸,即生活活动区域。

在建筑结构上,古代衙门与封建皇宫非常相似,主体建筑均坐北朝南,处于中轴线上,分为外庭与内院两部分,只是规模大小不同而已(刘鹏九,1999),当然,因官员的职位大小不同,县衙建筑的彩绘、装饰等均依次出现变化。正因如

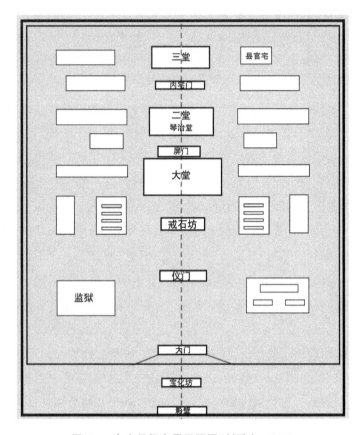

图 6.1 内乡县衙布局平面图(刘鹏久,1997)

此,哲学家冯友兰曾用衙门的结构来比拟故宫的结构,"从天安门进去,经过端门、午门到太和殿,太和殿就是'大堂',中和殿是'二堂',保和殿是'三堂'……就格局与体制来说,皇宫与县衙是一样的"(冯友兰,2016:15—17)。

内乡县衙发挥其职能作用有近七百年的历史,历任县官 230 多人(刘鹏九,1999)。据明、清、民国时期的《内乡县志》等史书记载,内乡县衙始建于元朝成宗大德八年(公元 1304 年),并在历经的朝代中多次被摧毁和重建。现存的建筑群多为清代光绪二十年(公元 1894 年)正五品知县张炳焘主持修建,是元朝以来最大的建筑布局。内乡县衙历经元、明、清三代,乃至民国时期仍被作为内乡县府的办公之所,新中国成立后将近二十年时间内,直至 1968 年,内乡县政权机关也在此办公(刘鹏九,1999:4)。改革开放以来,文物保护工作受到极大重视,内乡县衙拥有在中国历代变革中保存最为完整的古代衙署文化的实物标本,在 1984

年被辟为国内唯一的县衙博物馆,并于1996年被国务院列为第四批全国重点文物保护单位,享有"天下第一衙""一座古县衙,半部官文化"之称(刘鹏九,1999)。正因其独特的历史与文化价值,众多影视剧作,如早年的电影作品《戴枷的钦差》(1987)、《五品县令》(2008)与近期的廉政纪录片《鉴史问廉》(2015),均在此采景制作或以此为蓝图开展创作,这显示了内乡县衙对于人们了解古代行政或法制传统方面具有重要的史料价值。在不同时代县官的称呼各不相同,有县令、县尹、知县、县长、县大夫等,根据我国古代行政与司法合一的设置与传统(史广全,2006),县官的主要职责是"教化百姓、听讼断狱、劝民农桑、征税纳赋、灾荒赈济、兴学与科举"(刘鹏九,1999:110-119)。本书只关注县官在司法审判方面的长官身份,因此下文将其统称为"法官"。

古代衙门的建筑空间与故宫一样,也体现了一定的社会权力意识。Dovey(1999)运用社会学研究的视角,采用空间句法分析的方法,对故宫的空间与权力结构进行了分析,其分析也同样适用于传统县衙的空间建筑。他认为,按照日常社会生活中游人进入皇宫的路径,将故宫的空间结构定位为圈状结构,但同时指出,虽然这使得故宫的空间建筑中体现了开放、自由的符号意义,但故宫的核心使用者——皇帝的生活空间处于整个庞大建筑物靠后的一段,同时皇帝的居住空间又与别处不同,不仅其居住建筑均高出地面一段距离,且建筑物之间有诸多的门、照壁、影壁、长廊、院落等,使得拜谒者要经历长长的路程才能靠近,使其空间具有距离感与隐秘感;同时,按照礼仪规定,皇帝接见臣民时,臣民需叩头,不经允许不得随意抬头,这种社会实践行为在符号意义上契合了空间布局,从而固化、强化了空间权力的符号性,突出构建了故宫内皇权的"隐秘性",体现了道家哲学所说的"太上,不知有之"。

Dovey(1999)的分析揭示了官方建筑物与空间权力之间存在一定的关系,对建筑空间讲行符号化分析是可行的,也是很有意义的,但是其对故宫建筑空间句法的分析主要从人们进出故宫的路径来分析,而没有考虑到建筑物内的居住人——皇帝或官员进行日常行为实践采用的路线,忽略了主要建筑物所承担的功能——行政仪式,没有从实践仪式这个路径上来考察故宫的空间结构,因此其分析方法略显简单。如果从建筑居住人与使用人的日常行为实践——执行司法活动,与其移动的路线来分析,将会使我们对建筑空间的权力话语有更全面的认识。

位于内乡县衙中轴线上体量较大的三大主建筑从南到北依次是大堂、二堂与三堂,均是(县官)法官处理政务或开展司法审判的场所。这三个建筑在风格上基本一致,但略有不同;就司法审判而言,其功能各异,二堂是预审、初审民事或刑事案件的场所,三堂是审理部分机密案件的场所,大堂(或正堂)则是初审后公开审理案件的场所。县衙空间权力的分析将主要集中于这三个堂及其内外空间。

三、空间权力视角下隐身权威人对法官的规训话语权力

以福柯的空间权力理论为阐释框架,以系统功能语言学的多模态话语分析模型[①]为描写框架,可以将法庭空间符号所建构并实施的规训权力视作法庭话语中隐身权威人角色意识的重要载体与物化表征,深入揭示隐身权威人角色的规训话语以及法官对此规训话语的顺应,从而全面探讨法庭话语中的隐身权威人角色。

(一)福柯的空间权力理论

规训权力是福柯"权力—空间"思想中的一个核心观点。"规训是一种权力的'微观物理学'",不同于国家、专职机构等权力,规训权力更多的是策略、机制、技术、经济乃至理性所造成的权力(福柯,2003:242)。也就是说,规训权力区别于以暴力惩罚为基础的传统权力,是一种温和的,旨在"驯顺"个体肉体和灵魂的微观权力。在"权力—空间"思想中,空间是一切权力"合法性"的场域,是权力机制运作和意识形态的物质表达形式。规训权力是上层阶层从思想上控制社会发展的有力工具:通过对空间这一隐蔽手段的细致规划而形成一种策略,恰当地发挥权力的影响,从而达到对社会成员的思想教化与行为支配(福柯,2003)。在福柯眼中,规训权力在医院、教堂、军营甚至学校中都得到很好的体现,其中全景敞视监狱可以说是对空间化权力的完美阐释——依赖于监视技术的应用,"规训权力"得以成功运作:为了行使这种权力,必须使它具备一种持久的、洞察一切的监视手段。此手段能使一切隐而不显的事物昭然若揭,像一种无面孔的目光,把整个社会机体变成一个感知领域(福柯,2003:240)。总之,规训权力是一种

---

① 因系统功能视角下的多模态话语分析框架已为读者所熟悉,故本节在此只简单归纳一下其主要观点,没有对其进行详述。

微观化、普遍化,依赖一系列空间纪律手段从而诱发权力效应的社会权力体系。

空间句法分析法(Hillier & Hanson,1984)提供了对空间距离进行形式与意义分析的操作手段,是对福柯权力学说的一种发展(Dovey,1999)。根据人们在建筑物内行进的路线,可将其分为不同图形结构,图形结构的深浅度与线条的曲折度可以详细区分空间权势的具体状态。从建筑物的入口向其内部行进的路线一般形成三种结构,分别是线性结构、圈状结构与扇形结构。线性结构表示该建筑从外到内只有一条路线,其中没有其他出口或入口,而圈状结构表示该建筑从外到内有不同的出口与入口相连,扇形结构表示从同一个入口进入后可有不同路径通往不同的空间方位。一般来说,因为路线单向与唯一,线性结构比圈状结构、扇形结构更能体现显性的权力控制关系。而且,从可视性而言,处于线性结构最里面位置的方位比靠近外面的方位更容易实现对全局的可视性控制,因此更具有权力上的优势,体现了更显性的终端权力。当然,从观察视域的大小这一认知体验来说,位置越靠上,越具有优势。

福柯把权力引入空间,实现了后现代地理学的转向,推动了空间后现代文化批评和城市建筑学的发展;其"权力—空间"学说揭示了权力的本质,建立了新的政治观、权力观,为后世的权力研究提供了全新的视角,"使我们能从相当广阔的视角出发理解权力;当研究他所谓的'微观实践'(现代社会中由日常生活构成的社会实践)的多样性时,他又使我们能够相当细致地理解权力。这种积极的权力概念笼统但却无误地蕴含着对'日常生活政治学'的倡导"(汪民安等,2001:123)。

(二)县衙空间结构的符号化配置与对法官的规训

对法庭的总体建筑空间进行空间语法分析,可以发现法庭空间中存在的隐身权威人角色的空间表征以及对法官的权力控制。以大堂的司法功能为主,按照公开庭审所要求的仪式,法官在县衙的空间行进路线呈现开放性环状结构,即从内庭出发,经过三堂的大门,或偏门,再经过三堂与二堂前的院落,直接进入二堂,或绕过二堂,进入大堂(见图6.2),而庭审其他参与人(如被告人、证人等)前来参与县衙庭审的路径所构成的是一个单向的线性结构(按东进西出的路线,见图6.3)。

从空间句法结构图的对比来看,在县衙内,法官的空间自由度比其他人的大,这符合古代法庭在空间建筑上的权力等级分配,是法庭权力不平等的符号化表征之一。此外,从大门进入之后,人们需要经过漫长的甬道,经过仪门旁的角门、戒石坊,爬上几米高的月台,才能来到法官所在的大堂。若参与某些小型民事案件,需进入二堂,而法官在大堂里的具体座位(暖阁)也比大堂的地面高出一段距离,这种空间位置上的差距,也显现了庭审交际中的话语权力的不平等。

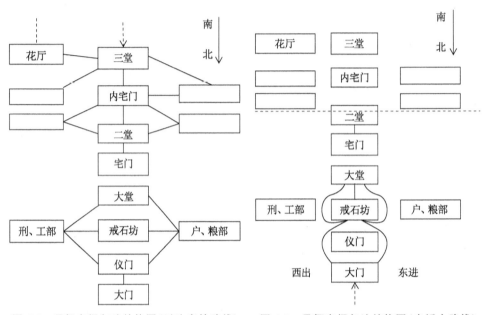

图6.2　县衙空间句法结构图(以法官的路线)　　图6.3　县衙空间句法结构图(申诉人路线)

尽管法官在法庭建筑群空间的移动路线上比他人拥有更多的自由度,但并非表明法官就是此法庭建筑空间的绝对权威人,法官仍处于隐身权威人角色的限制之中。法官的私人生活空间,即县官宅,也是处于具有明显行政特色、占据中轴线中心的法庭(包括三个堂)的两侧,从属于这个行政中心,而且,从私宅向审判地点移动的路线也必须要穿越该中心线,只在局部路线上稍有一定的弯曲自由度而已。尤为重要的是,在法官穿行路线上有很多主体建筑,包括屏风、仪门、戒石坊,这些建筑物内外的楹联、绘图等都刻画着对法官进行道德规劝的铭文或信息,在其从事司法活动的主要场所空间内尤为醒目。铭刻在建筑物上的这些文字信息明确显示了该建筑物对于法官的构念意义——道德戒律。按照 van Leeuwen(2005)的"凝视"原则,这些文本构成了对法官的一种劝诫言语行为,也就是说,各种训诫性多模态文本在空间语篇上衔接形成宏大的文本,构成了一种包围状"全景式"监控空间,从空间模态上建构了训诫性话语的隐身作者身份(Goffman,1981),即国家权力。可以说,在法庭建筑群整体空间的权力配置上,法官是被劝诫的对象,处于隐身权威人的限制之中。下节对法庭建筑空间内主要多模态文本与法官所构成的元功能进行分析,可以更好地阐述这一点。

四、隐身权威人规训权力话语的空间实践体现

在权力空间理论的参照下,以实地采集到的内乡县衙内建筑景观及相关陈设的实景图片约 50 多张为语料,分三种视觉多模态文本,配有颜色的文字文本、绘画文本与木(石)刻的文字文本,运用多模态话语理论对法庭空间内(主要以大堂为主,其他场所为辅)承载权力话语的静态视觉参与者(匾额等)与法官在空间上构成的元功能意义,详细揭示法庭话语中隐身权威人角色意识在空间符号上建构并实施的规训话语。

系统功能语言学视角下的多模态话语分析框架(O'Halloran,2004;Kress & van Leeuwen,1996/2006;等)认为,颜色、图像、空间等符号文本也是重要的表意资源,同时具有三种元功能,分别是概念功能、人际功能与语篇功能,其中语篇功能是最基本的功能,在此功能的基础上实现概念与人际功能。在分析建筑空间的元功能时,需要根据具体的研究需要,确定不同的参与者与它们之间在语义上构成的多种功能与句法结构。本研究中,为探讨法庭空间中的隐身权威人的角色,将把体现权威规训话语的载体——匾额、壁画等视为无声的参与者,讨论其与法庭空间中的人(法官)在空间意义上所构成的语义语法关系,分析其人际意义。

通过对县衙的主要建筑物大堂、二堂、三堂的内部空间进行社会符号分析,可知大堂内匾额、楹联、绘图等符号所体现的符号意义均具有人际意义——劝诫,而其与法官在空间上构成的符号意义更像是隐身权威人所发出的一个无声言语行为,劝诫、警告与监督,福柯的"全景式监狱"空间权力理论可以对此进行很好的阐释。在下文的分析中,将绘制平面或三维结构简图,以剖析这些多模态文本(视觉参与者)与法官所建构的空间符号意义,探析其元功能,分析隐性权威人角色意识在空间符号中的社会表征。

县衙主要建筑内外有五个重要的多模态视觉文本。内乡县衙大堂建在高约 0.8 米的台基上,与月台相连,面阔五间 22.2 米,进深三间 12.1 米,面积约 269 平方米。大堂前檐处有黑底金字的匾书"内乡县正堂",两侧廊柱上有一幅黑底金字楹联:"欺人如欺天,毋自欺也;负民即负国,何忍负之。"(文本1)在大堂的内部空间,处于正中央的是法官审理案件的核心区域,法官的公案(桌子)约1米高,建在约0.5米高的平台上,公案后方有一个可开合的屏风,上面绘有"海水朝日图"(文本2),屏风的正上方有一个黑底金字的匾额,写着"明镜高悬"四个大字(文本3),在公案正上方的顶棚上有一幅图(文本4),中间是太极八卦图,四周有44只仙鹤盘旋围绕(刘鹏九,1999:9)①。法官在进出大堂并在案桌前落座时,均能看到这些文本。同时,在大堂正面的空地上有一个戒石坊,上面刻有文字②,朝北(面向法官)的一面上的文字是:"尔俸尔禄,民脂民膏,下民易虐,上天难欺。"(文本5)这五个文本是本节重点分析的语料,其中文本1、文本3为由文字与颜色构成的多模态文本,文本5为纯文字文本,文本2、文本4为纯图画文本,这些文本均被刻在特殊材质上(木板与石头),因而具有持久性。

通过对大堂的五个多模态文本的意义以及它们与法官构成的空间意义进行详细的话语分析可知:法庭的空间话语中,内嵌有一套对法官的规训权力体系,是对法官话语权力进行道德约束的文本体现;这五个文本均在概念、人际与语篇意义上对法官形成一定的道德约束,同时从空间配置上构成了对法官话语的权力监督。此外,这五个文本之间在元功能意义上互相促进、互相增强,构成意义连贯的隐性封闭空间文本,对法官构建了牢笼式的空间包围与监督,强化了对法官的道德约束,由此显示了规训权力在空间上的结构化体现,实现对法官角色的"他者化"或非中心化。

(一) 正堂内多种多模态文本与法官的闭合空间关系

正堂内不同方位上的多模态文本与法官形成空间上的语义关系,总体上构成闭合的空间文本。文本1"欺人如欺天,毋自欺也;负民即负国,何忍负之",含有四个小句,第一与第三小句以关系过程的形式,分别赋予"欺人"与"负民"两个行为一定的属性:"欺天"与"负国",由于这两个行为的默认施事人是法官,即此言语的目标受话人是法官,因此两个从句在人际意义上分别实现了对法官的

---

① 县衙大堂、二堂、三堂的内外景图(实地采录)详见附录I,正文中所用图例均为结构化简图。
② 法官端正在大堂审理案件的时候,"举目可见"上面的文字,"以警戒其秉公办事,徇私枉法,天理不容"(刘鹏久,1999)。

"规",昭示了法官枉法的道德与法律后果;而第二与第四小句以特殊小句的形式实现人际意义,体现了对法官的"劝"——别欺诈枉法、别辜负上天。这四个小句中的文字具有特殊的物质载体,用金色书写并雕刻于黑色背景的木板上,使得这些文字规劝具有了金科玉律般的符号身份——庄重、持久。

鉴于楹联文本的目标受众主要是法官,当其端坐于公案之后,目之所及,门柱上的楹联文本正好位于其身体前方两侧,构成了法官与这个文本之间的方向性矢量,符号化地建立起法官对这些小句之间的互动关系。根据史料记载,国家选拔法官的标准之一就是熟读并接受这些官方礼仪与为官之道(包括伦理与程序上的要求),因此,这些条文完全契合法官深层意识层次中关于施政原则的情景模型。当这些文字以显性方式出现,俨然成为刻在法官左右两臂上的戒尺,以空间排列的形式构成了一个人际隐喻,形成了对法官执法的心理约束(见图6.4的箭头所示)。文本1与法官均正面朝向大堂之外,从空间配置的符号意义上讲,既可以把文本1的规劝意义视作法官自我约束的物化外现,也可以发现文本1对法官的规训意义在空间上实现了公开化与示众化,这种空间的权力配置体现了福柯所说的"规训的可视性",从而强化了规训的意义力度,延长了规训过程的进行时状态。当然,这四个小句也体现了人们对"天人合一"的政治思想和"民本"法治理念的尊崇,这些建筑空间的"不同意义"(conflicting meanings)不是我们讨论的重点。规训权力的实施通过约束、纪律等形式来完成,主要功能是"训练"个人,达到"驯顺"其身体,净化其灵魂的目的(福柯,2003:193)。

图6.4 楹联文本与法官所构成的空间人际关系

除了大堂的楹联文本,二堂与三堂的廊柱上也有类似的楹联,体现着相似的规劝功能。二堂门柱上的楹联文本内容为"法行无亲,令行无故;赏疑唯重,罚疑唯轻"(意思是说执行法律时不讲亲疏远近,对疑难案件中的出庭作证者或举报人要加重赏赐,而对疑难不明的案件中的涉案人,处罚要减轻,以免冤枉好人)。这四个小句为祈使性小句,具有强烈的人际功能:极性否定副词"无"与强度副词"唯"均体现出对默认受事者——法官的指令性劝导,而"赏"与"罚"、"重"与"轻"这些语义相反的形容词构成了语义明确的态度韵律,从而实现了对法官的道德规训。三堂廊柱的楹联上也有类似的文本,"得一官不荣,失一官不辱,勿说一官无用,地方全靠县官;吃百姓之饭,穿百姓之衣,勿道百姓可欺,自己也是百姓",上联的第一、二小句"得一官不荣,失一官不辱"为关系小句,将官位的得失[载体]界定为"不荣""不辱"[属性],以实现其人际功能——对法官的道德训诫,而第三与第四小句"勿说一官无用,地方全靠县官"中,则以劝导性功能为主。下联的第一与第二小句也是属性关系小句,"吃"与"穿"[名词化主语,载体]均被定性为"百姓之饭""百姓之衣"[属性],从而实现人际意义上的道德训诫,而在第三与第四小句中,通过归属式关系过程:自己[载体]也是[过程]百姓[属性],实现对法官的"劝"——不可高人一等,不可欺凌百姓。与文本1一样,这些楹联文本在法庭占有同样的空间位置,在法官的前方,其向前的视线构成了与这些文本的互动性联系,实现了国家权力对法官的训诫与权力监控(见黄晓平,2009)。

文本3,公案后上方匾额上的黑底金字"明镜高悬"这一短语含有丰富的规训含义。首先,象形文字"明"由"日"与"月"组成,意指法官应该像日月一样洞明,"镜"取象日月之形,是光明的象征符号,既指涉符号的对象——公正严明的法理(刘艺,2004),又表征一种指涉过程,正如福柯对《宫娥》艺术画中"画布"的符号意义的阐释。如果详细分析文本3的概念意义与其空间分布的符号意义,可以对此得到更清晰的认识。"明镜高悬"是表存在过程的省略小句,其中,"明镜"是存在物,而"高悬"是存在动词,"法官的头顶"是视觉距离构成的环境成分(见图6.5的箭头所表示的矢量关系)。当法官进入大堂内,首先映入眼帘的就是公案之后上方悬挂的这个匾额,当其背对匾额落座时,这个匾额仍然显赫地置于其头顶之上,因此"法官的头顶"自然成了"明镜高悬"的"环境成分",两者构成了句法上的横组合关系。

高悬于法官头顶的"明镜"不仅仅是保证司法公正的理念规则,更是"獬豸神

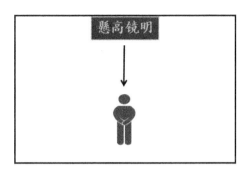

图 6.5　文本 2 与法官构成的空间存在过程图示

判"对于法官执法行为的监督与审判。我国上古时期就有獬豸治狱的传说,据说獬豸为"一角之羊也,性知有罪。皋陶治狱,其罪疑者,令羊触之,有罪则触,无罪则不触",因此"獬豸"又称法兽,象征着天罚,随着时间的推移,神判逐渐转变为"明镜高悬"(徐忠明,2010)。文本 3 与法官之间的空间位置分配,符号性地构建了国家权力话语体系(隐含作者)对法官的言语告知,实现了对法官的"规训":一方面体现出在人际意义上的教化功能,告诫判官要明察秋毫,做一个心有明镜,执法公正的好官;另一方面还实现了对判官心理的威慑和道德的感化、约束。在"权力—空间"思想中,监视的技术能够诱发出权力的效应,因此成为规训权力的常用策略。高悬的匾额及其文本正是权力的眼睛,无形中审视着判官的司法实践,规训着他们进行自我约束、自我反省,以确保司法权力的完善运行。

同理,二堂的匾额文本"思琴堂"与三堂的匾额文本"清、慎、勤"也具有类似的概念与人际意义。"思琴堂"出自《吕氏春秋》的一个典故,说的是孔子的某个弟子担任县令时,身不下堂,弹琴而政安,思琴堂因此就成为称颂县官知人善任、政简刑轻的典故(刘鹏九,1999:15)。由此可见,思琴也具有对法官的规劝意义——以圣人为表率,在司法上实现"无为而治"。"清、慎、勤"均为有关职业品德方面的评价性词汇,出自三国时期司马昭训诫长吏之言,"为官者,当清,当审慎,当勤,修此三者,何患不治乎"(刘鹏九,1999:17)。司马昭的原文中本来含有强烈的人际意义:三个高度级别的能愿动词"当"构成排比,强化了对为官者的道德警示;同时,评价性态度以人际隐喻的形式进入表述层面,"何患不治乎"使这些品德评价词具有极强的规劝意义。即使跨越时间的长河,压缩精简的文本"清、慎、勤"不仅没有消减司马昭原文中的规训意义,反而以其简练、醒目的语言形式(三个单字被恰当地用顿号断开)严格定义了法官的执法标准,凸显了对法官的道德规约;同时文本以特有的物理与空间形式——黑底金字刻在匾额上,且悬挂于法官的头顶,更加强化了其规训含义。正如 Kress 和 van Leeuwen (1996)所言,承载文本的媒介至少在理论层面是可以实现语言的三大元功能的,尽管在社会实践中人们对媒介的选择与所生成的意义受到各自历史或文化的制约……符号的物质载体是很重要的,它构成了"物质指称"(signifier material),是一种重要的符号现象。也就是说,黑底金字使这些文本的原有含义在司法语境中得以自然化(naturalization)与合理化(legitimization),并以匾额文字的形式被长久地固化下来,成为法律文化的重要观念。此外,同文本 3 一样,在空间分布上,这些匾额上的文本都与法官构成了一种方向性矢量,表征出一种处于"进行时"的规训意义。

文本 2,屏风上的彩绘文本"海水朝日图"描述了一个存在过程:一波碧绿的海水[环境成分]之上升起一轮红日[存在者]。Kress 和 van Leeuwen(1996)认为颜色是一种符号资源,可以同时实现概念功能、人际功能与语篇功能。在文本 2 中,青绿色的海水指代自律、克制、公平等符号意义;明亮耀眼的红日喻指具有明鉴能力的法眼;整幅图画寓意水清日明,海晏河清,既体现出唯有自律克制才能实现法律上的明鉴这一道德规则,也体现了只有公正执行法律才能实现人民在生活上的安宁,体现了古代追求"息讼"的终极司法理念。这一规训内涵丰富的文本虽然在空间位置上处于法官身后,但因其体积庞大,在空间占位上取得了信息上的显著性(Kress & van Leeuwen, 1996),在法庭空间中成为新信息。同时"红日"与镜子、眼睛这些法庭文化语境中特殊的符号在外形上的相似性,以及"红日"的光芒指向法庭里所有参与人(主要是法官)从而构成一个方向性矢量,也使整个彩绘文本在空间意义上实现了符号意义的反转,使文本 2 在某种程度上获得了审视及物过程(施事者为红日或整幅图)的主体性地位,而把法官这一传统意义上的生命主体转变为被审视或被照耀的客体(见图 6.6 中的箭头所标示的矢量)。也就是说,文本 2 中特殊的视觉成分(红日)及其在空间排布上的位置显著性使其实现了监督法官的符号功能。

在二堂内相同的空间位置上,即法官公案的后面,有一幅图画文本,为松鹤图,图中有几个物质过程:太阳高挂于天上,普照着大地,仙鹤休闲地在松树下漫步,或围绕松鹤在空中盘旋,一副宁静、悠闲、和谐的景象。鉴于二堂主要是法

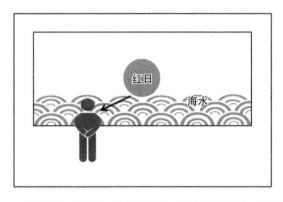

图 6.6　彩绘图与法官的空间位置构成的及物过程与人际意义

官处理民事案件或预审重大刑事案件的地方,也是法官调法息讼的地方,而达到人际和谐是法律的终极目标,这种宁静和谐的文本既是以图画的形式向法官表达一种司法理念——息讼,在人际意义上,也是对法官司法的一种监督与指导。该文本中红日的形象所表达的类似"凝视"的功能,构成了一种面向法官的方向性矢量(见图 6.7,体现了对法官司法行为的审视与监督的人际功能,同前面的海水朝日图一样。

图 6.7　松鹤图对法官的人际规划意义

文本 4 为顶棚上的多模态图像文本,居于正中心的太极图与周围的仙鹤这一视觉图像实现了及物系统中的物质过程:仙鹤[动作者]绕着[动词]太极[域]盘旋[动词]。居于中心的太极图代表着以古人对自然的一种认知规则体系,仙鹤在四周有序地盘旋寓意着祥瑞,也寓指生灵对规则的向心遵从(见图 6.8 中指向中心的四个箭头矢量)。文本4居于法官的头顶正上方,与法官在空间位置上构成了两个方向性向量:自下而上的关系(见图6.8中的点状箭头)表示法官作为个体对规则体系的遵从;自上而下的关系(见图6.8中指向法官的实线箭头)体现了图像文本的意义对法官的指向性,实现了对其的人际规训意义——受制于向心性规则体系。更确切地说,圆形的太极图在功能上也类似于福柯所说的权力的"眼睛",形成自上而下的矢量,实现了对法官的审视和监督。二堂与三堂均没有暖阁,因此没有类似的文本。

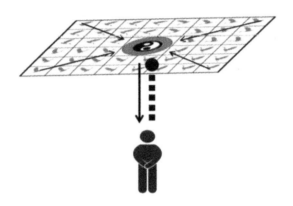

图 6.8　文本 4 与法官所构成的空间人际意义

(二) 堂外建筑物上的多模态文本与法官的空间人际意义

堂外建筑物上铭刻的各种多模态文本也与法官形成类似的空间人际意义。文本5为大堂前面庭院里戒石坊上的文字,"尔俸尔禄,民脂民膏,下民易虐,上天难欺",意思是:你领取的俸禄,都是人民的血汗,尽管你可以粗暴地对待人民,但你却欺骗不了老天(天子)。前两个小句构成了一个关系过程,尔俸尔禄[载体],民脂民膏[属性],而后两个小句则是两个省略主语的物质过程,虐[动作过程]民[目标]、欺[动作过程]天[目标],易[环境成分]难[环境成分],且这两个小句之间形成意义上的转折。这个文本中用第二人称代词"尔"来称呼法官,与法官的对话交际性意味很强,同时此人称代词为表疏远距离的代词,而非表亲近或平等关系的"君",体现了此文本作者的权力身份,即该文本是代表国家权力的符号。从这个意义上说,当法官端坐大堂内,远眺前方戒石坊上的文字,就好似在聆听皇上的训话(见图6.9的方向性矢量),因此,这个文本的空间规训意义也非常显著。

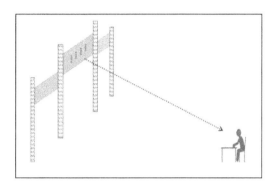

图 6.9　文本 5 与法官构成的空间人际关系

在二堂前面庭院相同位置上,即在法官公案前面正对的屏风上刻的是一副匾额文字,文字为"天理、国法、人情",意思是:审理案件要顺应天理,执行国法,合乎人情。二堂主要是法官处理民事案件或审理小型刑事案件的地方,也是法官调理息讼的地方,法官端坐在二堂公案前的时候,举目可见此匾额,去大堂审理案件的时候,也会路过此处,因此这几个字就成为法官办案的纲领(刘鹏久,1999),也起到了对法官的权力规训作用。而在三堂庭院的屏风上的文字则是"清风政肃",也是勉励与规劝法官要作风清廉。

(三) 多个多模态文本与法官形成的符号人际意义

在多模态语篇中,视觉因素(visual elements)的空间排列构成的布局结构,也表达了丰富的符号意义(Kress & van Leeuwen,1996)。在法庭的空间配置上,以上所说的五个文本不仅在意义上互相照应、互相增强,同时在上下前后几个方位上构成了一个意义连贯的大文本(见图 6.10),将法官围在中间,功能上非常类似于福柯所说的"监狱"(福柯,2003:224),以限制法官活动空间的形式实现了对其权力的有限分配与制衡,将司法体系对法官的规训落实在空间权力的配置上(见图 6.10 中的箭头);此外,因为法庭的内部空间配置完全暴露于室外视野,使得这种牢笼式的权力禁锢取得示众的效果,又从另一层面上体现了空间权力的再生产与固化。

在大堂、二堂与三堂,均存在类似的空间权力建构。图 6.10 是大堂的空间权力图示,其中,门柱上的楹联文本、屏风上的绘画图文本(海水朝日图)、屏风上

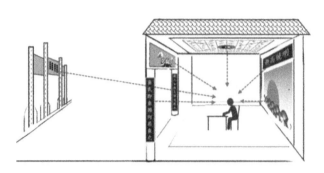

图 6.10　大堂内外的视觉大文本与法官所建构的空间人际意义

方的匾额义本(明镜高悬)、顶棚的图画文本(太极图)与大堂庭院戒石坊上的文字,它们各自与法官构成空间模态上的各种及物性关系(见箭头所示),体现一定的人际规训意义,同时,由于在语域或体裁上的一致性,即主题上都是针对法官言行的司法劝诫语篇,其在空间上构建了一个无形的宏观立体空间文本。虽然在这些文本之间存在客观上的间隔,但在此空间文本内部,语言风格、语域乃至整体言语行为意义上的一致性使得这些图、文、色等符号资源之间达到了"模态衔接"(multimodal cohesion)(van Leeuwen, 2005),体现了意义的一致性。同时语篇排布上又错落有序,在空间上与法官构建了一种符号意义上的存在关系,将法官包围于其中,法官被置于其中,时刻受到隐藏于这些文本之后的隐形作者的规训,但同时又极易淡化这些权威话语作者的存在。这些文本中使用的颜色、图画等多模态资源对于人感官认知的无形刺激与吸引,使得法官会从空间与视觉上对其给予不同程度的感知性参与,从而无形中忽略训诫话语的权威性来源,并将这些文本视为日常司法行为与言语交际的必要构成成分,非常成功地实现了规训功能,充分体现了福柯所说的规训权力的隐蔽性,也体现了我国古代哲学中所崇尚的"太上,不知有之"的治理境界。

以上研究只对多模态文本内容体现的针对法官的人际规训意义和这些多模态文本与法官所建构的空间人际意义进行了分析,充分揭示并印证了我国传统司法文化中的"德治"特点(张晋藩,1999)。但是,以上研究并没有充分考虑法官对这些人际规训话语的互动,为弥补这一不足,同时也为分析法庭多模态交际场景中,由多重符号资源建构的社会实践行为——隐身作者对法官的训诫言语行为的"言后行为",即此训诫言语之后法官的反馈性言语行为,特考察法官在审理法庭案件中的多模态言语反馈。当然,这种言语行为的对话性反馈,并不是日常意义上的即时言语反馈,而是在巴赫金对话性(Bakhtin,1981)意义上的可跨越时间的一种言语回应。

五、法官对隐身权威人角色规训言语的接受性言语反馈

为佐证古代法庭中隐身权威人以规训权力对法官话语权力的制约,本文对内乡县衙官网上的一则模拟古代庭审的动态视频进行话语分析。此法官审理案件的视频是根据社会历史学家关于古代法庭言语的考证结果而编写并演绎的,用以还原法官在县衙大堂内的审案实践行为,虽然这不是最理想的语料,但因其是经官方确认的"活动着"的文化遗产,可以看作一种有效的语料。况且,关于建筑空间的动态场景再现使得后人对建筑空间的体验能以跨越时间维度的方式,实现对历史建筑的空间回望,使得建筑物不仅仅是物理存在,而以"构念空间"或"体验空间"的形式真正作为人类文化遗产,具有了永恒的生命力(Markus & Cameron,2002)。

(一) 县衙审判活动的符号化描述

本研究将法官在县衙上进行审判活动视为多模态交际。首先,对古代法庭的多模态交际进行一个简单的符号化描写(见 van Leeuwen,2005),如下。

人物:法庭交际中的参与人有法官、其他参与人(律师、被告人等)与隐身的统治者。

活动:法庭里有两个主要的活动在同时开展,一个活动是法官主持审理案件,律师等其他参与人按照次序回答问题,而同时进行的另一个社会活动是隐身权威人针对法官的规劝性训诫活动。

方式:第一个活动主要以语言或言语行为进行,同时使用一些其他非语言符号(如物品、图画等),第二个活动主要以静态、无声的方式进行交流。

时间:第一个活动有特定的时间点,是非连续的,而第二个活动基本上依附于第一个活动的时间开展。

地点:在衙门建筑内,该建筑按照礼仪规定而设立,对室内外陈设、座次等都有特定的规定;在这些活动中,法官一般都在法庭的公案后落座,而且一般保持端坐的姿势。

资源:第一个活动主要以有声语言为主要资源,而第二个活动以书面语言、

绘画、彩绘等多种资源为主。

出场方式：法官需按照规定穿官服（公服），而其他参与人只需要按照日常生活中的衣着出现，隐身统治者不以具体人物出现。

本节主要关注第二个社会活动，即隐身权威人以各种静态符号资源向法官执行训诫活动。

（二）法官对权力话语的动态回应

内乡县衙官网上的场景演示视频"县衙廉政文化"（内乡县人民检察院，2013）①时长 56 秒，通过一系列非言语符号资源，如法官的肢体动作、面部表情和对法堂内外陈设的特写镜头，描述了法官在面对巨大贿赂的诱惑时，在法庭空间中匾额的"规训"作用下，坚持正义司法的故事。毋庸置疑，该视频的目的旨在再现、展示并传播内乡县衙所代表的古代司法内涵和廉政思想，在这一实践活动中，由不同多模态文本所建构的法庭空间权力起到很大的作用。换句话说，对于隐身作者的训诫性言语行为，法官所给的回应是常规的或"优先"回应（preferred response），即接受言语行为。

借助多模态文本标注软件 ELAN 6.1（2021）对视频进行标注，对交际中的符号资源（如语言、声音、面部表情和手势等）进行转写（背景音乐不在本文研究范围之内），只标注了法官判决的相关片段约 24.8 秒（从 6.2 秒至 31 秒）。视频的前 6 秒，镜头主要从县衙的大门开始，移到仪门，然后是戒石坊朝北的文字"公生明"，然后是县衙大堂的正面外景，"内乡县衙"的匾额，光线比较明亮，描述的是从外进入大堂的路线与沿线所见的标识不同空间的文本，也简要介绍了大堂上法官审理案件这一交际行为的语境因素——地点与时间。本文将视频数据中的非言语模态分为四种，分别是肢体动作、面部表情、目光、内心独白，按照法官、师爷与被告人三个参与人共分 7 个层面对整个庭审交际进行标注与转写。

1. 阶段性互动

首先，按照社会符号学关于文本体裁的界定（van Leeuwen，2005），这个模拟视频描述的庭审交际主要是法庭判决部分，法官的动作——举起公案上的红头签（古代法庭用于判决惩罚罪犯的刑签）是可识别的标志性动作，因这一动作

---

① 详见网址 v.youku.com/v_show/id-XNjc5NDQxNjA4.html?spm = a2hoc.8166622.PhoneSokullgc_3.dscreenshot（2022.6.2）

经常与法官的判决言语联系在一起,成为法庭判决阶段的构成性言语行为。在法庭判决这一阶段中,可以根据不同的言语行为将其分为若干个子阶段,阶段间的过渡可从表达层面或内容层面的变化得到提示(Baldry & Thibault,2006)。根据动态文本内容层面视觉情景或图像的变化,将该视频分为三个子阶段,分别是法官欲举红头签惩罚鱼肉乡民的被告人、师爷三次阻止与法官三次反应,以及法官最终在规劝性言语的说服下,依法惩罚被告人,如表6.1所示。

表6.1 法庭判决阶段中三个子阶段的基本交际活动

阶段	时长(秒)	主要交际活动
(1)	2.4(6.280—8.686)	公堂之上,法官准备对作恶的被告人作出判决
(2)	17.5(8.687—26.201)	师爷三次提醒法官注意被告人备好的贿赂,法官在训诫言语与诱惑之间进行思想斗争
(3)	4.8(26.202—31.000)	法官最终严惩了讼师与被告人,维护了司法正义

第(1)阶段中,法官欲行判决却被师爷打断,见下文对两帧画面的分析(表6.2)。画面1属于及物性图像叙事,被告人投向师爷的视线、指向法官的拇指构成矢量,其中,拇指指向法官这一指示性手势具有人际意义,表明被告人欲用贿赂来扭转判决的承诺。图像1由一个及物反应过程和一个及物动作过程构成:被告人[反应者]余光瞥向[过程]师爷[现象];被告人[动作者]又竖起拇指指向[过程]法官[目标]。这两个过程均由两个参与者构成。

画面2的再现意义由两个动作过程实现:法官[动作者]正要掷出[过程]红头签[目标];同时,师爷[动作者]伸手拉扯[过程]法官的胳膊[目标]。法官手中的红头签和被告形成方向性矢量,表明法官预备对其进行判决,而师爷迅速伸出双手的动作预示着这一司法实践被阻碍。

表6.2 阶段(1)的社会交际活动

序号	时间(秒)	图像	模态资源	元功能
1	6.600		转身,目视法官与师爷;举起左手,大拇指做数钱的姿势状	人际功能:被告人向法官许诺行贿

(续表)

序号	时间(秒)	图像	模态资源	元功能
2	8.610		法官高举红头签；师爷双手伸向法官,面朝法官	人际功能：法官要宣布裁定，但师爷却劝阻

遇到阻挠言语行为之后，法官如何进行言语反馈？对被告人的承诺言语进行反馈，还是对隐身权威的规劝言语进行反馈？

2. 接受性言语反馈

第（2）阶段中，法官与师爷使用了一系列符号资源（见表6.3、表6.4、表6.5），表达了法官在金钱诱惑与法庭的规劝言语行为两种声音之间的行为反应，随着视频镜头的变化，法庭空间的隐身作者也进入了交际。根据此阶段法官被劝阻判决的次数，可将其分为三个小阶段，用数字标示为（A）、（B）与（C），详细的转写见附录Ⅲ"对阶段（2）中法官审判活动的视频转写（样本）"。

表6.3、表6.4与表6.5中简要介绍法官与师爷、法官与法庭的隐身作者（权力作者）在此阶段的互动过程，其中左侧一栏为师爷的多模态言语——以多种手段阻止法官的判决，而中间一栏为法官相应的多模态言语反馈，右侧一栏为法庭空间中的隐身作者，下表中分别列出了他们的多模态言语行为的构成性模态资源与其相应的交际意义，两栏中间的箭头表示这些多模态行为之间的互动关系。

如表6.3所示，全景画面中，师爷以手势提示法官停止对被告人的判决，且画面中法官右手上突然出现了一锭白银，很大很醒目。接着，镜头移动，聚焦于法官，法官处于镜头的前景位置，而匾额"明镜高悬"处于背景一角：法官[反应者]面色犹豫，抬头凝视[过程]后方的匾额"明镜高悬"[现象]。在这一及物反应过程中，矢量由法官投向匾额的目光构成，代表了法官对头顶匾额的信息索取。Baldry和Thibault（2006）提出，动态语篇中视觉元素的信息值高低不仅依靠其构图特征（中心—边缘、上—下、左—右），还取决于其是否为画面焦点，或是否逐渐得到视觉凸显。接下来镜头推移，处于非显著位置的匾额逐渐占据整幅画面，匾额文本"明镜高悬"更加清晰，保持长达2.139秒的特写镜头，从而成为焦点信息,符号化地体现了法官对空间话语的聆听,也体现了匾额所代表的隐身作者开启规训的言语过程,与法官进入了符号交际。之后,法官[动作者]再次举起[过程]红头签[目标],表明了法官选择了听从规训的声音,决定选择维持原判,这也正验证了权力的眼睛——高悬头顶的"明镜"对法官审判行为的劝服和约束的言后作用。

表 6.3 法官与师爷、权力的隐身作者在第(2A)阶段的多模态言语互动简写

		(2A)阶段中师爷第一次劝阻法官所引发的互动				
		师爷	互动关系	法官	互动关系	隐身作者
资源	镜头	大堂内全景	→	全景变聚焦	→	背景变特写
	手势	右手托在法官腹部,左手做摇摆状	→	法官朝公案后方扭头,表情凝重	→	明镜高悬匾额处于背景
	其他	一锭白银的图像出现在法官右手之上		法官举起红头签	←	"明镜高悬"匾额以特写镜头出现,长达2.139秒
交际行为		阻止法官扔红头签,偷偷提醒他注意贿金	单向	法官凝视匾额,思考、聆听其训诫性话语	双向互动	权力作者出现,进入交际
		师爷以贿金阻挡法官裁定	单向	法官顺应性反馈,依法执行判决	双向互动	权力作者以进行时方式进行权力训话

接着,讼师继续强调贿赂并阻挠法官宣判,画面中的动作过程体现了其交际目的:讼师[动作者]拉住[过程]法官手臂[目标],并再次对法官摆[过程]手[目标],同时被告的丰厚贿赂(令子、美人)相继呈现在画面左侧,接下来的镜头描述了法官的多模态反应。在(2B)阶段中,法官处于公案的右前侧,低头思考,面色凝重,做思考状,而随后的镜头切换显示了其思考的内容。镜头将二堂前的匾额"天理国法人情"给予特写,由此符号化地显示了这一心理过程:法官[感觉者]想起了二堂对面的匾额"天理国法人情"[现象]。同理,在(2C)阶段中,对匾额"政肃风清"的特写镜头也同样建构了法官的一个心理过程:法官[感觉者]想起了三堂对面的匾额"政肃风清"[现象]。

在 Kress 和 Van Leeuwen（1996，2006）的视觉语法中，言语过程和心理过程中的矢量通常由参与者和对话泡、思维泡连接而成，而在视频语篇中，心理过程中的矢量关系则由渐变推进的镜头切换呈现，镜头在线性推进过程中对人物沉思状的持久、连续特写与对随后出现的物体或人物的聚焦表征了法官对"规训性"匾额的信息索取，象征了法官认可法庭空间隐身作者（权力作者）的存在，并与之进行心理层面的互动。表 6.4 与表 6.5 中，当画面由全景移到聚焦法官身上时，他眉头紧皱，低头沉思，随之镜头将其图像变虚化，法官的显著性降低，镜头推移，使得匾额"天理国法人情"和匾额"政肃风清"逐渐成为图像的中心焦点，匾额内容得到凸显而成为新信息，并且对其分别进行了 2.009 秒、3.176 秒的长时间镜头特写，符号化地表达了法官对这些训诫言语的注意以及在心理层面与其所进行的互动交际（见表 6.4、表 6.5）。

表 6.4　法官与师爷、权力的隐身作者在第（2B）阶段的多模态言语互动简写

(2B)阶段师爷第二次劝阻法官

		师爷	互动关系	法官	互动关系	隐身作者（权力作者）
资源	镜头	大堂内全景	→ 单向	特写：聚焦、放大	→	
	手势	右手托在法官腹部，左手做摇摆状		法官在公案前方低头	单向	公案后的绘画文本处于背景位置
	其他	一座闪光的红色宫殿图像出现在法官右手之上		法官的图像变得虚化	←	"天理国法人情"匾额以特写镜头出现，时长 2.0 秒
语义		阻止法官扔红头签，再次偷偷提醒他注意贿金		法官心中回想训诫性文字话语，将要进行顺应性反馈	↔	隐身作者由背景进入前台，进入交际
交际行为		师爷以贿金阻挡法官的裁定		法官仔细聆听大堂上无声的训诫言语行为的意思，再欲依法裁判	↔	隐身作者进行言语规劝

第六章 物化的隐身权威人意识

表 6.5 法官与师爷、权力的隐身作者在第(2C)阶段的多模态言语互动简写

		师爷	互动关系	法官	互动关系	隐身作者(权力作者)
(2B)阶段师爷第三次劝阻法官							
资源	镜头	大堂内全景	→	全景变聚焦	→	背景、特写、放大
	手势	右手托在法官腹部，左手做摇摆状	单向	法官在公案左前方低头；手捻着胡子；眉头紧锁	⤏	公案后的绘画文本处于背景位置
	其他	美女图像出现在法官右手上	单向	形象变得虚化	←	"清风肃政"匾额以特写镜头出现，时长 3.716 秒
语义		阻止法官扔红头签，再次偷偷提醒他美色在旁		法官心中再次回想训诫性文字话语	↔	隐身作者进入交际中
交际行为		师爷以色诱阻挡法官的裁定		法官想起大堂上诸多无声的训诫言语，依法执行裁判		隐身作者发表训诫言语

随着法官对规训权力话语的深度回应，法官以多模态行为"拒绝师爷的劝阻、惩罚师爷"来体现他对"劝诫"言语的回应，从而构成了权力隐身作者的"劝诫"言语与法官的肯定性言语回应这一对互动。

在视频的第(3)阶段，两个典型的图像显示了法官对隐身权威人规训话语的肯定性反馈动作：法官[动作者]重重拍下[过程]惊堂木[目标]，师爷[动作者]吓[过程]得跌倒在地[环境成分]，见表 6.6。惊堂木是古代法官用来震慑犯人严肃法堂纪律的工具，拍下惊堂木这一及物性叙事图像符号化地体现了法官对"训诫"声音的动作性回应——拒绝贿赂，廉洁奉公。

表 6.6 第(3)阶段中法官对"训诫"言语的动作回应

序号	时间(秒)	图像	模态资源	元功能
1	27.770		举起胳膊、拍下惊堂木	人际功能：法官惩治师爷的行贿与劝阻行为

（续表）

序号	时间(秒)	图像	模态资源	元功能
2	29.000		师爷表情惊恐、身体后退、倒下	人际功能：法官惩罚了不法行为

总而言之，面对贿赂的诱惑和师爷的阻挠，法官最终听从了身周匾额、绘图等多媒体文本所代表的"道德凝视"的规训言语，并以实际行动对其进行了肯定的言语反馈，保持了自身廉洁性，维持了司法正义。

以上对模拟庭审判决阶段的多模态话语所进行的符号化分析足以证明：古代法庭中的法庭空间以物化形式所建构的道德规训内涵，是隐身权威人所实施的规训权力的空间表达，这也从一定程度上证实了福柯"权力—空间"学说中的观点：权力创造空间，而空间塑造人的思想，规训人的行为。

本节主要以内乡县衙为例，以福柯的权力—空间学说为阐释框架，运用社会符号学的多模态话语分析深度描写了古代法庭空间的符号意义，揭示了隐身权威人角色意识在法庭空间话语中所实施的规训权力话语。在第六章第一节中，通过对内乡县衙的主体建筑大堂、二堂与三堂的内外部建筑空间进行分析，探讨了其中所体现的一种权力话语体系：法官身周的匾额文本、绘画文本与石刻文本所承载的训诫性话语，以及它们所构建的一种连贯的训诫性语篇构成了一种对法官的强势规训话语，实现了福柯所说的"全景敞视监狱"对于人的规训与监督。在第六章第一节中对内乡县衙官网的一则模拟法官审案的视频进行多模态话语分析，则发现：当法官在审理案件的过程中，面对诱惑时，他与法庭空间所承载或内嵌的隐身权威人所实施的"规训"声音之间在心理层面开展言语互动，会促使他对各种诱惑进行抵制，进行有效的案件审理，从而以实际行动的方式对法庭空间的隐身权力作者的训诫话语提供言语回应，从而构建了法庭语境下符号交际层面的"规训"与"肯定回应"言语交际，正如福柯所言，权力话语构建了空间，而权力的空间又以驯服人思想的方法，实现对人的教化。

空间是权力的象征，是权力运作的物质形式。法庭的空间布局以物化的形式，客观地表征相应的法治文化。通过对古代县衙的空间话语进行分析，本节讨论了司法话语中的规训权力在空间上的结构配置和对法官的制约作用,揭示了法官的权力并非绝对权力,而是一种受限制的权力,从一定程度上解构了"法官是庭审话语的中心"这一观点,为我们理解我国的庭审话语,尤其是古代庭审话语提供了不同的素材或思路。当然,本节所说的空间配置对权力的限制,也同样适用于庭审的其他参与人,但从相关文本的分析可知,其对有限空间的结构化主要以司法人员为主。

限于篇幅,本节仅对法庭主要建筑物的空间话语进行了分析,尚没有考虑法庭内外其他装饰物或空间的符号意义;如何考察法庭空间的历史变迁以及它与当代法庭的联系与区别,这是本研究尚待解决的问题。

第二节 隐身权威人角色意识的服饰符号化①

本节讨论法庭仪式中法官服的多重符号意义,揭示司法文化语境下法官服饰这一亚文化体系的句法与词汇规则,从而探讨隐身权威人对我国法官通过服饰符号建构自我形象的影响,分析法官对自我角色的适应性,以及法官形象的演变中所体现的对隐身权威人角色意识的动态适应,更具体地说,是对我国司法文化——司法审判的继承与发扬。

一、问题的提出

对法官服进行符号学分析源自两方面的问题。首先,尽管学界对服饰符号的形式结构研究进行了广泛而深入的探讨,但对服饰符号系统的认知仍然是一个值得挖掘的资源宝库。其次,国内外对法官服与司法文化之关系的研究中,提供了非常有益的观点但也提出了需要讨论的问题。

关于服饰符号的形式、结构与功能,现存文献中有很多理论探讨,但仍有很大可开发的空间。服饰(clothing)之于人的重要性远比我们想象的要复杂。服饰对于人类社会的意义,并非简单的御寒、保护机体健康这么简单实用的功能,

---

① 本文的部分内容见拙文《从法官服饰的视觉对比分析论法治理念的变迁》,载于《语言与法律研究》2022年第1期。

它是个人与社会之间的中介地带，它使得我们能从蒙昧状态中渐渐走入文明状态。正如圣经记载，当亚当与夏娃偷吃了禁果，获得了世俗知识的启蒙之后，他们懂得了羞耻，改变了裸体状态，用服饰等资源来掩盖自己的羞耻。在群居生活中，服饰使得人们可以表达自己对自我、对他人以及对社会的认知、理解与评价，建构我们期待建立的各种人际关系，因此，穿衣更是一种社会行为（见 Ash，2010；Entwistle，2001 等）。因此，服饰是人们在社会实践中不得不使用的社会符号资源。

服饰首先是一个符号体系，具有与语言符号类似的特征。巴尔特（Barthe，1967，1990）系统地讨论过服饰符号的体系性，明确指出服饰是一种符号，其能指、所指之间的关系基本符合任意性规则，决定所指意义的是符号之间的相互关系，此外，能指与所指之间的意义联系，依赖于服饰符号使用人的意图；另外，同语言体系一样，服饰符号也具有历时性与共时性原则，服饰符号体系（clothing）就相当于索绪尔所说的语言体系，按照语言（langue）与言语（parole）的划分，可分为较为抽象的服饰（costume），与较为具体的、实践中使用的服装或装束（dress），而某一具体群体或个人所使用的实例化的衣服符号可称为衣着（garment）。同时，服饰符号也具有风格的差异。此外，服饰符号具有时间与空间维度。服饰符号的时间性分日历时间、季节时间、早晚时间、流行时间等，服饰的空间维度包括区域性、场合性等。尽管巴尔特讨论服饰符号体系的主要目的，是建立并探讨符号学（semiology）的本质与体系，但其研究使得我们认知到服饰符号的体系性与符号体系的复杂性，同时，也揭示了研究服饰符号体系的元功能意义——了解符号意义的本质。

除巴尔特以外，其他符号学家，比如语言学家列维斯特劳斯（Levi-Strauss）、艾科（Eco）等都普遍用服饰符号体系来类比语言体系，并以服饰体系为参照，来讨论包括语言体系在内的交际体系的结构性与系统性，哲学家洛特曼（Lotman）、维特根斯坦（Witggenstein）、格雷玛斯（Greimas）、庞蒂（Ponty）等都曾用服饰符号来讨论或阐述意义的本质（Carter，2003；Entwistle，2001）。由此可见，服饰符号体系本质上是一种系统的符号交际体系，也是一种认知工具。

服饰符号的认知功能体现于以下几个方面：第一，人与社会的关系。第二，人与自我的关系。第三，人与社会的互动关系。

第一，服饰符号的使用体现了人与社会之间的权力关系。人们穿衣都有一定的规约性,什么场合穿什么样风格的衣服,包括其质地、颜色、款式、时间等,都有一定的礼仪规范。大众服饰是社会成员约定的服饰形式,代表了社会成员对普通穿衣方式与内容的认同,而特定场合下,特定人员需穿戴规定的服装,即工作服或制服,也是一种社会约定。一定意义而言,这就是福柯(2003)所说的权力控制关系,通过控制人们的身体,权力话语体系实现对人的思想、行为的控制,进而实现对人的整体控制。当人们穿上校服、囚服、工作服或其他制服,通过衣着这一形体行为,我们向外界与自我表示了我们对社会规约的一种认可与服从,尽管我们在内心中对社会规约的认同不一定像外表体现得这么明显,或与之有一定的偏差(McVeigh,2000；Buckridge,2004；Ash,2010)。

当然,人与社会之间的关系,并非简单的控制关系。正如 Entwistle(2001)所言,人们对于服饰的这一符号资源,也并非单向的被动地接受控制,而是在懂得、遵守外在规约的基础上,在其语境限制下,积极利用服饰符号资源,与外界进行意义交流,进行相应的社会实践,这充分体现了衣着打扮是基于体验的身体行为实践(Entwistle,2001)。相比男性而言,女性着装有一定的规范,一般要求突出腰部的曲线,衣着大方、得体,体现其性别特征。在穆斯林地区,女性外出需要佩戴面纱,而在我国古代,女性不得在公开场合暴露脚,这些都体现了社会规约对女性的束缚与控制。但是,在此规约之下,女性仍然会策略性地运用穿衣的行为,与外界进行交际,在比较安全、富有竞争性的场景中,如职场,女性会尽量衣着华丽,以吸引他人的注意,从而获得更多的竞争优势,而在僻静的夜间小路上,女性会尽量衣着朴素、保守,以弱化自己在这些场合的存在性,从而降低潜在的性骚扰、性侵犯等威胁。表现在服装的风格上,人们会大胆利用着装风格的创新来挑战社会秩序,或试图改变现存的权力秩序,或体现自己对权力话语的背离或距离(Entwistle,2001；van Leeuwen,2005)。这就是社会行为人对服饰符号资源的积极使用。

第二,着装体现了人与自我之间的互动关系。人们对自我的认识,是通过身体(着装)在外界环境与社会实践中各种时空维度上的多种动与静的活动,才不断认识到自己的特点、自我的界限与自我的角色的,而且这种认识是随着时间不断变化的。早期的服饰符号具有保暖、安全的功能,但大多数的服饰选择还是与宗教意识以及对超自然现象的崇拜联系在一起的。比如,黑色衣服一般是用于祭奠亡灵的,因为黑色表达了个体的消亡,以及个体消亡后其主体弱化为"无"的状态。随着社会的进步,人类的认知取得了进展,但着装与古老仪式的联系仍然以新的形式保留在服饰文化中,也就是说过去的服饰符号造就了今天的服饰符号。在传统的文化语境中,黑色总具有一种具体但又跨越时间限制的功能,此意义镌刻在符号体系中,虽然各种符号体系在外形上各不相同,但在其语素形式上却具有恒久性,从而以某种形式留存在社会语境中,就像神话一样(Greimas,1989)。符号学家 Levi-Strauss(1963)指出,脸上的文身是一种符号,是人们建构社会身份、人类尊严与精神寄托的一种手段,毛利人脸上的文身就具有双重意义:既指人生物意义上的身体,也指其应担任的社会角色。正是这种在身体与脸上的不同装束所构成的对比差异,才建构了身体所代表的实际自我与文化自我之间的关联(Calefato, 2004)。也正是在这个意义上说,身体的写作过程就是个人在社会生活中实现自我价值的过程。

第三,着装的符号过程体现了人与他人、社会的互动。服饰符号体系并非孤立的体系,它是与社会联系在一起的。一方面,人们的着装是社会生活的产物,着装的所指意义是一种社会表意过程,表达了性别、年龄、职业、身份等特定意义。同时,着装也是一种意义交流工具,通过对服装符号的风格、造型、颜色、搭配等语符方面的选择、创新与调整,人们可以表达自己对社会实践与自我的态度、价值评判、情感、主张等,向社会传递交际信息,通过大众媒体的中介作用,最终促成社会实践行为的改善或变化。服饰符号与语言符号一样,帮助人们建构群体关系,通过同样的衣着方式与选择,建构具有同样文化传统的社群,从而与其他社群形成明显的区别(Bogatyrëv, 1971),我国不同的少数民族都具有各自不同的民族服装。在服饰符号与社会之间的互动这一方面,流行服饰的产生与发展就是一个很好的例证。流行服饰最初形式大多来自对大众服饰的背离、批判或创新,或已经过时的服饰的重新利用,而当这些新服饰的理念逐渐被大众理解、接受或认可之后,流行服饰就融入了大众服饰体系中,其流行元素逐渐被吸收,并引领大众服饰向前发展,开始了流行服饰下一轮的创新过程。

正因为服饰符号系统具有社会性与符号性的功能,人们在小说、影视、摄影、传媒、哲学等各类文学、艺术、社科领域,比如电影《花样年华》,充分利用服饰的符号体系或部分服饰词汇造就"身体写作",从而进行文学与艺术探索。总之,服饰是一种符号体系,既是一种表意资源,更是一种社会交际资源,是我们建构人际关系、实现社会沟通的一种重要手段。同时,服饰符号体系也存在其内在的结构,换言之,服饰符号体系同语言体系一样,具有韩礼德所说的三大元功能。正因如此,在梳理各流派对服饰符号的研究范式之后,Calefato(2004)指出服饰符号同语言符号一样,具有层级性特征与内在结构,同时也具有社会符号性特征(能不断地在各种体裁下用于生产或再生产),并采用社会符号学的方法,尝试性地对服饰符号体系做结构体系描写,指出其风格与语篇特征,以及其与鞋帽、场地、技术等其他符号体系之间的语篇互文关系,从而开创了对服饰符号进行话语分析的可能性。

最为重要的是,服饰将生物意义上的个人(身体)与主观意识层面的自我以及社会联系了起来,使人得以融入社会,服饰符号体系也是一种重要的认知工具,是我们认知自我、主体性、他者的一个桥梁(Barthe,1990),但对于服饰符号这一种认知对象,我们知之甚少。正如Calefato(2004)所说,我们对服饰符号的认知,并不一定是完完整整、彻彻底底的,服饰符号系统对我们来说,是"哈姆雷特式的云雾",变幻莫测呢,还是一个已经全然清楚的体系,目前为止我们仍然没有确定的答案。维特根斯坦也指出,语言包裹着思想,从思想的包装外形我们无法得知其内在思想的形式,因为包装是由另一种材质符号建构的,使得我们很难识别其实体(Wittgenstein,1922)。这里所说的"语言"并非限于语言体系,而指的是所有的表意符号体系。

国内对法官服所蕴含的司法文化与法治理念变迁的研究,如张建伟(2017)、秦启迪(2016)、蔡江(2011)等,涉及社会学、文化学、人类学、符号学等多个视角,围绕我国"司法外衣"的文化渊源以及当代法官服——法袍("舶来品")在司法文化、社会认同等方面的本土兼容等核心议题,充分凸显了法官服在法律文化构建与传播方面的重要性。对外法治话语传播的重要内容之一是司法文化的阐释与再解释(廖成忠,2004;李永源,2007),鉴于现有研究尚没有充分挖掘法官服的形式结构并探讨法官在法官服意义生成中的主体地位,本文拟对法官服的视觉语法规则进行定性分析与历时对比,探析法官服的衍变所体现的法官角色的转变、对我国传统司法文化与法治理念的传承与创新,为对外法治话语传播如何建构"融通中外"的概念提供一些建议(张法连,2021)。

法官的服饰也是隐身权威人对法官实施话语控制的重要手段,本节主要从人们对权力话语的主动应对这一方面来解析法官服饰符号的意义,认为法官对服饰符号的选择是其对自我形象进行塑造的符号资源,体现了法官在隐身权威人角色的限制下对自我角色和法庭话语语境及文化语境的积极适应。根据社会符号学的理论(van Leeuwen,2005),人们使用不同类型的社会符号资源来实现一定的社会活动,法官使用服饰符号资源是一种表意行为,表达他们在法庭语境中的角色,法官服符号资源的使用是一种主动的言说行为或角色实施行为。

本文将法官服视为体现司法正义的重要视觉资源,是法官有意识地利用衣着资源参与审判活动、进行身份建构与法治理念传播的动态组成部分(见 Ash,2010;Entwistle,2001;佟金玲,2011;易军,2008;等),"法官服"指法官的衣着,即衣(服装,包括服饰)与冠(帽)以及使用法官服的特定场所——法庭,因为法官行使审判权,必须身着制服在法庭开展其审判行为[参见 Calefato(2004)对服装互文文本的观点;佟金玲(2011)对"司法仪式"的表述;Scollon 和 Scollon(2003)对地理符号学的观点]。行文中采用了"衣着""着装""服装符号"等不同术语,均指法官服的动态使用意义,而非孤立、静止、脱离语境的法官服。本文中的"法官"泛指我国现代法治社会中职业化的法官群体与古代兼有审判职责的官员,尽管古代(秦统一至清末)传统法制体系下大部分基层官员的职责是行政与司法合一(见秦启迪,2016)。

本研究的主要目的是从法官服饰符号的结构与意义,讨论法官在隐身权威人角色限制下对自我形象的主动建构,探讨法官对法律文化的适应性反馈,包括对传统法律文化理念的继承与变革。具体研究问题是:法官服饰使用哪些服饰词汇?法官的服饰具有什么语法结构?此语法结构体现何种言说行为?法官的服饰符号的风格变化体现了其角色内涵的何种变化?

本节将采集法官服符号的历时语料来进行对比分析,探讨它们在视觉语法上所体现的语法与语义特征,从而探讨法官服饰形式的衍变中法官的主体性,即法官对其角色的适应性,以及法官服饰符号所体现的法官角色由宗教仪式化向世俗化的转变过程。

下面,先简要综述法官服的结构、功能与语境,然后再深入探讨古今法官服饰的语法与语义规则,探讨法官在法庭语境下通过服饰符号资源对自我角色的言说功能,分析其体现的法官的主体性以及法官对法庭文化中隐身权威人角色的适应性回应。

二、法官服的结构、功能与语境

本节简要介绍法官服的形式、结构与功能,论述法官服产生的文化语境。

(一) 法官服的结构与功能

法庭上专职人员的服饰符号,包括法官、律师、书记员等的服饰装束,是法庭仪式的重要构成部分,是体现法庭审判庄严性、神圣性的重要符号手段,这是庭审人员服饰符号的概念功能。同时,法官与律师的衣着方式也体现其对法庭上自我角色的认知定位,以及他们与其他参与人员之间相对角色关系的定位(参见 Isani,2006;Watt,2013;蔡江,2011;吴志伟,2012;秦启迪,2016)。从互动符号学意义上讲,当穿上法庭专用的服饰,进入法庭场地时,法官、律师等不仅仅在扮演角色(role-taking),同时,也在主动地"演绎"(role-playing)自己当下对庭审角色的感受与认知(McVeigh,2000),是法官主体性的一种体现。

法庭人员的服饰符号具有历时维度,从中外来看,最初的审判意识均带有神判的色彩,通常由宗教人士来代替上帝来执行审判,服饰符号很好地记录了这一意义。英美国家中法官审判时常佩戴的假发、法袍,就来源于古代的宗教审判意识,当然,这些服饰也具有符号意义,通过服饰将法官的形象陌生化、神秘化,将法官作为普通人的主体性——主要是感性特征——隐匿起来,以建构法官的理性特征(Watt,2013),这与 Levi-Strauss(1963)所说的文身的功能是一样的。进入民主社会之后,法官服饰逐渐发生了一些变化,脱离了宗教意义上的符号性,而世俗的权力意识得到了增强,这从学者对绘画中法官形象的历时分析得到了佐证(Coleman,2016)。

我国的法官服饰也具有同样的符号功能。最早的审判就具有神判的功能,中国最早的法官皋陶就利用神兽,来进行审判。在中国古代历朝历代的法官服饰中,均保留了神兽这一标志性词素(秦启迪,2016),这与西方法官服饰的发展趋势基本一致。但在 20 世纪初,五四运动以后的变革中,法官服便彻底丢弃了传统法官服的特色元素。新中国成立后法官服饰经历了系列变化,从最初全民通用、体现全民平等的大众服装——中山装,到现在法官专用的法袍,法官服饰的衍变表现了法律文化的变迁(蔡江,2011),体现了近代我国对法官角色与法律文化的定位。从西方服饰符号系统中借来的词汇"法袍",从一个视角体现了我国对法官角色的定位：向英美法体系学习，法官的角色更趋于西方法官的职业性。下文将深入分析法官服饰的文化语境，探讨法官服饰符号的人际意义——法官服饰对法官角色的言说行为（articulating），从其言说的内容与风格来讨论法官对其角色的主观性适用与变革。

（二）法官服的文化语境

法官服的建构受到传统法文化理念的影响，集中体现于汉字"法"意义中的神圣性与对"公平"表述的模糊性。

"法"这个词集中体现了国人对于法律的认知：神圣化与模糊性。从词源学上看，它是一个会意字，起源于古代汉字"灋"，其意义通过三个词素组合而成："氵"表示水，"廌"指解廌（獬豸），一种会断案的灵兽，"去"意为惩罚坏人，如图6.11对"法"（许慎，2014；赵世民，2003）的解释。"灋"（见图6.11右侧图像字符，金文体）的意义起源于灵兽用角攻击坏人（见图6.11左侧图像，箭头之前位置），而在随后形成的文字中，则有三个构成性符号，分别是位于左半边靠下方的"氵"（水），右半边上面的"廌"与下面的"去"。

从词源来说，"法"就是一个文字化了的多模态交际事件，可用社会符号学的方式（van Leeuwen，2005）将其进行描述为：在图6.11左侧的场景中，交际中的行为人是獬豸与罪犯（坏人），行为是獬豸用触角顶坏人（惩罚坏人），这一多模态交际事件被词汇化为一个含有多个图像化词素的汉字。在右图图像化的汉字中，右

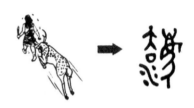

图6.11 "法"的视觉意象来源于许慎（2014：91）

半边词素为被简化了的獬豸，而左半边的上边是（坏）人，这两个是交际事件的行为人，但其之间的及物性关系没有被明示于文字图形中，而图像化汉字左下方词素则为一个图像化的"水"，这是交际事件中的附加部分，即古人对此交际事件的主观性评论，"像水一样地"。

从"法"的语义关系层面上看，施事者以某种方式作用于受事者，若用句法结构"NP（名词短语）+VP（动词短语）+NP+PP（介词短语）+AdvP（副词短语）"来表达的话，"法"这一交际行为中，獬豸（名词短语，行动者）以水流的方法（副词短语，方式）用角（介词短语，工具）触痛（动词，动作）做坏事的人（名词短语，目

标)。在该交际行为中,右侧模块"NP+VP+NP+PP"隐喻性地表征了法的实质——獬豸用角攻击坏人,左侧的模块为副词短语"水流",为附加评价性短语,表明作为社会行为的"法"具有某种固有属性。

然而,左边模块评价性词素"水"(水流)在此多模态交际行为中的作用备受争议,其与其他词素之间的语法关系也有多义性,使汉字"法"的意义产生了多种潜在解释,整体语义也备受争议。"氵"至少具有两种意义潜势,为"法"的解释提供了两种可能性。第一种解释,"平之如水",如灵兽攻击坏人恶行,一视同仁,左半部被认为强调法律社会行为的平、正之意,这也是法律界多数人对法律起源的看法(张永和,2005)。第二种解释,水具有另一种显著特征——水是流动的,由高处向低处流淌,据此,激进者认为"法"是一种行为,在适当法律程序内用制定的法规消除人们的错误行为或去除人的兽性,就如灵兽攻击恶人(苏力,1998)。这些观点极具挑战性。如果第一种观点是有意义的诠释,那么第二种就比较激进,因为它可能模糊左右两半边的语义分工与界限,重塑人们对"法"的概念认知。

从以上分析可知,人们对于"法"的认知图式中,有两个基本的特点:第一,法这一社会实践行为中有一个神圣的至高无上的东西;第二,对法律活动的具体实现过程的"公平"的评价性判断,具有一定的模糊性。对"法"的概念的认知上的两个特点,将被继承性地或创造性地体现在法官对其角色的适应性建构上。

在对法官服饰的符号意义进行深入分析之前,有必要指出,人们对"法"的本质的认知与我国历史上法律的演进历史是有关联意义的。"法"作为社会行为,其在概念上的多义性影响了法律实践的历史发展进程,使得"法"从最初只是君王的规定性命令,逐渐发展到与刑事行为相关的体制,再最终发展成为更宽泛、普遍的概念——适用于所有社会治理的国家强制力(宁全红,2013)。对我国法律史研究发现,在秦代早期(公元前221—公元前206),"法"只是一种废除传统的行政方式,在战国初期(公元前403—公元前221),"法"常被用于刑事行为,强制惩罚恶人,具有一定的强制性色彩,这与图6.11中灵兽用角攻击"罪犯"所体现的交际行为是一致的。在这个阶段,"法"等同于刑事准则;只有在战国后期,商鞅变法(公元前356)标志着凭借国家强制力,"法"的合法性才得到保障,逐渐成为制度化的社会规范。然而,总的来说,在我国古代的法律史中,"法"作为制度化的社会规范,更倾向于处理刑事案件的规则,这是1911年前中国传统法律的一个重要特征(张晋藩,2010)。总之,人们对"法"的概念认知和其作为社会行为的演变实践之间存在的联系至少表明:对法律概念的隐喻性建构是与法律的实践发展相同步的,或影响了法律实践的发展;同时,从认知角度或者实践中可以看出,人们对法律的公众认知是植根于生活经验的,体现了人们对法律活动的主体性阐释或创造,因此有理由认为,人们对"法"的认知也会影响到法官对其角色的适应性建构,法官在其形象建构中充分继承"法"的神秘性特征,并在其语义模糊性的指引下,对"法"进行主动性阐释或建构。

三、社会符号学视角下的法官服视觉分析框架

本研究主要运用社会符号学(van Leeuwen,2005)理论,结合符号与权力关系的互动视角(Entwistle,2001),对法官的衣着符号资源与其意义进行理论建构。

(一)社会符号学视角下的多模态语篇

社会符号学是分析多模态符号与语篇的系统,重在研究人们在特定的社会活动中如何使用符号资源,表达何种潜在社会意义(van Leeuwen,2005)。社会符号资源泛指所有可用以交际的工具,包括由身体发出的、具有生物性特征的符号(如声音、表情或姿势),或由技术手段(如使用钢笔、墨水、纸,使用电脑软件或硬件,剪刀或缝纫机)所创造的符号。主要基于人们在过去、现在或将来等不同阶段对这些资源进行表意的实践活动来进行分析,是引导人们进行"发现或探索的知识体系"。

符号的意义总值是由符号的组合产生的,"组合"系统(framing)是符号之间相互联系形成文本的原则(van Leeuwen,2005)。以平面杂志的图与文之间的组合为例,组合系统包括符际连接(connection)与符际不连接(disconnection)两个子系统,前者又分为图中文(pictorial integration)与文中图(textual integration)两个选项,而后者指的是没有符际连接关系的符号之间的组合方式,按视觉与空间间隔的方式,各分两个小系统。如两个或多个符号在视觉(如颜色、形状)上存有某种语义联系,可以构成和谐(visual rhyme)或反差(contrast)两种关系;除了在视觉意义上有联系外,它们还可以有不同的间隔方式,包括分隔(segregation)或分区(separation)两个选项,如两个符号元素本应

第六章 物化的隐身权威人意识

属于同一层次等级,却被放置于不同的空间区域(无论是否有重叠或不重叠),两者的组合方式为分隔;而若两个符号之间既有相同点又有区别,因中间有明显的空白距离或阻隔而分别属于不同的区域,则为分区(van Leeuwen,2005)。这一符号组合系统可以用于分析空间文本或其他模态的文本。

多模态符号的具体组合方式是由特定的社会文化语境所决定的,也即由其文本生成(discursive formation)的方式所决定。其意义的产生与变化有两种机制,分别是隐喻机制或文化蕴含义,前者指的是符号使用者基于自身的身体体验或认知感觉所赋予或创造的(新)符号(包括其形式或意义),而后者主要是多模态符号在长期社会生活中所积淀、衍生的意义。社会符号学倾向于从社会的规约性程度来讨论多模态符号的意义生成规则。

多模态符号体系与语言结构具有同构性,不仅具有词汇句法的层级组织与构成规则,同时也能表达更复杂的社会语义,尽管其表意的潜势可能没有语言结构那么完备。多模态符号有多重功能,主要有概念功能、人际功能与语篇功能(Halliday,1978),但某一确定时刻,可能某一种功能居于主要地位(van Leeuwen,2005)。

人们在社会实践中采用社会符号资源建构语篇的过程就是进行社会实践的过程,本质上是多模态交际行为(multimodal communicative acts),是由几个互相联系的子交际行为组成的、按序列排列的宏观多模态活动(van Leeuwen,2005)。语篇都具有风格,即与语篇生产者所关联的"角色或价值",比如,个人权威、客观权威、规约性、标杆人物与专家观点都是催生服饰符号意义的价值驱动力(van Leeuwen,2005)。

社会符号按一定的规则组合之后就能建构语篇,符号语篇的内容有哪些呢?社会符号学的多模态语篇指的是人们在社会基础上建构的对现实世界的某些方面的知识,这些知识是社会性建构的,即这些知识是在特定的社会语境下,为适应特定的符号使用者而发生起来的(van Leeuwen,2005)。这样的界定与van Dijk(2014)关于语篇的观点非常接近,强调了语篇的认知性。这些语篇在知识的获得渠道或意义表征上均具有多元性特征,知识性语篇又是意义表征的资源,多模态文本就是人们具有语篇知识的物质证明。语篇是社会实践行为的体现方式,不仅因为知识性的语篇来源于社会行为,也因为语篇的使用维护了特定语境下特定符号使用人的交际需要或利益(van Leeuwen,2005)。

描述某一语篇可以大致从两个方面来操作,分别是社会实践本身(关于这些社会实践的基本知识,包括行为、方式、行为人、基调、所使用的符号资源、时间与地点)与附着在这些知识中的额外信息,即语篇建构者自己对此社会实践的主观性信息(包括语篇作者的评价、目的与合法性依据),当然,鉴于关于社会实践的知识建构是有选择性的,关于语篇的描述也不一定要穷尽以上所有的信息。同时,在语篇建构的过程中,语篇使用者对信息的不同选择,包括排除法、重排法、增加法与替代法,使得所建构的知识与客观的现实之间出现信息的偏差(van Leeuwen,2005)。

关于符号语篇的情态,即关于命题表述的真值与关于社会交际的意愿性,可分高、中、低三个梯度。对视觉情态来说,可以从语篇中颜色的深浅度、饱和度、对比度、前景与背景的细致度等来进行描述,从自然主义视角的情态(深刻度)、技术视角的情态(技术的抽象度)与感觉情态(视觉图片产生的愉悦度)等不同维度来进行讨论。

最后,从符号语篇的结构组织来说,多模态语篇的内部衔接可从不同模态之间的语义的协调性、文本的构图信息(包括新旧信息、理想与实际、中心与边缘、空间的前与后)、信息链接(逻辑、时间、空间的连接顺序,图文之间的语义逻辑关系、互动顺序等)与对话之间的互动性(序列性与共时性)几个方面来分析。

(二) 服饰符号与权力关系的互动视角

福柯(2003)的权力控制学说认为,通过控制人们的身体,权力话语体系实现对人的思想、行为的控制,进而实现对人的整体控制。通过衣着这一形体行为,我们向外界与自我表示了我们对社会规约的一种认可与服从。但是,这只是一种单向的权力关系。

人与社会之间的关系,并非简单的控制关系。Entwistle(2001)提出用互动视角来阐释服饰与权力之间的关系,认为人们对于服饰的这一符号资源,也并非单向的被动地接受控制,而是在懂得、遵守外在规约的基础上,在其语境限制下,积极利用服饰符号资源,与外界进行意义交流,进行相应的社会实践,这充分体现了衣着打扮是基于体验的身体行为实践(Entwistle,2001)。

人在社会规约的符号权力关系下,可以发挥人的主观能动性,积极建构一定的角色形象,以适应性地体现自己的角色,塑造自我的形象,这一互动性视角是对福柯权力控制学说的有益补充。

(三)法官服的视觉分析框架

法官着装是一个多模态交际事件,是法官身着用于标识其审判身份的特定制服对诉讼参与人及广大社会民众实施法律,演示或"表演"法治方式的言语行为或交际事件(参见易军,2008)。法官服的视觉分析包含三个方面,衣着的语篇结构(构成成分、构图原则及信息分布)、衣着表征的概念意义(法治理念)、衣着的人际意义(穿衣人与衣服、交际对象之间的权力关系)三个方面。

法官服的整体视觉语篇是一个复合语篇组或链,按照层级关系,包含不同的服饰语篇或其构成单位,衣、冠依附于身体,构成一个语篇,法官的衣冠与其使用的物理场所进行组合,可以构成一个宏观或复合语篇,衣与冠又各自成为子语篇。按衣冠制作过程所分的主次材料或制作步骤,或物理场所的空间布局确定构成各子语篇的具体构成成分(服装词汇或语素)。构成成分之间的符际组合方式,分符内/际连接与不连接两种,符内或符际连接指的是两个服饰单位在空间边际上相接("线性拼接")或融合(部分地重叠或全部融于一处);没有符际连接的两个或多个服饰构成成分可以有分隔或分区两种具体的隔离方式,同时按照彼此间在颜色、形状、大小等特征上的相关性形成语义关联(和谐或反差),具有不同的信息值(主次、中心或边缘等)。鉴于服饰材质的内在静态属性与穿着使用时惯于区分表里、上下等特点,当服饰构成成分具有通过符号组合进而建构语义自洽的服饰语篇这种潜力,则它们可形成"A 大(高)于 B"的视觉语法结构,通过符号的双重意指机制(Barthes,1990),隐喻性地表征"A 所代表的价值或文化体系占主导地位"。

同理,若衣着与使用的场所(特定、一般)以符号组成原则形成连贯的多模态语篇,也可形成"A 大(高)于 B"的视觉语法结构,生成相似的隐喻性表征。据此,法官衣着表征的概念意义,既指其表述身份、职业等,也表征其文化体系。

衣着的人际意义包括穿衣人、衣冠与交际对象之间的多重互动关系,包括衣着符号对穿衣人的权力制约、规训、教育,也包括穿衣人对衣着的辩证性接受与使用,从而在交际对象面前建构不同的身份、实施相应的言语行为。对"套在"法庭使用才体现审判功能的法官服的视觉分析框架可简要概括如下图(图 6.12),图中方括号表示析取,大括号表示合取。

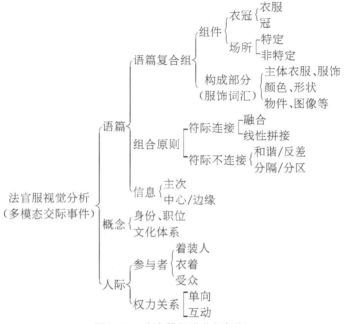

图 6.12　法官服视觉分析框架

四、古今法官服的视觉对比分析

(一) 古今法官服

本研究主要分析我国传统法官与当代法官如何通过服饰符号资源,来"言说"自己对法官角色的适应以及对法律文化的互动性回应。

法官衣着行为包括法官衣着(衣与冠及配饰)以及衣着的特定场所。在庭审活动这一多模态交际事件中,法庭内法官身后的装饰物件已经高度制度化,是法官执行法庭仪式、完成司法活动不可缺少的组成部分,也是人们对法官角色进行判断、认知的一个重要组成部分(佟金玲,2011;易军,2008)。

本研究对我国古代法官服的成熟期宋、明时期与当代比较稳定成型时期的法官服进行历时对比。通过查阅古代服饰文献资料,结合历代《舆服志》与《三礼图》进行考证,选择宋、明时代衣样图或人物图像作为古代法官服语料,包括首服獬豸冠,俗称"法冠"(图 6.13),体衣上的獬豸方补(图 6.14),宋朝法官服

(图6.15,草线图),明朝法官服(图6.16,明朝刑部官员画像)(李薇,2010),衙门大堂正面(图6.17,刘鹏九,1999)。当代法官服则选择官方公布的法徽(图6.18)、法官服(2010版)(图6.19,张建伟,2017)与法庭正面实景(图6.20)。

图6.13 獬豸冠

图6.14 獬豸方补

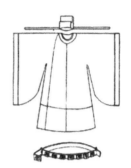
图6.15 (宋)公服

图6.16 (明)公服

图6.17 衙门大堂

图6.18 法徽

图6.19 法官服

图6.20 法庭正面

简要介绍宋、明法官服的服制。宋、明时期的法官服(公服)承袭秦汉以来形成的衣制,分首服、体衣、足衣与配饰。宋朝有司法职责的御史、刑部、大理寺部门官员头戴獬豸冠,但形制较简单,只在进贤冠上加獬豸角形(普通官员头戴直角幞头),身着朱色袍,圆领,系革带,挂青荷莲绶带悬于身后(王雪莉,2007)。据《宋史舆服志四》(脱脱,1985)记载,御史……上朝时的服装搭配为梁冠、朱裳、朱袍、革带、绶、乌履、白袜;其中,梁冠为獬豸冠(在一般的冠帽上加獬豸角),并常在冠后簪白笔;根据司法官员的职位大小,其朝服的着装规定是,御史大夫、御史中丞冠戴三梁法冠,衣有中单、银装剑、佩锦绶与银环,犀牛角簪,立笔赤罗袍,赤罗裙,绯色罗蔽膝,素罗大带,素罗方心曲领,皂皮履;六品之下御史冠獬豸冠,衣有中单,禁佩剑和绶带等。一般来说,法官衣服上佩的绶(约三尺宽的带状织物,有丙丁纹丝绦,有颜色之分)是青荷莲绶,这是中国司法史上非常有特色的一个符号。青荷莲,古有高洁、清廉之喻。佩青荷莲绶带,是借青莲与"清廉"的谐音,比喻为官刚正廉洁,秉公办事,同时也用青莲的内在特点来隐喻性地表达"法官"具有青莲般的操守品质,出淤泥而不染,不为世间繁芜所沾染,独立公正,清廉高洁。青荷莲绶带由宋开始发展为古代法官的常用佩饰之一,延续后世,青荷莲花也成为"法官"的象征,有"出淤泥而不染"的清廉品质,与神兽獬豸互相呼应。

明朝法官头戴乌纱帽、官袍前胸处有补子,上绣"獬豸"图案。古代官服均按颜色区分官职等级,不同于普通士人或庶人的皂色或褐色衣服。古代衙门大堂正面上方通常悬挂明镜高悬匾与海水朝日图等(刘鹏九,1999)。

当代法官的职业与身份标志是法徽徽章,包括圆形主体与主体下方绶带构成的轮廓,主体圆形内包括华表、天平、齿轮与麦穗四个要素,均为金黄色,绶带轮廓的边线与主体圆边也为金黄色,其余为红色衬地色;法官服为黑色大袍(长及膝盖以下),阔袖,带领口,袖口与领口均有金黄色的麦穗装饰,左胸前佩戴圆形的法徽徽章,大袍正前方开叉,门襟上有一尺来长的细长形红色绶带,上有四个金黄色扣子,代表四级法院(张建伟,2017)。《中华人民共和国人民法院法庭规则》第二条规定,法庭正面上方悬挂国徽。

(二)传统法官服的视觉语义:司法权力的神圣性与德性制约

獬豸冠、獬豸补服的图像以及青莲绶带是法官服的主要区别性特征,代表了古代司法官员的职业特点——神圣性与精神内涵——清廉。"法(灋)"构词中的字素"廌"跨越模态与时空距离,以"角型"视觉形象特征隐喻性复现于法官的冠帽与衣袍之补服这两个衣着构成组件中,两者虽存在空间的隔离却语义和谐,以不同颜色、形状的獬豸具象化实现服装符号体系的纵聚合与横组合,达到法官服整体搭配的实用性与和谐美,表征了法官的"神圣性"特征,即法官服是司法制度的"外衣"(张建伟,2017)。宋朝法官的腰部佩饰青莲(谐音清廉)绶带摹指自然现象或客体,形象化地表征其隐喻性生成的德性品质"出淤泥而不染"之高洁的品性(王雪莉,2007:73)。

对明朝法官服语篇的符号组合方式进行分析,可以发现其形式与语义结构,可表述为:神圣之物立于世俗权力之上。首先,衣袍内包含有补子(图像),袍为一体式体衣,有规定的颜色,在颜色与形制上均区别于普通庶人之衣,可指涉不同于常规世俗世界的权力(或"等级"),獬豸图像无论是斑斓色彩或制作程序的特殊要求(袍是一体性裁剪,而补子是另外特意绣制)或所居醒目部位(身体正面上方,前胸),都构成衣袍织物的中心、前景或信息焦点,在视觉语篇分布上,獬豸图融入衣袍且居于其地色之上。

当法官落座于公堂之上——施行司法审判权力的场所,公堂墙壁上悬挂的"明镜高悬"匾额与海水朝日图成为其衣着的互文文本,以复合语篇的方式协同其衣着进行身份建构,并以空间符号的内在凝固性特征强化其视觉形象的意义。

匾额上四个大字"明镜高悬"是文字化的视觉叙事场景:明镜悬挂于头顶或高堂之上;牌匾之下挂着的"海水朝日图"是图像化了的叙事场景:太阳高悬于海平面、地平线之上,世俗世界之上。在语篇结构上,匾额文字与海水朝日图同处于一面墙上,虽有很小的空间间隔,但因两者在形状(均为长方形)与语义(表意)上具有相似性,符合视觉和谐原则,组合成多模态符号文本,共同表征:神圣之物高于世俗世界。

在庭审中,当法官端坐于这两个空间视觉互文文本之前或行走于大堂,衣冠视觉语篇与其形成视觉上的组合联系,因颜色、动静、语义关联构成视觉和谐,建立篇际衔接,构成语篇复合体,共同构成以法官为主体的多模态交际事件:法官具有神圣性的权力特征,面对庭下的诉讼人与场外的旁观者,身披标志性衣袍,正实施无声的视觉司法言语行为——从纷乱的线索中辨明是非曲直与真相。可以说,其执法活动就是"神圣力量高悬于世俗世界"这一法则在现实空间的体现与动态演绎,具有既定性与偶发性。

经过长期的法庭审判社会实践,这一多模态交际事件逐渐凝结成为一种民间司法记忆,以视觉形象记录了法官文化与"法"概念的内在文化关联——神圣性,戏剧文学及影视作品中脸谱化的包公形象,与此一脉相承(参见徐忠明,1998,2002,2010)。

(三) 当代法官服的视觉语义:神圣性与国家司法权力的出场

当代法官服的视觉语篇仍然具有与"法"的神圣性的内在文化联系,承袭了古代法官服的视觉意义,但具有当代司法文化的语境特征:法的神圣性与社会主义特色的国家司法体系对法治的坚实保障。

1. 法官服的视觉语义

当代法官袍具有我国"法"概念所具有的"神圣性"特征,将"模糊"的"公平"进行了新的定义:国家司法权力保证下的"执法为民",实现法治与公平正义。

法官袍(体衣)包含黑色长袍与法徽这两个在形、意与功能上均独立存在的单位(语素),长袍含有红色门襟、金黄色麦穗等构成性成分(相当于"字素")。就语篇的组合而言,圆形的法徽徽章佩于黑色一体式长袍的左上方,这两个视觉符号以融合的方式,构成符际连接。黑色与黄帝时代常用的"玄色"具有一定的相似性,也与英美法系法官袍的黑色一致,代表庄重、没有先验的中立、客观状态及其他与法律文化有关联的特征,有别于日常生活世界的感性特征,而法徽则是我国当代社会主义司法体系独有的象征符号,代表了国家司法权力的出场(参见易军,2008)。法官服的视觉语法为:国家司法权力高于世俗世界,包括普通的理性话语。

如果对法徽徽章做进一步的视觉分析,可知其无论在造型、义素组合等方面均与传统司法文化的视觉表征既有联系,又有区别。法徽徽章的圆形主体与传统司法文化中表征"神圣性"的意象符号"明镜""日月"近似——明辨是非曲直,其功能属性又与传统服制中以绶带、补服等表示身份、职业等职业特征有一定的文化互文,表征了司法的神圣性特色。

但是,对法徽的符号组合或构图形式进行详细的语法分析可见,法徽的图像形式与意义比日月、镜子等传统意象更能体现现代法律理性的抽象性与实践意义的张力,是对中国传统司法文化的革新与超越。法徽中非常具有中国传统文化特色与革命意义的色彩分别是(国徽)红与金黄色,在符号组合或信息值方面,华表与天平为中为上,麦穗、齿轮为下为基,环绕两侧,金黄色麦穗与齿轮喻指工农群众,是国家政权的坚实基础,而华表极具文化特色,其柱身绘有龙与云纹,柱顶端有神兽——我国古老的图腾形象,在早期的社会实践(常用于记录人们对皇帝的劝谏,或指明道路)的使用中,华表逐渐具有了"勤政、廉政、正法"等社会意义(康兴民,白兴易,2013),传递了浓厚的传统司法文化理念——对公平正义的终极追求,而天平则为源于西方法律文化的外来意象,喻指现代司法意义上的公平与公正价值观。

因此,法徽的红色、金黄色麦穗、齿轮等表明法律社会活动有浓厚的社会主义特征与中国文化的特色,具有现代性,更能体现司法的强制性与神圣性。同时,华表柱身两侧的天平不仅仅是对公平正义的复议表达,也是对我国传统公平正义理念的现代或国际化翻译,充分体现了当代法官对传统法律文化的继承与适应性建构:继承、发扬中华传统的司法正义理念。

同理,法官法袍的其他装饰性成分也包含了许多中外不同风格的服饰符号,法袍的样式整体上偏西式,黑色、宽衣袖,与英美法的法官袍很相似,但与我国传统的衣袍风格也毫不违和,但法袍的装饰物,如袖口、领口的金黄色麦穗,门襟前的红色长方形绶带更具有浓厚的中国特色,这种混搭的服饰风格体现了法官对自我角色的理解,也体现了他们对其角色的主动性建构:在保证主体性的情况下,与优秀传统文化进行继承与创新,与西方法律文化产生对话,努力在继承与创新继承上实现超越。

2. 法官服的空间实现与具象激活

司法实践中,法官身着制服步入法庭,在法桌前落座,法庭正面墙上悬挂的国徽图案,不仅是塑造法官形象的重要视觉资源,更是法官服符号意义从潜势符号进入具象化表意过程,实施法官判决角色与权力的重要媒介与手段。如果离开法庭这一场所,法官服的意义将只能停留于理论可能性。法庭正面的布局陈设激活并强化了法官形象的现代权威性、独立性与可操作性:社会主义特色的国家司法话语体系(易军,2008)。

国徽、法桌、法官袍上的法徽等这些符号虽在空间上存有间隔,但同属红色或黄色色系,构成视觉色彩上的和谐,从而使得法官袍上佩戴的法徽与墙上的国徽之间形成了符际互文联系,构成多模态文本。国徽在空间位置上高于法官与法庭上的其他受众,两者构成空间视觉语法关系:有社会主义特色的司法权力

(国徽)高于世俗生活秩序,这与法官服的符号语义相一致,从而形成了对法官服符号意义的呼应、扩展、补充与加强。

(四)古今法官服的衍变与法治理念的变迁

古今法官服虽然在外形上存在差异,但视觉分析发现两者具有很多共性特征,均体现法律的神圣性与独立性,但其差异在于:古代法官服体现了明显的德治特点,而当代法官服则凸显了社会主义国家司法权力的出场(详见表6.7)。

表6.7 古今法官服的视觉语法特征

	衣着行为	组件	成分	组合方式	信息	表征	特色
古代	衣	獬豸冠	獬豸、帽	拼接、融合	獬豸为主	法的神圣性	道德性
		袍	体衣、补服、绶带	融合	獬豸为主		
	场所	大堂正面	匾额、图、法官	分割、语义和谐	圆形图像为主	法的神圣性	
当代	衣	冠	/	/	/	/	社会主义国家司法权力
		衣	法袍、徽章	融合	徽章为主、为上	国家司法权力的神圣性	
	场所	法庭正面	国徽、法官、法台	分区、语义和谐	国徽为上、为主	国家司法权力的神圣性	

当代法庭正面的悬挂物与古代公堂的悬挂物具有相似的视觉结构,体现了一定的互文性联系与文化传承,均与"法"概念的隐喻性含义司法权力的神圣性与权威性相关。然而,相对于"法"所体现的神圣性,古代法庭上的装饰物红日、镜子等所代表的是古代的社会文化与法律理念,即基于朴素的社会法则与伦理基础上的司法秩序,虽然"礼"治理念不一定代表落后(李永源,2007),而当代法庭的国徽所代表的是我国现代法律制度的显著特点——中国特色社会主义法治体系。如果说日、月、镜子等尚属一种源自对自然中特殊实体的崇拜而产生的某些模糊、直观的表征意象的话,那么国徽、天平等这些视觉形象则不仅具有现代生活的具象化,也具有符号表征的理性抽象性与概括性,具有多重表意的潜势。

当代以工农为基的政治体制(麦穗和齿轮)最能体现我国社会主义特色的司法活动本质属性与定位,在"党的领导下依靠人民、领导人民进行法律活动"是实现公平正义的指导原则与实现手段(高卫炬,2021),而有称量功能的"天平"这一外来意象比感性、动态的"水"或日月等意象更能清楚地揭示现代司法活动的理性特征,但"天平"悬于华表柱侧,终究是服务于我国的终极公平理念的实现,"拿来"天平这一外来意象只为借用或借鉴,正所谓洋为中用。由此可见,当代法官服的视觉表征体现了对传统法律文化的继承与现代性革新与超越:以现代社会主义为特色的国家司法权力具有神圣性、独立性,以工农为主的国家权力保证终极司法正义的实现,当然实现过程包含了对世界优秀法律文化的借鉴与有机吸收。

在历时视角下,古今法官法的衍变所体现的视觉与法治理念的变迁,说明我国的司法虽然在法治方式上存在一定的差异,但总体上呈现螺旋式上升状态,在保证法的神圣崇高的基础上,从比较笼统的道德制约为主演变为在党的集中领导与组织下形成的体系完备、宗旨明确、路径清楚的有特色的社会主义司法权力为保障与指引的现代化法治方式。

法官服的视觉呈现与法治理念的演变与创新形成并非单向的君主或国家对法官的权力控制与规训,而是法官或法律人群体在继承司法传统文化的同时,根据不同时代的具体社会环境,为解决具体司法实践所面对的法律问题或社会功能充分发挥主体性,对其角色与定位进行的辩证性适应的结果,揭示了法官在古今、中外法律体系与文化之间的适应性对话与创新性回应,是在"法"义之"公平正义"的模糊性表述范围内,做出的具体的创新或革新。

为探索法官服的视觉语法的变迁与我国法治理念变迁的联系,本文初步建构了衣着视觉分析的框架,然后采用历时对比分析方法,对宋、明与当代法官服的视觉语法进行了对比分析,指出其对汉字"法"的词源意义所体现的法治理念的继承与革新式发展。比较发现,古代与当代法官服的深层语法中,"司法权力高于世俗世界"这一意象,是对"法"的"神圣性"的继承;同时,古代法官服更注重伦理道德对法官品行的约束,将其作为实现司法公正的保证与手段;而当代法官服的表征意义中有社会主义司法权力的出场,国家司法体系(包括完备的法律体系、兼容并包基础上形成的广阔的法治布局与方略)是实现司法正义的具体手段与有效保障(高卫炬,2021)。法官服视觉表征意义的生成是在长期的司法实践过程中经过实践检验不断凝练形成的,既有隐喻性,也有约定俗成性。

本文的法官服视觉分析框架是基于社会符号学理论,对衣着表意资源或模态的形式与功能所进行的整合性分析与初步建构,可以根据具体语境特征略做调整,尝试用于其他场合、行业的衣着行为分析。

本文对法官服的视觉分析对于法治的实施与传播具有重要参考意义。首先,可以扩大法官主体性研究的范围。法官衣着或法官服是多模态交际行为,这一提法突破了以往对服装分析的静态描写,衣着意义的分析离不开着装人与着装场所,甚至着装的交际对象等多个因素组成的系统表意过程,因此,阐释审判仪式或法官服,应将法官群体置于宏观的交际场景(包括法律制度、社会功能、发展目标等),考量其对群体角色的定位与表意选择的历时与共时维度,从而更好地理解法治实践中法官的主体性。其次,法官衣着是多模态交际行为,是法治的一种视觉体现与实施,是对诉讼参与人及广大民众的一种动态、持久的文化教育,是提高广大人民对法治的心理认同、进行社会整合所不可忽视的软实力,因此法治建设应重视对法庭视觉文化资源的战略构思与规划。当然,法官衣着是一种视觉法治宣传与教育行为,与法言法语、法的系统实施等密切联系,其最终社会效果仍需要与其他实践相结合。

同时,法官服的视觉分析对于对外法治话语的传播也有一定启示意义。正如"法"的神圣性与对"公平"表述的模糊性客观上为法官服跨越时代的视觉衍变提供了潜在创新空间,在对外法治话语传播中,为建构"融通中外"的法律范畴或观点、实现精准传播(张法连,2021),应充分运用法律语言的模糊性特点与法律表意的精确性之间的辩证统一关系,建构意义辖域广、表达明确的概念或范畴,为处于不同语言文化与不同法律制度的人们实现求同存异、文明互鉴提供理论与实践可能性。用法律框架去定义何为真理犹如制作衣服,本质上是一致的,都是建构行为,"服饰文化通过隐喻式语言与法律联系起来(反之亦然,法律文化通过隐喻式语言与服饰紧密相连),这种隐喻意义揭示了法律与服饰之间在功能、符号学和美学上的相似性"(Watt,2013:36)。因此,在对外法治话语传播方面,视觉语言具有语言文字所没有的优势,其价值观与意识形态等以更为感性、更有具身性特点但较为间接的方式出现,更容易走进受众的生活世界,并快速被接受,所以对法治的视觉模态资源进行文化阐释、范畴建构或整体规划,具有很大的潜在价值。

第三节 小 结

本章研究了法庭语境中隐身权威人角色意识在空间与服饰上的物化体现与对法官角色的限制性作用,分两个方面进行探讨。

在第一节中,运用福柯关于空间权力话语的理论,以河南内乡县衙大堂布局为例进行话语分析,发现法庭语境中存在隐身权威人角色,这一角色体现于法庭建筑的整体空间语法,通过匾额文字、绘图、各种木(石)刻文字等多模态文本对法官所实施的权力训话,正是隐身权威人角色对法官所实施的空间规训言语行为;对内乡县衙法官审判视频进行分析表明:经过长久的教育与社会实践,这种权力规劝话语已经对法官的审判行为发挥作用。

在第二节中,运用服饰符号与权力之互动视角与社会符号学分析工具,对传统时期与当今法官服进行对比分析,发现法官利用服饰资源进行身体言说行为,对其角色进行适应性建构,表达法官群体对其角色定位的主观理解,对传统"法"认知的文化特点——神圣性与模糊性——进行阐释,但法官在不同时期对身份的建构各有不同。传统时期的法官更倾向于使用日月、镜子、青莲等具有模糊性隐喻意义的符号来建构司法行为中的神圣性与法律治理中的道德教化意义,而当今语境下,法官对其角色的建构资源中综合使用了古代、现代与外来的司法符号资源,包括含有华表的法徽、国徽与天平等词汇,建构了现代社会主义特色的国家司法权力高于世俗生活秩序这一意义,凸显了当代社会主义特色的司法权威,表明了当今法官在其角色建构中具有强烈的现代性意识。

本章的研究拓展了法庭话语的研究范围,使隐性的法律文化能以具象化方式进入法庭话语的前台,有助于人们更好地理解法庭话语中的权力结构。

第七章

法制新闻话语中的庭审参与人角色

　　法制新闻对庭审案件的报道不仅是向大众报道与传达法律话语的桥梁,也是反映社会大众对新闻话语认知与评价的窗口。按照 van Dijk(2014)的观点,新闻话语是体现语言、认知与社会之三角关系的典型文本。新闻话语体现了人们对社会实践的认知过程与结果,但人们也不断从新闻话语中获取关于社会事件或实践的信息,并基于此形成一定的认知情景模型,从而将这些认知模型用于随后的话语生成与话语实践中。也就是说,新闻话语既体现了人们对社会现实的理解,同时,新闻话语中有偏误的信息或报道会控制、误导公众对社会的认知与理解。

　　本章把新闻话语作为新闻作者或新闻制作机构通过新闻语篇向社会大众进行信息传播、沟通的主要交际场所与文本载体,同时也是社会大众表达其对法律信息的接受与反馈的交际场所与文本载体。研究新闻话语中的知识图式与语言、语篇的关系,着重讨论法律新闻话语是一种社会建构,是按照一定的社会价值或态度、立场,通过语言手段而建构的,是被中介(mediated)了的社会现实。在这种建构过程中,庭审交际中的参与人会被范畴化为特定的角色形象,法制新闻话语对庭审案件、庭审主要交际人所进行的角色建构将影响到大众对庭审案件的社会认知,同时也反映了大众对庭审认知的偏误。第一节对法制新闻话语的主观意义与体现主观意义的语篇策略进行分析,重点讨论标题(宏观主题)的叙事结构中的主观意义,第二节以典型案件"彭宇案"为例,讨论新闻报道中所建构的庭审参与人角色形象,分析其中所体现的认知图式结构与偏见话语,揭示这种被误导与控制的社会认知。

第一节　法制新闻话语的主观性[①]

本节简要介绍法制新闻话语的主观性,尤其是典型的煽情主义色彩,并重点聚焦法制电视新闻标题所体现的主观性。

一、问题的提出

新闻是指对崭新的消息或即刻发生的事件的报道(见 Hornby,1989),或对最近发生之事,尤其是那些通过广播、电视传播或刊登在报纸上的事件以及被认为值得特别注意的人或物的集体报道(Michael,1997)。信息的及时性与被专注度构成了"新闻性",而信息报道的价值并非新闻内在固有的属性,而是新闻记者们在产出新闻的过程中用言语建构的(Bednarek & Caple,2012,2014),是社会和文化机构对其进行话语生成的结果。因此,新闻话语是一种社会实践。与其他语篇类似,新闻受新闻作者的社会政治、文化观点或意识形态的影响。福勒(Fowler,1991)明确指出新闻报道并非对相关事件内在重要性的反映,而是一套复杂人为的选择标准的运行过程。因此,新闻不是对现实真相的直接表现,而是对于现实中所发生事件进行选择与转换从而生成的话语故事,是一种有意识的主观建构(参见 Hodge & Kress,1993)。

本研究中的法制新闻是一种软新闻,不同于那些以现场新闻和直接新闻为主,或聚焦刚刚发生或即将发生的事件或冲突类故事题材为主的硬新闻。软新闻对于受众来说并不是紧急重要的或及时的新闻,它是一种具有普遍性或严肃性的社会新闻,其新闻话题也不一定非常及时。软新闻往往既体现纪实性也包含娱乐性特点。尽管法制新闻也注重趣味性,但鉴于法律新闻的功能重在进行法律教育,阐述法律新闻中的故事或对其发表评论时必须协调好事实与虚构、情与法之间的平衡关系。

正如庭审过程中,对事实与法律条文的呈现均是一种语言建构或重构(郭万群,2014;杜金榜,2010;Gibbons,2003;等),电视法律新闻报道更是对法律新闻

[①] 研究生周贤协助本人开展本节的研究,见周贤(2017)。

事实的重构,不仅仅是用语言对其进行转述,更是对其中的逻辑、前后顺序、人物等方面的重构。在这一过程中,语言的主观性(见 Buhler,1934)与新闻叙述者的主观性(Bednarek & Caple,2012,2014;White,2000,2004;等)均会直接影响受众对于该法制新闻的感知与看法,也会影响到法律教育的效果(Bowels,1995)。

对新闻话语的主观性进行研究受法制新闻报道实践中存在的问题驱动。虽然主观性与客观性都是电视新闻中的基本性质(见 Schudson,1978;Tuchman,1978;黄匡宇,2010;李元授,白丁,2001;石长顺,2008;王振华,2004;等),但现如今为了能够在极具竞争力的市场中生存,很多电视节目都在运用特殊的手段来引起轰动(郑保卫,2003;White,1998,2000)。为了追求高收视率,电视节目尝试去迎合广大观众,戏剧化手法的使用变得更受欢迎(见蒋冰冰,2008)。法制节目本身含有大量法律术语与抽象的法律逻辑等专业性特征,很难被普及。为此,许多法制宣传节目对法制新闻采用戏剧化的叙述,强调了故事情节以及罪犯心理,极大地满足了观众们的好奇心与窥探欲,戏剧化的叙事风格对于法制新闻的普及在一定程度上是很有必要的,但有很多法制宣传节目却过多利用或迎合受众的情绪来进行新闻叙事,使得新闻叙事具有强烈的"煽情"色彩(Ge,2016)。

法制新闻报道在传播法制思想与开展法制教育方面承担着越来越大的责任,但学界目前对法律新闻中的情感与叙事方式的关系仍然没有足够明确的理解。对法律新闻开展的叙事研究为数比较多,大多集中于审判程序过程与案件结果的叙事(如 Bruner,1991;Brooks,1996,2006;等)。其中,一些实证研究很有意义。比如,通过测试新闻宣传对观众的影响来预测新闻报道对陪审员、证人可能产生的影响,并以此预测公众对法庭执行司法能力的态度(Chesterman,Chan & Hampton,2001);或者追踪法制新闻从法庭环境到最终新闻话语的生成机制(Greenhouse,1996;Israel,1998);或者直接将法庭设想为一种可供选择的媒体形式,记者正如法庭观察员,由于其具有新闻来源者的身份,可以规避法庭环境中对新闻故事的重构加工方式,从而可以提供不一样的叙事(Drechsel,1983;Cohn & Dow,1998;Ginsburg,1995)。还有一些研究通过细究律师、司法部成员以及法庭记者的态度,从法律与新闻两个不同视角,勘察媒体与法庭之间的关系(Breit,2007,2008)。尽管研究者普遍认为叙事会对法律产生影响,但并没有解释叙事过程所涉及的专业知识如何对情感倾向产生影响,因此,Brooks(2006)反问道:"如果叙述故事与告知判决的方式会对法律有所影响,那么为何法律不更多地重视叙事手法、叙事分析甚至叙事理论呢?"

本节对法制新闻报道中的主观性进行叙事分析,主要对法律新闻叙事的标题进行简要的分析,探讨其在语言结构与形式中体现的主观意义,有助于探讨如何在新闻叙事过程中实现"普法"与"讲故事"之间的有机平衡。

二、新闻话语内在的主观性

作为一种社会生活的产物,新闻语篇具有内在的主观性特征,但其对主观性的过度发挥与运用也是指的关注的现象。

(一)新闻话语的叙事性与主观性

新闻话语离不开叙事,新闻话语研究的主要方法之一就是叙事分析。叙事分析探究的是故事如何被讲述以及组成叙事语篇的种种方法与技巧(施旭,2006)。电视节目文本中的叙事语篇就像一扇大门,即使典型非叙事类型的电视节目也含有叙事,这是因为我们在电视中所看到的世界正是由叙事语篇的规则所建立而成的(Allan,2010)。隐藏在叙事逻辑与结构过程中的工具——语言的使用非常重要,对叙事语篇的语言分析需更深入话语含义的层面,关注叙事的社会文化语境与认知,从而更好地揭示叙事语篇生产过程的主观性(Philips & Jorgensen,2002)。

在叙述故事时,叙述者所持的立场、态度与情感都源自其主观性(见赵毅衡,1988,1998;黎明洁,2007;蔡海龙,2010)。一般而言,叙事的主体是事件的主要或次要叙述者,而主要或次要叙述者,不论其叙事角色如何,都会带有一定程度的主观意识。叙述者并不一定是最为重要的发言人,但是其发声不容忽视。即使对于相同的事件进行叙事,叙说者所选择的叙事视角(人们能够去感受、体验和感知事件或场景的角度)的不同,也会引发受众对此不同的理解与感知(比如何纯,2006;曾庆香,2005)。在语言的实际使用过程中,不管体裁、对话者、语言与语境的差异,话语总能反映出说话人对谈话信息与言语情境的主观联系,而听话人则通过这些语言暗示,调动自己的背景知识去理解说话人的主观态度,从而参与了新闻叙事的整体理解,体现了一定的主观解读(见刘建明,2005)。因此,在任何完整的话语生成与理解模式中,主观性都是一个必要的组成成分。

就其本质而言,新闻叙事是对新事件的重建,在新闻叙事的三个层面,包括故事层、话语层与阐释层,都具有主观性。对于新闻的本质真实性而言,只有通过叙述者的主观感知才能真正达到真实性标准(蔡之国,潘佳佳,2010),而新闻叙事中的主观性更有可能揭示客观世界的本质真实性(见李凌燕,2010)。体现新闻叙事主观性的形式标志包含视觉标志、词汇、句法与语篇结构等。

现有文献对新闻报道的评论、标题和语言文本的初步研究表现出了学界对新闻中主观性的关注。首先,对新闻话语的主观性的成因进行多角度的分析。从语言顺应理论来讨论新闻标题主观性的表现与成因,有一定的道理。在制作新闻时,语言使用的过程也是一种语言选择的过程,新闻传播者就是有意或无意地从词汇到句子、从结构到内容做着选择,那些能转移视角、揭示态度或情感倾向的词汇、直接引语和祈使句都能体现出新闻制作人的主观性(如吴珏,马伟林,2009)。即使新闻报道在理论上力争实现遵循客观性与主观性相统一的原则,新闻传播活动仍然充满一定程度的主观性(如段业辉,杨娟,2006;段业辉,李杰,杨娟,2007;等)。从总体上看,新闻语言的外化过程是语言自身主观性的实现。所有的叙事策略,例如焦点标记的使用、焦点位置的安排和主观评价意图的外化,都使新闻语言具有了主观性。总之,大部分研究都承认了新闻叙事中存在主观性,但这些研究大部分只局限于报纸新闻语言而没有充分考虑电视新闻语篇。

其次,商业、政治、经济与社会问题都是新闻报道的主要驱动力,都在新闻话语的生成过程中发挥作用。相对而言,电视新闻话语更关注"客观"的现实,而对于"客观"现实的评论,主要以新闻中人物发声的方式来实现(张骏德,李松涛,2004;van Leeuwen,1987)。正如 Fairclough(1989,1992,1995)所言,对媒体语篇的分析不仅应该注重其语言形式,还应关注社会控制、趣味性和叙述的合法性等之间的关系。当然,这些驱动力并不是单独且静态地在作用,而是以相互嵌入、相互关联的形式体现于文本的异质性。

对新闻叙事中主观性的研究有助于探讨新闻舆论的导向功能,增强受众对新闻语篇的理解能力。本节将探讨法制新闻叙事中的主观性,以电视节目《今日说法》的叙事标题为语料来研究新闻作者的情感与主观性是如何在法制新闻叙事中体现出来的。

（二）新闻话语中的煽情主义

煽情主义指的是新闻报道违反新闻报道的中立原则或理性立场，随意置换或过于主观地利用具有社会意义的重大事件或其局部情节，以吸引受众的眼球，满足其感官刺激，进行过度的情感宣泄，从而受到指责。在方法上，煽情主义聚焦于特定主题内容，能够潜在地煽动观众的情绪反应，犯罪案件、人情味、娱乐业等具有轰动性的话题比起政治或经济新闻等非轰动性话题，更加具有情绪上的感染力与煽动力(McLachlan & Golding, 2000；Ryu, 1982)。

煽情主义被认为是一些特定新闻话题的内在本质特性。比如说，犯罪新闻本身即具有轰动性，而经济类新闻则不具有。然而，有学者指出，传统意义上被划分为具有轰动性效应的新闻故事并不一定要比其他种类的新闻故事具有更多情感属性，其背后主要原因是：仅仅单独分析新闻主题并不能够解释新闻中所有潜在的煽动情绪的特性(Uribe & Gunter, 2007)。观众们对于新闻产生的情绪反应并不仅仅由其内容特点所驱使，同时还与其表达形式相关(Grabe, Lang & Zhao, 2003；Grabe, Zhou & Barnett, 2001)。因此，若对新闻媒体中的煽情主义进行透彻研究，除了需要包含新闻内容中诱发情绪的特点之外，还应考虑跨越新闻主题的特定语言运用。对英国中端市场小报《每日邮报》中的文章标题进行分析，Molek-Kozakowska(2013)提出，煽情主义是一种"包装"新闻标题信息的话语策略，这样可使得新闻条目被表述得更为有趣、独特且有意义，煽情主义的建构策略包括特定的语内表现行为、语义宏观结构、叙事准则、评价参数、人际功能和语篇手段等。

新闻报道中的煽情主义几十年来一直备受争议。许多研究都批判性地认为煽情主义是新闻标准下降的标志与对民主社会的损害(Bell, 1991；Postman, 1985)。也有一些学者将煽情主义视作一种普及化与民主化的力量，能够促进社会文化交融。他们认为具有轰动性的新闻能够产生一种新的新闻形式，比起传统的精英媒体更能与流行文化相一致(Machin & Papatheoderou, 2002；Wang, 2012)。

三、叙事视角下电视新闻标题的主观性

本小节将基于我国电视法制新闻节目《今日说法》135 期节目的标题语料，从叙事视角分析电视法制新闻标题的主观性，所用的语料来自中央电视台法制新闻《今日说法》135 期节目，时间跨度为 2015 年 1 月 1 日至 2015 年 5 月 31 日，其标题信息详见表 7.1。

表 7.1 电视法制新闻叙事的标题

序号	标题	序号	标题
1	少女来信	29	失色的花季
2	心火	30	坐月子的贼
3	最黑暗的梦境	31	协查二十一年
4	暗夜六十小时	32	断裂的菜板
5	沙场的车辙印	33	百万赔偿金
6	后院起火	34	七条"人命"
7	追踪"花衬衫"	35	冲动的惩罚
8	附骨之疽	36	"解读青春期"系列报道——请判我死刑
9	偏偏要住养老院	37	通话中的惊叫
10	迷失在十字路口	38	饮料瓶上的指纹
11	神秘的文身	39	糊涂父母卖子记
12	火在烧	40	遗产风波
13	祸起八千	41	废品站里的枪声
14	"百草枯"下的花季	42	八个孩子一条命
15	分身有术	43	危险关系
16	千里追毒	44	病房里的新娘
17	噩梦醒来	45	带骷髅头的鞋印
18	第二张火车票	46	救命的"假"药
19	金蝉脱壳	47	"癫狂"的儿子
20	九旬老人谁来养	48	此地有银三百两
21	夺子记	49	案发大年初八
22	疯狂盗车贼	50	橙色旅行箱
23	深入"狼窝"	51	夜色迷途
24	一闪而过	52	琼瑶打官司
25	案发 1994	53	半路杀出程咬金
26	宝藏传说	54	放下你的拳头
27	36 道刀痕	55	第六次笔录
28	恩仇二十年	56	孩子:你别怕

(续表)

序号	标题	序号	标题
57	代号0917	85	恶父之魇
58	"猎狐"在行动	86	寻女23年
59	两会:无罪的申诉	87	丹丹的最后六天
60	法官的"权力清单"	88	寻枪
61	让正义不再来迟	89	武汉郊外的夜晚
62	戴面具的人	90	十四岁的母亲
63	杀"熟"	91	谈家的战争
64	一张"拘捕令"	92	校园平安课
65	危险的安全账户	93	伪证迷云
66	十日骗局	94	为了一个女孩的尊严
67	沉湖	95	没有守严的大门
68	留在现场的饮料瓶	96	黑名单上的人
69	被变卖的黄金	97	迷失的青春期
70	天价太师椅	98	铁鹰的眼
71	地铁口的悲剧	99	两本结婚证
72	丈夫的秘密	100	寻亲恩仇记
73	特殊身份	101	上学路上
74	三岔口	102	谁是监护人
75	平安是福	103	大山深处的枪声
76	山中救援	104	不再沉默
77	婚劫	105	内讧
78	粉红雨伞黑衣人	106	37个孩子
79	致命追击	107	14年洗冤录
80	坠落的黑桃A	108	保存了20年的证据
81	小蝶的饭局	109	十日追击
82	只有十分钟	110	阿柚的婚姻
83	奇怪的短信	111	不顺心的顺风车
84	我是谁的宝贝	112	没有遗嘱的遗产

(续表)

序号	标题	序号	标题
113	决战龙伏山	125	爱人的遗产
114	病房里的新娘	126	赌徒的深渊
115	警惕银行旁边的黑手	127	外乡来的母亲
116	一百个盗洞	128	火光背后的真相
117	遗腹子的权利	129	十七块古玉
118	追击37	130	蹊跷的借款
119	鏖战十六小时	131	速度与危情
120	逃不掉的结局	132	谁养我老
121	脱轨的青春	133	引水村往事
122	草原守卫者	134	鞋厂花名册
123	证据在深山	135	只为一个真相
124	为荣誉求证		

本研究主要采用定性分析法,辅以一定的定量分析。定性分析主要用于对电视法制新闻标题的故事层面与话语层面进行语言分析,对其结构类型进行分析,并对其进行初步的统计归纳。

(一) 叙事的要素与层次

关于何为叙事,普林斯(2015:111)曾明确指出:"一个对象,如果它被看作至少两个不同时的也不互相预设或包含的事件之逻辑上一致的表现,那它就是一个叙事。"同时,他指出,就叙事的特性而言,关注的是一个形容词,而非名词,指明是一系列特征,而非对象。"任何对象都可以通过无限多种方式、作为无限多种事物加以限定,一个对象,如果它是对于至少两个不同时事件的逻辑一致的表现,等等,那么它就是(就可以被限定为)叙事。"(普林斯,2015:112)叙事不仅仅以小说为原型,更是一种特质,这与文本体裁或类型之间没有必然联系。法律新闻"……到底被看作喜剧还是叙事,则取决于我们是直接观看,还是通过一种视角化的媒介来加以过滤"(斯科尔斯,费伦,凯洛格,2015:293)。

Kramer(2004)提出构成叙事过程的六个关键成分,包括背景场面、人物角色、随时间顺序展开的行为、带有可识别特征的叙述者与读者/观众/听众之间的关系,以及引导受众开展故事。法制新闻故事是一种重构过程,其重构过程需要设置背景,需要根据故事场景中出现的人物来创作角色,需要按照人物角色阐述对同一事件的不同故事版本或这一事件的中心,按照时间对新闻事件的走向进行一定的排序,让新闻故事中的角色发声,既可用作故事的效果也可用于协调故事中冲突事件的关系。此外,叙事者与读者需要建立一定联系,并且最终使故事得出一个结论,以说明故事的主题,最重要的主题便是正义。

但是叙事是通过对文本和非文本刺激的反应而建立起来的认知结构或心理意象,需要一种更为细致入微的方法来研究必要的叙事过程,从而了解语言如何影响意义。为此,关于叙事的三层模式,故事层面、话语层面与解释语境可以帮助我们更好地理解与分析新闻叙事(Ryan,2004;Chatman,2008)。故事层面是一个叙事的表层,侧重于如何在法律和新闻的不同领域讲述故事,这一层面上,可考察叙事的六成分。在这一层面,电视法制新闻的标题概括整个故事,含有关键信息成分。话语层面主要集中在讲故事时使用的语言类型,而解释语境针对的是观众和叙述故事的环境。

叙事六成分与叙事的层次为理解新闻中的叙事提供了一个基本分析框架。为便于分析,我们也可以简单将叙事的成分分为时间背景(when)、地点背景(where)、故事参与人(who)、叙事人(speaker)、什么故事(what)、如何发生(how)与什么原因(why)(Badger,2003)。鉴于标题中一般不出现叙事人,因此暂将其省略。根据这一分析框架,本节将电视法制新闻的标题视作一个简单的叙事,结合汉语短语语法结构的相关知识,按叙事的要素与组合方式对135个电视新闻标题进行了标注,从其故事、话语与解释层面进行讨论,揭示电视法制新闻标题的主观性。

(二) 叙事故事层面的主观性

新闻标题是一篇新闻的摘要和概述,对于新闻语篇的阅读非常重要,新闻读者可以通过阅读标题大致得知或回忆起新闻的宏观结构(van Dijk,1988)。法律新闻叙事文本的标题应当介绍一些基本要素,例如背景设置、人物、时间、过程和结果,使受众可以单凭阅读标题就能把握住该篇新闻的大致内容。

对语料进行定性与定量分析发现,叙事六要素(Kramer,2004)中,"什么事"要素出现得比较多并被强调,而其他部分则被忽略。法律新闻标题的叙事要素的分布情况如图 7.1 所示。

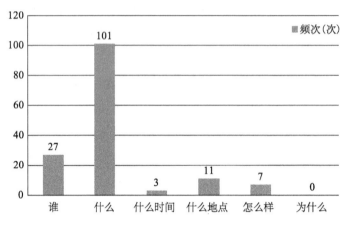

图 7.1　法律新闻标题的叙事要素分布

从图 7.1 中看出,在所选语料的标题中,叙事故事的参与人"who"的出现频率只占 18%,而事件"what"则占到了 68%。人物要素作为促进故事发展的主要角色本应被涵盖于标题之中,然而在样本的标题内含有"人物"要素的却占很小比例。比起"谁做的","做了什么"或者"发生了什么"得到更多的语义凸显,而对参与人的缺省或弱化则给读者留下了想象的空间,需要读者调动其认知图式对此进行补充,从这个意义上说,这种对叙事成分的选择更能够吸引读者的注意。可见,新闻工作者想要观众更加关注"事情"要素,其中,将近一半的"事情"关乎家庭问题,比如婚姻关系、老年人问题和青少年违法犯罪,这基本符合《今日说法》这一档法制新闻栏目的定位:以官方媒体平台的身份进行法制思想的交流与传播。

由此可见,电视法制新闻标题中,对叙事成分的选择与组合,体现了新闻作者对此叙事的主观建构。

(三) 叙事话语层面的主观评价

电视法制新闻标题是否客观地揭示其法律叙事的内容呢?分析标题在叙事的故事与话语层面的形式特征可对此进行探讨。在制作新闻标题的过程中,语言的使用同样也是一个意义选择与重组的过程。不同的语言类型的选择可能会传达不同的侧重点。一般来说,对于"事件"因素,可以对其做动词化处理,也可以用名词化来表达,但若将具有动态发展性质的"事件"做名词化处理之后,更有利于新闻作者对此进行语法或语义上的变动,比如增加价值评价性主观信息,或补充因果关系性语境信息,从而在叙事的话语层面对叙事进行控制。

按照汉语短语的构成方式,即偏正结构(修饰语+名词)、主谓结构、动宾结构、联合结构与介宾结构,对语料中新闻标题的短语类型做了分类并统计,发现电视新闻标题中将法律新闻事件做名词化处理的趋势比较大,且频繁使用修饰语对名词化的事件加入不同程度的主观评价或补充。

从图 7.2 对电视法制新闻标题的结构类型的分布进行统计可知,70%的新闻标题都是"定语+中心词"这样的偏正结构,其中心词偏向于使用比较模糊的类属词,而非具体的个人或物品,修饰语也是具有极性评价意义的形容词,语义比较夸大,使受众无法对法律新闻中的具体人物或事件获得具体的感知。在这些法制新闻标题中,背离了"某人在某时某地做了某事"这样的传统叙事模式,而是更频繁地使用概括度强但比较模糊的短语,用一个比较模糊的定语来描述或评价某类人群,使新闻标题带有明显戏剧性,以此来引起观众的好奇心。也就是说,电视法制新闻的标题在叙事的故事层面对叙事成分的过滤与组合,体现了新闻作者对新闻叙事的主观建构,而在叙事的话语层面,通过对叙事中事件的名词化与在其前面的修饰语的信息补充,使得其叙事具有明显的主观评价色彩,或者说使得法律新闻具有非常明显的"叙事特征",显示了电视新闻媒介对新闻故事的显性中介影响。

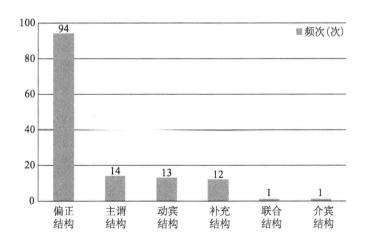

图 7.2　电视新闻标题的结构构成分析

这里略举几例,以阐述法制新闻标题在故事与话语层面的显性主观性。

(1)"'百草枯'下的花季"(2015年1月14日)

该标题为偏正结构,修饰语与中心词均为隐喻短语。通过标题的中心词"花季",受众可推测出该新闻叙事的人物是一些青少年或叙事的事件是青年人的经历,但无法理解修饰语"百草枯"所指的含义。为了弄清楚"百草枯"这个隐喻词(源域)的意思(目标域),观众便需要提取一些文化情景图式,比如恶劣生长环境下青少年的遭遇。为了甄别其预测图式是否与法律新闻叙事的图式匹配,受众就怀着猎奇式的期待心理,继续锁定频道一探究竟。可以说,这种以偏正结构构成的隐喻式标题更倾向于把受众定位为猎奇或探宝的消费者,而非善于法律思维的思想者,而这样的隐喻性描述本身就蕴含了新闻作者对该新闻故事的评价意义:对新闻中相关行为的负面评价。

(2)"戴面具的人"(2015年3月16日)

这个标题是偏正结构,但其中心词为类属词"人",并不指向案件中的具体个人,修饰语"戴面具的"是对这个"人"的限定与描述,但这一描述同样具有多种潜意,可以指戴面具这一具体特定的意义,也可以指戴无形面具或有信息不明的隐身人这一隐喻性含义。这一描述性短语在意义上的模糊性使得新闻作者在此标题叙事的话语层面植入了丰富的主观信息,容易在受众那里激起一种神秘的语境模型,会使受众进入探秘式搜寻过程,而非客观、冷静的法律推理。

该新闻故事的主体内容是一个人通过复制银行卡而行窃,在新闻的简介部分展示了一段由自动取款机上的镜头所拍下的视频,画面中三个分别戴着帽子、口罩以及身着宽松大衣的男子正在取款。这些人是谁?新闻标题带领观众开启了探究罪犯——戴口罩的男人——的发现之旅,然而到了新闻结束,那位戴口罩男子的这一细节再也没出现过。

语义模糊、充满悬疑的修饰语与以类属词出现的名词中心词构成的偏正结构,使得这个新闻标题在叙事话语层面具有强烈的主观色彩,起到了煽情的作用。事实上,如果按照法律新闻叙事的基本成分,将其修改为"广州市银行卡复制诈骗侦破案",其语义更清楚,表意趋向于客观,会减少很多主观评价意义。

(3)"'癫狂'的儿子"(2015年2月17日)

这一标题也是偏正结构,中心词是类属词,具有负面语义韵的形容词修饰语"癫狂"却有轰动效应,因为"癫狂"并不是形容人物特征的常用词,而是用来描述一些由于心理疾病而造成的不正常行为,这一特征与人们日常生活中对孩子的心理图式存在强烈的反差。

如果结合法制新闻的内容来讨论此标题的主观意义,会对此有更清晰的认识。在此电视法制新闻中,这位儿子有着正常心智,但是却吸毒成瘾,所以用"癫狂"这个词作定语来形容故事人物有一定的合理性,但明显体现了新闻作者对人物的负面评价,违背了法制新闻标题所追求的客观性与真实性,更不用说培养人们的法律意识了。如果按照此法律新闻的叙事成分与叙事的目的,将其改写为"宜都市打击贩毒走私案",则可以清晰地提供对案件的总览概述,彰显法制新闻的客观性与理性特点。

在所有 94 个偏正结构的标题中,除 12 个标题是描述"某人"之外,其他都是在聚焦"某事"。法制新闻中标题应聚焦于案件的关键性事实部分或对此有所揭示,才具有意义。大致分析下这些新闻标题中对"事情"的名词化处理,发现其中很少标题涉及故事的详细内容。按照新闻标题的所指意义是否清楚,把名词化的"事"大致分为三类,分别是:A. 明确指明案件事实,B. 简要指明案件事实,C. 没指明案件事实。下面以实例简要阐述这三类标题的分类依据。

(4)"糊涂父母卖子记"(2015 年 2 月 9 日)

这一标题是偏正结构构成的名词化,对"事件"的指向比较明确,属于 A 类。其偏正结构构成的名词化小句中含有完整的叙事成分,讲述叙事中的参与人之间的关系。"父母卖子",其意义指向比较明确,前置修饰语"糊涂"又体现了新闻作者在叙事话语层面对此事情的负面评价,因此这一标题使受众很容易调动关于鬼迷心窍的父母买卖亲生孩子的语境记忆,而法律新闻也正是围绕这一叙事而展开。

(5)"遗产风波"(2015 年 2 月 10 日)

这一偏正结构的标题的中心词"风波"指一场纠纷或冲突,但其修饰语"遗产"提示了该风波是关于遗产的,虽然没有指明是谁与谁之间发生的遗产纠纷,但也大略提示了该新闻的情景模式,可以勉强将其归类为 A 类名词化事件。

(6)"冲动的惩罚"(2015 年 2 月 4 日)

鉴于中心词"惩罚"与修饰词"冲动"均为主观性很强的评价性词汇,从这一短语中可以大略推断出该叙事可能讲述了某人由于自身冲动做出某种行为最终受到惩罚,但是具体什么样的冲动以及主角做了什么行动都无从得知,因此这类标题中的名词化的意义比较明确,是 B 类。

(7)"最黑暗的梦境"(2015 年 1 月 3 日)

这一偏正结构的两个构成成分——中心词"梦境"与修饰语"最黑暗的"均为描述性的词汇,但两者均可有本义与比喻义,因此无法为正文的法律案件提供任何定位信息,受众几乎无法推测这是个关于什么的梦,或者梦境与案件之间的关系,这类标题的名物化事件则属于 C 类,指向不清晰,很难体现法制新闻的客观性特征。

将描述叙事元素"事"的标题按照意义指向的清晰度进行分类统计,可以发现,135 个新闻标题中清楚揭示案件具体事实的短语(A 类),非常少,占 13%,而含有意义模糊不清的"事件"的标题(C 类)却占到 52%,详见图 7.3。

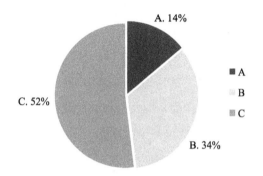

图 7.3　标题中叙述"事"的语义明细度分布图

意义模糊、抽象的标题中,新闻作者对故事进行了高度艺术性概括,是新闻作者在话语层面对新闻标题的叙事进行了主观建构,虽然增加了法制新闻的文学性与娱乐性,但这种话语层面的干预却影响了法律新闻标题叙事的明确性与客观性,背离了法制新闻叙事的基本原则,也无法实现电视法制新闻的基本交际目的,使得观众较难去把握法律新闻的实质内容。

新闻制作者用模糊性的短语来概括新闻题目,以期取得"新奇"的修辞功能或煽情功能,但作为法律新闻节目来说,其主要目的在于培养人们在日常生活秩序中的理性思维与法律意识。通过语言结构的选择对新闻叙事的话语层面进行主观性建构,从而引导受众营造人际意义上的"新奇"感,将受众的注意力转移到其离奇的叙事上,不利于受众在获悉案件事实的基础上培养法律思维,也可以说,法律新闻制作者的主观创造性影响到该节目的主要交际功能——法制宣传。

在后现代娱乐时代,大多数法制新闻在讲述法律故事时,倾向于将叙事戏剧化,在此过程中,叙述者的主观性不可避免地贯穿于法律新闻叙事中,影响到法律新闻的教育功能。

本节以电视法制新闻节目《今日说法》的标题为语料,对其进行叙事分析,以讨论电视法制新闻话语中的主观性。通过分析新闻作者对叙事成分的选择与组合,可知电视法制新闻的标题倾向于对"事件"进行重点凸显,在叙事的故事层面体现了一定的主观性;通过对标题小句或短语的构成进行分析,可知新闻标题通常将"事件"做名词化处理,通常是类属性名词,并在名词化事件的前面添加评价性修饰语,体现了新闻作者在标题叙事的话语层面的主观意义建构。另外,这种主观意义建构大都是以意义指向模糊或具有隐喻意义的"事件"为主而实现的,能很好地调动受众对法制新闻标题的好奇性参与,但却没有遵守法制新闻的基本原则——客观性与真实性,也无法使受众对所述新闻事件保持一定的心理距离,从而培养对日常生活实践的法律思维,因此,不利于电视法制新闻实现其社会功能——普及法律知识。

第二节　法制新闻话语对庭审参与人的范畴化与偏见话语[①]

本节以范迪克对新闻话语的社会认知理论(van Dijk,2014)和韩礼德的系统功能语法(Halliday,1994)为理论框架,以南京彭宇案相关的新闻报道为个案,对其新闻话语进行批评分析,探讨彭宇案相关新闻中对庭审参与人的刻板范畴化建构与相应的两种偏见话语:对原告人与被告人所属的青年人、老年人形象的刻板化建构与对法官法律逻辑的司法认知偏见。

本节研究中有三个关键术语,其中,范畴化是人们认知事物的一种方法,指按照一定的原则(包括外在或内在特点,如年龄、民族、性别、教育背景、性格等)对人或事物进行归类,归类的过程中常常有评价标准的设定(Baker & Ellece,2011),因此范畴化是实施权力控制的一种手段(参见 Foucault,1972;1979)。在范畴化过程中,当仅仅按照个别有限且夸大的、负面的特征对某一人或群体进行简单归类,从而在话语上实施排外或区别性处理,这就是对人或群体做刻板形象处理。偏见是指对某个人或他所属群体的某种特质产生憎恨、讨厌或仇视的态度,包括种族、宗教、性别等(Allport,1954:7)。

---

①　陈坚协助本人开展本节的研究(见陈坚,2018)。

一、问题的提出

媒体对法律案件的报道是一种意义建构行为,体现了媒体或公众对案件的主观性阐释,这种阐释有助于普法宣传,但在很多情况下,部分曲解性报道会对法律话语产生一定的负面影响。首先,客观上,大部分媒体记者缺乏必要的法律知识,不可避免地在案件的报道中出现偏误(Drechsel,1983)。

其次,鉴于新闻报道、影视剧本都有其内在的话语生成机制与文本生成机制,媒体所表达或传递的法庭话语并不一定使得受众对法制与正义有更深的了解,甚至会限定或制约受众对法庭话语的理解与认识(Brummett,1990;Drechsel,1983)。电视犯罪剧对"犯罪现场"刑侦工作的记录,使受众对于犯罪现场的恐怖场面印象深刻,也使受众对犯罪证据的复杂性有了一定的认知。陪审团常常会基于自己观赏犯罪剧的片面感觉对相应的法律案件产生先入为主式的判断,从而影响到他们对案件真相的决策(Robbers,2008;Shelton,2010)。更为严重的是,在犯罪现场剧的影响下,陪审员往往对法庭上律师的法律论点产生不信任感,难以对案件事实进行裁定,从而使法庭上的判罪率持续走低。另外,媒体语言中的主观性不可避免,很多情况下,作为公众获取社会信息的主要渠道,媒体以其独特的商业营销方式建构事实,无形中引导公众在头脑中形成、固化或修正他们对某一社会事件、社团或个人的看法,形成特定的社会意识,一定程度上会影响到人们对社会与司法公正的看法。

最后,媒体对法律话语的报道与呈现方式受到当时的主流文化与社会语境的影响。在当代社会,新型媒体形式(比如电影)的出现,使得人们可以在可能世界中充分表达自己对法律或法律人士的角色及其社会作用的理解。在当代商业化盛行的时代背景下,好莱坞电影倾向于把律师塑造为超人形象(如Kamir,2014),而影视媒体往往夸大法律诉讼的功能,艺术化地将其描写为无所不能,并将诉讼与世俗的物质幸福与金钱上的回报联系在一起,使得人们淡忘了法律诉讼给亲情、人伦带来的破坏性作用(如Bainbridge,2014)。根据Kozin(2014)的分析,人们在漫画世界中充分探讨集侦探、缉捕、审判等工作为一体的法律人的理想工作状态,以突破现实的规则体系对理想生活的制约。但是,这种以艺术形式对法律进行的许多符号建构,虽然有效地将法律引入大众生活世界并使其认知法律,但其无法从根本上体现法律的内在逻辑与体系,客观上只会误导公众对法律本质的认知,在特定的情况下,还会营造或诱发社会大众的"道德恐慌"(Lemmings & Walker,2009),有其内在的局限性(如 Papke,2014;Hart,2014;Haltom & Mccann,2004)。

探讨新闻话语对庭审案件的转述与报道,具有理论与实践的必要性。首先,新闻报道是大众及时获悉法庭审判信息的重要渠道。司法判决是重要的法律活动之一,其结果不仅关乎涉案方的名誉或在该案中应承担责任的大小,并对以后类似案件的审判起到一定的指引作用,而由于庭审的特殊性,除案件的当事人与代理律师之外,旁听人员需要提前申请才能进入庭审现场,因而法制新闻报道成为大众了解判决过程和结果的一种有效途径。其次,新闻话语对庭审案件的转述与报道往往反映社会转型期人们思想观念的变化。鉴于语言内在的主观性与法律新闻记者对各种法律条例或案件的理解或多或少存在一定的主观性,在对庭审或法庭新闻叙事的过程中,往往会对所涉事实进行重构,这种重构与大众的社会心态与认知有密切的关系。我国当前正处于重大的经济变革过程中,随着经济结构的改变,新旧思想不断交锋,人际关系也在不断被重构,"尊老爱幼"等传统观念与人际关系也在经受考验,有必要对关乎传统价值观念的庭审新闻报道进行研究,以探析社会大众对法律案件中主要参与人所代表的群体角色的社会认知。

本文以彭宇案为例做个案分析,不仅因为该案一波三折,更鉴于该案在中国民事审判史上具有重大影响,其案件审理对社会道德产生了很大的影响,"令中国道德水准倒退30年",使得广大受众对"扶不扶"产生了质疑。"根据腾讯网发起的在线调查,近4%的网友认为应该扶起老人"[①],以至于人们将审理该案的法官与此案件都当做符号使用,使得"南京法官""彭宇案""扶不扶"都成了隐喻性短语,被广泛使用[②]。

二、新闻报道中的偏见话语

批评话语分析是研究偏见话语的主要方法之一,旨在通过对文本的多维分

---

① 杨亮庆,缪媛:《人们为何不敢扶起八旬老人——网友称"彭宇案"令中国道德水准倒退30年》,《中国青年报》,2010年1月16日,第2版(法制社会)。
② 在很多报纸或网络留言区都有这样的短语,比如,舒锐:《十年前彭宇案的真相是什么》,《法制日报》,2017年6月15日,第7版(声音)http://www.sohu.com/a/149018245_114731(2018年1月19日获取);再如,维基百科,《南京彭宇案》https://zh.wikipedia.org/wiki/%E5%8D%97%E4%BA%AC%E5%BD%AD%E5%AE%87%E6%A1%88(2018年1月19日获取)。

析揭示其背后隐藏的意识形态(田海龙,2016;辛斌,高小丽,2013;van Dijk,1993,1995,2008;等)。Fairclough(1989)的三维模型(包括互文性:显性互文和隐性互文)、van Dijk(1984)的社会认知模型、Wodak(2001)的语篇历史分析法、Halliday 和 Matthiessen(2014)的系统功能语法以及 Martin 和 Rose(2003)的评价理论等都被广泛用于新闻报道中,通过分析种族主义、性别歧视、工人罢工等社会问题的语言呈现,揭示新闻报道背后的意识形态与权力的不平等。从新闻传播学的角度分析偏见,尤其是跨文化交际中存在的偏见,例如西方媒体对中国形象的报道,也很常见。

采用批评话语分析的方法可以探讨新闻语篇中政治、经济、文化等各个方面的问题,比如,对比中外新闻媒体对北京奥运会、阅兵等大事件的报道,揭示中外媒体对中国大事件的态度,凸显外国媒体对我国的政治或文化偏见。新闻报道针对女性的性别偏见研究也比较多。通过研究新闻报道中对女性社会、家庭、工作中角色的描述发现,媒体强调女性在家庭中的角色而忽视她们在社会与工作中的角色。当男性与女性同时涉案,新闻话语往往倾向于同情男性,而将女性与勾引他人犯案的责任联系起来(张楠,2015)。媒体对女大学生的形象报道也多停留在私生活、肤浅、多愁善感、工作挑剔等方面,相较于男性而言,女性拥有更少的话语权,即使与男领导处于同等地位的女领导也同样如此(周玉萍,2015)。同样的情况也出现在体育新闻中,即使女运动员获得冠军,对其报道量也相对偏少。另一种偏见体现在对农民工的报道中,典型地体现在对农民工的称谓词上。媒体往往美化农民工的现实处境,而忽视其现实困境,对农民工的采访也都按照媒体提供的回答,没有给他们足够的话语权(张鹏,2006)。总的来说,学界对新闻中的偏见话语进行了充分而广泛的研究,但对法制新闻中的偏见话语仍不够重视。

对法制新闻报道的研究中,学者们比较关注法制新闻报道中的道德与伦理问题,并指出法制新闻报道与道德和伦理之间的矛盾,前者旨在保护与宣扬后者,而实际却违反或破坏了后者,侵犯个人隐私、不实报道、角色颠倒、内容粗俗等问题均不同程度地存在于法制新闻报道中(朱殷,汪武,2004;王磊,2005;等)。带有偏见话语的法制新闻报道很大程度上会导致对受害者的二次伤害(见 Wan & Leung,2014),以及对读者的误导,尤其是对幼年读者(如戴小炜,2011;任宏,2013 等)。其次,法制新闻报道中媒体监督与司法公正间的关系是研究者关注的重要问题。一方面,适度的媒体监督能提前发现案件中的问题,有利于抑制司法腐败与非法犯罪,净化社会风气,维护司法权威并保护人权(胡晓菲,2013;刘喜梅,2009;左超伟,2013;等);另一方面,为吸引读者,媒体在法庭宣判案件结果前便以主观、煽动性的言论表明自身立场,影响司法独立,从而导致媒体审判或舆论审判(沈刚德,2014;吴月,郜玉奇,2014;朱红月,2010;等)。在一些冤假错案中,真正的受害者因此受到大众长期的指责,甚至被判死刑,如张金柱案、呼格吉勒图案、聂树斌案等。面对以上问题,一些学者提出建议:媒体应掌握好新闻报道的度,并不断提高自身的法律知识与素养;司法机关应确保大众对案件真相的知情(张贺,2010)。

三、社会认知视角下的偏见话语实践:个案分析

本研究主要以 van Dijk(2014)关于新闻话语的社会认知观点与系统功能语言学(Halliday & Matthiessen, 2014)为主要分析框架,通过彭宇案中新闻报道对庭审参与人角色的主观建构,分析新闻话语对案件人物的刻板形象建构与偏见话语(参见陈坚,2018)。

(一) 社会认知视角下的新闻话语分析

批评话语分析的核心代表人物 van Dijk(2003,2009)强调对社会认知的分析,从认知角度解释话语中体现的社会不平等现象。他认为权力对人的控制体现在行动和认知两个方面,而后者更具普遍性和效力,因而提出社会认知模型,认为社会认知是连接话语结构和社会结构的中介。认知包括态度、知识、意识形态、价值观等,塑造大众对世界的看法。语篇是人类认知发展到一定阶段的产物,它不仅是单一的文本结构,还是复杂的交际事件,因而单从词汇、句型分析语篇是远远不够的,主题、修辞等也应考虑在内。而在社会层面,时间、空间、环境、历史、文化背景等都会对语篇产生影响。个人所在的群体决定他的认知结构,而认知结构影响语篇的生成与理解,因此,语篇、社会、认知三者是相互关联的。van Dijk(1998)认为,想控制语篇,必先控制权力,才能进而传播意识形态,同时只有通过语篇传播意识形态,才能进一步巩固权力。通常,掌握权力的一方通过强化对自身有利、舍弃对自己不利的表达方式或强调他方坏的行为、弱化好的行为的表达,建立"我们"和"他们"两个群体的对立,这也是表达意识形态的常用策略。

转述引语是新闻报道非常重要的话语策略(van Dijk,2014),它可使新闻作

者将自己的话与别人的话混在一起,从而体现新闻的原则"某件事如此是因为某人说它如此"(Fishman,1980:92),体现新闻话语的客观性,同时也可以借用权威话语的声音来对现有话语进行区别性对待,在新闻话语中建构"我们"与"他们"之间的对立,从而最终建构新闻语篇的立场。转述引语可以从标点符号、时态、体态、代词等语法形式的变化或从转述功能上区分,即引语与转述语境或转述话语之间的动态关系(两者之间的话语界限、立场是否相同、人际功能是否相同)(辛斌,高小丽,2019)。

除了转述话语策略,新闻作者对新闻事件的参与人与动作之关系的语法编码也是其建构权力关系从而影响读者解读的重要手段,系统功能语言学(Halliday & Matthiessen,2014)对语言结构与功能的系统观点为我们的分析提供了很好的操作工具,帮助我们揭示新闻话语在新闻故事与话语、阐释层面的范畴化建构与偏见话语。系统功能语言学认为,语言具有社会性与符号性特征,人们以语言为话语资源,实现社会实践行为。语言具有三个元功能,分别是概念功能、人际功能与语篇功能。其中,概念功能指的是语言用以表达客观世界的功能,主要由及物性系统来实现,具体包括物质过程、言语过程、心理过程、行为过程、存在过程、关系过程;人际功能指的是语言用以表达人与人之间对信息或服务的交换、表达人的角色与地位,维系人际关系,主要通过情态与剩余部分来分析,情态系统与表示人际意义的态度系统也是分析人际功能的重要子体系;语篇功能指的是语言用以组织成章的功能,主要通过信息结构与主位化来分析。

本节主要采用概念功能与人际功能来分析新闻报道中对庭审交际中主要参与人的角色建构。本节研究主要以定性研究为主,运用 van Dijk(2014)关于新闻的社会认知分析观点与系统功能语言学的语法分析框架(Halliday & Mattheissen,2014),研究新闻报道对彭宇案庭审参与人(包括原告、被告与法官)的负面范畴化建构,分析其中的偏见话语,对老年人、年轻人的道德偏见与对法官法律推理的认知偏见。在分析的过程中,将适当吸取语料库方法在数据中提取语义模型的长处,用语料提取工具 AntConc3.2.4 对语料进行信息提取与分析,以辅助本节的定性分析。

本节的主要研究问题是:与彭宇案相关的法制新闻报道中存在何种主观评价?对庭审参与人(包括原告人、被告人与法官)的范畴化与偏见体现在哪些方面?新闻作者采用哪些途径表达其偏见认知?在彭宇案的三个阶段中,是否都存在针对庭审参与人的偏见话语?

(二)彭宇案的新闻报道:语料介绍

本小节简要介绍彭宇案的主要事实、本研究所用的新闻报道语料。

彭宇案的主要事实与经过如下。2006年11月20日上午,老人徐某兰在南京水西门的一个公交站台"被撞倒"从而摔成骨折,青年男子彭宇上前扶她,并送她去医院检查,在医院检查中得知需要做换骨手术时,事情发生转折。老人指认彭宇为撞人者,彭宇不认,老人的家属遂报警,不久此事进入诉讼程序。2007年9月3日,南京鼓楼法院的初次庭审中,彭宇没有提出"救人"一说,在第二次开庭时,才提出自己为"救人者"。主审法官在审理中发现,该案缺乏主要证据,无法确认或证明真相,于是结合现有的证词,在判决书中写道,"从情理上分析,其(彭宇)与原告相撞的可能性较大,如被告是见义勇为做好事,更符合实际的做法应是抓住撞到原告的人,而不是仅仅好心相扶;如被告是做好事,根据社会情理,在原告家人到达后,其完全可以言明事实经过并让原告家人将原告送往医院,然后自行离开,但被告未作此等选择,其行为显然与情理相悖",由此认定彭宇与老人相撞,虽然双方均无过错,但应按照公平责任合理分担损失,判决彭宇赔偿老人4万多元[见(2007)鼓民一初字第212号]。

彭宇对该判决表示不服,提起上诉。其间,彭宇以"救人反被诬"为由诉诸媒体,媒体遂对此争相报道,法院也一直没有对此进行说明,使得公众对此案的认知与事实真相之间出现偏差。2008年案件进入二审,其间,二审法院做了大量的工作,此案件在开庭前以协商和解的形式撤诉,但原被告双方签订了保密协议,不公开案件的详情,江苏省高院表示彭宇"承认其与老太相撞",双方对调解结果表示满意。虽然江苏省高院对此事结果进行了公布,确认了彭宇与老太相撞,但因没有公布此案的真相,而且此案件详情没有以法律裁定的形式公布,公众对此事仍然将信将疑,媒体仍以"救人者反被诬"这样的态度报道彭宇案。

2012年11月16日,南京市政法委书记刘志伟接受《瞭望新闻周刊》的采访,详细公布彭宇案的"真相",称"彭宇案由于多重因素被误读"①。

根据媒体对该案报道的舆论走向,可将语料分为三个阶段:第一阶段

---

① 徐机玲等:《南京市政法委书记:彭宇案由于多重因素被误读》,《瞭望新闻周刊》,2012年1月16日。

2007—2011年,媒体均以"救人者被冤"来报道彭宇案;第二阶段2012年,官方公布案件真相:彭宇承认撞人;第三阶段2013—2016年官方公布真相之后的报道。

本研究的语料包括两部分:第一,126篇(2007至2016年)与南京彭宇案相关的新闻报道,通过工信部图书馆知识共享服务平台(2019)输入关键词"彭宇案",随机获取并保存。各新闻报道在篇幅上长短不一,语料总字数将近12万字;第二,彭宇案法庭判决书一份[(2007)鼓民一初字第212号]。

(三) 彭宇案社会影响的整体负面语义韵

为了检查新闻报道对彭宇案社会影响的评价态度,利用语料库检索工具AntConc3.2.4(Anthony,2015)查找"彭宇案"或相应的指称(如"本案""该案""此案"等)的搭配,限前后五个词项,则得出彭宇案与其相邻词的搭配列表(见图7.4的样表),通过比较,发现"彭宇案"通常与"影响、刺痛、伤害、蒙羞"等或"反

图7.4 与"彭宇案"相邻的词串检索

思、审视、谴责、担心、质疑"等表破坏性、疑惑性的动作词汇连用,被赋予了明显的负面"语义韵"(见 Sinclair,1991)。

将这些邻近词汇做进一步检索可见,这些词汇意义均表示负面评价。如"彭宇案影响了社会道德""彭宇案让我们反思社会的道德",甚至"彭宇案放大了受助者的险恶"等。以"影响"为例,带有负面语义韵的用法一共有 461 例。

从检索情况来看,与"彭宇案"相邻的词汇"影响"连用的负面语义韵的搭配达到了 461 例,共有 356 个不同类型的搭配。其中,前置形容词短语有"深远而沉重的""负面的",副词有"大得多",动词有"超过预想""消除""不能低估""没有消除""值得反思与反省""成为一个社会符号""不会逆转""难逃""类似于做好事的恐惧感"等,与之(作为动词)搭配的名词有"我们的爱心""社会道德""司法公正""个人选择""判断"等。

此外,彭宇案"伤害/伤了"也带有强烈的负面语义韵色彩,如图 7.5 所示,"伤害"的搭配一共出现 149 次,其搭配大致为"对社会道德",而"伤了""受伤"的搭配为"我们的爱心""受伤力""软杀伤"等。

同理,与"彭宇案"相邻的词汇"反思"也带有明显的负面语义韵,如"值得反思""还得继续""道德滑坡""对畸形司法逻辑的反思"等,这样的搭配有 149 例。

为了阐述得更明确,特选择几例进行分析。

(1) 可以说,受彭宇案影响,类似对做好事的恐惧症……
《宝安日报》2008 年 3 月 19 日第 A12 版
(2) 因而,我们完全不该因为彭宇案而影响自己的爱心……类似"92 岁老太太当街跌倒无人敢扶"的新闻,也多少证明彭宇案已经影响到了社会的道德建设。
《新民晚报》2008 年 3 月 17 日
(3) "彭宇案"影响到全国人民对司法公正和社会公德的判断。
《广州日报》2008 年 3 月 18 日第 A15 版

虽然"影响"一词为中心词,但其语义倾向体现于具体的语境中。在以上(1)~(3)中,"彭宇案影响到人们的×"是一个带有负面语义色彩的小句,其上下文的语境"做好事的恐惧症""老太太当街跌倒无人敢扶""对司法公正和社会公

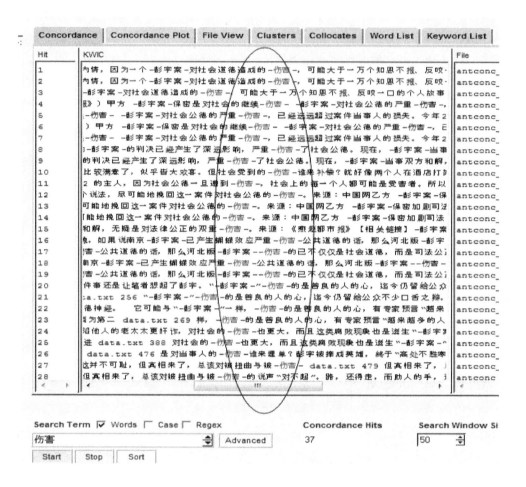

图 7.5 彭宇案的相邻词"伤害"的语境检索结果

德的判断"均将"彭宇案的影响"设定为消极语义,从总体上塑造了"彭宇案"具有"坏影响"这一命题。

同理,具有负面语义韵的"伤害""反思"也将"彭宇案"限制在具有否定态度意义的语境下,使得"彭宇案"带上了负面语义特征,如:

(4) 因为彭宇案的判决已经产生了深远影响,严重伤害了社会公德。

《宝安日报》2008 年 3 月 19 日

(5) 河北版彭宇案伤害的已不仅仅是社会道德,而是司法公正公信和当地整个司法机关的形象了。

《民主与法制时报》2008年4月7日第A16版

(6) 此案(彭宇案)更值得我们<u>反思</u>的是当今时代做好事的道德风险到底有多大。

《东方早报》2007年9月8日第A11版

(7) "彭宇案"的蝴蝶效应值得反思。

《西安晚报》2008年2月17日第2版

从以上的检索数据与具体案例分析,公众关于彭宇案的负面认知确实体现在新闻报道语篇中,说明新闻报刊中的知识、态度会影响到公众对此案的认知(van Dijk,1993)。下面具体分析新闻对案件事实与法律审判的报道中,存在什么样的偏见话语与生成偏见话语的具体语篇策略。

(四)彭宇案新闻报道中偏见话语的生成与建构策略

为分析新闻报道中关于彭宇案的偏见话语与相应的策略,先对新闻报道对彭宇案"事实"与"判决"的相关叙述做重点抽样并进行对比,分析发现:彭宇案新闻报道中对案件事实所用的及物性表述以及对原告人与被告人范畴化的评价,是生成并建构原告人与被告人刻板形象的主要语篇手段,其中,对庭审关键观点有选择的转述,也是生成、建构偏见话语的重要语言手段。

用作抽样对比分析的是三个典型的新闻报道与南京市法院彭宇案的一审判决书。这三个新闻报道形成了彭宇案的三个不同版本,其中,第一个为《南方都市报》2007年9月6日题为"'以后还有谁敢做好事?'帮人反被诬?判赔4万元/网友号召捐款"的报道,这是在彭宇案初审判决后国内第一个对彭宇案所做的全面报道;第二个是《德州晚报》2007年9月9日题为"南京'彭宇案'令好人心寒"的报道,这是据《南方都市报》的新闻报道而整理的报道;而第三个报道则为2012年1月17日《无锡日报》题为"南京市政法委书记:彭宇承认与老人碰撞,不应成为社会道德滑坡的'标志性事件'"的报道,这是南京市政法委对经法庭调解而撤诉的彭宇案的"真相"的公开说明。南京法院对彭宇案的一审判决书全文见附录Ⅳ。为方便对比,特将三个报道关于彭宇案事实与判决的描述部分复制如下。

(8) 报道版本1:《南方都市报》2007年9月6日的报道

表7.2 《南方都市报》对彭宇案的报道与文字排版

标题类型	标题内容	正文
主标题、副标题	"以后还有谁敢做好事?"帮人反被诬?判赔4万元/网友号召捐款 自称搀扶救助一位摔倒的老太太却成被告,法院"推理分析"作出判决,网友号召捐款支持被告	7月,南京的一位老太太将青年彭宇告上法庭,称对方撞倒自己,要求其赔偿十几万元的损失。彭宇则称自己好心帮助那位老太太,将她扶起送她去医院,却反被诬。 彭宇称,2006年11月20日,他在公共汽车站好心扶一名跌倒在地的老人起来,并送其去医院检查。不想,受伤的徐老太太及家人得知胫骨骨折,要花费数万元医药费时,一口咬定是彭宇撞了人,要其承担数万元医疗费。被拒绝后,老人向鼓楼区法院起诉,要求彭宇赔偿各项损失13万多元。 7月以来,此案一直是当地最热烈的网上话题,西祠胡同"南京零距离"一个论坛就有上百个帖子讨论此事,网友几乎一边倒相信并支持彭宇,并感慨现在好人不好做。对于以后遇到有老人摔倒的情况是否上前救助,网上展开了激烈辩论。 昨天,南京市鼓楼区法院对彭宇案作出了一审判决,称"彭宇自认,其是第一个下车的人,从常理分析,他与老太太相撞的可能性比较大"。裁定彭宇补偿原告40%的损失,即45 876元,10日内给付。 判决书中还称如果不是彭宇撞的老太太,他完全不用送她去医院,而可以"自行离去","但彭宇未作此等选择,他的行为显然与情理相悖"。 两个月前庭审期间坚持"以后碰到这种事还会出手相助"的彭宇,在昨天走出法院大门时也没了当时的坚决,"再不会这么冲动了",他说。 此案唯一目击证人陈先生高呼:"朋友们,以后还有谁敢做好事?"
小标题	彭宇已因此失业	昨天开庭前彭宇见到记者,他说自己为了这个案子已经丢了工作:"从7月6日最后一次开庭以来,我还一直没有去上班。这个事情没了结之前,我没有心思工作。一个星期之前,我正式辞去了工作。" 彭宇和律师高某东对判决结果的预计都比较乐观。"这个案子我觉得胜诉的可能性比较大,因为仅从证据角度出发,老太太并没有充分的证据证明自己的观点——是彭宇撞倒了她。"高某东说,"因为民事诉讼的原则就是这样:谁主张、谁举证。老太太说是彭宇撞倒了她,那她就得拿出充分的证据来证明,而不用彭宇找出证据证明自己没有撞。" 但他们没有想到的是,法院用逻辑推理和分析的方法作出了认定和判决。 判决书:从常理分析…… 首当其冲的就是核心问题:彭宇和老太太到底有没有相撞? 鼓楼区法院认为,老太太是与彭宇相撞受伤。理由是:"根据日常生活经验分析,老太太(原文为"原告")倒地的原因除了被他人的外力因素撞倒之外,还有绊倒或者滑倒等自身原因情形,但双方在庭审中均未陈述存在老太太绊倒或滑倒等事实,……故根据本案现有证据,应着重分析老太太被撞倒之外力情形。" 判决书继续说:"人被外力撞倒后,一般首先会确定外力来源、辨认相撞之人;如果撞人之人逃逸,作为被撞倒之人的第一反应是呼救并请人帮忙阻止。本案事发地点是公共场所的公交站台,是公共场所,事发时间在视线较好的上午,事故发生的过程非常短促,故撞倒老太太的人不可能轻易逃逸。而根据彭宇自认,其是第一个下车的人,从常理分析,其与老太太相撞的可能性较大"。 法院认为,如果彭宇是见义勇为做好事,"更符合实际的做法应是抓住撞倒原告的人,而不仅仅是好心相扶。 "如果被告是做好事,根据社会情理,在老太太的家人到达后,其完全可以说明事实经过并让老太太的家人将她送到医院,然后自行离开。但彭宇未作此等选择,他的行为显然与情理相悖",判决书写道。

（续表）

标题类型	标题内容	正文
小标题	"如果不是他撞的，应该不会垫钱"	在和老太太家人一起将老太太送到医院后，彭宇曾掏出了200多元钱给老太太的家人交医药费，彭宇的解释是："当时老太太家里人急着给老人看伤，又说没带钱。这样我才把钱给了他们，他家里人当时还说要给我打欠条。"而现在这成了他有责任的证据之一。 　　判决书作了这样的表述："在事发当天，彭宇曾给老太太200多元钱，且此后一直未要求老太太返还。关于彭宇给钱的原因双方说法不一：老太太说是彭宇先行垫付的赔偿款；彭宇认为是借款。" 　　"彭宇和老太太素不相识，一般不会贸然借款。即便如彭宇所说是借款，在有承担事故责任之虞时，也应当请公交站台上无利害关系的其他人证明，或者向老太太家属说明情况后索取借条或说明。但彭宇在本案中未存在上述情况，而且在老太太家人陪同前往医院的情况下，由他借钱给老太太的可能性不大。" 　　"而如果撞伤了他人，则最符合情理的做法是先行垫付款项。"基于上述判断，法院认为，可以认定这200多元钱并非借款，而是赔偿款。
小标题	双方均无过错	"本案中，发生事故时，老太太在乘车过程中无法预见将与彭宇相撞；同时，彭宇在下车过程中因为视野受到限制，无法准确判断车后门左右的情况，故对此次事故，彭宇和老太太均不具有过错。" 　　但没过错并不代表不负责任。判决书认为："本案应根据公平原则合理分担损失，本院酌定被告补偿原告损失的40%较为适宜。被告彭宇在此判决生效的10日内一次性给付原告人民币45876元；1870元的诉讼费由老太太承担1170元，彭宇承担700元。" 　　法官在宣读完判决书后即刻离开法庭，彭宇也随即被摄像机包围。现场一片寂静，众记者在瞬间竟没有人发问，只是把目光和话筒递向了埋着头的彭宇。 　　"意料之外。"高某东律师说了一句话后，便开始收拾自己的东西。彭宇还是一言不发，眼眶却已开始泛红。过了好一会儿，他低声说："我要找说理的地方。" 　　高某东律师在被问到如何评价结果时，用了"没有以事实为基础"笼统作答。对于是否上诉，他表示将在与彭宇再行商议后决定。 　　昨天下午，一直为此案出庭作证也是此案唯一一证人的陈老先生依然出现在旁听席上。"我之所以一直坚持作证到现在，完全是凭着自己的良心和当天我的亲身经历。"陈老先生在庭前说，他也希望今天能看到一个结果，还事实一个公道。但陈老先生失望了，他的情绪甚至比彭宇更激动："朋友们，"他大声对着摄像机说，"以后还有谁敢做好事？"
标题	■各方说法 　　帮人还是撞人？	彭宇，南京一家通讯公司的技术人员。据《金陵晚报》早前报道，彭宇回忆说，去年11月20日上午9点左右，坐83路公交车，在水西门广场站下车。他第一个走下了车，看到一位老太太倒在离站台不远的地方。出于好心，他忙上前将其扶起。"我也不知道这一扶，会惹出这么多麻烦来！"
小标题	彭宇版：我在做好事	事发时，现场有一名50多岁的陈先生也过来帮忙，一起将老太太搀扶到路边。见老太太的侄女、儿子相继赶来，帮忙的陈先生就走了。

（续表）

标题类型	标题内容	正文
小标题	彭宇版：我在做好事	当天上午，彭宇帮老太太及其家人叫了出租车，可老太的儿子提出，怕忙不过来，问彭能不能一同去医院。彭宇想了一下，同意了。当得知是胫骨骨折要花费几万元换人造股骨头时，徐老太太一拍大腿对彭宇说："小伙子，就是你撞的啊！"彭宇当时就蒙了。
小标题	徐老太版：他撞了我	而老太太对事实的陈述是另一个版本。据《现代快报》报道，徐老太称，"我当时亲眼看到他撞到我的！"当时她在车站赶后面一辆83路公交车，从前面一辆车后门窜下来的彭将其撞倒。徐老太表示："我们老两口都有退休金和医保，儿子在公安局工作，不是说承担不起医药费，只是要讨回一个公道。"经鉴定，徐老太的伤势已经构成八级伤残，仅医药费就花去了4万余元。 　　今年1月4日，徐老太太向鼓楼区法院起诉，以彭宇将其撞倒在地致其受伤为由，要求赔偿总计13.6万余元。
小标题	媒体：老太太儿子是警察	4月底，鼓楼区法院第一次开庭审理此案。奇怪的是，彭向承办法官申请，向当时出警的派出所调取彭宇、陈先生及高老太的原始询问笔录时，派出所却以正在装修为由，无法提供。后来更是声称笔录遗失。老太太儿子刚好是警察，让网友们不禁猜测，笔录不知去向其中或有蹊跷。 　　江苏电视台城市频道《甲方乙方》节目曾拍到这样一组镜头：当事的派出所所长说："我至少找了6次还是没有找到，不过我拍了笔录纸的照片，"并说，"我为了搞清事实才用手机拍了笔录的。"当被追问到谁的手机拍的，所长拿出手机说就是他的这部手机。紧接着，彭宇当着所长的面调出照片Exif信息证明照片并非所长手机所摄。在记者的追问下，这位所长说出了实情，照片是老人的儿子拍摄的。卢所长说老人的儿子对他说是同行，他就把老太儿子的手机扣下了。
小标题	目击者：老太自己摔的	据证人陈先生在今年7月6日第三次开庭时所做陈述，他看到的情况是：老太太手里拎着保温瓶，向第三辆公交车跑去。她跑到第二辆车的车尾时，不知为什么就跌倒了。这时，他看到从第二辆车后门下车的彭宇走了几步，上前帮忙，然后自己也上前帮忙，并打电话叫老人的儿女过来，整个过程大约半个小时。 　　徐老太太曾在法庭上称不认识陈先生，当时不是他帮助的自己，陈先生非常气愤，提出自己当时曾用自己的手机帮老太太打电话，手机里有通话记录可以证明。
小标题	网友：好人做不得	老太太的儿子是警察，派出所不提供关键的证据，证人证明小伙子无辜，媒体采访时老太太态度傲慢，不停地有网友站出来说自己好心帮忙被反咬一口的故事，所有这些综合在一起，大部分网友认定彭宇是好心没好报，无辜受害，对他充满了同情。案件宣判后，在西祠、凯迪等网上论坛，都有网友号召给彭宇捐款。

（9）版本2：《德州晚报》2007年9月9日的报道

表7.3 《德州晚报》对彭宇案的报道与文字排版

标题类型	标题内容	正文
标题	南京"彭宇案"令好人心寒①	2006年11月20日,南京市民彭宇在公共汽车站好心扶一名跌倒在地的老人起来,并送其去医院检查。不想,受伤的徐老太太及家人得知胫骨骨折,要花费数万元医药费时,一口咬定是彭宇撞了人,要其承担数万元医疗费。被拒绝后,老人向鼓楼区法院起诉,要求彭宇赔偿各项损失13万多元。 9月5日,南京市鼓楼区法院采用有罪推定,尽管有目击证人坚称彭宇是做好事,但是法院对彭宇案作出了一审判决,称"彭宇自认,其是第一个下车的人,从常理分析,他与老太太相撞的可能性比较大"。裁定彭宇补偿原告40%的损失,即45 876元,10日内给付。判决书中还称如果不是彭宇撞的老太太,他完全不用送她去医院,而可以"自行离去","但彭宇未作此等选择,他的行为显然与情理相悖"。两个月前庭审期间坚持"以后碰到这种事还会出手相助"的彭宇,在走出法院大门时也没有了当时的坚决,"再不会这么冲动了",他说。 据《南方都市报》

(10)版本3:南京市政法委对彭宇案"真相"的公开说明(来源:《无锡日报》2012年1月17日)

表7.4 《无锡日报》对彭宇案的报道与文字排版

标题类型	标题内容	正文
标题	南京市政法委书记:彭宇承认与老人碰撞,不应成为社会道德滑坡的"标志性事件"	
小标题	事实真相	刘志伟综合当事人陈述和法庭调查,向记者介绍了"彭宇案"的基本事实。 2007年4月26日,鼓楼区法院第一次开庭审理此案,彭宇的妻子在代他出庭答辩时,没有说彭宇是做好事,只提出:"原告受伤非被告所导致的,不应该承担责任。"6月13日第二次开庭进行法质证时,彭宇在答辩中表示:"我下车的时候是与人撞了,但不是与原告相撞。"当被问及把原告扶起来出于什么目的时,他回答:"为了做点好事。"7月6日第三次开庭时,争议的焦点是双方是否相撞。9月3日,鼓楼区法院作出一审判决,认定原、被告相撞事实。因双方当事人均不服一审判决提起上诉,南京市中院于当年10月初进行调查,并在南京市公安局指挥中心查找到事发当日双方分别报警时的两份接处警登记表,其中的"报警内容"栏,均记录了两人相撞的情况,这些新证据为澄清事实提供了重要佐证。 在二审即将开庭之际,彭宇与徐寿兰达成庭前和解协议,其主要内容是:彭宇一次性补偿徐寿兰1万元;双方均不得在媒体上就本案披露相关信息和发表相关言论;双方撤诉后不再执行鼓楼区法院的一审民事判决。 对于调解结果,彭宇最近也表示,徐寿兰确实与其发生了碰撞,他对结果表示满意。

---

① 类似这种"彭宇做好事反被诬"的报道出现在很多媒体中,包括中央电视台12频道《一鸣论道》对彭宇案的报道节目(2007年11月5日)。

1. 新闻报道对案件事实与判决的片面主观建构

三个关于彭宇案的抽样报道均含有对彭宇案事实部分与判决的主观建构，主要体现在对事实过程的及物系统的选择以及对证言与判决意见的有选择的转述。

鉴于新闻标题是概括整个新闻叙事主题的宏观结构（van Dijk，2014），对比(8)、(9)的标题，可以看出，两者均倾向于同情彭宇，对其遭遇表示痛心。其中，(8)的标题中，第一个小句直接引用第三方证人的评价性言语"以后还有谁敢做好事"，来表达新闻记者对此事的评价。第二个小句简要概述该新闻的内容，其中不乏评价性词汇，"帮人反被诬"，"帮人、被诬"体现了新闻记者对此事的概念化表达，"反"体现了他对这两者之间语法关系的质疑。第三个小句，用一个无主语小句表达了此案件的结果，最后一个小句"网友号召捐款"省略了"受助者"，从正文可以看出，此受助者是"彭宇"，这一小句表达了网友对彭宇的支持性态度。(9)的标题中，"南京'彭宇案'令好人寒心"，是直接的态度性评价小句，"好人""令人寒心"，均是对"做好事"的彭宇的肯定态度。从这两则新闻的标题来看，两者都以"好人（彭宇）做好事（助人为乐、扶起跌倒的老人）却被诬为坏人（肇事者）"这样的情景图式而展开，只不过(8)的标题采用了很多元语言策略，如引用证人言语、疑问句等，隐含地实现类似于修辞问句具有的设问功能，而运用法庭的判决结果"判赔"与网友的态度"捐款支持彭宇"之间的态度对决，来实现对此设问的一种确认，而(9)中的标题则体现新闻作者非常明确的评价性态度——帮人反被诬，而(10)中的标题的重点是凸显发话人的角色"南京市政法委书记"与其对案件关键事实的论断"彭宇承认与老人相撞"与对彭宇案影响的论断"不应成为社会道德滑坡的'标志性事件'"，可以说该标题纯粹引用发话人的话语，不表示记者的任何显性评价性态度，显得较为中立。对比三个新闻标题，可以发现新闻作者对该案件事实的语法编码体现了记者对此事有不同的情境模式，此情境模式将影响到受众对此新闻的接受与评价。

如果将新闻标题与新闻正文结合起来分析，可见(8)的正文中介绍了案件的事因（徐老太起诉彭宇）的过程，并将判决结果做了重点介绍，对判决书的主要依据与逻辑进行了梳理，其中对主要观点的引用尤为突出，使受众对此案的真相倍觉蹊跷，对此案的结果倍觉奇怪。然后，该报道介绍了各方的不同观点与言论，包括彭宇与徐老太对事实过程不同的描述、媒体对关键证据缺失的质疑、证人的观点、网友的观点,因为判决书并没有对案件事实进行有理据的确认,仅仅凭"日常生活经验"或"社会情理"等这些内涵不确定、因人而异的逻辑来辅助证据的确认,使得受众只能将第三方的证人证言作为唯一的证据,恰巧该报道将证人证言(包括案件的目击者)与众多网友的经历放在报道的结尾处,使得受众对最终出现的新闻信息的印象特别深刻,也使得"做好事被诬"的语义情景成为该报道的重点信息。该新闻的标题恰好也引用目击者的言语作为新闻标题,尽管新闻标题中使用了问号,但这些语义信息与正文一起塑造了一个完整的"好人被诬"的知识图景。新闻报道(9)的正文中,则主要从彭宇的视角对事实进行概述,没有再现徐老太或其他人的视角与言语,直接给受众一个"做好事却被诬陷"的知识图景,另外,也对11页长的判决书所使用的司法推理进行选择性报道,引用其对"社会情理"等的论述,将判决书中"肇事者才陪同老人去医院"这一语用预设默认为社会情理进行重点报道,使受众对这一道德标准产生质疑。

新闻(10)的正文中,只单方面概说了政法委对案件审理过程与对证据的介绍,其中"彭宇承认确与老人相撞"也是转述,因此并没有回应受众对这两个关键问题"案件的事实"与"判决书中的情理"的疑问。

从以上对三则新闻的标题与正文信息的简要对比分析可知,新闻报道中对彭宇案所涉事实过程的叙述与对证人证言、判决书的判决逻辑的转述体现了新闻作者对彭宇案的强烈的主观建构,影响到受众对这起案件的认知。

2. 法官在判决书中对案件事实的描述

彭宇案的一审判决书是如何描述案件事实部分呢?为方便分析,特将南京市鼓楼区人民法院民事判决书(2007)鼓民一初字第212号关于事实陈述的部分誊录于此:

1①　　经审理查明,2006年11月20日上午,原告在本市水西门公交车站等候83路车,大约9时30分有2辆83路公交车同时进站。原告准备乘坐后面的83路公交车,在行至前一辆公交车后门时,被告第一个从公交车后门下车,<u>原告摔倒致伤,被告发现后将原告扶至旁边,在原告的亲属到来后,被告便与原告亲属等人将原告送往医院治疗</u>,原告后被诊断为左股骨颈骨折

---

① 为便于分析,段前用阿拉伯数字标记段落数。

并住院治疗,施行髋关节置换术,产生了医疗费、护理费、营养费等损失。

2　　事故发生后,南京市公安局公共交通治安分局城中派出所接到报警后,依法对该起事故进行了处理并制作了讯问笔录。案件诉至本院后,该起事故的承办民警到法院对事件的主要经过作了陈述并制作了谈话笔录,谈话的主要内容为:原、被告之间发生了碰撞。原告对该份谈话笔录不持异议。被告认为谈话笔录是处理事故的民警对原、被告在事发当天和第二天所做询问笔录的转述,未与讯问笔录核对,真实性无法确定,不能作为本案认定事实的依据。

(第3、第4段略)

5　　另查明,<u>在事发当天,被告曾给付原告二百多元钱</u>,且此后一直未要求原告返还。关于被告给付原告钱款的原因,双方陈述不一:原告认为是先行垫付的赔偿款,被告认为是借款。

6　　<u>审理中,对事故责任及原、被告是否发生碰撞的问题,双方也存在意见分歧。原告认为其是和第一个下车的被告碰撞倒地受伤的;被告认为其没有和原告发生碰撞,其搀扶原告是做好事。</u>

7　　因原、被告未能就赔偿问题达成协议,原告遂诉至法院,要求被告赔偿原告医疗费、护理费、营养费、住院伙食补助费等损失,并承担本案诉讼费用。

……

8　　上述事实,有双方当事人陈述;原告提供的住院记录、医疗费票据;被告申请的证人陈某春的当庭证言;城中派出所提交的对原告的询问笔录、对被告讯问笔录的电子文档及其誊写材料;本院委托鉴定的鉴定报告、本院谈话笔录以及本院开庭笔录等证据证实。

9　　本院认为,当事人的合法权益受法律保护。对于本案的基本事实,即2006年11月20日上午原告在本市水西门公交车站准备乘车过程中倒地受伤,原、被告并无争议。但对于原告是否为被告撞倒致伤,双方意见不一。根据双方诉辩观点,本院归纳本案的争议焦点为:一、原、被告是否相撞;二、原告损失的具体数额;三、被告应否承担原告的损失,对此分别评述如下:

10　　一、原、被告是否相撞。

第七章 法制新闻话语中的庭审参与人角色

11　　本院认定原告系与被告相撞后受伤,理由如下:(略)

从该判决书的结构与内容来看,法庭对案件事实的表述主要有两处,分别是"经审理查明"开头的一段(第1～5段)与法庭经司法推理确认的一段(第11段)。在第1段,判决书中采用了五个物质过程,分别是原告(徐某兰)摔倒与致伤,被告(彭宇)看见、扶起、送原告(徐),因为"摔倒"是不及物动词,通常其"动作者"为这一动作的最终责任者,可以说这里已经建构了一个确定的事实:老人系自行摔倒,而彭宇系帮忙。详见下文分析:

A. "原告[动作者]摔倒[过程:物质]致伤[过程:物质],被告[动作者]发现[过程:心理]后将原告[目标]扶[过程:物质]至旁边[范围],在原告的亲属到来后,被告[动作者]便与原告亲属等人将原告[目标]送往[过程:物质]医院治疗"

所以说,如果在证据不足以证明此事实过程,而此过程的动作者与原因尚不明确的情况下,可以采用模糊表述的方法描述该过程,如采用"倒下"(见B),不陈述其"倒"的原因,以便为后文法庭对事实的确认留下空间。

B. "原告[动作者]倒下[过程:物质]受伤[环境],被告[动作者]发现[过程:心理]后将原告[目标]扶[过程:物质]至旁边[范围],在原告的亲属到来后,被告[动作者]与原告亲属等人将原告[目标]送往[过程:物质]医院治疗"

第二个是案件事实的陈述,是在"本院认定原告系与被告相撞后受伤"这个段落(第11段),这里,"认定"是心理过程,因其对事实的建构性比较差,对此事实的确认主要依据其后的"理由"。

从以上抽样对比分析的结果来看,新闻作者倾向于使用不同的及物性过程对彭宇案的事实部分进行重构,同时,通过对证言与法官的判决逻辑进行有选择的转述,彭宇案中原告人、被告人与法官的形象出现负面范畴化或刻板形象。

整体新闻报道语料中,对此事实过程与判决逻辑,是否采用了同样的语篇建构手段,体现了同样的负面范畴化与偏见话语?基于本研究收集的2007—2016年跨越10年的彭宇案新闻报道语料,利用语料检索工具对这两点进行分析,将能更好地分析彭宇案新闻报道中的偏见话语、话语策略与对庭审主要参与人角色的负面范畴化建构。

(五)对诉讼人所属群体的范畴化建构与道德偏见

在彭宇案新闻报道中,新闻作者一直围绕、凸显并强化青壮年与老年人之间、救人者与诬陷者之间的矛盾这一备受争议的话题,将原告人徐某兰、被告人彭宇分别范畴化为老年人、青年人,并对两者的个别特征进行主观性评价,从而建构了两个群体的刻板形象与人们对这两个群体的不同态度。

语料中凡是对原告的指称,一般均用"徐老太""老人""老太太"来指代,而对被告彭宇的指代却用"青年彭宇""南京青年"或"彭宇"来指代,其中"彭宇"使用得最多,形成了一种典型的以双方年龄特征为主的范畴化处理,如下文所示:

(11) 7月,南京的一位<u>老太太</u>将<u>青年彭宇</u>告上法庭,称对方撞倒自己,要求其赔偿十几万元的损失。<u>彭宇</u>则称自己好心帮助那位<u>老太太</u>,将她扶起送她去医院,却反被诬。<u>彭宇</u>称,2006年11月20日,他在公共汽车站好心扶一名跌倒在地的<u>老人</u>起来,并送其去医院检查。不想,受伤的<u>徐老太</u>及家人得知胫骨骨折,要花费数万元医药费时,一口咬定是<u>彭宇</u>撞了人,要其承担数万元医疗费。被拒绝后,<u>老人</u>向鼓楼区法院起诉,要求<u>彭宇</u>赔偿各项损失13万多元。

《南方都市报》2007年9月6日

法律新闻对案件过程的报道中如何对当事人进行语法编码,既体现了新闻记者对该事件的认知情景模式,也影响并限制了受众对该事件的认知情景模式。为此,可以对语料中关于该案事实与过程的叙述进行语言学分析。

及物性系统是阐述语篇使用者如何对事物发生、发展或状态等过程进行编码的符号系统(Halliday & Matthiessen, 2014)。及物性系统包括六个过程,分别是物质过程、心理过程、关系过程、言语过程、行为过程与存在过程。一般来说,物质过程指做某事或发生什么的过程,体现两个参与者之间发生的行为,其中实施动作的一方可称为"动作者",接受动作或行为的一方称为"目标",根据动词的不同,第二参与者也可由范围、环境(环境成分)等角色替代。其中,使用及物动词的物质过程赋予主要参与者更强的行动责任能力。相比较而言,在心理过程、关系过程、言语过程、行为过程、存在过程等,第一参与者的行动责任能力都较弱(Thompson,1996)。

对语料中撞人事件的参与者及过程的描述进行初步的及物性分析,可以发现物质过程的使用频率最高,除行为过程几乎没出现外,其他过程的使用频率没有明显区别(见表7.5)。

表7.5 新闻报道中对案件报道所用的及物性系统的类型分布

	物质过程			心理过程			关系过程			言语过程			存在过程			总(%)		
阶段	一	二	三	一	二	三	一	二	三	一	二	三	一	二	三	一	二	三
频次	79	19	13	15	6	5	18	7	10	9	5	3	3	9	3	124	46	34
总次(%)	111(54.4)			26(12.7)			35(17.2)			17(8.3)			15(7.4)			204(100)		

下文将着重分析物质过程中对动作的实施者与目标的语法体现,结合心理过程与关系过程,探讨彭宇案相关新闻报道中对(扶人者)青(壮)年及(受助者)老年人的语法编码及在符号编码过程中所体现的立场与态度。

具体分析可知,在第一、第三阶段的语料中,基本上将彭宇作为"扶人"动作过程的动作者,或将其作为"诬陷"行为的目标,或"反思"心理过程的动作者,而将徐老太作为"跌倒"行为的动作者或"诬陷"行为的动作者,或作为"谴责"行为的目标。总的来说,这两个当事人均已被按年龄进行归类,并且个别行为特点得到媒体的主观评价,从而得到范畴化处理,其中"彭宇"被描述为助人反被诬的年轻人,而"徐某兰"则被描述为得了帮助反诬陷他人的、具有贪便宜心理的老年人。

1. 被告人彭宇的"救人者"与"被诬陷者"形象

新闻报道倾向于将彭宇塑造为助人反被诬的年轻人。首先,彭宇是"扶人"动作的动作者,主要体现于彭宇[动作者]+动作[扶]+老太[目标]这一物质过程中,如下文的(12)、(13)、(14)。

(12) 南京青年彭宇[动作者]称因搀扶[动作]摔倒的老太太[目标]并陪她去医院……,(彭宇[目标])反而被告[动作]上法庭,被索赔[动作]数万元医疗费。

《青岛日报》2007 年 9 月 14 日

(13) 2006 年 11 月 20 日,南京市民彭宇[动作者]在公共汽车站好心扶[动作]一名跌倒在地的老人[目标]起来,并送其去医院检查。

《德州晚报》2007 年 9 月 9 日

(14) 多家媒体这样交代彭宇案的来龙去脉:南京小伙彭宇[动作者]因搀扶[动作]摔倒的老太太[目标],(彭宇[目标])反被告[动作]上法庭。

《邢台日报》2007 年 9 月 22 日

在(12)、(13)、(14)小句中,"彭宇"被作为"扶人"动作的动作者,同时,"彭宇"的行为还被编码为"做好事",见以下(15)、(16)中的关系过程,其中,"彭宇"被符号化为"标签"(token),"做好事的人""被诬陷的人"是其"特性"。

(15) 媒体纷纷使用"某某版彭宇案"的报道模式,其基调是"好心扶人反被讹",被告[载体]是"做好事""见义勇为"[属性],受伤者[载体]是无良的"讹人者"[属性]。

《羊城晚报》2014 年 3 月 14 日

(16) 彭宇上前扶起徐老太,并送其至医院诊治[载体],本属见义勇为[属性]。

《宜春日报》2014 年 10 月 22 日

(17) 彭宇[识别者]并不是第一个因为做好事而被讹诈[过程]的人[被识别者]。

《赣州晚报》2010 年 11 月 20 日

其次,新闻报道中,采用将"彭宇"的角色进行泛化、类型化的策略,将很多扶老人的人比做"彭宇",且将他们归为"青年人",其共有属性为"做好事反被诬",

同时利用语篇上的互文,将"彭宇"与"扶助老人的年轻人"建构为一个群体,如下文(18)、(19)、(20)中的物质过程小句。

(18) 近日有报道称,天津车主许云鹤[动作者]搀扶[动作]违章爬马路护栏摔倒的王老太[目标],反被老太一口咬定[动作]撞了她,因此被法院判决[动作]承担40%责任,赔偿10万多元。这一案件引起网友热议,(网友[动作者])称之为[关系过程]天津版"彭宇案"[属性]。

《劳动报》2011年8月22日

(19) 南通一辆大巴的司机在立交桥上发现了一个骑三轮的老太太倒在路上,司机[动作者]前去搀扶[动作](老太[目标])后,却被老太诬为[动作]肇事者[属性]。

《大河报》2011年8月31日

(20) 近日,四川彭州一老人骑自行车过马路时,在一路口不慎摔倒。而后,一名骑着自行车路过的学生停车,热心地问候伤情。不过,该学生[动作者]却遭到老人的诬陷(动作),称是学生将其撞倒。

《先驱报》2015年7月25日

在(18)、(19)、(20)小句中,许云鹤、司机与学生构成了一个互文性的群体,其属性相同,均是"扶人"事件的动作者,均是"诬陷"动作的目标。在(21)、(22)例句的关系小句中,则更是将"年轻人"作为载体,而"被敲诈的对象""善意有风险'的标本"则是属性。

(21) 而一些助人为乐的年轻人[载体]成了被敲诈的对象[属性]。

《北京青年报》2011年9月3日

(22) 这个带有或然性的案例[载体],再一次为公众树立了[关系过程]"善意有风险"的标本[属性]。

《太行晚报》2011年9月1日

值得注意的是,在2012年的新闻报道中,确实出现一些将彭宇作为"撞人""隐瞒真相"的动作者,并对其进行谴责,如(23)、(24)中的小句。

(23) 彭宇[动作者]撞倒[动作]老人[目标]之后,之所以编造[动作]"做好事被诬告"的话题[目标]……

《株洲晚报》2012年1月17日

(24) 彭宇[动作者]在这里显然是隐瞒了[动作]事实真相[目标],想借助媒体推卸[动作]自己应该承担的责任[目标]。

《湖南工人报》2012年2月8日

2012年,南京市政法委通过新闻报刊公布了彭宇案的真相,指出"彭宇确实撞了徐老太",因而此阶段新闻报道中对彭宇案的事实建构有所不同,"彭宇"成为被责备的对象。(23)中的"撞人"物质过程中,"彭宇"是动作者,"老人"是目标,"编造"物质过程,"彭宇"是动作者,"话题"是目标;例(24)中,"隐瞒""推卸"是过程,"事实真相""责任"是目标,而"彭宇"是该过程的动作者。可见,新闻作者在这里突出建构彭宇在这些事件中的责任,并指出他在撞人后不承认错误反而编造自己做好事反被诬的话题,突出强调彭宇的行为有违中国传统的道德观念。但总的来说,这些符号化过程在整个语料中比较少,其中的主要原因可能在于,这一案例的事实真相尚没有经过证据的确认,所以,很难引起受众的认同,也没有在后续报道中形成互文性的报道,没有影响新闻报道早已在受众心中建构形成的偏见话语知识结构"做好事的年轻人反被诬"。

2. 原告人徐老太的"跌倒者""受助者""诬陷者"形象

新闻报道中倾向于把原告人徐某兰塑造为受助反诬人的无良老年人形象。

首先,在新闻报告中,原告人徐某兰被编码为"跌倒"(不及物动词)物质过程的动作者、扶人行为的目标、诬陷行为的言说者,见下文的分析。

(25) 南京的徐某兰老太太[动作者]赶公交时跌倒[动作],彭宇将老太太[目标]从地上扶起又送往医院。后经鉴定,徐老太太伤势严重,构成八级伤残,仅医药费就花去了4万余元。

徐老太太[言语者]以彭宇将其撞倒致伤为由,诉至法院,要求[动作:言语]彭宇[接受者]赔偿医药费、护理费、伤残赔偿金等总计13.6万余元[言说内容]。

《温州商报》2008年3月17日

(26) 2006年11月20日,南京市民彭宇在公共汽车站好心扶[动作]一名<u>跌倒在地的老人</u>[目标]起来,并送其去医院检查。

《德州晚报》2007年9月9日

(27) 多家媒体这样交代彭宇案的来龙去脉:南京小伙彭宇[动作者]因搀扶[动作]摔倒的老太太[目标],(彭宇[目标])反被告[动作]上法庭。

《邢台日报》2007年9月22日

在(25)小句中,徐某兰是"跌倒"事件的动作者,其跌倒过程没有任何其他参与者,"跌倒"语法上是一个不及物动词,而在(26)小句中,"跌倒"这个动作以语法隐喻的形式压缩为定语,并没有占据重要的语法地位,也就是说,新闻报道倾向于将其"跌倒"作为非重要的信息或默认信息。同时,在"扶人"过程中,她是"目标"(受助者),在"起诉"事件过程中,她是言说者,如(25)所示,也是"诬告"过程中的"言说者",如(25)、(27)所示。

其次,对"老人跌倒"的新闻报道中也采用了类似的概念泛化或互文话语策略,即将老太作为"跌倒"行为的动作者、"诬告"行为的言说者,或用语法隐喻的形式将其"跌倒"作为压缩性的前置定语,以强化其为默认信息,从而构成了与"彭宇案"中的"徐老太"的互文信息,使他们具有共同的类属特征与属性。

(28) 近日有报道称,天津车主许云鹤搀扶[动作]违章爬马路护栏摔倒的王老太[目标],反被老太[动作者]一口<u>咬定</u>[动作:言语过程]<u>撞了她</u>[言说内容],因此被法院<u>判决</u>[动作:言语过程]承担40%责任,赔偿10万多元。这一案件引起网友热议,<u>称之为</u>[关系过程]天津版"彭宇案"[属性]。

《劳动报》2011年8月22日

(29) 南通一辆大巴的司机在立交桥上发现了一个<u>骑三轮的老太太</u>[动作者]<u>倒</u>[动作]在路上,司机前去<u>搀扶</u>[动作](老太[目标])后,却被老太[言说者]<u>诬为</u>[动作]肇事者[属性]。

《大河报》2011年8月31日

(30) 近日,四川彭州一<u>老人</u>[动作者]骑自行车过马路时,在一路口不慎<u>摔</u>

倒[动作]。而后,一名骑着自行车路过的学生停车,热心地问候伤情。不过,该学生却遭到老人[言说者]的诬陷[动作:言语],称是学生将其撞倒。

《先驱报》2015年7月25日

在(28)、(29)、(30)三个小句中,"搀扶"行为的目标(受助者)均为老太太,而"告上法庭"行为的言说者均为(受助的)老太太,新闻作者试图建构这样一种知识情景模式:老人们跌倒,得到帮助,却冤枉施救者,将他告上法庭,还索赔医疗费,体现徐老太的忘恩负义以及对助人为乐道德的践踏。这种刻板印象的塑造主要归因于媒体对当事人的指称采用了比较泛化的类属词"老人""老太太",从而导致受众在认知上会将这一刻板印象强加于所有需救助的老人,构成了比较显性的偏见话语①。

新闻报道中对"徐某兰"之类的"老人"的特征与属性的描述,均采用负面的评价信息,见下文中对"属性"的词汇类别的感情色彩及其前置修饰语或后置补语中所携带的评价性信息。

(31) 有明显吃亏的彭宇,有貌似占了便宜[动作]的老太[动作者]。

《华西都市报》2011年9月30日

(32) 在"彭宇案"之后,"南京老太"[载体]和车祸[属性]纠缠[过程:关系]在一起,成为[过程:关系]可怕的"示范"[属性]。

《燕赵晚报》2010年9月25日

(33) 制造"彭宇案"的[被识别者],几乎无一例外都是[过程:关系]老年人[识别者],这个问题也不能忽视。

《大河报》2011年8月31日

(34) 我们看到,制造"彭宇案"的[被识别者],几乎无一例外都出自经济条件差、享受社会保障较少的家庭[识别者]。

《大河报》2011年8月31日

---

① 如果以判决书对案件事实过程的描述或者南京市政法委的真相说明,当事人徐某兰确实"被撞",也可将新闻报道中对徐老太的符号编码与其默认的情景模式视为针对老年人的偏见话语。

(35) 只有"**老人们**"[动作者]多点严谨的判断,极个别人[动作者]收起[过程:物质]"**贪便宜**"的心理[目标],"无人敢扶"的悲剧才不会重演。

《新安晚报》2013年4月19日

在(31)中,压缩小句"占了便宜的老太","老太"是贬义行为过程的动作者,在(32)中,"南京老太"被赋予"车祸""可怕的示范"这些实体所内在的特性——恐怖;在(33)中,"老年人"被作为"制造彭宇案"悲剧——冤案——始作俑者的"识别者"或者代号;在(34)中,"出自经济条件差、享受社会保障少的家庭"被赋予"制作彭宇案的人"的特征与代名词;在(35)中,尽管有"极个别"做让步修饰语,但"老人们"还是被建构为具有"贪便宜"的特性。从这一系列的话语中,"老人"被塑造为"制造麻烦的人",他们都是"贪心的人"。这也体现了新闻报道对老年人的一种脸谱化塑造。

不可否认,在2012年的新闻报道中,尤其是南京政法委官方公布彭宇案的"真相"后,确实有记者表现出对"徐老太"的同情,将其称为"窦娥",如(36)与(37)。

(36) 这5年,徐老太[载体]真的成了冤屈的"窦娥"[属性]。

《河南商报》2012年1月17日

(37) 徐老太[目标]……被辱骂[过程:言说]与被伤害[过程:心理],被钉[过程:动作]在"恶人"的耻辱柱上[范围]。

《河南商报》2012年1月17日

但总体而言,这样的话语并不普遍。

总之,在彭宇案事实部分的符号化过程中,媒体倾向于将"徐老太们"称为"制造冤案的人""贪心的人",而将"彭宇们"称作"做好事反被诬的年轻人",无形中构筑了老年人与青年人之间的道德对立。而在新闻的"评论"部分,媒体也充分发挥其道德观察者的角色,针对老幼之间的关系,对受众进行教育或劝导,其中,"慎扶老人"这样的警告性话语显示了对老幼关系的一种悲观态度。

3. "慎扶老人"——新闻报道中老幼关系的偏见话语

在新闻报道中,关于老幼之间的关系,记者们倾向于以警告性、劝导性的口吻对广大受众进行道德教育,以心理过程来固化人们对帮扶老人做好事的担忧,从而构建一种"做好事有风险"或"主动做事有风险"的片面知识,或用命令式的祈使句(无主语小句)来引导受众做出行动,建构一种"慎重做好事"的情景,所使用的话语策略主要有及物性过程的心理过程、表人际意义的疑问句,这样的话语大多出现在第一与第三阶段的语料中。

首先,彭宇案的新闻报道中,出现很多描述受众对该案件的感受与认知,主要体现于心理过程的符号化使用。心理过程指的是感知(听、说、闻等)或心理反应过程(如喜欢、憎恶),或认知过程(比如认为、觉得等),参与者称为感知者(通常为有意识的主体)与现象(通常为被感知的对象)(Halliday & Matthiessen, 2014)。

(38) 于是,我们就可以发现,有人<u>看到</u>[过程:心理]老人摔倒,因<u>怕</u>[过程:心理]变彭宇第二[现象],曾<u>不敢</u>上前扶起老人。

《南宁日报》2010 年 1 月 19 日

(39) 经历过著名的"彭宇案"之后,莫说在事发地南京市,全国各地的人都<u>心有余悸</u>[过程:心理],遇见跌倒的老人,在伸出援手之前要三思。

《临沂日报》2009 年 2 月 25 日

(40) 由此也引发一系列的"彭宇案后遗症":救人先得找证人,就<u>怕</u>[过程:心理]惹上无妄之灾[现象]。

《IT 时报》2007 年 9 月 21 日;《解放日报》2008 年 3 月 27 日

(41) 遇到路人跌倒,特别是老人跌倒,无论是事发时的在场者,还是舆论上的在场者,都把<u>怕</u>[过程:心理]成被告[现象]、<u>怕</u>[过程:心理]惹官司[现象]、<u>怕</u>[过程:心理]成为"彭宇第二"[现象]作为自己的道德借口。

《济南时报》2009 年 6 月 5 日

(42) 不是他们良心开始变坏,而是社会对美好道德的歪曲[现象]让他们感到<u>害怕</u>[过程:心理]。

《大江晚报》2010 年 1 月 11 日

(43) 助人救难恐怕已不再被<u>认为</u>[过程:心理]是社会的寻常经验了[现象]。

《IT 时报》2007 年 9 月 21 日

(44) 见义勇为的风险[现象]越来越为人们[感知者]所认识[过程：心理]。

《太行晚报》2011年9月1日

(45) 应该承认[过程：心理]，把摔倒老人扶起来后，做好事确实存在反被诬陷的问题[现象]。

《泰山晚报》2014年3月12日

(46) 多数人觉得[过程：心理]不是自己的事少管，多一事不如少一事[现象]。

《兰州晚报》2011年9月29日

(47) "老人扶不得"的观念[过程：存在物]已经植入了大家的脑海中[环境]。

《临川晚报》2008年4月7日

在(38)中，表感知类的心理过程"看到"，看到人们不敢做好事；在(38)、(39)、(40)、(41)、(46)中，表心理反应的心理过程"怕"，怕成为"彭宇第二"等；在(43)、(44)、(45)、(46)中，表认知类的心理过程"认为""觉得""承认"等，也会在受众心理引发类似的感受。而(47)的存在过程中，"'老人扶不得'的观念"被视作一种固化的存在物来进行表述，其存在的环境过程"大家的脑海中"，宽泛的类属词"大家"而不是比较具体的"某些特定的人"，更是将这样一种片面的话语作为普遍的现实来表述。

其次，新闻报道中还出现不少以设问句表达的忧虑与困境，如(48)与(49)：

(48) 谁又会愿意在一个没有法律保障的环境下见义勇为呢？

《广州日报》2008年3月18日

(49) 更严重的是，案件的"蝴蝶效应"正在不断显现——搀扶路上摔倒的人被讹上怎么办？谁能证明自己是做了好事？一系列的顾虑困扰着每一个想做好事的人。

《西安晚报》2008年2月17日

这些疑问句使得受众进入答复者的角色，在受众思考这些问题的过程中，新闻语篇成功地将这些困惑或忧虑植入受众的深层认知空间，并影响其对彭宇案的认知。

在此基础上,一些新闻报道以新闻记者的口吻或以其他人的口吻传递的命令性小句,将"慎扶老人"的警告传递给受众,如(50)、(51)与(52)小句中语义明确的物质过程"别扶""避开",以及与之相关的心理过程"当心":

(50) 摔倒在街头的老人[目标]不要轻易去扶[过程:物质],否则就有可能引[过程:物质]火[目标]上身[范围]。

《济南日报》2011年8月22日

(51) 以后大家[动作者]看到[过程:心理]跌倒的老头老太[现象],一定要迅速避让[过程:物质],免生[过程:物质]祸端[目标]。

《现代金报》2007年9月10日

(52) 有人"善意"地提醒:别去扶[过程:物质]他[目标],当心[过程:心理]赖上你[现象]。

《每日新报》2010年1月17日

在(50)中,物质过程"不要轻易去扶"告知受众应该做什么,并且告知受众此后果,见第二个物质过程"引火上身",这两个含有物质过程的命令句语义很明确,指令性很强。同理,(51)也是类似的句法,看到跌倒的老头老太,要迅速"避让",否则会有祸端。(52)也有同样的互文使用。

很明显,以大众为这些警告信息的接受者(同时也是扶助动作的动作者),将扶助老人的不良后果传达给他们,使得"不要轻易扶老人","要迅速避让"这些指示性建议很有针对性,同时"引火上身"或"惹上祸端"这些危害性信息的揭示也很明确,这样,这种命令句所实现的保护性警告建议很容易为大众所接受,从而在信息告知功能之外,使新闻语篇无形中实现了其道德教育与说服功能。当然,尽管这种保护性警告信息有一定的合理性(对于特定的扶助目标或特定的动作者而言),但新闻语篇中没有对这种保护性警告信息设定特定的语境前提,使得其语用适用性变得非常宽泛,从而以偏概全,形成了一种偏见话语。同时,这种保护性警告信息因为蕴含了或固化了年轻人与老年人群体之间的对立与矛盾,不利于不同群体的受众通过言语沟通实现理解,从而变成一种典型的偏见话语。

(六)新闻报道中对法官判决逻辑的偏见话语

对彭宇案的司法争议主要集中在一审判决书中法官的法律逻辑,新闻语篇采用了转述言语策略,并在转述言语中进行了句法语义上的选择,使得法官的判决逻辑被主观性解读并片面理解,从而在媒体话语中建构了对法官的刻板范畴化建构,体现了针对法官的偏见话语。

为方便比较,特将判决书中关于事实裁定的逻辑部分誊录在此(注:段落前数字表示段落数):

(16)本院认定原告系与被告相撞后受伤,理由如下:

(17)1. <u>根据日常生活经验分析</u>,原告倒地的原因除了被他人的外力因素撞倒之外,还有绊倒或滑倒等自身原因情形,<u>但双方在庭审中均未陈述存在原告绊倒或滑倒等事实,被告也未对此提供反证证明,故根据本案现有证据,应着重分析原告被撞倒之外力情形</u>。人被外力撞倒后,一般首先会确定外力来源、辨认相撞之人,如果相撞之人逃逸,作为被撞倒之人的第一反应是呼救并请人帮忙阻止。本案事发地点在人员较多的公交车站,是公共场所,事发时间在视线较好的上午,事故发生的过程非常短促,故撞倒原告的人不可能轻易逃逸。根据被告自认,其是第一个下车之人,<u>从常理分析,其与原告相撞的可能性较大。如果被告是见义勇为做好事,更符合实际的做法应是抓住撞倒原告的人,而不仅仅是好心相扶;如果被告是做好事,根据社会情理,在原告的家人到达后,其完全可以言明事实经过并让原告的家人将原告送往医院,然后自行离开,但被告未作此等选择,其行为显然与情理相悖</u>。

(18)城中派出所对有关当事人进行讯问、调查,是处理治安纠纷的基本方法,其在本案中提交的有关证据能够相互印证并形成证据锁链,应予采信。被告虽对此持有异议,但并未提供相反的证据,对其抗辩本院不予采纳。根据城中派出所对原告的询问笔录、对被告讯问笔录的电子文档及其誊写材料等相关证据,被告当时并不否认与原告发生相撞,只不过被告认为是原告撞了被告。<u>综合该证据内容并结合前述分析,可以认定原告是被撞倒后受伤,且系与被告相撞后受伤</u>。

(19)2. 被告申请的证人陈二春的当庭证言,并不能证明原告倒地的原因,当然也不能排除原告和被告相撞的可能性。因证人未能当庭提供身份证等证件证明其身份,本院未能当庭核实其真实身份,导致原告当庭认为当时在场的第三人不是出庭的证人。证人庭后第二天提交了身份证以证明其证人的真实身份,本院对证人的身份予以确认,对原告当庭认为当时在场的第三人不是出庭的证人的意见不予采纳。证人陈二春当庭陈述其本人当时没有看到原告摔倒的过程,其看到的只是原告已经倒地后的情形,所以其不能证明原告当时倒地的具体原因,当然也就不能排除在该过程中原、被告相撞的可能性。

(20) 3. 从现有证据看,被告在本院庭审前及第一次庭审中均未提及其是见义勇为的情节,而是在二次庭审时方才陈述。<u>如果真是见义勇为,在争议期间不可能不首先作为抗辩理由,陈述的时机不能令人信服。</u>因此,对其自称是见义勇为的主张不予采信。

(21) 4. 被告在事发当天给付原告二百多元钱款且一直未要求原告返还。原、被告一致认可上述给付钱款的事实,但关于给付原因陈述不一:原告认为是先行垫付的赔偿款,被告认为是借款。<u>根据日常生活经验,原、被告素不认识,一般不会贸然借款,即便如被告所称为借款,在有承担事故责任之虞时,也应请公交站台上无利害关系的其他人证明,或者向原告亲属说明情况后索取借条(或说明)等书面材料。但是被告在本案中并未存在上述情况,而且在原告家属陪同前往医院的情况下,由其借款给原告的可能性不大;而如果撞伤他人,则最符合情理的做法是先行垫付款项。</u>被告证人证明原、被告双方到派出所处理本次事故,从该事实也可以推定出原告当时即以为是被被告撞倒而非被他人撞倒,在此情况下被告予以借款更不可能。综合以上事实及分析,可以认定该款并非借款,而应为赔偿款。

1. 法庭对案件事实推定的理据性

从彭宇案判决书的结构与内容来看,鉴于无法证明彭宇案中原告人与被告人之间是否有"撞人"事件发生,法庭对案件事实的推定主要基于如下四个理由:第一个理由包含两方面的"综合",对日常情理的推理与派出所的证据的综合分析(见第17段与第18段);第二个理由是证人的证言(第19段);第三个理由是

第七章 法制新闻话语中的庭审参与人角色

"见义勇为"辩词的效度(第20段);第四个理由是被告给原告的200元钱的法律属性(第21段)。可用简单逻辑将此法律推理的理据性与论辩性表达如下:

> 命题P(被告与原告相撞)为真,基于如下四个条件(if):
> 第一,按日常经验与情理,彭宇扶人,不抓肇事者,则,彭宇撞人可能性大;
> 　　派出所接警时彭宇的自述记录:两人相撞。
> 第二,证人证言无法证明两人不相撞的可能性。
> 第三,彭宇第二次开庭时提的见义勇为辩词,动机可疑,无证明力。
> 第四,彭宇为原告受伤付的200元钱,应属于提前垫付医疗费,而非借贷。

判决书中列出了四个理由,这是构成法庭对案件事实进行推定的依据,虽然其内在因果是否成立仍是一个司法问题,但新闻报道在引述法庭对案件事实的推定理由时,绝大部分进行有选择的转述,集中在对第一与第四个理由的部分短语或语段上(见判决书的双画线部分),是媒体对法庭判决依据的主观解读与建构,构成了对法官话语的偏见。

2. 法官判决逻辑与"社会情理"的冲突

本节主要从新闻报道对彭宇案判决书的转述,分析新闻话语的选择性转述所塑造的法官判决逻辑与"社会情理"之间的冲突,揭示新闻话语对彭宇案主审法官的负面范畴化与偏见话语。

转述方式分为三种:直接引语、间接引语与转述动词引语。直接引语指的是忠实地引述别人的话语,包括谁说的、说了什么、怎么说的;而间接引语则用语篇作者的话对原话进行转写,尽管其中可能对原话的部分词汇或话语片段进行转述,但整体上以新闻语篇作者的话语为主,语法上主要以给部分词语或话语片段加引号的方法;而采用转述动词的转述则主要以"认为""说""称""云""报道"等言语行为动词引导或投射的小句来实现,虽然转述言语动词为引语提供了转述语境,但转述动词内在的感情色彩也会影响这些转述引语的真值与意义。在研究转述的时候,将综合考虑引语分析的语法形式与语篇功能,借助语法识别标志来辨别并从语篇功能的角度来确定其转述类型与方式。

新闻报道中引述判决书话语的消息来源主要包括法庭、法庭判决、判决书、南京鼓楼区法庭、法官五种,只有"南京鼓楼区法庭"属于精确来源,其余属于比较泛化的信息来源,而将"南京法官"作为信息来源,是对彭宇案主审法官的范畴化处理。一般来说,比较泛化的信息来源会引导受众将相关引语的内容与意义扩大到所有的司法部门,容易出现过度范畴化。

通过对语料的整理(详见表7.6关于语料中转述方式的统计),可以发现:引述的消息来源中,精确来源比较少,约占所有引语的8%,而大部分转述为不精确来源;间接转述比较多,约占全部转述的62.3%,其中只对原话语的部分词汇所进行的选择性转述占一半以上;直接转述占20.8%,转述动词主要包括"说、认为、声称、指出"等,占17%,均为中性色彩词,虽然直接转述与转述动词的使用比例比较少,但这些转述均具有浓厚的语境色彩,体现新闻作者对彭宇案判决意见的主观解读。媒体多采用间接转述,从而使自己与他人的观点得以融合,让读者很难区分客观描述与主观评价(Fairclough,1995)。

表7.6 转述方式的分布

转述方式		频次	占比(%)
直接转述		33	20.8
间接转述	选择性转述	52	32.7
	系统的间接转述	47	29.6
言语行为的叙述性转述		27	17.0

3. 伪直接转述对法官话语的他者化

直接引语是忠实地转述别人的话,包括其话语内容与言说方式,从功能上来说,直接转述最为客观,比如(53)中,直接转述法官否认原告行为系见义勇为的话语。

(53) 还有一个更值得关注的细节是,彭宇在法庭庭审前及第一次庭审中均未提及其见义勇为的情节,而是在二次庭审时方才陈述。法官因此认为"如果真是见义勇为,在争议期间不可能不首先作为抗辩理由,陈述的时机不能令人信服。因此,对其自称是见义勇为的主张不予采信"。这个说理是能让人信服的,当一个见义勇为的人被告上法庭时,按照情理与法理,马上就会提出其是见义勇为,何以在第二次庭审时才将这一理由说出?这不能不让人怀疑他提出的动机。

《华商报》2007年9月10日

在(53)中,记者忠实地引述了法官的言辞(见引号内的言语),此引述内容与判决书中的原话不仅在行文方式上相同,其话语功能也没有任何变化。而且,记者在此引述话语前后的评论也没有对此话语内容进行任何功能上的改动。这样的直接转述显然是比较客观的。

彭宇案的新闻报道中,大部分的转述是以直接转述的方式进行,放置在引号内,给人以客观的印象。但实际上,由于其语篇上下文的行文(句法、词汇或排版空间等)限制,或因为其语篇表意的需要,或因为记忆不准确造成对原文信息的曲解,其转述的信息总会被选择性地过滤,从而使得直接转述也混入了新闻语篇作者的话语,以"伪直接转述"的方式表达取得类似客观的表达效果,从而无形中引导受众接受其信息。在彭宇案的新闻报道中,这样的"伪"直接转述主要体现于对法庭判决逻辑的引用上。比如(54)中的小句:

(54) 而在判决书上,法院大量采用的却是"常理分析""日常生活经验"等逻辑推理。比如,判决书上说:"如果被告是见义勇为做好事,更符合实际的做法应是抓住撞倒原告的人,而不仅仅是好心相扶;如果被告是做好事,……在原告的家人到达后,其完全可以……自行离开……"片面地以常理和日常经验断案,显然不符合现代司法特征。

《杭州日报》2007年9月22日

在(54)中,先别论该报道对"常理分析"与"日常生活经验"的选择性引用转述,在第2行到第4行的转述虽然冠以双引号,给人以直接引用的印象,但其中的两三个省略号却对原话的言语内容进行了一定的选择,破坏了原话语的内在连贯性与原话语的逻辑。判决书原文中的判决依据其实含有四个理由与相关证据,这里的转述实际上已经改变了判决书中"常理""日常生活经验"等词语存在的语境,自然也影响到了这些话语的意义。也就是说,这些司法话语中的"常理""日常生活经验"已经被剥离其话语语境,移植到日常话语中,其内涵就变得模糊,甚至含混,以此为依据进行断案就显得"片面","不符合现代司法特征"(以证据为依据进行断案)。因此,可以说,这里的"直接转述"已经改变了或偏离了判决书中对"常理"等词语的意义的使用,使受众对判决书中的法律逻辑产生错误的认知,以为该判决的逻辑完全基于模糊的"日常生活经验",构成了偏见话语。实际上,当读者对所报道内容一无所知时,直接转述亦可作为记者传达观点的一种手段。

语料中发现大量的直接转述都具有类似的功能,即对判决书的原话语进行裁剪但以直接转述的形式进行转述,将原话语中的逻辑转换为日常话语中的逻辑,从而在报道中营造"判决书的法律逻辑仅仅依赖日常生活经验"这一情景模式。再如(55):

(55) 法院在判决书中说:"彭宇自认其是第一个下车的人,从常理分析,他与老太太相撞的可能性比较大。<u>如果不是彭宇撞的老太太,他完全不用送她去医院</u>。"

《华商报》2007年9月10日第A3版

在(55)中,引号内的画线部分完全是间接引用,是记者对长约百字的原话语(见判决书第17段第8至12行)的一种转述,其话语的含义与原话语在语篇功能与含义上存在一定的差异。范迪克(1993)认为,记者常通过引用目击证人的证词、专家的分析来凸显文章的权威与可信度。上述例子中,画线部分位于引号内,按常理讲,应为判决书内容的直接转述。但经过仔细对比,可知该句并不属于原文,而是该报道记者总结的观点,在读者对判决书原文不了解的情况下,会自动认为该句是法官的判决理由,由此,此新闻记者试图传达这样一种观点:判决书中的法律逻辑仅仅为常理分析,使大众对法官的知识与权威产生质疑。

更多的情况下,新闻记者采用间接转述来表达其对判决逻辑中的"常理""社会情理"与"日常生活经验"的理解,以突显法官判决逻辑与"社会情理"的冲突,从而形成对法官的偏见话语。

4. 间接转述中的"常理"与"社会情理"

在很多的新闻报道中,新闻作者直接以选择性的间接转述来表达自己对判决书中法律逻辑的看法,错误地突出模糊性的"常理""情理"的不确定性与法官判决逻辑之间的冲突,激发受众对判决书所体现的司法信度的怀疑。如(56):

(56) 9月5日,南京市鼓楼区法院对彭宇案作出了一审判决,称"<u>彭宇自认,</u>

其是第一个下车的人,从常理分析,他与老太太相撞的可能性比较大"。裁定彭宇补偿原告 40% 的损失,即 45 876 元,10 日内给付。

《华商报》2007 年 9 月 10 日第 A3 版

判决书对事实"原告与被告相撞"的裁定给出了四条理由,而在(56)中,只转述了第一条理由的一部分内容,且此处采用的是"由直接言语转化的间接言语"(辛斌,1998),从而改变了原话语的功能与含义,使新话语传达一种理念:法官的判决是如此荒谬,仅凭常理就冤枉了好人。

在(57)中,在新闻语篇话语声音对判决逻辑严重存疑的引导基调下,见"该案判决并不是建立在具有充分证据基础之上的",对判决书原文中部分关键词语的选择性转述已经彻底改变了这些词语的话语语境,从而影响了其话语功能,使得它们在新话语中的意义变得日常口语化,详见下文(57)。

(57) 因为该案判决并不是建立在具有充分证据基础之上的,而是通过诸如"从常理分析""根据日常生活经验分析""可能性比较大"等主观推断认定彭宇与徐老太相撞过,并在此基础上要求彭宇承担徐老太 40% 的损失。

《中华工商时报》2011 年 10 月 31 日第 7 版

彭宇案中法官在判决书中使用"常理""情理"等这些短语是植根于司法语境的,是合理的。无论是从证据认证、司法推理或法律逻辑,还是法律的适用来说,法律领域的思维活动中处处充满了主观性,正是法律人的主观阐述才使得法律活动中的事实、证据、具体行为、抽象规则之间具有相关性(雍琦,金承光,姚容茅,2002)。在民事案件中"从常理分析""根据日常生活经验分析"是说得通的,是法官行使自由心证的一个具体体现(沈丙有,2002;白建军,2004;杜金榜,2001;等)。不同于刑事活动中的"疑罪从无""无罪推定"原则,民事审判遵从证据优势原则,同时,法官可根据常理或日常生活经验,针对当事人提供的证据,就其是否具有足够证明力作出独立判断。在(57)中,选择性转述将这些短语赋予日常语言意义,可以说,已经大大改变了其含义,使得司法语境中的可接受性"情理"被日常语言中模糊不定的、因人而异的"情理"所取代。

在(58)中,民事审判中的"公平责任原则"也受到了日常逻辑的拷问,从而变成歧义词汇,见下文:

(58) 法院按"推理分析"和"公平责任原则"作出判决后,更是引发网友的激烈讨论。

《海南日报》2008年3月4日

(58)中的双引号将所引内容异质化或他者化,表示新闻语篇作者对所引述话语的怀疑与排斥态度。"公平责任"是指在当事人双方对损害均无过错,但是按照法律的规定又不能适用无过错责任的情况下,根据公平的观念,在考虑受害人的损害、双方当事人的财产状况及其他相关情况的基础上,判令加害人对受害人的财产损失予以补偿,由当事人合理分担损失(见《中华人民共和国民法通则》第132条)。在彭宇案中,法官使用了自由心证原则,对该案适用了此原则。虽然其使用的程度是否合理,尚有待法律人士的讨论,但使用这些原则本应是合理的。(58)中对这些原则的质疑将影响到受众对这些原则的理解与认知。

值得注意的是,很多报道将日常语境中的"常理"随意与司法逻辑中的含义相混用,从而使人们对何为司法所崇尚、保护的"常理"无所适从,如(59):

(59) 因为那样的行为违背"常理",不仅不容易为他人所接受,甚至还可能成为自己犯下过失的"铁证"。

《济南日报》2011年8月22日

将该判决书中的"常理"与"社会情理"直接转述归纳为"经验法",并将该判决书的言后效果归纳为"宣示了一项被认为是'做好事没好报'的法则",更体现了该新闻记者对此法律推理之怀疑与拷问,见(60)。

(60) 2007年9月4日,江苏省南京市某基层法院在彭宇案一审判决中错误地运用经验法则进行事实推定,宣示了一项被认为是"做好事没好报"的法则,在中国社会道德信仰危机的沉重背景下成为压垮骆驼的最后一根稻草;二审法院又因社会的强烈质疑而以调解方式了结此案,回避了社会公众对于事实真相的强烈关注和对行为准则的热切期待。随后,媒体相继密集地报道了在全国各地上演的不同版本"彭宇案"……接踵而来的是令人不寒而栗的一系列见死不救的报道……以关注司法的"社会效果"建立起来的司法制度,却恰恰制造出越来越多负面社会效果的判决,因为没有是非就没有规则,没有规则就没有秩序,没有秩序就没有和谐。

《人民法院报》2014 年 7 月 27 日

从以上分析可见,在彭宇案的新闻报道中,对判决书中的例句进行转述时,采用了伪直接引语的形式,或者不同形式的间接引语,对判决书中的部分话语或短语,尤其是"常理""社会情理""日常生活经验""公平原则"等进行不同程度的再语境化,使它们脱离司法语境,泛化为日常语境中的模糊性语言,使得受众对司法话语中的法律逻辑产生偏误,影响了他们对司法话语的信任,削弱了他们对司法公正的理解与认同。

本节的分析旨在证明:对彭宇案判决理论的不当转述确实影响了受众对案件的认知,也影响到他们对司法审判的认知。根据司法专家的观点,彭宇案的判决书中确实使用了法官的自由心证,因民事审判中的自由心证会随着法官的知识、素养、能力等有所变化,彭宇案中的法官所使用的自由心证是否恰当,不是本文能解决的问题。

5. 判决书中语用模糊的批评分析

彭宇案判决书中法律推理的表达是否有歧义?对彭宇案判决书文本进行话语分析,发现其话语表述中多处使用了非事实条件句与模糊语,存有语用模糊,具有被过度解读的可能性。

该判决书中使用了很多非事实条件句,在该判决书的第 17 段,一共使用了六个假设判断句。其中,含有很多模糊性短语,如"一般""不可能""显然"等,与日常话语的风格很接近,很容易使读者对其推理的逻辑是否严谨产生质疑。因为对大多数受众来说,语言复杂、逻辑抽象的话语风格貌似才是法律判决书的现代逻辑。

那么,究竟为什么媒体会异口同声地质疑该判决书中使用的"经验"呢?从判决书中两个句子所产生的语用预设来分析,可对此进行探讨。判决书中第 17

段中有以下句子:

> 如果被告是见义勇为做好事,更符合实际的做法应是抓住撞倒原告的人,而不仅仅是好心相扶;如果被告是做好事,根据社会情理,在原告的家人到达后,其完全可以言明事实经过并让原告的家人将原告送往医院,然后自行离开,但被告未作此等选择,其行为显然与情理相悖。

第一个"如果"引导的假设复句有三个语用预设,分别是:

A. 见义勇为做好事的人,首先应该帮受害者抓肇事者,然后再将受害者扶起来;
B. 见到受害者倒地后,将他扶起来,不帮他去抓受害者,不属于见义勇为做好事;
C. 见到受害者倒地后,将他扶起来,不帮他去抓受害者,这样的行为是肇事者的行为。

根据我国的传统道德观,无论是扶起人,还是帮受害人去抓受害者,都是助人的实际行为。以上的 A 与 B 显然与传统道德的实际表现不一致,而 C 的命题则是对现有道德行为的挑战,因此由假设复句产生的语用预设很容易导致人们对其命题真值的怀疑。

第二个"如果"引导的假设复句有三个语用预设:

A. 按照社会情理对于做好事的一般界定,做好事的人扶起受害者,在受害者家人到达后将事实经过告知其家人,让其家人送受害者去医院就够了,而自己会自行离开;
B. 如果一个人将受害者扶起后,在受害者家人到达后,与其家人一起将其送往医院,其行为一般不是做好事,就是与社会情理所设定的做好事的程度不同,即与情理相悖;
C. 如果一个人将受害者扶起后,在受害者家人到达后,与其家人一起将其送往医院,其行为一般是肇事者的行为。

同理,在现有的文化背景下,任何形式的助人都是可行的,将受害者扶起来、送其去医院、通知其家属等,都是值得赞扬的行为,如果硬要将这三个方式连接为一体,并将其作为"社会情理认可的做好事的"充分、必要的条件,况且"社会"到底指哪一个社会群体,也是待定项或未知项,总之,这一命题所附带的语用预设显然具有逻辑错误。

为了杜绝受众对判决书中逻辑的质疑,建议判决书的书写应该尽量减少模糊性词语,同时尽量慎重使用假设判决句,或为假设判断句设定更严谨的语境限制语。

为分析彭宇案新闻报道的主观性,本节利用新闻话语的社会认知观点与系统功能语言学的框架,对彭宇案的新闻报道进行了深度分析。发现新闻作者在对案件事实进行符号化描述与对判决书中的法律逻辑进行转述的过程中,建构了片面的或有倾向性的知识,对彭宇案庭审主要参与人,包括原告人、被告人与法官,进行了负面范畴化建构,使其在新闻话语中具有刻板形象,形成了针对庭审话语的偏见话语。

首先运用语料提取工具,对彭宇案的社会影响进行了总体分析,确定了新闻话语对彭宇案的负面语义评价。通过对三篇典型新闻报道做深度分析,发现新闻话语中对彭宇案的负面评价的生成过程主要在于对庭审主要参与人角色的负面范畴化与刻板形象的建构,新闻语篇构建主观性的语篇策略主要表现在对案件事实过程所进行的符号化描写与对证人证言、判决书意见所进行的选择性转述。

运用及物性系统对新闻报道语料中撞人事件的参与者与过程进行详细分析,发现在新闻报道中(除2012年外)存在将庭审主要参与人角色进行范畴化处理的倾向,把当事人彭宇与徐某兰泛化为两个对立的群体,即年轻人与老年人,将他们两个群体的行为做刻板化处理,年轻人助人而老年人诬陷人,形成了道德偏见话语。

通过分析新闻作者如何转述一审判决书中的法律逻辑,尤其是对部分话语或短语的转述,发现大部分语篇中使用"伪直接转述"或间接转述将记者对该司法判决书的理解与原话语融合在一起,以取得客观性的效果,但实际上却在客观的外衣下隐含了他们对该司法判决中法律逻辑的片面解读,异化庭审话语中的法官语言,使得受众对该判决书的法律逻辑产生怀疑。由此可见,法律新闻不但能传播法律案件的进展与结果,还能体现新闻作者对案件的认知状况,从而在一定程度上影响大众对案件与法律的认知。

有必要指出,彭宇案判决书中的诸多非事实条件句与模糊语也很容易导致读者的过度解读,可能也是新闻报道出现主观性解读的部分原因。

第三节 小 结

本章主要对新闻话语中庭审参与人角色进行了分析与探讨,分两个方面进行。

首先阐明新闻话语中存在主观性特征。在第一节中,从叙事分析的角度对法律新闻话语的主观性进行了系统的讨论,并以电视法律新闻栏目《今日说法》共135期节目的标题为语料,进行了详细的分析。从标题中叙事成分的选择与对相应语法结构的处理(包括对"事件"的名词化与其修饰语的信息填充),分析新闻作者在叙事的故事层面与话语层面对新闻叙事所进行的操控与建构,论证了法律新闻报道的主观化。

然后在第二节,以具有重要社会意义的彭宇案的新闻报道为个案,讨论新闻话语对庭审主要参与人(包括原告人、被告人与法官)形象的主观建构。通过对逾百份新闻报道进行深度话语分析,证明法律新闻话语中对彭宇案的原告人、被告人与法官均进行了负面范畴化,将他们分别泛化为其所属群体,并对其进行刻板化建构。媒体话语对案件事实过程的描写中,对原告人与被告人在"撞人"与"扶人"物质过程中赋予不同的符号角色,原告人徐某兰被建构为受助却诬陷好人的老年人,被告人彭宇被塑造为扶助人却被诬陷的年轻人。通过对庭审话语进行不同程度的选择性转述,法官被赋以违背"情理"、根据个人片面经验对案件进行主观臆断的司法人员,由此形成对庭审参与人角色的偏见话语。

本章研究表明,媒体对法律新闻的报道是对法律事件的信息重组与主观建构,新闻作者的立场、观点、意识形态等,都会以各种潜在或显性形式在法律新闻语篇层面得以体现,从而影响受众对庭审话语的认知、理解与解构。

媒体在维护法律的公正与公平方面具有积极的中介性作用。当媒体以相对客观的形式对法律话语进行报道,从而使社会大众充分了解法律的意义以指导其日常生活实践,同时将社会大众对生活中重大议题的观点与看法传递给法庭,会促进法庭对社会大众利益的评判与协调,从而促进社会的公平与正义。第八章将揭示新闻话语在协助、促进法庭话语实现社会公正方面所起的积极作用。

第八章

法庭在社会互动与对话中的正义维护者角色

前几章讨论了庭审交际中法官的中立者角色意识、制约法官话语的隐身权威人角色以及新闻话语中的法官形象,本章讨论法庭在社会互动与对话中的正义维护者角色,探讨法庭在面对社会重大议题所持的开放性立场与所起到的对秩序与正义的确立与维护。

本章①主要分析围绕生存与发展的话题,社会大众如何以媒体为中介话语,参与到对法律话语的理解、认知、评价与互动过程,以及法庭在案件审理过程中对社会大众的观点与诉求所给予的互动性回应,重在分析法庭在社会互动与对话中的正义维护者角色。本章主要以2014年无锡四位失独老人为其已故子女留下的"冷冻胚胎"的权属而提起的民事诉讼案这一典型民事案件为例,从"冷冻胚胎"所指意义的变化过程讨论司法话语认知过程中法律文化、民族伦理文化、家庭文化等多种知识体制之间的互动与磋商,分析社会大众、媒体与法庭在关于民生问题上的互动对话与协商。

---

① 本章主要基于拙文"*Warmth*" *in Justice*:*Resemiotization of frozen embryos in the civil case of the four shidu parents*,载于论文集 *Synesthetic Legalities*:*sensory dimensions of law and jurisprudence*,S. Marusek 主编,Routledge 出版社,2017年,第163—185页。

第一节 问题的提出

对"冷冻胚胎"这一议题所发生的社会互动与对话进行讨论,有其理论与现实的必要性。

首先,法制改革过程中,如何平衡法律的刚性与柔性、程序正义与实体正义是一个现实难题。20世纪前半期,我国彻底摒弃了以儒家道义为支撑的封建法律制度,开始踏上了新的法律制度改革之路。在大陆法系的基础上,借鉴了西方英美法形式正义的许多理念,鉴于国人对舶来的西方法律事务感到费解,绝大部分人倾向于把法律与严格的"刚性"联系在一起(近似法律话语中的"官僚主义")(汤唯,2007)。同时,经过几十年社会变革与改革开放,新的社会问题不断出现,法律条文的变更在应对新的社会问题时显得滞后与僵化,这对法律的刚性特征提出了挑战。从21世纪开始,人们开始呼吁复兴我国的传统文化,期望法律能对新的社会问题给予关注与回应,体现法的柔情和人文关怀,促进社会正义与司法正义。仁慈与人文关怀是以家庭为中心的儒家道德的一个典型主题,如何在法律机构化语境中,在解决纠纷的过程中体现法的"仁"(见史广全,2006),这是一个亟须解决的理论与实践问题。

其次,对新生事物"冷冻胚胎"的法律界定是理论与现实上的难题,世界范围内不同团体,包括当事人、普通人、医疗人员、哲学家、法律学者、法庭审判人员对"冷冻胚胎"这一词语的指涉意义进行了广泛的讨论与磋商,体现出社会各界对相关司法正义的积极参与和深度关切,值得研究。2014年发生了一个有标志意义的民事案例,一对年轻夫妻在车祸中双双遇难,他们都是独生子女,因此他们的父母成了"失独父母"①,这些失独父母为了争夺自己子女留下的冷冻胚胎的"继承权"而走上了法庭。鉴于"冷冻胚胎"与失独家庭问题都是我国乃至世界范围内新出现的现象与问题,胚胎如何与人的生命联系在一起依旧是一个重要但复杂的议题。在此过程中,法律的双面性——刚与柔,被不断地讨论、解释、否认和重新定义,体现了意义变化的过程。值得注意的是,冷冻胚胎远不只艾德琳医

---

① 随着国家生育政策与养老政策的不断完善,"失独老人"问题有望得到解决。

生案件中由其物理属性即可决定其生命力的有形物体(见 Danet,1980),对于失独父母来说,它象征着"虚拟的后代",是他们漫长而孤独的生活中的希望。从长远的眼光来看,这一案例也体现了国人对越来越明显的社会老龄化问题所提出的一种慎重解决方法。本文也是对由"胚胎"所引发的法律和道德之间有趣但错综复杂关系的一个探讨①。

本研究将探究人们在评价法律时的多重认知体验与互动,揭示法庭在社会互动与对话中的正义维护者角色。为此,将运用重符号化(Iedema,2001)和重语境化(Linell,1998)理论,追溯在不同符号系统或模态下"冷冻胚胎"意义的变化,分析其中所反映的社会互动交际。

第二节 "胚胎"意义分析的法律与社会文化语境

本节梳理法律语境下"胚胎"的意义解读与正义的多面性特征。

一、法律语境中"胚胎"的意义

在全球范围内,关于"冷冻胚胎"的法律地位,有三种学术观点并存:胚胎被看成是"人";胚胎为"财产";胚胎为"处于过渡期、需要特殊尊重的某物",既非人也非财产(Brugger,2009:105-129)。关于冷冻胚胎的法律法规有美国的《路易斯安那人类胚胎学法案》(1996)、瑞士的《试管授精法》(1998)、英国的《人类受精与胚胎学法案》(1990)②、澳大利亚的《人类生殖技术法》(1991)、加拿大的《辅助人类繁殖法案》(2004)等等(见张善斌,李雅男,2014)。所有这些法案都承认"人类胚胎"是有可能成长为人类的"特殊实体"。然而,没有法案特别指出冷冻胚胎应受怎样的法律保护,这给司法实践带来了困难和分歧(见张善斌,李雅男,2014;Brugger,2009)。爱尔兰的一桩民事案,罗奇诉罗奇([2006]IEHC 359,《爱尔兰高等法院判例》,2006 年,第 359 页),与此高度相关。原告玛丽·罗奇向法官起诉她的前夫托马斯·罗奇,诉请法院允许她合法使用他们夫妻在婚姻

---

① 李想(2015)、West(2015)等记录了代孕及胚胎在世界不同国家所引发的法律与道德争议。
② 《人类受精与胚胎学法案》(1990),http://www.legislation.gov.uk/ukpga/1990/37/contents,曾在 2011 年被修正,并一直实施。

存续期间保存的三个冷冻胚胎,这些胚胎是她在生育治疗手术中移植合成的,并保存在当时为其提供生育手术的医院。在判决中,法官麦戈文驳回了原告的请求,解释说尽管在人类生命何时开始计算的问题上科学与道德存在观念上的分歧,但是因为彼时胚胎并不在人的子宫内,所以胚胎不属于爱尔兰宪法第四十条第三款第三段规定的"未出生的婴儿"。尽管如此,法官承认了冷冻胚胎作为一种特殊的实体,拥有所有生命形成所需的材料,应得到人类道德的尊重,享有与人类一样的尊严,但不幸的是,当时并不存在针对这类事物的法律规定。

除了罗奇诉罗奇案外,MR 诉 An t-Ard Chlaraitheoir 案([2013]IEHC 91,《爱尔兰高级法院判例》,2013 年,第 91 页)中关于代孕的双胞胎孩子的户籍问题,与 JMcD 诉 PL 案([2010]2 IR 199,《爱尔兰案例汇编》第二卷,2010 年,第 199 页)中捐精者的权利,也是相关胚胎的法律地位的两个案例。这说明,随着人类生殖技术的广泛应用,关于人类胚胎的法律和道德问题在全球范围内都是个迫在眉睫又充满挑战的问题[①]。现在的法律条文依旧按血脉或血缘确定人际关系而非基因基础上的人际关系来理解冷冻胚胎,已经在法律学者之中造成了争议(见 Yang,2002;张燕玲,2005)。然而最近,越来越多的高等法庭倾向于对那些不得不利用人类生殖技术的家庭提供法律上的保护[②]。

法律语境下对特定词汇的阐释和协商关乎法律诉讼的结果,因此对关键词汇进行话语分析一直是应用语言学研究的热点。美国一桩曾产生重大影响的艾德琳医生过失杀人案中,对堕胎案受害者的复杂的符号指称(Danet,1980)与此最相关。此案发生在天主教比较盛行的马萨诸塞州,此地,人们大都反对堕胎,当被告肯尼斯·艾德琳医生为一位年轻的孕妇做了合法的堕胎手术却被当地天主教影响下的检察院控告为谋杀。在这种情况下,对被堕胎的"实体"的指称,"胎儿"还是"婴儿",直接影响了陪审员对被告是否有罪的判定。在当地法院的初审中,控方主张将被堕胎的称作"胎儿",使得艾德琳被判有罪,但在最高法院的上诉审理中,此观点被否定,被控告的医生终被无罪释放。撇开人们对干涉该

[①] 详见张善斌,李雅男(2014);李昊(2015)对关于人类胚胎的系列民事案件,包括 Del Zio 诉哥伦比亚浸会医院(Columbia Presbyterian Hospital)、约克诉琼斯、戴维斯诉戴维斯,以及与其相关的法律与道德问题的综述。

[②] 详见英国《每日邮报》的新闻报道 *A Surrogate Mother Branded Homophobic By a Judge Has Been Forced to Hand Her Child Over to Its Gay Father and His Male Lover*(2015);"私人订制龙凤胎"(2015)中的法庭判决。

案的种族与宗教因素的屡次批判,对被堕胎的实体的命名与指称存有分歧,是因为在堕胎这一问题上有两种截然不同的文化观:生命至上,还是个人选择至上(Donnally,2008)。生命至上者认为应该优先保护早期的生命,个人选择至上者却对妇女有权利自由选择堕胎给予极大尊重。这里提到这一案例,其要意并非在于讨论术语的效度,虽然这也是一个非常重要的语言学议题,而是说明在案件审理中语言的使用具有难以想象的强大影响力。正如在 Bennett 和 Feldman(1981)、Cotterill(2004)等的论著中所体现的那样,法庭话语中对词汇的使用与阐释总是互文性地与法庭外的微观或宏观社会语境相联系的(Stygall,1994),正因如此,法官的语言风格才呈现二元划分:规则导向与关系导向(Solan,1993),而律师的话语风格也形成二元对立:独白式与对话式(Zhang,2011)。在我国的情境背景中,法律实践和道德文化传统截然不同,探讨人们在互动对话与磋商中如何对词汇在不同语境中的意义进行阐释,是值得探究的议题。

二、我国首例"胚胎案"的审理

在我国"一胎化"计划生育政策连续实行了近 40 年,独生子的意外身故造成大量失独老人的出现,而"儿孙满堂""不孝有三,无后为大"等相关的家族文化观念又根深蒂固并长期残存于民间记忆,由此造成各种情感、道德、观念的现实冲击,在此背景下,当国内第一个"冷冻胚胎"诉讼案由四位失独老人发起,引起了国内各界的广泛关注。

2014 年初,我国江苏宜兴发生了一场撞车事故,一对年轻夫妻身亡了,他们的父母失去了自己的唯一的孩子。这对年轻夫妻生前曾在鼓楼医院留下冷冻胚胎,本打算做辅助生育手术的。这四个老人对冷冻胚胎的拥有权展开了争夺。在案子一开始,男方遇难者的沈姓父母与女方遇难者的刘姓父母展开了对胚胎所有权的争夺,但很快,他们发现他们的敌人不是彼此,共同的敌人是不肯给他们胚胎所有权的医院。一气之下,原告(老沈与妻子)向宜兴人民法院先起诉了第一被告(老刘与妻子),并把南京鼓楼医院作为第二被告。几个月后,2014 年的 5 月 21 日,法院宣布判决,驳回了原告的请求,坚持认为冷冻胚胎是具有孕育成生命潜质的特殊实体,无法被"继承"(见宜兴市人民法院民事判决书第 2729 号,2014 年;季娜娜,2014)。

目前,我国的社会福利制度尚不完善,失独父母们晚年的生活将会很孤独。这四位失独父母的绝境引起了全国人民的同情,围绕冷冻胚胎的下落,人们展开了一场公开讨论:法律应该如何定义(冷冻)胚胎?冷冻胚胎是不育手术治疗的副产品,还是重视血脉和家庭的中国人的基因传递的象征?如何处置冷冻胚胎才能有益于当事人?冷冻胚胎与广大民众的利益有何联系?地方法院的判决表明了现有法律对中国所有独生子女家庭都可能面临的问题的一种立场和解决方法。心碎的原告向无锡中级人民法院提起上诉,却因为害怕再次败诉,没有勇气去聆听接下来的庭审。但让他们震惊的是,2014年9月6日的二审判决与初审判决结果"大相径庭",他们获得了对冷冻胚胎的"监管权"(见无锡市中级人民法院终审判决书第01235号,2014年)。其实,在我国现行的法律制度下,代孕是违法的,这个判决对失独父母来说也不过是一个冷冰冰的安慰剂(李昊天,2014)。尽管如此,在国内举国上下迫切希望国家层面能对失独父母可能面临的悲剧问题给予关注与解决的背景下,二审判决的结果显示了法律对弱势人群的人文关怀与回应,表现了"刚性"外衣下的法律的"温情"(皓子,2014)。

三、正义的多维特征

如何裁决胚胎的归属,事关正义。正义最简单也最原始的含义就是"是正确的"。亚里士多德很早就指出正义具有复杂性(Leontsini, 2015),人们对正义确实有各种各样的定义,因此正义是一个复数名词,其含义随种族、社会、文化和国家而变化。在诸多对正义的定义中,有权利本位、美德主义、平等主义、贵族主义、黑格尔主义、女权主义等不同流派(Miller, 1991)。总的来说,可以分三种正义:分配正义、程序正义和互动正义(Hegtvedt & Parris, 2014)。分配正义有关团体内如何分配社会资源,一般基于三个原则:平等、需要和公正。其中,平等的原则指所有人应分到一样多的份额,需求原则指分配额应按个人的需要而定,而公正则要求分配(奖赏或惩罚)均应与个人所做的贡献或过错相符。程序正义是关于制定决策的原则,规范的程序规则包含六个因素:超越人与时间具有内在一致的程序、无偏性、信息准确性、可修正性(可以改变坏的决策)、决策参与者的代表性与道德标准。互动正义是指人们应得到平等、诚实、有尊严的对待(Hegtvedt & Parris, 2014)。

对公平的感知基于人们对正义的期望与现实结果之间的对比,而人们对于正义的期待则源于他们对特定语境下有关公平的具体规范性原则的理解(Hegtvedt & Parris, 2014)。当现实生活中分配、程序或互动与规范相一致,人们就倾向于认为其是正义的;否则,与规范不一致的,则导致人们产生事情不公平的想法。社会心理学研究表明:当正义得到实现,人们会带着满足或愉悦感接受结果,而当非正义发生,人们会产生消沉或失望的情感。甚至在某些情况下,非正义会引起大规模集体性情感的爆发,激发社会运动或行动(Hegtvedt & Parris, 2014)。

第三节 法庭审判与社会互动分析框架

本节在再语境化与再符号化视角下,以"冷冻胚胎"的意义解读为例,讨论社会大众与法庭之间交流与互动的分析框架。

一、再语境化与再符号化

广义上讲,再语境化指的是某词从一个话语文本到另一个话语文本的动态迁移与转化,或将某一文本中或一类体裁中的某部分或某种话语方式移出,放入另一个语境下(Linell, 1998)。可以被再语境化的话语包括语言表达、概念与提议、"事实"、论据、论点、故事、评价、价值观与意识形态、知识与理论构念、思考的方式和说话的方式等。若将这些话语放在新的话语环境中,它们通常"需要进行语篇风格上的改变,比如简化、压缩、详述和焦点改变"(Linell, 1998)。尽管看上去再语境化理论是基于一个更基本的"语境化"概念(Gumperz, 1982),但再语境化显然与可脱离语境的话语更相关。因此,再语境化是"制造新意义的实践"(Linell, 1998),是转变意义的复杂过程,包括产生新看法、强调某些语义、减弱其他语义甚至使意义消失等(Linell, 1998)。再语境化可发生在文本内,也可能发生在话语间(Linell, 1998)。文本层面的再语境化关系到意义在特定文本、话语和对话之间的变化,而话语间的再语境化则与不同类型或体裁的话语间的意义变迁相关。

再符号化与再语境化相关,却又非常不同。再符号化理论强调了文本或话语在不同模态下产生的含义变化。再符号化理论与 Jacobson(1971)所说的符际性高度相关,但含义更加广泛,还包括"在不同符号系统间发生翻译和其再生新意义的过程"。此时一个符号用来代表另一个,确切地说,"一个符号的表达层面由其他符号完成"(Eco,1976)。再符号化理论在社会实践中扮演了非常重要的角色。通过再符号化手段或过程,原本具有瞬间性与体感经验的谈话被惯例化地转化为另一种形式或相对静态的符号形式,比如书面概括、实际行动,或者具有更持久性质的物质。通过再符号化,某些特定的理解和共识获得了机构组织认可的地位,具有了明确性与相关性。在再符号化过程中,被调用的可能是基于体验的某些符号资源(比如手势、声音或面部表情),也可能是源自我们的物质世界或其外的符号表意资源。

再语境化与再符号化彼此相关,表示含义从一个语境到另一个语境中的"翻译",前者更多的是基于文本的跨体裁的语言及话语现象,后者则侧重于Fairclough(2003)所指的社会组织或机构话语的跨模态话语实践。

二、法庭审理与社会互动

媒体或公众对法庭案件的报道与讨论,体现了社会话语与法律话语之间的互动与交往,这种宏观互动有利于实现不同社会团体之间围绕关键问题进行沟通,最终促进社会的整合与和谐。

尽管媒体对法律话语的报道并不一定有利于法律案件的审理与法律正义的实现,但是媒体对法律话语的报道将比较神秘、严谨的法律体系带到公众的社会生活中,一定程度上解构了法律体系的封闭性,因此以大众媒体为载体讨论法律已经发展成为一种常态化的公众生活方式,从而螺旋式地阐释了法律与生活的联系:法律逻辑与日常生活的逻辑本来就是融合在一起的(如Staat,2014)。

在社会学意义上,大众媒体对法律话语的讨论与创作也是一种广泛意义上的社会交流方式,即大众群体、社会团队与法律精英对涉及社会生活重大问题的法律与规则进行观点、意识形态、规则等方面的沟通与互动,这种活动的结果有两个方面:修辞的与法律的。就修辞意义而言,如果通过这种互动,某一法律案件逐渐成为人们讨论日常生活中某些议题的参照标准与风向标,这种互动就彰显了其修辞功能;而如果通过互动,某法律案件在随后的法律话语与逻辑中产生重要影响,具有里程碑式的意义,则显示了这种互动的法律性功能(Hariman,1990a)。

大众以媒体为载体而参与讨论审判是一种社会交往形式,体现了大众对事实与真理的社会性建构过程。通过法律话语与法庭审判的施为性运作,将已经在社会中获得公认并成为知识的观念传达出去,同时,鉴于社会知识总处于动态交流过程中,不断被创造、检验、改变、放弃或增大,社会知识体系不断再生,并不断修正自我的过程就是施为性的(Hariman, 1990b; Katsh, 1989)。这就从宏观上实现了公共话语与法律话语之间的互动,实现了不同社会群体对社会公共事件的相关讨论,最终促进社会的整合。

三、再语境化视角下的法庭审判与社会互动框架

结合再语境或再符号化的相关观点与社会学关于日常话语与法律话语的互动,针对某一具体的社会问题,如"冷冻胚胎"的意义,医疗机构、普通大众或法律人群体均根据各自的专业知识或社会经验得出不同的理解与界定,或按照不同的语境框架进行再语境化,在法庭审判的环节,对于法律尚没有明确规定的议题,法庭可按照现有的部门规章,在现有法律规则的框架内进行判决,即在司法语境下进行语境化。

司法语境下"冷冻胚胎"的界定经过媒体的报道,进入社会大众的视野,对此,法学界、普通民众等对此发表各自的看法,再以媒体报道为中介,被法院等司法部门的人员知悉,在综合各种社会发展、民众的需求、文化的考量之后,在法律体系内进行适当的再语境化或再符号化,从而对"冷冻胚胎"做出新的界定。

对于现有法律尚没有明确规定的敏感社会议题,如果法院在现有法律规则体系内进行界定,对敏感议题进行司法语境化,并以法律判决书的形式再符号化,是对法律审判活动的施为行为,其审判结果将会对人们的社会生活产生一定的规范性作用,但民众对这种规范性作用的接受更多的是基于法院判决的合理性程序,是基于规则基础上的遵守。如果法院能综合社会经济发展、国家安全、人民的需要与我国社会主义新时期立法的基本目的与特色"在党的领导下,带领人民进行立法与司法,从而依法保护广大人民的根本利益"(高卫炬,2021),辩证地将医疗部门、法律、道德语境中的界定进行综合考虑,从而对敏感议题给出综合体现"法律"与"情理"辩证统一的司法界定,则其判决更容易被广大人民所接受,其对敏感议题的再符号化操作也能更好地体现法庭在正义维护者方面的角色。围绕敏感议题的再语境化所发生的法庭与社会的互动框架详见图8.1。

下图中，最上一栏的方框内从上到下，分别是不同群体依据各自的知识框架对"胚胎"属性的界定，这些界定将通过媒体的中介与司法判决话语发生沟通（见双向箭头），从而再在司法框架下对该议题进行再符号化或再语境化，以正式的司法判决文本将其确定下来，以引导社会大众对新事物进行社会革新，更开放性地面对社会新问题。围绕"冷冻胚胎"这一敏感议题的界定，从上到下，分别是医疗、法律与伦理语境下的再语境化，以及这些话语与司法话语的沟通与互动，法院对同一议题的两个不同的再语境化与再符号化结果，产生了不同的社会认知与结构（见最右侧的方框与箭头）。有必要指出，图中的框线与线条的选择都带有各自的符号意义，"有多重功能的特殊实体"所在的圆圈表示其具有更开放的态度，其社会接受性更好，曲线比直线体现更灵活的视角。

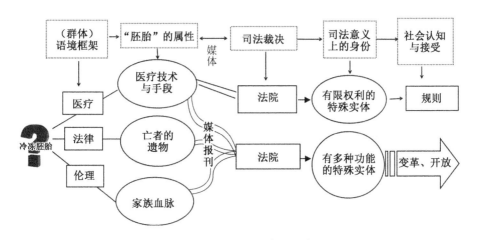

图 8.1 再符号化过程中法庭与社会的互动

本研究对"冷冻胚胎"新议题的个案分析，收集了 21 个关于此失独老人冷冻胚胎案的新闻报道（其中 8 条是关于初审判决的，13 条涉及中级人民法院的判决）、大量关于审判的读者评论、两份判决书和记录此著名案例的电视报道。其中，读者评论主要来自微博网络新闻的读者留言区，两份判决书分别是宜兴市人民法院民事判决书第 2729 号（2014）与无锡市中级人民法院终审判决书第 01235 号（2014），新闻专题报道是中央电视台一套《新闻调查》栏目的"冷冻胚胎之争"（2014 年 11 月 1 日）。电视专题报道含有四个失独老人对冷冻胚胎的观点、法官（主审法官与其他法官）的评论与观点、法律专家与普通民众的评论与观点。这些资料使我们得以追溯冷冻胚胎含义的变化,以及家庭、法院、媒体和公众围绕冷冻胚胎社会发生社会互动的过程。

在方法上,本研究采用批评话语分析的方法,认为话语是一种社会实践,话语实现并构建了社会现实(Fairclough,2003)。在详细的话语分析中,我们将融合微观与宏观分析,充分借鉴多模态话语(Kress & van Leeuwen,2006)在新闻文本分析、民众或司法话语分析方面的长处以及批评话语分析(Fairclough,2003)关于语言和社会关系的精辟论断。

第四节 "冷冻胚胎"的再符号化过程

医疗知情同意书、失独父母们凄凉的倾诉言语、法律判决书、媒体采访这几个情景,分别属于不同的语境与模态,对应于不同的语义阐释框架,体现了不同人群对"冷冻胚胎"意义的理解与认知,是他们参与社会互动的文本再现。

一、医疗话语中的"冷冻胚胎"

在医疗话语中,医学界以部门规章这一准法律形式,将"冷冻胚胎"界定为辅助生殖技术的工具。2013年,遇难的年轻夫妻自愿与医院签署了不孕不育治疗合同,即《胚胎与囊胚冷冻、解冻与移植知情同意书》,此合同符号中国卫生部发布的《人类辅助生殖技术管理办法》(2001)关于冷冻胚胎的官方规定。在该管理文件的第24条,冷冻胚胎被定义成一个"工具",用来辅助人类生殖以提高生育能力,冷冻胚胎的操作必须遵守严格的审查,正如第3条说明:

> 人类辅助生殖技术的应用应当在医疗机构中进行,以医疗为目的,并符合国家计划生育政策、伦理原则和有关法律规定。禁止以任何形式买卖配子、合子、胚胎。医疗机构和医务人员不得实施任何形式的代孕技术。

换言之,胚胎是一种被物化的客体,与普通生命有一定的距离,只能由有资质的医疗机构依法而实施,且用于大众的健康。

患者缺乏专业医疗知识,没有机会与医疗机构就如何操作、持有或处置冷冻胚胎讨价还价,如爱尔兰的罗奇诉罗奇案中所示,当诸如离婚或死亡等不可预知的原因使患者无法继续进行医疗治疗而不得不放弃其辅助生殖手术意愿时,他们也无法就如何处理胚胎与医疗机构展开讨论。在话语实践中,医疗机构对于技术的使用和处理以及对涉及的冷冻胚胎拥有特权,这使他们能以保护社会福祉的名义决定胚胎的命运,哪怕这与那对遇难的夫妻的意愿相违背。尽管没有直接证据表明那对年轻夫妻对抽象的合同条款有何反应,但毋庸置疑,医疗机构话语中存在的"官僚性"(Shuy,1998),即规则的"刚性"肯定凌驾于人的情感之上。简单地说,在医疗话语中,冷冻胚胎象征着医疗组织手中的技术知识,是辅助生育手术过程的副产品。

对江苏省官方报纸《扬子晚报》对该案的报道文本(季娜娜,2014)进行视觉分析,如页面排版符号所示,医疗话语语境中胚胎的两个不同意义(技术手段还是潜在生命)之间存在比例失衡(Kress & van Leeuwen,2006),强调胚胎技术特征的话语占了较大比例。

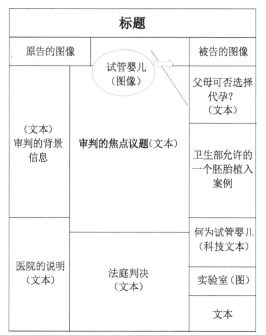

图 8.2a　冷冻胚胎案新闻报道版面微缩图

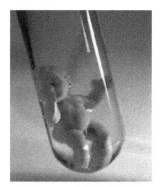

图 8.2b　试管婴儿图像

图 8.2c　实验室图

图 8.2a 是对这则新闻报道的文本排版的简单概括,胚胎作为生命的图像(箭头所指)只占据了非常小的角落,附属于版面正中对庭审的介绍文本,而在版面的右侧,关于胚胎的组织规则和技术知识的医疗话语文本占据了更大的部分。为了方便比较,特将试管婴儿的图像与实验室的图像另外复制在图 8.2a 边上并将其放大,分别是图 8.2b 与图 8.2c。在图 8.2a 中,一个已快成形的试管婴儿(胚胎在试管内形成有生命力的人)的图像,位于页面上方,但是却被压缩到了狭小的边缘,而关于审判的文字说明位于正中间,占主要空间。在右下方有个由图与文组成的多模态文本区域:居于上方的是近景拍摄的实验室图像,两个女科学家或技术员正在做试管实验工作,居于下方的是冷冻胚胎技术知识的详细说明文本。上下排版的布局使得这个包含实验室图像在内的技术文本非常醒目,成为独立连贯的文本,而试管婴儿的图像文本,依然是一个附属的、孤立的文本。从理论上来说,在由不同成分组成的页面上,位于上方的部分被称为理想信息,有着更突出的信息价值,而位于较下方的部分,被称为真实信息,是更"实际的"信息(Kress & van Leeuwen,2006)。但是,虽然试管婴儿的图片位于上方,但其仍处于狭窄的边缘处,这使得它没有获得信息上的重要性,相反,更易被忽视掉。

就页面排版而言,空间分配上的明显对比凸显了医疗符号体系所对应的科学释义框架在解释冷冻胚胎的符号意义方面所具有的权威性地位,而冷冻胚胎在医疗语境下的意义(物体)是该新闻报道所采纳的立场,也是一审法院赞同并接受的立场。

就语境化而言,《人类辅助生殖技术管理办法》中关于冷冻胚胎的规定,被直接引入医学界与患者签订的医疗合同《胚胎与囊胚冷冻、解冻与移植知情同意书》,并以文字、合约的形式正式确定,成为对冷冻胚胎的主导性解释,新闻报刊对此案件审理过程与结果的介绍中,以公共话语的形式再现了医疗界在这一议题上的技术权威。

二、伦理语境中的"冷冻胚胎"

在失独父母饱含情感的口头叙述中,冷冻胚胎就是他们的"孩子",是不可缺少的家庭成员。在失独父母的眼中,孩子留下的冷冻胚胎是他们的遗物,是继承他们家族基因的"孩子"。在电视采访中,他们口头表达了对冷冻胚胎的看法,其对冷冻胚胎意义的表达融合了声音、手势等多种表意符号或资源,对此,特对其进行多模态标注与转写①,详见下文。

从表 8.1 可见,当两位老人被问到涉案胚胎对他们的意味时,他们的面部表情、手势和言辞(从韵律上和字面上)所包含的丰富情感意义。

不管是声音模态还是视觉模态,两位老人都充满深情,坚定地称该案中冷冻胚胎就是他们家庭的"后代",对孩子的感情从语义和音韵上表达出来。从其延长的声韵调核中可以看出(见附录 V 中的韵波图),沈父对胚胎是"我们的孩子"这一点的态度非常明确。同样的一句话,"就是我们的孩子",他语调加速,重复了一遍(见声韵波中相似音强和时长的那段)。他的头部动作——有力地上下轻微点头——加强了他的个人态度,头部动作模态的人际功能很明显,相当于使用副词"就是"对其话语信息进行强化。同理,出于相似的情感,刘母提到那小得连性别都无法确认的胚胎时,称它为"女儿",动情又反复地称是她的"小小女儿"。在"我的小小女儿"这一片段中,可以发现相似的声韵波,当她强调自己的态度时,可以注意到她也采用相似的头部动作模态。此外,在他们与采访人直接的眼神交流里,可以发现他们表达了非常确信的态度,似乎对自己所说的每一个字都非常严肃认真。在互动交谈中,采访人用回应性词汇"嗯",伴随持续的点头(头部动作模态),对其话语表示理解,给予了他们支持,此时,失独父母把凝视目光转向了别处,似乎在想象着与他们去世的孩子进入对话。

表 8.1 失独父母们对冷冻胚胎的看法:多模态转写

	沈父与采访人(女)		刘母与采访人(图像中不可见)	
时间	02:19—02:22	02:22—02:23	02:24—02:29	02:30—02:32
动态图像				

---

① 转写体例:"S"代表沈,"L"为刘,"I"为采访者;"[ ]"表不同人或不同模态言语重叠的开始与结束的位置;当用于同一人的话轮内,表示说话人在口头表达的同时,也同步使用姿势或体式语等其他模态;当用于不同说话人的话轮之间,则表示说话人话语与其他参与人的话语发生重叠;"(( ))"表示转写者的注释;"="表示话语的连续;(.)表示大于 0.5 秒的停顿。

（续表）

	沈父与采访人（女）		刘母与采访人（图像中不可见）	
言辞	S：我们的眼里（（冷冻胚胎））(.)［确实］就是我们的孩子［快速地上下点头］I：嗯——［点头］（（不断地））S：［眼睛直视采访人的眼睛］	S：就是［我们的孩子］［移开眼睛］	L：［把（（冷冻胚胎））看成是］=［望向地板］=［是我女儿］(.)［抬眼望向采访人的眼睛］［我小小女儿］(.)［下巴前后探、缩］	L：［就是我女儿］［眼睛定定地看着采访人的眼睛］I：嗯=(.)L：=（流泪）
表情	表情严肃,直直地看向采访人的眼睛（箭头所指）	悲伤的表情,眼神从采访人身上收回,望向远处	眼神看向地板,然后直直地看向采访人（箭头所指）	直直地看向采访人,然后是长时间的流泪

失独父母们用家庭伦理来阐释冷冻胚胎的意义,认为冷冻胚胎以基因的方式承载着家族的未来,是他们家族的血脉与希望。在我国以家庭为中心的文化符号系统中,孩子继承家庭的传统,代表了整个家族的繁荣和发展。在儒家的道德规范中,不孝有三,无后为大,没有后代是最大的不孝和对家庭长辈的不尊敬。在电视采访里失独父母们讨论冷冻胚胎的时候,把"冷冻胚胎"放在中国伦理道德的背景下进行了再语境化和再符号化,把它们和血脉相联系。可见,在道德阐释框架内,"冷冻胚胎"的所指意很明确,承载着他们孩子的血脉,带给他们只有孩子才能实现的那种特有的精神慰藉。

三、法律话语中的"冷冻胚胎"

据法官说,在全世界的法律中冷冻胚胎依旧是未被定义的一个实体。国内外的法律学者如今在冷冻胚胎的身份上意见不一,法官的审判意见也不一样。在主观主义者看来,冷冻胚胎是同人一样享受民事权利的法律主体。艾德琳过失杀人案中,支持控方的美国天主教教会及反堕胎的活动家们就认同主观主义者的这一看法。就戴维斯诉戴维斯（Davis v. Davis）一案的判决来看,当地法院也赞同这一观点。在客观主义者看来,正如约克诉琼斯案（York v. Jones）中判定的,冷冻胚胎是一个实体或物体,只享有有限的权利。在中立的人看来,冷冻胚胎是在特定条件下可以成长为人的实体,需要得到特殊尊重。在司法实践中,罗奇诉罗奇案（Roche v. Roche, 2006）的审理法官就持这样中立的立场,法官确认"冷冻胚胎"应享有尊严,得到人类的尊重,把最终定义的决定权留给了立法部门。其他国家对"冷冻胚胎"所呈现的不同的司法意见为法官解决我国这一例失独父母的民事案例提供了参考,尽管如此,因为我国属于大陆法系,即成文法系,因此在该案中法官只能按照现有法律条文进行判案,而不能别出心裁,调整或创造相应的法律以适应我国伦理文化相关的诉求。

考虑到在我国的法律中"冷冻胚胎"的法律地位找不到详细的阐述,在该案中冷冻胚胎的处理只能由法院进行司法判决。为此,法庭需要选择相关的符号系统或语境框架。第一,法律推理一般遵循一个常识,即法无禁止皆可为。根据这一理由,原告方认为他们有权继承该胚胎。第二,伦理框架。正如上文所示,原告引用了伦理规则来支撑他们的诉求。第三,医疗话语的规则。第二被告医院采用客观主义观点,援引原卫生部的医疗条款,指出在未经已遇难的那对夫妻的同意下,任何人均无权以任何方式处理或转移该胚胎。

面对这样的争议,当地初审法院采取了一种准中性观点来界定冷冻胚胎。与罗奇诉罗奇案中首席法官的司法意见一致,主审法官官方确认"冷冻胚胎"具有孕育成生命的潜质,是特殊的实体,但是,其判决结果显示他们更偏向客观主义者的看法,认为"冷冻胚胎"不能像一般的物体,不可以继承,对此,他们解释道,原卫生部相关法规中规定的对冷冻胚胎的有限权利仅属于那对年轻夫妻,而无法转移给任何第三方。

就这样,尽管当地法院对原告的遭遇十分同情,还是以判决的书面形式正式表明了它在"冷冻胚胎"上的立场。此外,法院在进行司法裁定时,援引了原卫生部的现有医疗法规与解释,未理会原告提出的伦理道德原则。可以说,冷冻胚胎在法律语境下的再语境化,或者在书面法律文本中的再符号化,固化或强化了冷冻胚胎在医疗机构制度下的意义,弱化或否定了其在伦理道德框架下的意义。换言之,法律的"刚性"原则战胜了法伦理所内在的"柔性"原则。

四、二审法庭对"冷冻胚胎"的开放性阐释

当原告向中级法院提起上诉时,开启了新一轮对冷冻胚胎的阐释与讨论,中级人民法院听取、借鉴司法界与学术界对"冷冻胚胎"的诸多不同观点与阐释,重新定义并界定"冷冻胚胎",这不仅体现在其对该案的最终司法判决上,也反映在其所选择的符号参照体系或框架上。

首先,法官推翻了初审法院的判决,以一种近乎和解的方法同意了原告的请求:原告享有对"冷冻胚胎"的"监管权"和"处置权",而非"继承权",可见,中院将原告诉求中的民事权利进行了修改(李昊天,2014)。

其次,他们在判决中援引或参照了不同的语境框架,对其相关观点的重要词汇或表述进行了再语境化。在这份最终判决(无锡市中级人民法院终审判决书第01235号,2014年)中,法庭不仅明确界定了冷冻胚胎是具有孕育成生命潜质的实体,具有特殊的身份,对此,原告、被告和当地基层法院都赞同,法庭还明确地把"冷冻胚胎"重新塑造成一个需要特殊尊重和保护的实体,这就从法律上赋予给它一层伦理意义。"胚胎是介于人与物之间的过渡存在,具有孕育成生命的潜质,比非生命体具有更高的道德地位,应受到特殊尊重与保护。"法庭认为需要有一个新的观点,在该案的审议中首开先例,将伦理意义引入司法裁量过程,表现出了与初审法院所持机构性立场明显大相径庭的立场。

在裁定"冷冻胚胎"的权利时,法庭参考了三个符号体系中的因素,分别是道德、情感和特殊利益保护(法律制度),来重新解释冷冻胚胎,而每个因素都关系到该案当事人的心理世界。用这种方法,法院成功建构了一个可调解、协商的开放性立场。

在判决书中,法庭陈述道:

> 在我国现行法律对胚胎的法律属性没有明确规定的情况下,结合本案实际,应考虑以下因素以确定涉案胚胎的相关权利归属:一是伦理。施行体外受精——胚胎移植手术过程中产生的受精胚胎,具有潜在的生命特质,不仅含有沈杰、刘曦的DNA等遗传物质,且含有双方父母两个家族的遗传信息。双方父母与涉案胚胎亦具有生命伦理上的密切关联性。二是情感。白发人送黑发人,乃人生至悲之事,更何况暮年遽丧独子、独女!沈杰、刘曦意外死亡,其父母承欢膝下、纵享天伦之乐不再,"失独"之痛,非常人所能体味。而沈杰、刘曦遗留下来的胚胎,则成为双方家族血脉的唯一载体,承载着哀思寄托、精神慰藉、情感抚慰等人格利益。涉案胚胎由双方父母监管和处置,既合乎人伦,亦可适度减轻其丧子失女之痛楚。三是特殊利益保护。胚胎是介于人与物之间的过渡存在,具有孕育成生命的潜质,比非生命体具有更高的道德地位,应受到特殊尊重与保护。在沈杰、刘曦意外死亡后,其

父母不但是世界上唯一关心胚胎命运的主体,而且亦应当是胚胎之最近最大和最密切倾向性利益的享有者。综上,判决沈杰、刘曦父母享有涉案胚胎的监管权和处置权于情于理是恰当的。当然,权利主体在行使监管权和处置权时,应当遵守法律且不得违背公序良俗和损害他人之利益……

(无锡市中级人民法院终审判决书第01235号,2014年)

对法院的判决依据进行详细的话语分析,有两点值得注意:对法律推理中所谓的"非理性"因素(伦理、情感、特殊利益集团)进行了确实的考虑;同时,在阐释三个因素时,采用了比较明显的人性化口吻。三个相关因素被一一列举并排序,从而使每个因素增加了语义权重,也形成了整体之间的连贯性。然后,随着文本的向前推进,法官又对其提供了大量的论证解释。首先,用两个有效陈述句,清楚地提出了胚胎与相关家庭之间的联系,语法上,用两个连续的定语从句建立起该胚胎与相关当事人之间的关系:"含有沈杰、刘曦的DNA等遗传物质,且含有双方父母两个家族的遗传信息""双方父母与涉案胚胎亦具有生命伦理上的密切关联性"。第二,利用系列成语,比如"白发人送黑发人""暮年遽丧独子、独女""承欢膝下""天伦之乐""哀思寄托""情感慰藉""情感抚慰",以及一系列表梯度评价意义的形容词,包括"至悲""唯一关心……主体""最近最大和最密切",创造不断递进的语义韵律,表达了对失独父母的同情。第三,在结尾的陈述中,用"当然"引导的让步状语从句"当然,权利主体在行使监管权和处置权时,应当遵守法律且不得违背公序良俗和损害他人之利益",巧妙地对此人性化、主观性意味比较明显的法律推理进行限制,平衡了主观性的法律推理和客观的法律限制之间的冲突。

可以看出,中级法院巧妙又恰当地平衡了法律的规则性和我国的本土文化:在法律语境中承认了"冷冻胚胎"所承载的伦理与道德因素。"冷冻胚胎"不仅是年轻夫妻与两个家庭唯一的遗传,还象征着精神与情感的抚慰,失独父母可以在胚胎上找到孩子依旧陪在自己身边的那种幸福感。此外,"冷冻胚胎"享有道德地位,应该受到特殊尊重。

总之,该判决引用了不同的符号阐释框架来界定"冷冻胚胎"这一敏感议题。法庭认可伦理、情感和其他因素在法律裁定中的作用,展现出了法庭与"法"的另一面:法律适用可以更加灵活,更适应社会转型期不断涌现新的社会问题的这一时代背景。众所周知,在从儒家道德为基底的传统法律体系向以现代成文法为中心兼具形式主义法律体系转型的道路上,法律制定中存在技术性问题、法律语言模棱两可或其他原因,使得现有法律总有不完善的地方,导致许多社会问题无法及时得到恰当的解决。比如,我国"一对夫妇只生一个孩子"的计划生育政策已经成为一项基本国策,执行了近 40 年,但宪法却没有足够的措施来解决这项国策的弊端,比如大量失独家庭的出现、失独家庭所面临的社会孤独感。在新的科技时代,随着辅助生殖技术的发展,冷冻胚胎应运而生,如何处理"冷冻胚胎"的权益,是一项非常紧迫的问题,这些新问题使得司法判决变得更加复杂。

在电视专题采访中,中级法院的主审法官确认了法院在该案中所建构的新的、灵活的立场。女法官(匿名)认为原卫生部的规章制度的管辖权属于医疗人员与机构,明确地说审判委员会对该案持"开放态度",愿意使判决结果为未来社会的发展留下空间与余地,"随着时间的推移,冷冻胚胎在法律框架下可能会被赋予多种属性"(见电视专题报道"冷冻胚胎之争")。显然,对"冷冻胚胎"的认知界定,法官有两个时间体系——现在与未来,他们不仅仅依赖现有的静止的观点,而是考虑了两种时间体系的存在,并使这两种体系处于互动中。在现有的时间体系中,法官承认了当事人的心理需要,在未来的时间体系中,面对失独父母的现实需要,他们也不否认"胚胎"可以被合法处置这一可能性。对于两种判决结果,她指出推翻初审法院的判决并不意味着初审判决是完全错误的,而是两个法院对"冷冻胚胎"有不同的视角。中级法院"非常巧妙地"赋予了原告对胚胎的监管权与处置权,采取了开放的立场。

第五节 法庭对"冷冻胚胎"的阐释与社会互动

对人类与冷冻胚胎的关系的体感认知是解释冷冻胚胎的基础,不同的符号框架为其阐释提供了参照坐标。因此,基于体验的阐释过程本身不仅是语言活动,更是一种社会活动。这意味着,每个解释过程都是在整体或部分社会成员所共享的区域文化或全民社会文化的基础上做出的,也是享有共同社会文化的不同社会成员群体对冷冻胚胎的符号意义所发出的一种社会态度,同时,其阐释的结果仍然会引发广大社会成员对其的关注、评论与互动性回应(见 Bahktin,

1981)。在我国这个老龄化社会,出生率已经大大降低,"冷冻胚胎"本质上与每个人息息相关。在 20 世纪 70 年代,为了控制人口暴增,国家开始执行计划生育政策,1982 年计划生育变成了一项基本国策;在 2001 年,《中华人民共和国人口与计划生育法》特别规定国家"鼓励公民晚婚晚育"、"实行计划生育";最近几年国家全面开放二胎生育政策。在过去的 40 年,计划生育政策有效地控制了总体人口,但却忽视了代与代之间的平稳过渡。随着越来越多的人进入老年阶段,其中失独家庭占据了非常大的份额,退休后生活的不确定性会使每个人心烦意乱。在这样的宏观社会语境中,针对冷冻胚胎开展的释义活动已符号性地象征了围绕老龄化而开展的社会互动,其中法庭在此社会互动与释义过程中起到了确立秩序、维护正义与公平的角色。

一、法庭的立场与对不同群体声音的回应

在冷冻胚胎如何与人类生命相关这一方面,两个法院采取了不同的立场,参考了不同的解释框架,对医疗界、看重道理伦理的普通大众等不同群体的声音,给予了不同程度的回应,在面对与解决失独父母这一新的社会问题时体现了两种不同的立场,见表 8.2。

表 8.2 两级法院对冷冻胚胎的看法与立场

	初审法院	中级法院
对冷冻胚胎的看法	客观主义	中立
对机构规则的态度	积极	消极
对道德因素的态度	不考虑	积极
对新的社会问题的取向	线性单一、机械	非线性、开放的、对话的、灵活的

如表 8.2 所示,初审法院对"冷冻胚胎"采取的是客观主义视角,而中级法院则采纳较中立的视角;初审法院对原卫生部医疗规则的态度是积极的,肯定其观点并予以采纳,而中级法院正相反;初审法院在裁定该案时,基本不考虑伦理道德因素,而中级法院则对此呈积极态度;若把"冷冻胚胎"视作转型期社会问题的话,两个法院的判决结果则体现了他们对新出现的社会问题的不同取向:初审法院主要采取一种线性态度,其应对方式比较单一、机械,不同于中级法院的非线性态度与开放的、对话的、灵活的应对方式。

二、两种司法判决所引发的社会评价与社会互动

对冷冻胚胎的司法裁断是一种社会实践,引起了当事人、法律评论家和社会大众三个不同言语社团的不同反馈与互动,其互动与反馈也符号性地使用了不同模态资源。中级法院的判决与所体现的立场得到了各界的肯定评价,而初级法院的判决与立场则受到冷遇。

(一) 失独父母对两份司法判决的不同态度与互动反馈

失独父母对两份判决表现出了截然不同的反应,给出不同的互动性反馈。当听到第一份判决驳回他们的请求后,他们陷入了冰冷的沉默,以非语言符号沉默对初审结果表示失望。

正如新闻报道中所述:"52岁的原告沈父听到判决后难掩震惊,他转过身,与亲家公互相失望地看了一眼,然后他们各自携着自己的妻子双双缓慢地走出了法庭。"(邵世伟,2014)但是,在电视采访中,他们在听到中级法院支持他们的请求后,满面笑意,沈父指着判决书说:

>"'这成为双方家族血脉的唯一载体,承载着寄托哀思',这个讲得太对太对了,我们的希望就在这个地方,对不,没有这个东西,我们这个精神,这两天哇,哪里有这个精神呀。"

他妻子也说:

>"原来我脸上一点笑容都没有,看到这个东西我现在心情好了,比原来好,脸上有点笑容了,他前天说的,老太婆呀你变了个样啦。"

当被问到"您一天读它几遍呀?",她回答说:"每天都读,读很多遍。"

("冷冻胚胎之争")

失独老人对中级法院的判决结果的态度很明显,用表情、言语与动作等多种模态对其给予积极肯定回应。失独夫妻两人脸上有笑意,言语上表示肯定,同时还有积极的回应性动作,如,沈父用手指点着判决书上的某些句子,边读边点评,而其妻则表示每天会读判决书几遍。显然这对老人对判决既兴奋又十分满意。换言之,判决融化了他们丧失独子后冰冷的内心。"得到冷冻胚胎,这4位失独

老人就有了盼头,就能继续生活下去,若干年后就能安心地闭上眼睛。失去冷冻胚胎,这 4 位失独老人就会像断了线的风筝一样,从此茫然漂浮于无尽的虚空,就算留有一口气,也不过是生存,而不是生活。"(吴点墨,2014)

对比失独父母对两次判决结果的鲜明态度,可见法律如何回应与解决社会问题,即法律用何种方式对"冷冻胚胎"进行再语境化,会得到失独父母这一群体不同的认知反馈。正如当地的初审法院那样,遵循绝对公平的原则和法律一致性的,不考虑人的社会需求,可以体现法律的"刚性"原则,但却引起了消极的社会反馈;而中级法院则遵循程序互动正义原则,满足了弱势群体需要尊重和人文关怀的心理需要,展示了法律的弹性与正义"温情"的一面,得到了社会大众积极的回应与衷心的拥护,中级法院对司法正义的态度正回应了民间对正义的期待。

(二) 法律界与媒体对两份司法判决的不同回应

法学界与媒体对两份司法判决的态度与反馈性回应也不一样,但其反馈回应主要以言语模态来表达实现。

在评论第二份判决与第一份判决时,法律专家指出,中级法院的判决是一个显示法律刚柔兼济原则的经典案例,而原告律师对初审法院的判决则提出了批评:

> 如果法院假定这对老人对胚胎的诉求是用于以后代孕,这就相当于在逻辑上设定他们有罪,建立在这种设定基础上的任何判决都是违法的,不合理的。我们知道,对财产的权利通常包括对财产的处置权。此外,个人有权利委托任何医院保存或毁坏胚胎,或在法律许可的框架内在可能的条件下用于繁殖生命,或者仅仅保存胚胎以延续希望……如果代孕被假定为唯一的使用方式,那么这样的假定是存在偏见的。
>
> ("冷冻胚胎之争")

媒体对第二份判决有许多正面和积极的评价与反馈,详见以下评论节选片段:

> 这四位失独老人有了他们的"后代",这是一份前所未有的判决。(刘建

国,2014)

这是一个人情味的判决,应该得到尊重和赞扬。(惟送,2014)

另外,就符号意义而言,第二份判决对"冷冻胚胎"的重新阐释还具有更深远的象征性。

"该判决对这四个老人所面临的问题给出了一个好的回应。不仅有效解决了本案中关于如何继承冷冻胚胎的法律难题,为今后此类判决提供了范本,而且还有效解决了法律滞后与新生事物特殊需求以及伦理道德的复杂难题。"(吴成臣,2014)

我国是一个注重家庭血脉的国家,计划生育政策导致了社会上出现了许多失独家庭。在这样的语境下,老人失去独子的风险,加上越来越多不孕不育父母希望有自己孩子的现实需求,形成了富有挑战性的社会问题,亟须法律解决:如何保证每个人都有安稳的未来?如何正确地实现正义?中级法院作出的对冷冻胚胎的判决显示出法律在面临越来越严重的社会困境时所能有的开放性和灵活性:为了未来需要做出改变(王琳,2014)。就符号意义而言,这个判决具有里程碑式的意义,标志着法律体系在面对诸多新的社会现实问题时可能产生的张力。

总之,法律界与媒体均以语言形式,明确地表达对第二次判决的正面肯定回应,对法庭在应对新的社会问题上所采取的开放性立场给予了积极互动性回应,对法庭在维护正义方面的角色表示赞赏。

三、围绕冷冻胚胎案的社会互动中法庭的角色

此民事案件中,"冷冻胚胎"的意义在不同的符号领域或者语境中发生多种改变。在医疗语境中,它是治疗不孕不育的工具与手段,是一种技术的产物;在以家庭伦理为基础的日常生活语境中,胚胎成了失独父母延续家庭血脉的希望与基因承载物;在法律语境下,冷冻胚胎可简单理解为英年早逝的孩子为父母留下的唯一的、能现实存在的遗物。

对于不同社会群体的声音,如何对这些声音给予司法回应,如何对不同的阐释进行再语境化,进而在法律裁定中将最终意义符号化,是体现法庭在社会互动中的作用的重要过程。经历了多轮讨论之后,对"冷冻胚胎"的解释从某一"客体",最终定位为一种"应享有尊严、受到道德尊重的特殊实体"。法庭在司法意

义上对"冷冻胚胎"的解释是开展社会行为的符号化体现,象征着对于新的社会问题,法律可以做出某些适应性变革。

正如图 8.1 所示,在法律裁定阶段,因法庭对不同的符号系统与阐释意见与态度给予了不同的反馈与回应,初审法院沿用了"医疗语境"的界定,将"冷冻胚胎"再语境化为享有有限功能的特殊实体,而中级法院综合考虑了三种语境释义,最终将"冷冻胚胎"再语境化为赋有多种功能的特殊实体,表达了两个法院对"冷冻胚胎"的社会互动给予了不同的回应。同时,这两种司法界定具有不同的社会意义与认知评价,引发不同的社会互动,第二种法律阐释被认为是法律面向社会问题所呈现的一种变革与开放的态度,更好地体现了司法正义的多面性,而第一种法律阐释没有得到任何社会回应。

从医疗、家庭、道德、法律到司法裁定,"冷冻胚胎"的意义在不同的符号体系中经历了多种阐释,在此过程中其意义经历了不断的整合或分离,体现了再语境化与再符号化的过程与作用。在司法语境中,法庭对"冷冻胚胎"做出了新的阐释与变动,并在所有权和合法性上做出改变。经过法庭司法语境的机构化,或裁判书这一特殊符号载体对此意义的正式表述之后,其意义被最终确定下来,经过媒体报道继而扩散开来,进入社会公众的日常生活语境中。在日常谈论或学生讨论中,成为指导人们社会生活的准绳,进而不断衍生新的社会话语主题。这一以语篇为载体的符号过程,充分体现了在围绕"冷冻胚胎"的社会互动过程中,法官在对正义的维护与对人际秩序的确立方面所起的社会功能。

第六节 小 结

本章以 2014 年我国失独父母冷冻胚胎案为例,对围绕该案的关键词汇所发生的社会互动过程中法官在维护正义方面的角色进行了分析。

本研究中"冷冻胚胎"所指意义的变化强调了在诉讼案件中关键词语的阐释有赖于其相应的阐释框架或语境,也符号性地体现了法律阐释所带来的社会认知与接受过程本身是一种社会互动的再现。基于社会知识与文化基础上的语境框架影响并限制了当事人、律师、法官和大众媒体如何认知与解读"冷冻胚胎"的身份,体现了不同的社会互动意义。在符号意义层面,在更广大的视域内,受程序性正义理念的启发,中级法院综合考量了不同社群对"冷冻胚胎"的诸多阐释意义,综合其观点与视角,对"冷冻胚胎"进行了一次动态的阐释,从而在社会认知层面,使人们感受到了司法正义的多面性,体验到了司法公正中的程序互动性,给失独父母们带来了希望,安慰了他们绝望的心。更重要的是,它使得人们对法律与生活、法律与民众福祉之间的关系有了另一种理解与认知。初审法院表现出的对"冷冻胚胎"单一的、机构化的观点,则迫使人们看到以形式主义传统为中心的法律的客观性和近乎机械的刚性原则。

世界范围内对"冷冻胚胎"的多样化观点和我国本土法律适用中对弱势群体的人文关怀使人们看到了正义并不总是严格而冷冰冰的,只要懂得与了解正义具有多样性这一特质,正义的温情就不会遥不可及。当遇到因不断涌现的社会问题而造成的法律空白时,适当考虑法律、道德与文化间的综合作用,或者更确切地说,努力实现这三者在更深层意义上的互动沟通,就可以去除人们对现代法制不适合我国国情的误解,增进人们对法律在应对复杂的社会问题时可发挥重要作用的认识。总之,只有综合考虑区域和国家文化以及法律规则的不同作用,才能使广大民众认可司法正义,才能保证法律不脱离社会生活。

第九章

结　　论

　　本章简要回顾本研究的内容,总结主要发现与结论,讨论本研究的启示,最后指出研究的不足之处与后续研究的议题。

第一节 研究回顾

本研究以我国庭审话语为研究对象,对其社会认知进行分析,主要探讨各种社会文化、法律文化价值观对庭审交际的影响,分十个部分对此展开主体研究。

绪论对本研究的对象、研究目标与研究方法进行了详细的介绍。

第一章的文献回顾为全文的研究奠定了基础,并为研究的开展指明了方向。

首先,梳理了法庭话语的社会性特征与认知特征,总结了相关的语言学研究与发现,证明了语法、语义、语用与语篇的多视角、多维度分析可以描述、揭示庭审话语的社会性与认知性。

其次,梳理了庭审话语的最新研究方法与视角,其中,历时庭审话语、庭审话语的语料库方法、庭审话语的多模态研究、庭审话语的媒体传播日益受到关注。第一,以英、美、德等国为主的西方历时庭审话语研究表明,尽管古今语言系统的变化引起法律语言在表层结构上的差异,当代法庭话语的规律(比如言语行为、法庭语言的词汇、句法特色、法庭话语的序列特征等)仍然适用于古代法庭话语,从而证明历时话语语料有助于检验法庭话语规律的普遍性。第二,法庭话语的语料库研究发挥语料库长于从数据中发掘规律的特点,从词的搭配、频率、语义韵等数据来描写、探讨法庭话语的社会与认知规律,包括证言证据中潜在的认知图式,为法庭话语的研究提供了比较可靠的依据,同时也为法庭话语研究提供了新的研究路径。第三,法庭话语的多模态研究囊括了两个方面的内容:一方面,法庭话语与言语交际充满了多模态交际特征,庭审参与人通过言语、语调、手势等符号表意资源表达多种交际意义,使得庭审交际变得更加复杂。而庭审交际多模态语境的诸多意义因素,比如原告人、被告人与旁观者的服饰符号与法庭建筑的空间符号意义,都以有形或无形的方式影响或限制了庭审交际在程序与实体两方面的正义。另一方面,案例分析表明,多模态言语证据的解读,比如企业图形商标、音乐形式的证据,已经成为庭审交际中比较有争议但也值得研究的话题,显示了多模态研究对于庭审话语的重要性。第四,法庭话语的媒体传播研究表明了媒体传播对于普及法律与进行法制宣传、协助促进社会互动方面的重要作用,主要包括两个方面的内容:一方面,法律知识需要通过媒体的多方宣传才能将抽象的规则转化为日常语言,使得法律语言与日常语言融合,体现"法"与"生活"的内在一致性本质。同时,媒体是法律与社会大众进行互动交际与沟通的中介,媒体将社会大众对重大社会问题的态度与观点呈现出来,使得司法机关能对社会观点、态度以司法判决的方式给予一定的社会回应,而司法部门的判决又引发社会大众在理解、认知与接受基础上的反馈。另一方面,本质上说,媒体(如报纸、电视、电影)对法律的报道是一种信息重构与主观建构,人们以各种形式对法律所进行的描写(如电影、漫画等)都是一种艺术建构,体现人们对法律的认知与期待,也体现了创作者对法律的主观性解读,反映了其主观立场、观点与意识形态,一定程度上会造成对法律的曲解与误读,影响人们对司法的认知。

总之,对文献的梳理指明了本研究需要借鉴的几点:第一,对历时或古代法庭话语语料的重视;第二,积极吸纳语料库方法在语言描写方面的长处;第三,充分考虑多模态话语或多模态交际在庭审话语中的重要作用;第四,合理平衡媒体传播与法庭话语的关系。

第二章的理论框架部分,主要以 van Dijk(2014)关于语言、社会与知识之互动关系的观点为框架,整合我国关于社会公正的文化要素、社会主义法律体系所依存的知识体系与法庭话语的语篇特征,建构了本研究的主要分析框架。

根据 van Dijk 关于社会认知的语篇观,话语"是情境中的互动与社会实践,是在社会、文化、历史或政治情境中的交流方式"(van Dijk,2014),是社会成员或群体在社会、文化和历史语境中进行的语言交际活动,是社会互动与交往行为。对语言与社会的阐释都离不开认知方面的因素,认知方面的因素主要是存储在人们情景认知模式中的社会文字知识与意识形态,这里的知识与意识形态指的是社会性、群体性的知识、态度与理念。知识、信念、态度或情感等社会意识在语篇的生产过程中体现出来,在语篇层面对社会实践进行表征,简称为"社会表征"。就是说,语篇与社会实践或社会结构之间并不存在直接的对应关系,两者通过认知的中介作用而建立起联系。因此,对法庭话语的研究不能只停留在对法庭话语语篇特征的描写上,或将其与社会实践直接、简单地连接起来,而应重视以知识形式存在的社会文化方面的认知因素所起的中介作用,从人们的价值观因素来深入分析与解释法庭话语,才能一窥其本质。

基于此,本研究尝试对法律语篇与庭审话语结构、庭审话语所依赖的法律文化知识(社会认知)与庭审社会结构/实践三者之间的联系建立一个分析框架,主要从法庭话语在语言与语篇层面上的特征来讨论并分析支配、控制法庭话语生成与理解的知识体系(社会认知)并考察其在话语层面的作用,从而探讨这些以情景模型存在于庭审交际者大脑中的法律文化知识在庭审话语语篇层面的社会表征(社会实践)。

在本研究的分析框架中,庭审话语的社会认知因素可以用知识来分析,整体知识体系包含三个不同层次。其中,以儒学为传统、以社会主义核心价值观为中心的社会共有文化是最基础、普遍的知识基底与共识性知识,以儒学为文化基础、以社会主义公平正义理念为基础的法律文化知识是法律从业者所共享的社群知识,在此基础上形成的法律认知群体所可能共有的个性化态度、偏见与意识形态等是比较微观的知识。以上这几种知识均以情景模型的方式存储在交际者的个体记忆中,指导、控制或操纵庭审参与者或交际人(或读者)对庭审话语进行理解与话语产出。

庭审社会实践包括几个层次,从宏观到微观分别是:和谐社会的建立、有效的社会组织与社会主义法制体系、群体利益之间的正义与公平以及个人、群体在规则范围内对公平与正义的协商对话;而法庭话语语篇层面则包括法庭话语的机构性与工具性特征、庭审话语的互动性与多模态性、律师语言的策略性、法官话语的权威性与论证性、新闻话语的主观性与社会性。

法庭话语的语篇特征是社会大众的庭审认知在法庭话语语篇层面的社会表征,主要体现了以下几方面的角色意识,包括:庭审交际中法官的中立者角色意识、律师的法律人角色意识、制约法官话语的隐身权威人角色、新闻传播中的庭审参与人角色与法庭在社会互动中的角色。这五个方面的角色意识分别对应于庭审交际中的具体参与者与符号参与人,包括法官、律师、诉讼当事人这几个具体的交际人,也包括以非语言符号形式存在的空间权力话语与以媒介为中介、符号性参与庭审的社会大众。本研究在论说中均以法官话语为中心,按由内向外、由近及远、由微观到宏观、由纯语言到多模态的顺序依次展开讨论。在庭审语篇中,角色意识均对应于一系列话语特征与话语策略。

第三章指出庭审交际中法官的中立者角色意识在庭审交际语篇层面的体现,包括两个方面,即庭审交际中法官的主持人角色与庭审判决中法官的阐释者角色,前者主要体现于法官使用工具性元语言对庭审的交际内容与庭审的交际结果进行管理与控制;后者主要体现于法官在判决过程中使用重述言语行为,对

第九章 结 论

法律与事实之间的关系进行论证与解释。古今法官在使用重述言语行为方面呈现一定的异同,传统法制时期的法官更侧重使用解释性重述,而当代法官则习惯于使用重复性重述,表征了古今法律体制与文化传统对法官意识或知识的社会性影响。

第四章与第五章探讨律师的法律人角色意识,包括理性与策略性两个特征,是律师作为法律人角色意识在庭审话语语篇层面的社会表征。第四章律师的理性辩论风格主要指律师在庭审辩论言语中努力与对方律师、法官建构平等的角色关系、多声的话语环境与不同的言语社团,同时在对待异己声音时采用不同程度的对话性倾向来进行辩论。第五章为律师法律人角色的策略性特征,指的是律师使用的(不)礼貌语言。礼貌言语主要指的是律师面向位高权重的法官进行话语交际时所采用的礼貌言语,包括在话语内容与话语风格两个层面上的礼貌言语行为,而律师的不礼貌言语主要指律师在与法官的交际中以有意或无意的方式针对己方当事人的不礼貌言语,包括直接与间接的积极不礼貌与消极不礼貌策略。律师的法律人角色的语言特征是由律师所尊崇的法律文化价值观(如"和而不同""无讼"等)所决定的。

第六章主要从多模态交际的视角,以历时法庭话语为语料,对高于法官之上的法庭隐身权威人角色进行了分析。首先,以河南内乡县衙为典型例证,重点讨论古代法庭空间话语中的权力配置与对法官的限制,分析空间物化的隐身权威人对法官实施的规劝言语行为与其言后效果。这种空间权力配置源于我国传统的权力观:无为而治与道德教化。其次,对古代与当代的法官服饰进行对比,讨论隐身权威人角色限制下法官对其司法角色的适应性建构,指出相对于古代传统时期法官对司法权力的神圣化建构,当代法官更倾向于强调法律的世俗权力,这种适应性建构均与我国传统法律认知有关,是对其的一种继承与发展。

第七章分析媒体新闻话语对庭审参与人角色的主观建构,首先对电视法律新闻标题的叙事要素与结构形式方面进行分析,论证法制新闻话语存在的主观性,然后以彭宇案为个案,基于小规模数据库,以检索数据与定性分析相结合的方法,重点讨论新闻作者对彭宇案中庭审主要参与人(包括原告人、被告人与法官)的刻板范畴化。其中,原告人被塑造为集"被助者""诬陷者"于一身的老年人,而被告人被塑造为"助人反被诬"的青年人,而法官的司法推理则被指与"社会情理"不符。此研究揭示了媒体报道对庭审话语的主观性建构与误解。

第八章主要以一则"冷冻胚胎案"为个案,讨论法庭秩序与正义的维护者角色。面对医疗话语、家庭伦理、法律界对新生事物"冷冻胚胎"的不同语境化所体现的相应态度、立场与看法,法庭以司法判决的形式,在判决书语篇中通过对"冷冻胚胎"再度语境化,从而对这些立场给予不同程度的回应与互动。

第九章简要回顾前文的研究,总结主要发现与结论,并指出研究的不足之处,提出下一步研究的方向与计划。

第二节　主要发现与总结

一、主要发现

本研究的主要发现有以下几点。

1. 本研究所建的历时与当代共时庭审话语多模态语料库为庭审话语研究提供了多样化的研究资料,将法庭话语的语篇特征延伸到非语言模态层面,以新的语料形式佐证了庭审中存在权力话语体系,同时也拓展了此权力话语存在的性质、范围与形式,丰富并拓展了我国庭审话语研究的深度与广度。

2. 围绕法官话语、律师话语、庭审其他参与人话语的庭审话语具有多维语篇特征,法官的中立者角色、律师的法律人角色、法官话语之上的隐身权威人角色、媒体话语中的法官与诉讼人、法庭在社会互动中的角色勾勒了发生在法庭内外、语言体系内外的多种动态交际,体现了法律语言在主观性与客观性之间、法理与情理之间的联系、冲突与平衡。

(1) 在庭审交际中,法官的中立者角色主要体现于两个方面,即庭审交际过程中的主持人角色与庭审审判阶段的法律阐释者角色,其语篇层面的社会表征中反映了法官对主观性与客观性、法律与情理之间的平衡。

法官使用元语言对庭审交际过程进行的管理、引导与控制,保证了庭审交际的顺利开展,但也不可避免地对庭审交际结果构成影响,一定程度上限制了当事人在相关案件事实的陈述与认定方面的自由主观阐发,不利于其司法满意度的实现与提高。

法官在判决书中所采用的重述言语行为,是法官在法律的抽象性与客观性

第九章 结 论

原则下,对法律与待审案件之间关系所做的一种主观性阐释,其重述言语行为也同时起到证明其合理性并说服受众的交际目的。比较而言,传统时期的法官更倾向于用解释性重述言语行为,对法律与待审事实、法律与情理之间进行多重意义互动与解释,体现了古代"以礼入法"法律文化理念在法官认知层面与语言使用层面的影响;而当代法官更倾向于以重复性重述言语行为,而非解释性重述言语行为,对法律与事实之间进行意义互动,其意义互动相对比较简单,但更具格式化与规范化特点,体现了法官对当代社会文化的"效率"与法律体系中的"形式"理念的认同。

(2)律师的法律人角色的两个语篇特征,理性论说风格与话语的语用策略性特征,具体表现于其在庭审交际中整体的理性辩论风格、在面对异己意见时所采用的不同程度的对话性辩论话语、对法官提出诉讼请求时所采用的礼貌言语与为说服法官而针对己方当事人的不礼貌言语。理性辩论风格与语用策略异曲同工,昭示了律师在以客观性为主要特征的法律框架内,积极采用灵活多样的语言风格与话语策略,以实现其对法律的一般性与事实的特殊性、法律的客观性与认知的主观性之间的理解与博弈过程。

为阐述抽象的法律规则与具体的案件事实之间的联系,论证己方观点与立场的合理性,并最终说服法官与对立的诉讼方,律师采用了理性辩论风格与对话性话语,根据具体的语境对其话语进行动态适度调适(比如传统法制时期的律师大量使用了多样化的显性敬语与谦词来称呼法官,而当代法官则更多使用公式化的敬语),这既是律师进行法庭辩论的必然话语风格,也是其为完成己方庭审交际目的而采用的话语策略。话语风格上的理性与策略性反映了律师对庭审法律文化(哈贝马斯的法哲学观)与本土法律文化(如"和而不同""无讼"理念)的认同与理解。

(3)法庭话语中以空间形式存在的隐身权威人角色说明,法庭话语并非一个自足的话语系统,法官话语在庭审交际过程与司法裁定上的权力并不是孤立、静止、绝对的权威,而是植根于更广泛的空间权力话语体系。一方面,法官在言语交际层面的话语权力,是物化的国家司法权力在空间模态上实施的规劝言语行为的言后反应与序列结果;另一方面,法官话语也是对权力话语的一种适应性主观建构,以多模态服饰符号方式实现了法官话语对权力话语的互动反馈。

(4)媒体对法庭话语的传播是社会大众了解法庭话语的重要渠道,在传播法制思想、普及法律方面发挥重要作用,但鉴于语言的主观性、媒体话语的商业化背景与媒体作者的主观立场等原因,媒体对法庭案件的报道是对法庭话语的一种信息重构与主观建构,偏离了法律客观性的主观建构很容易误导或曲解庭审交际,影响广大受众对庭审话语的认知。对彭宇案的新闻报道中就普遍存在针对诉讼人与法官的偏见话语,已经严重误导了社会大众对庭审话语乃至社会道德的认识。

(5)以媒体为中介,法庭话语可以与社会各界开展符号意义上的互动沟通与交流,实现法律与日常语言之间的交流,在广义的社会交流活动中法庭承担了保障社会公正、确立秩序的正义角色,有助于调节人们对社会性议题所持的多种立场之间的分歧与冲突,促进社会各界对重大议题形成普遍性共识。围绕"冷冻胚胎案"所发生的系列再语境化过程有力地证明:媒体对法庭话语的积极宣传与对社会大众话语的报道搭建了法律与社会各界之间开展互动的桥梁,从而使法庭在社会公平与正义方面发挥更好的作用。在这一过程中,法庭以媒体报道为中介对各种声音做出反馈,也是法庭在法律的客观性与案件的特殊性、法律的刚性与正义的柔性之间进行综合平衡的结果。

3. 庭审话语在语篇层面的特征是法律价值观在文本层面的反映,是我国社会主义特色法律文化体系的互文体现。就律师话语而言,其理性辩论风格源于现代法律体系对于程序正义的追求与重视(哈贝马斯主体间性法哲学的观点),同时也是我国古代儒学文化传统"和而不同"在交际形式上的具体化;其面对法官所形成的独特的礼貌言语策略既是对法庭交际规范的遵从,也可追溯到我国古代"无讼"思想与价值理念对于司法实践的影响。就法官话语而言,法官对元语言的选择性使用,对庭审交际的发言顺序实行绝对的调控与控制或给予适度的自由,对当事人的"啰唆"言语实行打断或给予一定的发挥空间,也取决于法官对程序正义与实体正义的选择与把握;而法官在重述言语中对重述话语来源的选择,援引儒学经典之法还是成文法,也体现了法官对于法文化价值观的追求与认同;古今法官在法官服饰上所建构的符号意义也体现了他们在新的法制体系下对传统"法"理念的继承与扬弃,宋朝的法官以服饰符号再现司法的神圣性与道德性,而当代法官则以服饰符号互文性地体现当代中西合璧、兼容并包的法文化理念。法庭对同一案件的不同判决与意义解读,是法庭针对不同价值观念而做出的互动性反馈与法律意义上的回应,正体现了社会主义特色法律文化"兼容并包""执法为民"在文本层面上的一种动态显现。

4. 庭审话语的多维特征比较系统地表征了人们对庭审话语的社会认知。我国庭审话语的特征是在庭审参与人所获知的、以知识形式存在的基础法律文化的指导、调节与控制作用下所生成的,表征了人们所理解与认知的庭审社会实践,这种表述具有社会性与普遍性,而非个体认知表征的偶然性特点。

法官在庭审交际过程中所使用的元语言、在庭审判决过程中所使用的重述言语行为是法官作为庭审中立者角色在语篇层面的社会表征,表征了法官对其庭审角色的认知;律师话语的理性特征与话语的策略性是律师作为法律人角色意识在语篇层面的社会表征,表征了律师对庭审制度、文化与交际场景限制下法律辩护人角色与语言的认知;法庭话语中的空间权力话语与法官服饰符号是法官对法庭隐身权威人角色意识的顺应与对其作用的主动性适应,表征了法官对法庭话语中权力体系的认知;媒体报道中庭审主要参与人的角色则体现了媒体对相关庭审案例的认知在语篇层面的社会性表征;法庭在应对"冷冻胚胎"这一新事物上所采用的再语境化则表征了法庭在广义社会互动过程中的角色。

二、总 结

本研究主要从语篇的社会认知观来探讨庭审话语的社会认知,基于第二章到第八章的主要研究过程与主要发现,对我国庭审话语的语篇特征、社会文化制度与社会认知的关系进行一定的总结,主要有以下三个观点。

1. 对我国的庭审话语所进行的社会认知研究表明,我国庭审话语的系列特征是与我国的社会、文化、法律体系相适应的,既有与英美法系庭审话语共有的普遍性特征,同时也具有其独特性。

首先,我国庭审话语具有法庭机构性话语的普遍性特征,如使用具有抽象意义的法律词汇,庭审过程遵守法律约定的交际范式与会话序列,庭审主要参与人之间在话语权力上具有不平等性,律师话语具有策略性等[①],更重要的是,我国庭审话语明显具有有别于西方法庭话语的语篇特征。

---

① 本研究正文中并没有进行中外庭审话语的对比分析,此观点主要基于现有文献对西方庭审话语特点的概括。有必要指出,目前庭审话语的理论观点基本以英语背景为主的西方庭审话语为原型,因此此处"既有与英美法系庭审话语共有的普遍性特征,同时也具有其独特性"的说法只是为了侧重强调我国法庭话语的部分特点,并非严格意义上的对比。

我国法庭话语在语篇层面上的独特特征主要指在法官、律师的话语中体现了与我国社会文化相适应的语言特点。比如，律师话语具有策略性，这种策略性不仅仅指律师能充分控制语言结构（如预设问句、附加疑问句）以实现对反方诉讼人在言语信息上的操控，更重要的是，律师会使用有助于维护人际关系的语言策略，如理性辩论风格、对法官的极大尊敬与对己方当事人的"贬低"，以辅助实现庭审交际的目的。法官话语除了体现法律所赋予的客观权威性之外，更体现了对本土文化的自主性顺应，比如，在判决书中使用重述言语行为，既大量引用法律条文，也充分引用凝练道德约束力的儒学经典话语等，以法理与情理综合实现阐释法律与说服他人之功能；在使用非语言符号资源（如服饰）时，综合使用中西符号的优点，对法官的司法角色进行一定的适应性建构；在针对具有时代意义的新生事物"冷冻胚胎"的司法界定中，综合使用不同的语义阐释框架，对其进行体现国别特色的再语境化，等等。

其次，我国的法庭话语体现了社会主义特色法律体系的文化价值观。我国的法庭话语体现了对西方英美法系程序正义的借鉴与吸收，同时也对我国传统的法文化思想进行了一定的扬弃，逐渐形成一个比较稳定的法庭话语体系。在这方面，法官服饰的形式与结构可做一个典型的例证。我国传统法律时期的法官服饰具有浓厚的民族特色，利用服饰语法"司法权力高于俗世"体现了对古代神判之"法"认知理念的具体化，而当代法官服饰使用同样的语法结构，但此结构中所包含的外来服饰词汇（如天平、法袍）、传统法官服饰词汇（如法徽中的神兽）与现代法律体系的象征性词汇（如法徽与国徽）却符号化地将中西法文化、古今法文化和谐地融合在一起。

2. 法庭话语是一种社会实践，法庭话语是体现社会互动的重要场所，在促进社会互动与构建社会和谐方面发挥着重要作用，而在社会认知中介下形成的法庭话语正是法庭实践的重要构成成分与实现过程。一方面，法庭话语所关注的话题是关乎国计民生的社会性议题，比如冷冻胚胎、老幼关系，对这些重要议题的解读与阐释意见会通过媒体的报道、律师或当事人的诉讼意见等渠道，以互文的形式集中地反馈到法庭话语中。同时，法庭话语的特征也随着社会文化与法律文化的变化而变化，使得法庭话语成为观察社会互动的重要场所与载体。另一方面，法庭话语在促进社会互动与构建和谐方面具有无可替代的作用。对于社会大众在重要社会议题上的意见、立场与观点，法庭在司法审判中认可各方有发表意见的空间,并以司法判决的形式对各方立场、利益给予回应与平衡,通过媒体的传播将判决中所确认的价值观引入日常社会生活,使得司法话语成为日常生活话语的一部分,从而引导后者进入更高层次的规范化,体现了法庭话语在促进社会互动与构建和谐社会方面的积极作用。

3. 在法律的客观性与主观性、法理与情理等维度上,对于法律规范与事实、法律条文与待审案件之间的关系,在不同法律文化价值观所生成的具体认知体系的作用下,庭审交际参与人发表多样化的阐释与理解,并在语篇层面进行社会表征,使法庭话语衍生出多层次(包括语言结构、形式与功能)、多模态(包括语言系统与非语言模态系统)的话语特征。可以预见,随着社会的发展、法制改革与建设的向前推进,法庭话语特征将伴随法律的客观性与主观性、法理与情理之联系与争论发展下去,使法庭话语成为可持续研究的领域,并永葆活力。

第三节 研究启示

本研究的启示分两个方面,理论启示与实践启示。

从理论上来说,有两点值得注意。首先,法庭话语研究不应只简单地关注法官语言、律师语言与当事人话语在交际序列上的互动关系,而应将法官话语、律师话语、当事人话语等放在更宏观的交际语境,考察这些话语与交际人关于法律、庭审文化的认知图式与庭审社会实践相互之间的联系,才能较全面地描述、归纳并阐释法庭话语的国别与区域特色,并从深层次厘清我国法庭话语与西方庭审话语之间的联系与区别。其次,以历时庭审话语为语料,综合发挥语料库语言学在数据挖掘方面的长处,从多模态交际的视角来研究法庭话语,可拓展与加深法庭话语研究的范围与深度,突破以往法庭话语研究仅囿于有形的言语交际从而可能深陷形式研究之窠臼,发挥法庭话语中所谓的微观或超微观交际现象,如不礼貌言语、礼貌言语、服饰符号、空间符号、媒体报道等"琐碎话语""小话语"在揭示法庭话语本质上的"全息功能"(参见钱冠连,2002),将法庭话语研究放置于更广阔的研究视野中。

就实用价值而言,也有两点值得参考。

首先,对庭审话语的社会认知研究有助于人们更好地理解社会文化、法律文化与法律语言之联系,有助于探讨法律语言与日常语言之关系。从社会认知的视角看,日常生活中的文化价值观与法律价值观都以认知的形式作用于法庭社会实践,并在法庭审理的中介性作用下,最终对日常文化与价值进行规范性引导。因此,社会大众应以积极的态度参与社会性议题,媒体应积极为社会大众与法庭之间进行沟通提供载体与平台,而法庭对社会大众意见的反馈也会为社会大众树立规则上的风向标。因此,法庭判决书的写作中应力戒过度主观化与模糊化表述,只有这样,法庭审判的公信力才能深入人心,并成功为大众所接受,最终转化为日常话语。

其次,对庭审话语的社会认知研究,能为庭审话语实践的优化与改善提供参考,能为法律从业人员的业务培训、法律(英语)教材的编撰提供实据参考。庭审交际中,所有的语言与非语言符号均具有多方位的互动作用,如果理解这些互动意义对庭审的公平与正义所可能产生的积极与不利影响,可以更好地指导、主持并调控庭审交际,有针对性地处理庭审交际中出现的相关符号,比如法庭空间的设计、案件受害者在衣服服饰或当事人所说的冗余话语等方面表达的特殊意义。在对符号的潜在意义有全面了解的基础上,运用法律规范,对庭审交际作出更合理的管理与调控,对庭审结果给出更公正的判决。在编撰法律培训材料时,应有机地体现法律语言的客观性与主观性、语言的特征与其深层的文化价值观之间的联系,并选用合适典型的例证对此进行阐释,才能使受众更好地领会法律话语的内在规律与民族文化特征。

第四节　不足之处

在开展本研究的过程中,主要借鉴 van Dijk(2014)对语篇的社会认知观架构庭审话语的社会认知研究,探讨法庭话语的语篇特征、文化图式与庭审社会实践之间的联系,尚没侧重分析法庭话语图式本身或其系统性,主要有三方面的原因。第一,以庭审主要交际人或模拟当事人个体为受试,可以采集一些关于法庭话语的认知图式,但这样的认知图式,就其认知的内容与途径而言,虽然仍具有一些群体、社会性特色,但从本质上来说,均为体现个人特有的态度、看法、立场的认知,具有一定的局限性。而从大批量庭审交际人或模拟当事人个体的认知图式中采集具有一定抽象概括意义的庭审认知图式,虽然在理论上具有可行性,但在从访谈、调查问卷等途径收集的中小规模的数据(社科研究一般从几十份至上千份材料不等)基础上,也很难追踪或控制互相抵触的态度、立场或价值观对庭审认知图式的干扰,保证本研究按期完成。用思辨方法来讨论法庭话语的认知特点及其作用,在理论与实践上也是可行的(见 Cominelli,2018)。第二,van Dijk(2014)对语篇的社会认知观基本把握了语篇、认知与社会实践之间的内在联系,其提出的语篇、认知与社会实践之三角关系框架,与 Ogden 和 Richard(1923)提出的关于符号、概念与事物之联系的意义三角图具有同样的效力,能引导研究者深入探讨语言使用人如何在法庭话语语篇与社会实践发生联系中所发挥的主观能动性作用,从而避免将语篇与实践进行简单、机械的对立,显示了足够的理论张力与强大的阐释力。因此,正如 van Dijk(2014)对新闻话语进行分析时并没对认知图式进行专门的数据收集,本研究也基于现有研究所形成的基本常识,将庭审语篇特征看作是庭审交际人的法庭话语认知在语篇层面的社会表征,是一种在知识性系统所指导、控制下生成的话语实践,且这一话语实践具有社会性特征。第三,将语篇特征与社会实践相联系进行符号意义上的描写与阐释,具有理论与现实上的可行性。正如 Halliday(1994)在回答"系统功能语言学对语言的社会符号学分析是否忽略了认知因素"这一挑战性问题时所言,所谓的认知只不过是语言使用者将外在的社会现实进行了内化处理而已。由此可知,所谓他山之石可以攻玉,对法庭语篇进行的社会符号学性质的研究,并不因缺乏认知心理研究所采用的典型路径与方法,就无法进行社会认知探讨。

本研究的不同章节,没有严格按照 van Dijk(2014)所列出的语言特征对法庭话语进行分析,这是因为 van Dijk(2014)理论的精华在于阐明语篇、认知与社会之间的关系,其所给出的语言分析过程有一定的指导性,因其缺乏必要的系统性与内在的联系性,无法照搬乱套,需要根据研究问题与具体目标,综合采用多种具体的研究方法,开展研究。虽然综合采用多种方法在一定程度上会降低本研究在方法论上的系统性,但因庭审话语的社会认知研究涉及多个具体问题的多个层面,因此因地制宜,围绕不同章节的研究问题,选用具有互补性的语言分析方法是可行的。

尽管如此,仍有必要指出 van Dijk(2014)对语篇的社会认知分析毕竟是一家之言,对庭审话语的社会认知分析尚需要综合运用或借鉴其他社会心理学、认知心理学甚至心理语言学的最新研究成果。同时,比较而言,本研究对庭审话语的社会文化因素进行了比较深入、充分的讨论,但对认知方面的探讨略显不足。

第五节　后续研究议题

在研究的过程中,发现有以下几点值得在后续研究中进一步开展。

第一,鉴于本研究对庭审话语中法官话语、律师话语与媒体话语中的庭审参与人角色等进行了定性研究,其研究发现尚属于阶段性成果,迫切需要使用大规模数据对此进行检验或校正。为此,建议开展大规模的田野调查,比如对古今法庭的空间话语、不同地域与级别的法庭话语开展田野调查,或采取一定的认知或心理实验方法,对法庭话语的社会认知进行量化探讨。

第二,用多模态交际的视角对庭审话语进行专题研究,尤其是对庭审交际过程中服饰符号、空间符号等符号意义对庭审过程与庭审结果的影响,或对多模态形式的证据的法律解读进行探讨。在电子化时代,网络微博、聊天群等现代交流工具与平台所生成的多模态交际语料,或用现代电子科技形成的多模态证据,如音乐、绘画形式的司法语料,使得多模态交际成为当代庭审话语无法避开的一个问题,对这些新型语料或证据的意义解读进行分析,将是未来法庭话语研究需要深入挖掘的话题与领域。

第三,对历时中外多模态庭审话语语料进行跨文化、跨语言、跨时间的对比分析,从而进一步论证、探讨庭审话语,在宏观的对比视野中更好地理解我国庭审话语的国别特征,最终解析庭审话语与社会文化、社会认知之间的关系。

参考文献

一、专著及论文集

(一) 中文

巴赫金,1998.小说的时间形式及时空体形式[M].白春仁,译.石家庄:河北教育出版社.
白建军,2004.罪刑均衡实证研究[M].北京:法律出版社.
蔡海龙,2010.电视新闻叙事研究——传媒生态视阈下的现实观照[M].北京:中国传媒大学出版社.
陈炯,2005.立法语言学导论[M].贵阳:贵州人民出版社.
陈新仁,2018.语用身份论——如何用身份话语做事[M].北京:北京师范大学出版社.
陈重业,2010.古代判词三百篇[M].上海:上海古籍出版社.
程建军,1999.中国古代建筑与周易哲学[M].长春:吉林教育出版社.
党江舟,2005.中国讼师文化[M].北京:北京大学出版社.
杜金榜,2004.法律语言学[M].上海:上海外语教育出版社.
段业辉,李杰,杨娟,2007.新闻语言比较研究[M].北京:商务印书馆.
范忠信,2001.中西法文化的暗合与差异[M].北京:中国政法大学出版社.
冯友兰,2016.三松堂自序[M].上海:东方出版中心.
福柯,2003.规训与惩罚:监狱的诞生[M].刘北成,杨远婴,译.北京:生活·读书·新知三联书店.
龚汝富,2008.明清讼学研究[M].北京:商务印书馆.
韩征瑞,2016.体裁分析视域下的中国法律话语研究[M].广州:暨南大学出版社.
何纯,2006.新闻叙事学[M].长沙:岳麓书社.
黄匡宇,2010.当代电视新闻学[M].上海:复旦大学出版社.
姜剑云,1995.法律语言与言语研究[M].北京:群众出版社.
蒋冰冰,2008.新闻语言与城市社会[M].上海:上海文艺出版社.

金人叹,吴果迟,2003.断案精华:大清拍案惊奇[M].福州:海峡文艺出版社.

黎明洁,2007.新闻写作与新闻叙述:视角·主体·结构[M].上海:复旦大学出版社.

李薇,2010.中国传统服饰图鉴[M].北京:东方出版社.

李元授,白丁,2001.新闻语言学[M].北京:新华出版社.

廖美珍,2003a.法庭问答及其互动研究[M].北京:法律出版社.

刘建明,2005.当代新闻学原理[M].北京:清华大学出版社.

刘鹏九,1999.内乡县衙与衙门文化[M].郑州:中州古籍出版社.

刘艺,2004.镜与中国传统文化[M].成都:巴蜀书社.

马丁,2012.马丁文集(8):法律语言研究[M].上海:上海交通大学出版社.

欧力同,1997.哈贝马斯的"批判理论"[M].重庆:重庆出版社.

潘庆云,1989.法律语言艺术[M].上道:学林出版社.

庞德,2003.法律与道德[M].陈林林,译.北京:中国政法大学出版社.

普林斯,2015.故事的语法[M].徐强,译.北京:中国人民大学出版社.

钱冠连,2002.语言全息论[M].北京:商务印书馆.

钱穆,2006.论语新解[M].北京:生活·读书·新知三联书店.

沈志先,2010.裁判文书制作[M].北京:法律出版社.

石长顺,2008.电视文本解读[M].2版.武汉:武汉大学出版社.

史广全,2006.礼法融合与中国传统法律文化的历史演进[M].北京:法律出版社.

斯科尔斯,费伦,凯洛格,2015.叙事的本质[M].于雷,译.南京:南京大学出版社.

苏江,2003.民事诉讼中执行审判公开的不足与完善[M]//吴家有.法官论诉讼(第二辑).北京:法律出版社.

汤唯,2007.法社会学在中国[M].北京:科学出版社.

汤一介,张耀南,方铭,2001.中国儒学文化大观[M].北京:北京大学出版社.

脱脱,1985.宋史[M].北京:中华书局.

汪民安,陈永国,马海良,2001.福柯的面孔[M].北京:文化艺术出版社.

汪世荣,1997.中国古代判词研究[M]北京:中国政法大学出版社.

王洁,1999.法律语言研究[M].广州:广东教育出版社.

王力,1983.古代汉语常识[M].北京:人民教育出版社.

王涛,2003.非同寻常的庭辩:名案辩护词与代理词精选[M].上海:汉语大词典出版社.

王涛,2003.非同寻常的庭辩:名案代理词与辩护词精选[M].上海:汉语大词典出版社.

王雪莉,2007.宋朝服饰制度研究[M].杭州:杭州出版社.

王雪莉,2007.宋代服饰制度研究[M].杭州:杭州出版社.

吴伟平,2002.语言与法律[M].上海:上海外语教育出版社.

辛斌,高小丽,2019.汉英报纸新闻中转述言语的语篇和语用功能比较研究[M].上海:上海外语教育出版社.

许慎,2014.图解《说文解字》:画说汉字[M].北京:北京联合出版公司.

杨德祥,2021.英美法律解释中隐喻的说服功能研究[M].北京:经济科学出版社.

雍琦,金承光,姚容茅,2002.法律适用中的逻辑[M].北京:中国政法大学出版社.

虞山襟霞阁,2001.刀笔菁华[M].北京:中华工商联合出版社.

曾庆香,2005.新闻叙事学[M].北京:中国广播电视出版社.

张法连,2017.中西法律语言与文化对比研究[M].北京:北京大学出版社.

张晋藩,1997.中国法律的传统与近代转型[M].北京:法律出版社.

张晋藩,1999.中华法律文明的演进[M].北京:中国政法大学出版社.

张晋藩,2010.中国法制史[M].北京:商务印书馆.

张军,姜伟,田文昌,2001.刑事诉讼:控·辩·审三人谈[M].北京:法律出版社.

张丽萍,2017.多模态警示语的整体意义建构[M].上海:上海交通大学出版社.

张中秋,2006.中西法律文化比较研究[M].3版.北京:中国政法大学出版社.

赵世民,2003.汉字——中国文化的基因[M].南宁:广西人民出版社.

赵毅衡,1998.当说者被说的时候——比较叙述学导论[M].北京:中国人民大学出版社.

郑保卫,2003.论媒介经济与传媒集团化发展[M].北京:中国人民大学出版社.

郑红峰,2015.唐诗宋词元曲[M].长春:吉林出版集团.

中共中央编译局,1956.马克思恩格斯选集[M].北京:人民出版社.

周宪,2002.美学是什么[M].北京:北京大学出版社.

宗白华,1981.美学散步[M].上海:上海人民出版社.

(二)英文

Aikhenvald A Y,2004. Evidentiality[M]. Oxford:Oxford University Press.

Allan S,2010. News culture(3rd edition)[M]. Buckingham:Open University Press.

Allen G,2000. Intertextuality[M]. London:Routledge.

Allport G W,1954. The nature of prejudice [M]. MA:Addison-Wesley.

Anderson R,Baxter L,Cissna K,2004. Dialogue:Theorizing difference in communication studies[M]. London:Sage.

Anward J,1997. Parameters of institutional discourse[M]//B. L. Gunnarsson,Per Linell (eds.),The construction of professional discourse. London:Longman:127-150.

Archer D,2008. Verbal aggression and impoliteness:Related or synonymous[M]//Derek

Bousfield & Miriam A. Locher (eds.) Impoliteness in Language: Studies on its play with power in theory and practice. Berlin & New York: Mouton de Gruyter: 181-207.

Archer D, 2017. Impoliteness in legal settings[M]//J. Culpeper, M Haugh, D Kadar (eds.). The palgrave handbook of linguistic impoliteness. London: Macmillan: 713-737.

Ash J, 2010. Dress behind bars: Prison clothing as criminality[M]. New York: I.B. Touris and Co Ltd.

Atkinson J M, Drew P, 1979. Order in court[M]. London: Macmillan Academic and Professional Ltd.

Austin J L, 1962. How to do things with words[M]. Oxford: Oxford University Press.

Bainbridge J, 2014. 'Make Enough Money, Everything Else Will Follow': Litigation and the Signification of Happiness in Popular Culture[M]// A Wagner and R Sherwin (eds.). Law, Culture and Visual Studies. New York and London: Springer: 805-824.

Baker P, Ellece S, 2011. Key terms in discourse analysis[M].北京:外语教学与研究出版社.

Bakhtin M M, 1981. The dialogic imagination: Four essays[M]. Austin: University of Texas Press.

Bakhtin M M, 1984. Problems of Dostoevsky's poetics[M]. Minneapolis: University of Minnesota Press.

Baldry A, Thibault, 2006. Multimodal transcription and text analysis[M]. London: Equinox Publishing.

Barthes R, 1990. The fashion system[M]. Berkeley: University of California Press.

Bateman J A, 2008. Multimodality and Genre[M]. London: Palgrave Macmillan.

Bednarek M, Caple H, 2012. News discourse[M]. London: Bloomsbury.

Beebe L M, 1995. Polite fictions: Instrumental rudeness as pragmatic competence[M]//J E Alatis, C Ferguson (eds.). Georgetown university round table on languages and linguistics. Washington: Georgetown University Press: 154-168.

Bell, A, 1991. The Language of news media[M]. Oxford: Wiley-Blackwell.

Bennett W L, Feldman M, 1981. Reconstructing reality in the courtroom[M]. New Brunswick, N. J.: Rutgers University Press.

Berger J, 1992. Keeping a rendezvous[M]. Harmondsworth: Penguin.

Bergin T G, Fisch M, 1984. The new science of Glambettista Vico[M]. Ithaca: Cornnell University Press.

Bogatyrev P, 1971. The function of folk costume in Moravian Slovaks[M]. The Hague:

Mouton.

Bourdieu P, 1973. Outline of a theory of practice[M]. London: Cambridge University Press.

Bousfield D, 2008. Impoliteness in interaction[M]. Amsterdam: John Benjamins Publishing Company.

Bousfield D, Locher M A, 2008. Impoliteness in language: Studies on its interplay with power in theory and practice[M]. Berlin: Mouton de Gruyter.

Breit R, 2007. Law and ethics for professional communicators[M]. Sydney: Lexis Nexis Butterworths.

Brigham J, 1996. Signs in the Attic: Courts in material life[M]//Robert Kevelson (ed.). Spaces and Significations. New York: Peter Lan: 151-164.

Brion D J, 2014. The criminal trial as theater: The semiotic power of the image[M]// A Wagner and Robert Sherwin (eds.). Law, Culture and Visual studies. New York and London: Springer: 329-358.

Brooks P, 1996. The law as narrative and rhetoric[M]//P Brooks, P Gewirtz (eds.). Law's stories: Narrative and rhetoric in the law. New Haven: Yale University Press: 14-22.

Brown P, Levinson S, 1978. Universals in language usage: Politeness phenomena[M]//Ester N. Goody (ed.). Questions and Politeness. New York: Longman.

Brown P, Levinson S, 1987. Politeness: Some universals in language usage[M]. Cambridge: Cambridge University Press.

Brummett B, 1990. Mediating the laws: Popular trials and the mass media[A]//R Hariman (ed.). Popular Trial: Rhetoric, Mass Media and The law. Tuscaloosa: The University of Alabama Press: 179-193.

Buckridge S O, 2004. The Language of dress: Resistance and accommodation in Jamaica 1960—1980[M]. Kingston: University of West Jamaica Press.

Buhler K, 1934. Theory of translation: The representational function of language [M]. Amsterdam: John Benjamins Publishing Company.

Butters R R, 2014. Semiotic interpretation in trademark law: The empirical study of commercial meanings in American English of { ▪▪▪▪▪▪▪▪▪▪ } "Checkered Pattern"[M]// Anne Wagner, Richard K Sherwin (eds.). Law, Culture and Visual Studies. London: Springer: 261-282.

Calafato P, 2004. The clothed body[M]. Oxford: Berg Publishers.

Cao D, 2004. Chinese law: A language perspective[M]. New York: Routledge.

Cao D, 2007. Legal speech acts as intersubjective communicative action[M]// Wagner A, et al. eds. Interpretation, Law and the Construction of Meaning. Dordrecht: Springer: 65-82.

Carter M, 2003. Fashion classics from Carlyle to Barthes[M]. New York: Berg Publishers.

Chan A, 2008. Meeting openings and closings in a Hongkong Company[M]//Hao Sun, D Kadar (eds.). It's a Dragon's Turn: Chinese Institutional Discourse. Berlin: Peter Lang: 181-229.

Chatman S, 1978. Story and Discourse: Narrative structure in fiction and film[M]. London: Cornell University Press Ltd.

Chesterman M, Chan S, Hampton S, 2001. Managing prejudicial publicity[M]. Sydney: Law and Justice Foundation of NSW.

Clift R, 2006a. Getting there first: Non-narrative reported speech in interaction [M]// Elizabeth Holt and Rebecca Clift (eds.). Reporting Talk: Reported Speech in Interaction. Cambridge: Cambridge University Press: 120-149.

Cohn M, Dow D, 1998. Cameras in the courtroom: Television and the pursuit of justice[M]. North Carolina: Mc Farland & Co..

Cominelli L, 2018. Cognition of the law[M]. London: Springer.

Conley J M O'Barr W M, 1990. Rules versus relationships[M]. Chicago & London: The Universality of Chicago Press.

Conley J M, O'Barr W M, 1998. Just words[M] Chicago & London: The University of Chicago Press.

Cooke M, 1998. Introduction[C]//M. Cooke (ed.). On the pragmatics of communication. Cambridge, Massachusetts: MIT.

Cotterill J(ed.), 2007. The language of sexual crime[M]. London and New York: Palgrave Macmillan.

Cotterill J, 2003. Language and power in court: A linguistic analysis of the O.J. Simpson trial [M]. Basingstoke: Palgrave.

Cotterill J, 2012. Corpus analysis in forensic linguistics[C]//Carol A Chapelle (ed.). The Encyclopedia of Applied Linguistics. Chichester: Wiley-Blackwell: 1246-1259.

Coulthard M, Johnson A(eds.), 2010. The Routledge handbook of forensic linguistics[C]. New York: Routledge.

Culpeper J, 2011a. Impoliteness: Using language to cause offence [M]. Cambridge: Cambridge University Press.

参考文献

Culpeper J, 2011b. Politeness and impoliteness[C]//W Bulitz, et al. (eds.). Sociopragmatics (vol 5). Berlin: Mouton de Gruyter: 391-436.

Culpeper J, Haugh M, Kadar D (eds.), 2017. The palgrave handbook of linguistic impoliteness[C]. London: Macmillan.

Culpeper J, Kytö M, 2000a. Gender voices in the spoken interaction of the past: A pilot study based on Early Modern English trial proceedings [M]//Dieter Kastovsky, Arthur Mettinger (eds.). The History of English in a Social Context. Berlin: Mouton de Gruyter: 53-89.

Danesi M, 1996. The law as metaphorical gastalt [M]//R Kevelson (ed.). Spaces and Significations. New York: Peter Lang: 13-28.

Danet B, Bogoch B, 2014. Orality, literacy, and performativity in Anglo-Saxon wills[M]// John Gibbons (ed.). Language and the Law. London: Routledge: 100-135.

Dennings A, 1980. The due process of law [M]. London : Butterworths.

Dovey K, 1999. Framing places: Mediating power in built form[M]. London: Routledge.

Drechsel R, 1983. News making in the trial courts[M]. New York: Longman.

Drew P, Atkinson M, 1979. Order in court: The organization of verbal interaction in judicial settings[M]. London: Macmillan.

Drew P, Heritage J, 1992. Talk at work[C]. New York: Cambridge University Press.

Duszak A, 2002a. Us and others: An introduction[M]//A. Duszak (ed.). Us and others: Social identities across languages, discourses and cultures. Amsterdam & Philadelphia: John Benjamins: 1-28.

Duszak A, 2002. Us and others: Social identities across language, discourses and cultures[C]. Amsterdam/Philadelphia: John Benjamins Publishing Company.

Dynel M, 2013. Developments in linguistic humor theory[M]. Amsterdam: John Benjamins Publishing Company.

Eades D, 1996. Verbatim courtroom transcripts and discourse analysis [M]// Hannes Kniffka, Susan Blackwell and Malcolm Coulthard(eds.). Recent developments in forensic linguistics. Frankfurt: Peter Lang: 241-254.

Eades D, 2008. Courtroom talk and neocolonial control[M]. London: Sage.

Eco U, 1976. A theory of semiotics[M]. Bloomington: Indianan University Press.

Eco U, 1986. Semiotics and the philosophy of language[M]. Bloomington: Indiana University Press.

Eelen J, 2001. A Critique of politeness theories[M]. Manchester: St. Jerome Publishing.

Ehrlich S, 2003. Representing rape: Language and sexual consent[M]. London: Routledge.

Ehrlich S, 2015. "Inferring" Consent in the Context of Rape and Sexual Assault[M]//Larry Solan, J Ainsworth, R Shuy (eds.). Speaking of Language and Law: Conversations on the work of Peter Tiersma. Oxford: Oxford University Press: 141-144.

Entwistle J, 2001. The dressed body[M]//J Entwisle, E Wilson (eds.). Body Dressing. New York: Berg: 33-58.

Fairclough N, 1989. Language and power[M]. London: Longman.

Fairclough N, 1992. Discourse and social change[M]. Cambridge: Polity Press.

Fairclough N, 1995. Critical discourse analysis: The critical study of language[M]. London: Longman.

Fairclough N, 2003. Analyzing discourse: Textual analysis for social research[M]. London: Routledge.

Feigenson N, 2006. Digital visual and multimedia software and the reshaping of legal knowledge[M]//A Wagner, W Pencak (eds.). Images in Law. Hampshire: Ashgate: 89-116.

Fergusson P A, 1993. Writing about traumatic events using the third person pronoun: Psychological and health effects[M]. Seattle: University of Washington Press.

Fishman M, 1980. Manufacturing the news[M]. Aston: University of Texas Press.

Forceville C J, Urios-Aparisi E, 2009. Multimodal metaphor[C]. Berlin: Mouton de Gruyter.

Foucoult M, 1972. The archaeology of knowledge[M]. New York: Pantheon Books.

Foucoult M, 1979. The history of sexuality: The will to knowledge(Vol. 1)[M]. London: Allen Lane.

Fowler R, 1991. Language in the news: Discourse and ideology in the press[M]. London: Routledge.

Freed A F, Ehrlichs (eds.), 2010. "Why do you ask?" the function of questions in institutional discourse[C]. Oxford: Oxford University Press.

Fridland V, 2003. Quiet in the court: Attorneys' silencing strategies during courtroom cross-examination[M]//Lynn Thiesmeyer (ed.). Discourse and silencing: representation and the language of displacement. Amsterdam/Philadelphia: John Benjamins: 119-138.

Garfinkel H, Sacks H, 1986. On formal structures of practical action[M]//H. Garfinkel (ed.). Ethnomethodological Studies of Work. Routledge & Kegan Paul: London and New

York.

Gee J P, 1999. An introduction to discourse analysis: Theory and method[M] Beijing: Foreign Language Teaching Press.

Gibbons J, 1994. Language and the law[M]. London & New York: Longman.

Gibbons J, 2003. Forensic linguistics[M]. Oxford: Blackwell.

Goffman E, 1981. Forms of talk[M]. Philadelphia: University of Philadelphia.

Goodrich P, 1990. Languages of Law[M]. London: Weidenfeld and Nicolson.

Goodrich P, 2014. Devising law: On the philosophy of legal emblems[M]//A. Wagner & R. K. Sherwin (eds). Law, Culture and Visual Studies. New York: Springer: 3-24.

Graham C, 2003. Ordering law: The architecture and social history of the English law court to 1914[M]. Aldershot: Ashgate.

Graham C, 2004. A history of law court architecture in England and Wales[M]// Polland R (ed.). Silence in court: The future of the UK's historic law courts. London: Save: 36-47.

Greimas A J, 1989. The social sciences: A semiotic view[M]. Frank Collins and Paul Perron (trans.), Minneapolis: University of Minnesota Press.

Grimshaw A D, 1990. Conflict talk[C]. Cambridge: Cambridge University Press.

Gumperz J, 1982. Discourse strategies[M]. Cambridge: Cambridge University Press.

Habermas J. 1996. Between norms and facts: A discourse theory of law and democracy[M]. William Rehg (trans.). Cambridge, Massachusetts: MIT.

Halliday M A K, 1978. Language as social semiotics [M]. London: Edward Arnold.

Halliday M A K, Matthiessen M I M, 2014. Introduction to functional grammar[M]. London: Rouotledge.

Haltom W, Maccann M, 2004. Distorting the law: Politics, media and litigation crisis[M]. Chicago: The University of Chicago Press.

Hariman R, 1990b. Performing the law: Popular trials and social knowledge[M]// R Hariman (ed.). Popular Trials. Tuscaloosa: The University of Alabama Press: 17-30.

Hariman R. (ed.) 1990a. Popular Trials[C]. Tuscaloosa: The University of Alabama Press.

Hart B L, 2014. Influence of public perceptions of media legality on making biopic films [M]//A Wagner and R. Sherwin (eds.). Law, Culture and Visual Studies. New York: Springer: 975-991.

Hegtvedt K, Parris C L, 2014. Emotions in justice processes[M].Handbook of the Sociology of Emotions: Vol. 2. London: Springer: 103-125.

Hemmings M, 2014. Make 'em laugh: Images of law in Eighteenth century popular culture [M]//A Wagner and R K Sherwin (eds.). Law, Culture and Visual Studies: 893-915.

Heritage J C, Watson D R, 1979. Formulations as conversational objects[M]//G Psathas (ed.). Everyday Language: Studies in Ethnomethodology. New York: Irvington.

Heydon G, 2005. The language of police interviewing[M]. Basingstoke: Palgrave Macmillan.

Hillier B, Hanson J, 1984. The social logic of space[M]. Cambridge: Cambridge University Press.

Hodge R, Kress G, 1993. Language as ideology[M]. London and New York: Routledge.

Holmes J, 1995. Women, men and politeness[M]. London: Longman.

Holt E, Clift R, 2006. Reporting talk: reported speech in interaction[M]. Cambridge: Cambridge University Press.

Hornby A S, 1989. Oxford advanced learner's dictionary of current english[M]. Oxford: Oxford University Press.

Isani S, 2006. Visual semiotics of court dress in England and Wales: Failed or successful vector of professional identity? [M]//A. Wagner and W. Pencak (eds.). Images in Law. Hampshaire: Ashgate: 51-70.

Jacobson R, 1971. Word and language[M]. The Hague: Mouton.

Jewitt C, 2009. The routledge handbook of multimodal analysis[C]. London: Routledge.

Johannessen C M, 2014. A multimodal social semiotic approach to shape in forensic analysis of trademarks[M]//A Wagner, R Sherwin (eds.). Law, Culture and Visual Analysis: 283-306.

Kadar D, 2008. Power and formulaic (im) politeness in traditional Chinese criminal investigations[M]//Hao Sun, D Kadar (eds.). It's the Dragon's Turn: Chinese Institutional Discourses. Berlin: Peter Lang: 127-180.

Kadar D, 2017. Politeness, impoliteness and ritual: Maintaining the moral order in interpersonal interaction[M]. Cambridge: Cambridge University Press.

Kamir O, 2014. Hollywood's hero-lawyer: A liminal character and champion of equal liberty [M]//A Wagner, R Sherwin (eds.). Law, Culture and Visual Studies. New York: Springer: 747-773.

Katsh M E, 1989. The electronic media and the transformation of law[M]. Oxford: Oxford University Press.

Kevelson R, 1988. The law as a system of signs[M]. New York: Plenum Press.

参考文献

Kozin A V, 2014. Judge Dredd: Dreaming of Instant Justice[M]//Anna Wagner, R K Sherwin (eds.). Law, Culture and Visual Studies: 917-942.

Kramer M, 2004. Telling true stories[M]. New York: Plume Books.

Kredens K, 2015. Scarlet Letter or Badge of Honour? Semantic Interpretation in Changing Contexts of Culture[M]//L. Solan, J Ainsworth, R Shuy(ed.). Speaking of language and law: conversations on the work of Peter Tiersma: 175-179.

Kress G, 2009. What is mode[M]//Jewitt C (ed.). The Routledge Handbook of Multimodal Analysis. London and New York: Routledge: 54-67.

Kress G, van Leeuwen T, 1996/2006. Reading images: The grammar of cisual design[M]. London: Routledge.

Latour B, 2010. The making of law: An ethnography of the Conseil d'État[M]. Cambridge: Polity.

Lave J, Wenger E, 1991. Situated learning: legitimate peripheral participation [M]. Cambridge: Cambridge University Press.

Leech G, 1983. Principles of pragmatics[M]. London: Longman.

Leech G, Short M, 1981. Style in fiction[M]. London: Longman.

Lefebvre H, 1991. The production of space[M]. Nicholson-Smith D (trans). Oxford: Blackwell.

Legge J, 1967. Book of rites (Vol.1)[M]. New York: University Books.

Legge J, 1994. The chinese classics (Vol. 1)[M]. Taipei: SMC Publishing.

Lemmings D, Walker C, 2009. Moral panics, the media and the law in early modern England [M]. New York: Palgrave Macmillan.

Leo R A, 2015. The sound of silence: miranda waiver, selective liberatism and social context [M]//L Solan, J Ainsworth, R Shuy (eds.) Speaking of language and law: conversation on the work of Peter Tiersma, Oxford: Oxford University Press: 255-258.

Leontsini E, 2015. Justice and Moderation in the State: Aristotle and Beyond[M]//G Floistad (ed.). Philosophy of Justice. London: Springer: 27-42.

Lerup L, 1977. Building the unfinished[M]. Beverly Hills, CA: Sage.

Levinson S, 1992. Activity types and language[M]//P Drew, J Heritage (eds.). Talk at work. Cambridge: Cambridge University Press: 66-100.

Levi-Strauss C, 1963. Structural anthroplogy[M]. Jacobson C and Schoepf B G (trans.). New York: Basic Books.

Lim T S, 1994. Facework and interpretational relationships[M]//Ting-Toomey, S (ed.) The Challenge of Facework: Cross-cultural and Interpersonal Issues. Albany: State University of New York Press: 209-229.

Linell P, 1998. Approaching dialogue[M]. Amsterdam: John Benjamins.

Locher M, 2004. Power and politeness in actionl[M]. Berlin: Mouton.

Lyons J, 1982. Deixis and subjectivity[M]// R J Jarvella, W. Klein (eds.). Speech, place and action: studies in deixis and related topics. Chichester: John Wiley & Sons: 101-124.

Macauley M, 1998. Social power and legal culture: Litigation masters in late imperial China [M]. Stanford: Stanford University Press.

Maley Y, 2014. The language of the law[M]// J Gibbons (ed.). Language and the law. London & New York: Longman: 11-50.

Markus T A, Cameron D, 2002. The words between spaces: Buildings and language[M]. London and New York: Routledge.

Martin J, Rose D, 2003. Working with Discourse: Meaning beyond the Clause[M]. London & New York: Continuum.

Marusek S, 2014. Emblem of folk legality: semiotic prosecution and the American bold eagle [M]//Anna Wagner and R K Sherwin (eds.). Law, Culture and Visual Studies. London: Springer: 497-512.

Matoesian G, 1993. Reproducing rape: Domination through talk in the courtoom[M]. Chicago: The University of Chicago Press.

Matthiessen C, 2007. The multimodal page: a systemic functional exploration[M]//T. D. Royce and L Bowcher (eds.). New directions in the analysis of multimodal discourse. New Jersey: Lawrence: 1-26.

Matylda W, 2016. Genre and literacies: Historical (socio)pragmatics of the 1820 settler petition[M]. Poznań: Adam Mickiewicz University Press.

McLachlan S, Golding P, 2000. Tabloidization in the British Press: A Quantitative Investigation into Changes in British Newspapers[M]//C Sparks and J Tulloch (eds.). Tabloid Tales: Global Debates over Media Standards. Lanham: Rowman & Littlefield: 75-90.

McVeigh B, 2000. Wearing ideology: State, schooling and self-representation in Japan[M]. Lodon: Bloomsbury Academic.

Mellinkoff D, 1963. The language of the law[M]. Searcy: Resource Publications.

Merryman J H, Elsen A E, Urice S K, 2007. Law, ethics and visual arts[M]. Alphen ann den Rijin: Wolters Kluwer.

Miller D, 2002. Multiple judicial opinions as specialized sites of engagement: conflicting paradigms of valuation and legitimation in Bush v. Gore 2000[M]//M. Gotti, D Heller, et al. (eds.). Conflict and negotiation in specialized texts. Bern: Peter Lang: 119-141.

Mills S, 2003. Gender and politeness[M]. Cambridge: Cambridge University Press.

Mushin I, 2001. Evidentiality and epistemological stance: Narrative retelling [M]. Amsterdam: John Benjamins Publishing Company.

Norris S, 2004. Analyzing multimodal interaction: A methodological framework [M]. London: Routledge.

Ogden C K, Richard I A, 1923. The meaning of meaning[M]. London: Kegan Paul.

O'Barr W M, Conley J M, 1990. Litigant satisfaction versus legal adequacy in small claims court narratives[M]//J. Levi and A. Walker (eds.). Language in the Judicial Process. Boston, MA: Springer: 97-131.

O'Driscoll J, 2011. Some Issues with the concept of face[M]//F Bergiela-Chiappini, D Kadar (eds.). Politeness across Cultures. Basingstoke: Palgrave Macmillan: 12-43.

O'Halloran K L (ed.), 2004. Multimodal discourse analysis: Systemic functional perspectives [C]. London and New York: Continuum.

O'Toole M, 1994. The language of displayed art[M]. London: Leicester University Press.

Papke D R, 2014. Oil and Water Do Not Mix: Constitutional Law and American Popular Culture[M]//A Wagner and R Sherwin (eds.). Law, culture and visual studies. New York: Springer: 943-958.

Penman R, 1990. Facework & politeness: Multiple goals in courtroom discourse[M]//K Tracy, N Coupland (eds.). Multiple Goals in Discourse. Clevedon, Philadelphia: Multilingual Matters: 15-38.

Percy W, 1981. The message in the bottle[M]. New York: Farrar, Straus and Giroux.

Philips L, Jorgensen M, 2002. Discourse analysis as theory and method[M]. London: Sage.

Philips S, 1986. Reported speech as evidence in an American trial[M]// Tannen D, Alatis J E (eds.). Language and Linguistics: The Interdependence of Theory, Data, and Application. Washington D.C.: Georgetown University Press: 154-170.

Philips S, 1998. Ideology in the language of judges [M]. New York : Oxford University Press.

Phillips A, 2003. Lawyers' language: How and why legal language is different[M]. London and New York: Rutledge.

Postman N, 1985. Amusing ourselves to death: Public discourse in the age of show business[M]. New York: Penguin Books.

Prowda J B, 2013. Visual arts and law[M]. Farnham: Lund Humphries.

Reisigl M, Wodak R, 2009. The discourse-historical approach[M]//R Wodak, M Meyer (eds.). Methods for Critical Discourse Analysis. London: Sage: 87-121.

Resnik J, Curtis D E, Tait A A, 2013. Constructing Courts: Architecture, the Ideology of Judging, and the Public Sphere[M]//A Wagner, R K Sherwin (eds.). Law, Culture & Visual Studies. London: Springer: 515-545.

Ryan M L, 2004. Narratives across media[M]. Nebraska: University of Nebraska Press.

Sakita T I, 2002. Reporting discourse, tense, and cognition[M]. Oxford: Elsevier Science Ltd.

Schudson M, 1978. Discovering the News[M]. New York: Basic Books.

Scollon R, Scollon S, 1995. Intercultural communication: A discourse approach[M]. Cambridge: Blackwell.

Scollon R, Scollon W, 2003. Discourses in place: Language in the material world[M]. London: Routledge.

Searle J, 1969. Speech acts[M]. Cambridge: Cambridge University Press.

Searle J, 1972. What is a speech act? [M]//P. Giglioli (ed.). Language and Social Context. Harmondsworth: Penguin: 1136-1154.

Searle J, 1975. A taxonomy of illocutionary acts[M]//K Gunderson (ed.). Language, Mind and Knowledge(Vol. 7). Cambridge: Cambridge University Press: 1-29.

Shantz C U, Hartup W W, 1995. Conflict in child and adolescent development[M]. Cambridge: Cambridge University Press.

Shuy R, 1998. Bureaucratic language in government and business[M]. Georgetown: Georgetown University Press.

Silbey J, Slack M H, 2014. The semiotics of film in US supreme court cases[M]//A Wager and R. Sherwin (eds.). Law, Culture and Visual Studies. London: Springer: 179-204.

Sinclair J, 1981. Planes of discourse[M]//S N A Rizvi (ed.). The Two-fold Voice: Essays in Honor of Ramesh Mohan. Salzburg: Salzburg University: 70-89.

Sinclair J, 1991. Corpus, concordance, collocation[M]. Oxford: Oxford University Press.

参考文献

Sinclair J, 2004. Trust the text: Language, corpus and discourse[M]. London: Routledge.

Solan L, 1993. The language of judges[M]. Chicago: University of Chicago Press.

Solan L, 2015. Taking about the text as text[M]//L Solan, J Ainsworth and R Shuy (eds.). Speaking of language and law: conversations on the work of Peter Tiersma. Oxford: Oxford University Press: 198-201.

Spiesel C O, 2014. Trial by Ordeal: CSI and the Rule of Law[M]//A Wagner and Sherwin (eds.). Law, culture and visual studies. London: Springer: 825-847.

Staat W, 2014. The Representation of Law on Film: Mr. Deeds and Adam's Rib Go to Court [M]//A Wagner, R Sherwin (eds.). Law, Culture and Visual Studies. New York: Springer: 775-790.

Stevenson D, 2015. Between paper and pixels: How the form of modern law changed their function[M]//L. Solan, J. Ainsworth, R Shuy (eds.). Speaking of language and law: conversation on the work of Peter Tiersma. Oxford: Oxford University Press, 208-211.

Stewart K A, Maxwell M M, 2010. Storied conflict talk: Narrative construction in mediation [M]. Amsterdam & Philadelphia: John Benjamins.

Stygall G, 1994. Trial language: Differential discourse processing and discursive formation [M]. Philadelphia, PA: John Benjamins Publishing Company.

Tarski A, 1999. The semantic conception of truth and the foundation of semantics[M]//M. Baghramian (ed.) Modern Philosophy of Language. Washington: Counterpoint: 41-63.

Thompson G, 1996. Introducing functional grammar[M]. London: Edward Arnold.

Tiersma P M, 2006. The textualization of precedent[J]. Notre Dame Law Review, 82: 1187.

Tiersma P, 1999. Legal language[M]. Chicago: University of Chicago Press.

Tiersma P, 2007. Language of consent in the rape law[M]//J Cotterill (ed.). The language of sexual crime. London and New York: Palgrave: 83-103.

Tiersma P, Solan L (eds.), 2010. The oxford handbook of language and the law[C]. Oxford: Oxford University Press.

Tracy K, 1990. The many faces of facework[M]//H Giles, W P Robinson (eds.). Handbook of Language and Social Psychology. New York: John Wiley & Sons Ltd: 209-226.

Tracy K, Coupland N, 1990. Multiple goals in discourse[M]. Clevedon: Multilingual Matters.

Tuchman G, 1978. Making news: A study in the construction of reality[M]. New York: The Free Press.

van Dijk T A (ed.), 1984. Discourse and communication: New approaches to the analysis of mass media discourse and communication[C]. New York: Walter De Gruyter.

van Dijk T A, 1988. News as discourse[M]. New Jersey: Lawrence Erlbaum Associates, Inc.

van Dijk T A, 1998. Ideology: A multidisciplinary approach[M]. London: Sage Publications.

van Dijk T A, 2003. Critical discourse analysis [M]//D. Schiffrin & D. Tannen (eds.). The handbook of discourse analysis. Oxford: Blackwell: 352-371.

van Dijk T A, 2008. Discourse and power[M]. New York: Palgrave Macmillan.

van Dijk T A, 2009. Society and discourse: Social contexts influence text and talk[M]. Cambridge: Cambridge University Press.

van Dijk T A, 2014. Discourse and knowledge: A sociocognitive approach[M]. Cambridge: Cambridge University Press.

van Eemeren F, et al, 1996. Fundamentals of argumentation theory[M]. Mahwah, NJ: Lawrence Erlbaum.

van Leeuwen T, 2005. Introducing social semiotics[M]. London and New York: Routledge.

Volosinov V N, 1973. Marxism and the philosophy of language[M]. Matejka L, Titunik I R (trans.). Cambridge, MA: Harvard University Press.

Wan M, Leung J, 2014. A Tale of Many Newspapers: Perversion, Criminality, and Scopophilia in the Edison Chen Scandal[M]//A Wagner and R Sherwin (eds.). Law, culture and visual studies. New York: Springer: 873-889.

Watt, G, 2013. Dress, law and naked truth: A cultural study of fashion and form[M]. London: Bloomsbury.

Watts R J, 2003. Politeness[M]. Cambridge: Cambridge University Press.

Watts R J, Ide S, Ehlich K (eds.), 1992. Politeness in language: Studies in its history, theory and practice[M]. Berlin: Mouton de Gruyter.

Wenger E, 1998. Communities of practice[M]. Cambridge: Cambridge University Press.

White P, 1998. Telling media tales: The news story as rhetoric[M]. Sydney: University of Sydney.

White P, 2000. Media Objectivity and the Rhetoric of News Story Structure[M]//E. Ventola (ed.). Discourse and communication: doing functional linguistics. Language in Performance. Tübingen, Gunter Narr Verlag: 379-397.

White P, 2004. Subjectivity, evaluation and point of view in media discourse[M]//C Coffin, K O'Halloran (eds.). Grammar, Text & Context: A Reader. London & New York: Arnold: 229-257.

Wierzbicka A, 1987. English speech act verbs: A semantic dictionary[M]. New York: Academic Press.

Williams R, 1980. Problems in materialism and culture[M]. London: Verso.

Williamson L A, 1990. The Saga of Roger Hedgecock: A Case Study in Trial by Local Media [M]// R. Hariman (ed.). Popular trial: rhetoric, mass media and law. Tuscaloosa: the University of Alabama Press: 148-163.

Winter S L, 2008. What is the "color" of law? [M]// Raymond W. Gibbs. (ed.). The Cambridge Handbook of Metaphor and Thought. Cambridge: Cambridge University Press: 363-379.

Wittgenstein L, 1960. Tractatus logico-philosophicus[M]. Ogden C K (trans.). London: Routledge & Kegan Paul.

Wodak R, 2001. What CDA is about? a summary of its history, important concepts and its developments [M]//R Wodak, M Meyer (eds.). Methods of critical discourse analysis. London: Sage Publications: 1-13.

Yao X Z, 2000. An introduction to confucianism[M]. Cambridge: Cambridge University Press.

Yar M, Rafter N, 2014. Justice for the Disabled: Crime Films on Punishment and the Human Rights of People with Learning Disabilities[M]//A Wagner, R Sherwin (eds.). Law, culture and visual studies. London: Springer: 791-804.

Zhang L P, Zhou X, 2017. "Warmth" in Justice: Resemiotization of frozen embryos in the civil case of the four shidu parents[M]. S. Marusek (ed.). Synesthetic Legalities: sensory dimension of law and jurisprudence. New York: Routledge: 163-185. Zhou S, 1984. Beijing old and new[M]. Beijing: New World Press.

二、论文

（一）中文

白洁,殷季峰,2003.当事人主义与职权主义结合的诉讼模式——试评我国的民事审判方式改革[J].新疆大学学报(社会科学版),31(5):52-56.

蔡江.2011.从法官服饰变迁看中国司法理念变迁[D].北京:中国政法大学.

蔡之国,潘佳佳,2010.客观真实与主观倾向之间的新闻叙事[J].南通大学学报(社会科学版),26(6):126-130.

曹国媛,曾克明,2006.中国古代衙署建筑中权力的空间运作[J].广州大学学报(自然科学版),5(1):90-94.

陈坚,2018.法制新闻报道中的偏见话语——基于彭宇案新闻的批评话语分析[D].南京:南京理工大学.

陈来,2014.百年来儒学发展的回顾与前瞻[J].深圳大学学报(人文社会科学版),31(3):42-46.

戴丽,袁洋,2018.习近平新时代中国特色社会主义法治思想的理论渊源[J].山西高等学校社会科学学报,30(8):4-9.

戴小炜,2011.当前我国犯罪新闻报道中的新闻伦理问题研究[D].南京:南京师范大学.

丁崇明,2001.论词语叠连式不礼貌语言[J].语言文字应用(3):64-69.

丁天会,2018.中国古代法庭中空间权力的多模态话语分析[D].南京:南京理工大学.

董敏,2007.一篇中国民事一审判决书的修辞结构分析[J].外语与外语教学(9):21-25.

杜金榜,2001.从法律语言的模糊性到司法结果的确定性[J].现代外语,24(3):306-310.

杜金榜,2007.法律语篇树状信息结构研究[J].现代外语,30(1):40-50.

杜金榜,2010.法庭对话与法律事实建构研究[J].广东外语外贸大学学报,21(2):84-90.

段业辉,杨娟,2006.论新闻语言的主观化[J].江海学刊(6):197-203.

法言,2011.鲜明的特征——话说中国特色社会主义法律体系的形成(五)[J].中国人大(15):25-30.

傅郁林,2000.民事裁判文书的功能与风格[J].中国社会科学(4):119-123.

高其才,王晨光,冯泽周,2000.程序、法官与审判公正[J].法学(8):6-13.

高卫炬,2021.中国特色社会主义法治观主体内容研究[J].法制与社会(8):152-153.

葛洪义,2003.法官的权力[J].中国法学(4):26-33.

葛云锋,杜金榜,2005.法庭问话中的话题控制与信息获取[J].山东外语教学,26(6):42-44.

顾曰国,1992.礼貌、语用与文化[J].外语教学与研究,24(4):10-17.

顾曰国,2016.当下亲历与认知、多模态感官系统与大数据研究模型[J].当代语言学,18(4):475-513.

管伟,2013.论中国古代判词说理性修辞的意蕴及其价值趋向[J].法律方法,13(1):215-225.

郭万群,2014.多模态视阈下庭审话语中的法律事实建构[J].广东外语外贸大学学报,25(1):53-57.

何畔,王冬香,1998.刍议刑事庭审中的法官综述[J].人民司法(9):24.

胡晓菲,2013.论我国媒体舆论与司法独立的冲突和平衡[D].合肥:安徽大学.

黄晓平,2009.古代衙门建筑与司法之价值追求[J].北方法学,3(6):137-144.

瞿巧玲,2014.不礼貌原则下的法庭冲突话语分析[D].武汉:华中师范大学.

康兴民,白兴易,2013.华表本源考略[J].中国包装,33(4):47-50.

柯贤兵,2012.中国法庭调解话语博弈研究[D].武汉:华中师范大学.

柯贤兵,2014.法庭调解中不礼貌话语博弈策略研究[J].湖北师范学院学报(哲学社会科学版),34(3):45-50.

孔俊钰,2016.论法官人身安全保障[J].传播与版权(6):145-147.

赖小玉,2014.家庭冲突中强势反对的不礼貌研究[J].现代外语,37(1):42-51.

赖怡静,2016.全面依法治国视域下法律与道德关系再研究[J].求实(9):70-77.

李昊,2015.冷冻胚胎的法律性质及其处置模式——以美国法为中心[J].华东政法大学学报,18(5):57-69.

李俊丽,2015.有意不礼貌的身份标记功能的语用认知探究[J].语文学刊(外语教育教学)(1):20-23.

李凌燕,2010.新闻叙事的主观性研究[D].上海:复旦大学.

李诗芳,2005.中文民事判决书的情态意义分析[J].现代外语,28(8):272-278.

李拥军,傅爱竹,2014."规训"的司法与"被缚"的法官[J].法律科学(6):11-20.

李永源,2007.中国法律仪式和法律信仰的构建[J].法制与社会(10):53-54.

李元胜,2014.现代汉语不礼貌言语行为研究[D].武汉:华中师范大学.

李战子,2003.多模式话语的社会符号学分析[J].外语研究(5):1-8.

李忠诚,1999.简论庭审的指挥权[J].政治与法律(6):71-72.

廖成忠,2004.中外法官袍的法律文化透视[J].岭南学刊(6):59-61.

廖美珍,2003b.中国法庭互动话语对应结构研究[J].语言科学,2(5):77-89.

廖美珍,2004.国外法律语言研究综述[J].当代语言学,6(1):66-76.

廖美珍,2006.中国法庭互动话语 formulation 现象研究[J].外语研究(2):1-8,13.

廖美珍,龚进军,2015.法庭话语打断现象与性别研究[J].当代修辞学(1):43-55.

刘鹏九,苗丙雪,1995.明清县衙建筑考略[J].古建园林技术(4):47-53.

刘荣军,2006.民事诉讼中"新职权主义"的动向分析[J].中国法学(6):181-187.

刘润清,1987.关于 Leech 的"礼貌原则"[J].外语教学与研究,19(2):42-46.

刘喜梅,2009.媒体监督与司法公正研究学术综述[J].青年记者(35):6-7.

刘绪晶,曾振宇,2016.论先秦礼乐教化之"和"思想对现代社会人文教育的启谕[J].山东社会科学(1):155-160.

刘永鹏,2007.论儒家人与自然和谐思想之"四观"[J].东岳论丛,28(5):196-197.

罗桂花,2013.法庭互动中的转述言语行为[J].语言教学与研究(5):105-112.

马国强,钱大军,2013.中国特色社会主义法学理论体系研究的历史谱系和发展方向[J].法制与社会发展,19(4):10-16.

马作武,1997.中国历史上第一位讼师[J].中国律师(12):45.

毛浩然,高丽珍,徐赳赳,2015.vanDijk话语理论体系的建构与完善[J].中国外语,12(5):31-40.

毛延生,2014.汉语不礼貌话语的语用研究[J].语言教学与研究(2):94-102.

宁全红,2013.先秦"法"义之变迁[J].厦门大学法律评论(1):45-75.

潘宇,2007.明清讼师秘本中的状词解析[J].法制与社会发展,13(3):16-27.

钱冠连,2003.语言哲学翻译论[J].中国翻译,24(5):31-35.

秦启迪,2016.中国传统"法官"衣冠研究[D].上海:上海师范大学.

秦宣,2007.论和谐社会的科学内涵[J].马克思主义与现实(1):12-16.

任宏,2013.司法公正视角下媒体伦理的困境和对策[D].新乡:河南师范大学.

融鹏,1997.试论驾驭庭审的策略与方法[J].河北法学,15(3):36-39.

沙季超,2016.法律运行中的非理性研究[D].上海:华东政法大学.

沈丙有,2002.质证规则研究[J].律师文摘(4):78-105.

沈刚德,2014.论司法独立与舆论监督的冲突与平衡[D].广州:广东外语外贸大学.

施旭,2006.媒体话语中的文化制衡——中国理论与实证分析[J].新闻与传播研究,13(3):53-60.

苏力,1998."法"的故事[J].读书(7):21-31.

苏力,2001.判决书的背后[J].法学研究,23(3):3-18.

苏新春,2003.元语言研究的三种理解及释义型元语言研究评述[J].江西师范大学学报,36(6):93-102.

孙鸿仁,杨坚定,2010."中国法律法规汉英平行语料库(PCCLD)"创建的思路、过程与功能[J].绍兴文理学院学报,30(2):48-51.

孙胜难,2017.庭审话语中的不礼貌言语行为研究[D].南京:南京理工大学.

索振羽,1993."得体"的语用研究[J].语言文字应用(3):77-85.

田海龙,2016.批评话语分析精髓之再认识[J].外语与外语教学(2):1-9.

田荔枝,2010.我国判词语体流变研究[D].济南:山东大学.

佟金玲,2011.司法仪式研究[D].长春:吉林大学.

童世骏,2005.正义基础上的团结、妥协和宽容——哈贝马斯视野中的"和而不同"[J].马克思主义与现实(3):108-112.

汪徽,张辉,2014a.vanDijk的多学科语境理论述评[J].外国语(上海外国语大学学报),37(2):78-85.

汪徽,张辉,2014b.批评认知语言学的研究路径——兼评vanDijk的《话语与语境》和《社会与话语》[J].外语研究(3):13-19.

王传奔,2006.顺应理论对礼貌和不礼貌的阐释[D].上海:上海外国语大学.

王建华,2001.话语礼貌与语用距离[J].外国语(上海外国语大学学报),24(5):25-31.

王洁,2004.控辩式法庭审判互动语言探索[J].语言文字应用(3):75-82.

王磊,2005.法制新闻传播的道德问题研究[D].合肥:安徽大学.

王冷,2000.法庭审判中法官的语言调控[J].河南省政法管理干部学院学报,15(4):117-120.

王立民,2007.中国与外国传统审判文化比较论[J].法治研究(5):3-12.

王品,王振华,2016.作为社会过程的法律语篇与概念意义研究[J].当代修辞学(4):56-67.

王亚新,2004.实践中的民事审判.北大法律评论,6(1):3-37.

王振华,2004."硬新闻"的态度研究——"评价系统"应用研究之二[J].外语教学,25(5):31-36.

王振华,吴启竞,2018.自顶向下的语篇连结机制——以法律教科书语篇为例[J].外语教学,38(6):12-17.

吴珏,马伟林,2009.新闻标题的主观化及其顺应性解读[J].常熟理工学院学报,23(7):112-116.

吴月,郜玉奇,2014.从许霆案看媒体监督与司法独立的平衡[J].神州(6):194.

肖明星,2012.法庭话语中的不礼貌现象研究[D].湘潭:湖南科技大学.

谢嘉梁,胡祖凤,陈明,2005.学术界关于和谐社会的研究综述[J].天府新论(4):82-87.

辛斌,1998.新闻语篇转述引语的批评性分析[J].外语教学与研究,30(2):9-14.

辛斌,高小丽,2013.批评话语分析:目标、方法与动态[J].外语与外语教学(4):1-5.

辛斌,刘辰,2017.van Dijk 的社会——认知话语分析[J].外语学刊(5):14-19.

徐忠明,1998.中国传统法律文化视野中的清官司法[J].中山大学学报(社会科学版),38(3):108-116.

徐忠明,2002.包公故事:一个考察中国法律文化的视角[D].北京:中国政法大学.

徐忠明,2010.凡俗与神圣:解读"明镜高悬"的司法意义[J].中国法学(2):128-142.

许家金,2020.基于语料库的历时语言研究述评[J].外语教学与研究,52(2):200-212.

严坤,2008.论民事诉讼中的辩论主义[D].南京:南京师范大学.

杨贝,2013.法律的隐喻:表征还是真谛?[J].政法论坛,31(5):87-95.

杨子,于国栋,2007.汉语言语不礼貌的顺应性研究[J].中国外语,4(4):23-28.

易军,2008.诉讼仪式的象征符号[J].国家检察官学院学报,16(6):90-97.

于梅欣,王振华,2017.我国法律语言中"其他"一词的语篇语义分析[J].当代修辞学(6):23-32.

袁传有,2005.由美、英、中警察告知语言分析看中国警察告知体系的建构[J].修辞学习(1):12-17.

展凌,2006.明清判词研究[D].济南:山东大学.

张大毛,2009.不礼貌言语的界定和分类[J].西南民族大学学报(人文社科版)(5):204-208.

张德禄,2009.多模态话语分析综合理论框架探索[J].中国外语,6(1):24-30.

张荷,张丽萍,詹王镇,2015.和而不同:哈贝马斯主体间性观照下的法庭辩论模式[J].兰州大学学报(社会科学版),43(5):103-109.

张贺,2010.正视媒体监督 促进司法公正[J].法制与经济(中旬刊)(26):163-164.

张建伟,2017.司法的外衣:制服与法袍[J].中国法律评论(3):158-163.

张骏德,李松涛,2004.论电视新闻现场报道[J].新闻界(3):28-29.

张丽萍,2004.控制与抗争:法官与被告人法庭交际会话分析[J].南京邮电学院学报(社会科学版),6(1):21-24.

张丽萍,2005.从基于庭审图式的话语理解论法官的言语反应[J].外语学刊(5):32-37.

张丽萍,2007.以"评"说"法":法庭辩论中的评价资源与实现手段[J].外语教学,28(6):29-33.

张丽萍,2010."我们"与"他们":社会角色在多元话语中的建构[J].外语学刊(3):57-61.

张丽萍,刘蔚铭,2006.论法官在审判中立中的困境——来自庭审言语交际的证据[J].语言文字应用(4):74-81.

张楠,2015.女性主义视野下网络新闻报道中的女性形象传播研究——以腾讯网为例[D].成都:成都理工大学.

张鹏,2006.农民工形象再现与传媒建构[D].苏州:苏州大学.

张千帆,2002.法律是一种理性对话[J].北大法律评论,5(1):69-100.

张善斌,李雅男,2014.人类胚胎的法律地位及胚胎立法的制度构建[J].科技与法律(2):276-295.

张亭亭,2016.古今民事判词中重述的对比研究[D].南京:南京理工大学.

张卫平,2001.律师与法官:不同与相同[J].中国律师(8):59-62.

张文显,2006.构建社会主义和谐社会的法律机制[J].中国法学(1):7-20.

张燕玲,2005.论人工生殖子女父母身份之认定[J].法学论坛,20(5):66-75.

张永和,2005."法"义探源[J].法学研究(3):141-151.

赵毅衡,1988.叙述中的主体分布[J].文艺理论研究,8(2):57-61.

周贤,2017.中国法制新闻主观性的叙事研究[D].南京:南京理工大学.

周玉萍,2015.新闻话语中性别歧视的研究[D].济南:山东大学.

朱红月,2010.司法公正离不开媒体监督[J].中国检察官(11):79-80.

朱颖,汪武,2004.犯罪新闻报道的伦理问题[J].新闻界(5):75-78.

朱永生,2007.多模态话语分析的理论基础与研究方法[J].外语学刊(5):82-86.

左超伟,2013.论媒体监督与司法公正的关系[D].石家庄:河北经贸大学.

左玉迪,2012.正义女神与皋陶的神兽:中西方法形象考论[J].求索(6):181-183.

（二）英文

Alfahad A, 2015.Saudi broadcast interviews: Moving towards aggressiveness[J]. Discourse & Communication,9(4): 387-406.

Archer D, 2006. (Re)initiating strategies: Judges and defendants in early modern English courtrooms[J]. Journal of Historical Pragmatics, 7(2):181-211.

Archer D, 2011a. Facework and impoliteness across legal contexts: An introduction[J]. Journal of Politeness Research (7):1-19.

Archer D, 2011b. Libelling oscar wild[J]. Journal of Politeness Research (7): 73-79.

Austin J P, 1987. The dark side of politeness: A pragmatic analysis of non-cooperative communication[D]. Christchurch: The University of Canterbury.

Badger R, 2003. Legal and general: Towards a genre analysis of newspaper law reports[J]. English for Specific Purposes, 22(3): 249-263.

Bargiela-Chiappini F, 2003. Face and politeness[J]. Journal of Pragmatics (35):1453-1469.

Baynham M, Slembrouck S, 1999. Speech representation and institutional discourse[J]. Text and Talk, 19(4): 439-457.

Bednarek M, Caple H, 2014. Why do news values matter? Towards a new methodological framework for analysing news discourse in critical discourse analysis and beyond[J]. Discourse and Society, 25(2):135-158.

Bowles H, 1995. Why are newspaper law reports so hard to understand? [J]. English for Specific Purposes, 14(3): 201-222.

Breit R, 2008. How the law defines journalism[J]. Australian Journalism Review, 30(1): 13-25.

Bromme R, Brummernhenrich B, Becker B M, et al, 2012. The effects of politeness-related instruction on medical tutoring[J]. Communication Education, 61(4):358-379.

Brooks P, 2006. Narrative transactions — Does the law need a narratology[J]. Yale Journal of Law & the Humanities (1): 23-35.

Brugger E C, 2009. "Other selves": Moral and legal proposals regarding the personhood of cryopreserved human embryos[J]. Theoretical Medicine and Bioethics, 30(2): 105-129.

Bruner J, 1991. The narrative construction of reality[J]. Critical Inquiry (18):1-21.

Buttny R, Williams P, 2000. Demanding respect: The uses of reported speech in the discursive constructions of interracial contact[J]. Discourse and Society, 11(1):109-133.

Chaemsaithong K, 2011. Accessing identity through facework: A case study of historical courtroom discourse[J]. International Review of Pragmatics (3):242-269.

Chaemsaithong K, 2017a. Evaluative stance-taking in courtroom opening statements[J]. Folia Linguistica, 51(1): 103-132.

Chaemsaithong K, 2017b. Speech reporting in courtroom opening statements[J]. Journal of Pragmatics, 119: 1-14.

Chaemsaithong K, 2018. Use of voices in legal opening statements[J]. Social Semiotics, 28(1): 90-107.

Chen R, 2001. Self-politeness: a proposal[J]. Journal of Pragmatics, 33(1):87-106.

Clift R, 2006b. Indexing stance: Reported speech as interactional evidential[J]. Journal of Sociolinguistics, 10(5):569-595.

Cole S A, Dioso-Villa R, 2009. Investigating the 'CSI Effect': Media and litigation crisis in criminal law[J]. Stanford Law Review, 61(6):1335-1374.

Collins D E, 2006. Speech reporting and the suppression of orality in seventeenth century Russian trial dossiers[J]. Journal of Historical Pragmatics, 7(2):265-292.

Cotterill J, 2001. Domestic discord, rocky relationships: Semantic prosodies in representations of marital violence in the O.J. Simpson trial[J]. Discourse and Society, 12(3):291-312.

Cotterill J, 2004. Collocation, connotation, and courtroom semantics: Lawyer's control of witness testimony through lexical negotiation[J]. Applied Linguistics, 25(4):513-537.

Coulthard M, 1994. On the use of corpora in the analysis of forensic texts[J]. International Journal of Speech, Language and the Law (1): 27-43.

Coulthard M, 2005. Some forensic application of descriptive linguistics[J]. VEREDAS-Rev. Est. Ling. , Juiz de Fora, jan./dez. 9(1):9-28.

Craig R, Tracy K, Spisak F, 1986. The discourse of requests: Assessment of a politeness approach[J]. Human Communication Research, 12(4):437-468.

Crawley D, Suarez R, 2016. Empathy, social dominance orientation, mortality salience, and perceptions of a criminal defendant[J]. Creative Commons (Sage Open), 6(1):1-15.

Culpeper J, 1996. Towards an anatomy of impoliteness[J]. Journal of Pragmatics, 25(3): 349-367.

Culpeper J, 2012. (Im)politeness: three issues[J]. Journal of Pragmatics, 44: 1128-1133.

参考文献

Culpeper J, Kytö M, 2000b. Data in historical pragmatics: Spoken interaction (re)cast as writing. Journal of Historical Pragmatics, 1(2):175-199.

Danet B, 1980. "Baby" or "fetus": Language and the construction of reality in a manslaughter trial[J]. Semiotica, 32(3/4):187-220.

Davis K, 1986. The process of problem (re)formulation in psychotherapy[J]. Sociology of Health and Illness, 8(1):44-74.

Donnally J, 2008. Abortion on Trial: The Pro-life Movement and the Edelin Manslaughter Trial 1973—1975[D]. Chapel Hill: University of North Carolina.

Doty K, 2007. Telling tales: The role of scribes in constructing the discourse of the Salem witchcraft trials. Journal of Historical Pragmatics, 8(1):25-41.

Doty K, Hiltunen R, 2002. "I will tell, I will tell": Confessional patterns in the Salem witchcraft trials[J]. Journal of Historical Pragmatics, 3(2): 299-335.

Doty K, Hiltunen R, 2009. Formulaic discourse and speech acts in the witchcraft trial records of Salem, 1692[J]. Journal of Pragmatics, 41(3):458-469.

Elizad Y, 2017. Labelling "childishness" in court[J]. Law, culture and humanities, 17(3): 450-461.

Feldman-Summers S, Lindner K, 1976. Perceptions of victims and defendants in criminal assault cases[J]. Criminal Justice and Behavior, 3(2):135-150.

Fraser B,1990. Perspectives on politeness[J]. Journal of Pragmatics, 14(2): 219-236.

Fukada A, Asata A, 2004. Universal politeness theory: Application to the use of Japanese honorifics[J]. Journal of Pragmatics (36): 1991-2002.

Gafaranga J, Britten N, 2004. Formulation in general practice consultations[J]. Text and Talk, 24(2): 147-170.

Gaines P, 2002. Negotiating power at the bench[J]. Forensic Linguistics: the Journal of Speech, Language and Law, 9(2): 199-230.

Gales T, 2015. The stance of stalking: A corpus-based analysis of grammatical markers of stance in threatening communications[J]. Corpora, 10(2):171-200.

Ge Y F, 2016. Sensationalism in media discourse: A genre-based analysis of Chinese legal news reports[J]. Discourse and Communication, 10(1):22-39.

Gilbert K, Matoesian G, 2015. Multimodal action and speaker positioning in closing argument [J]. Multimodal Communication, 4(2): 93-112.

Ginsburg R B, 1995. Communicating and commenting on the court's work [J]. The

343

Georgetown Law Journal, 83: 2119-2129.

Good J, 2015. Reported and enacted actions: Moving beyond reported speech and related concepts[J]. Discourse Studies, 17(6):663-681.

Goodwin C, 1994. Professional vision[J]. American Anthropologist, 96(3):603-633.

Grabe M E, Lang A, Zhao X Q, 2003. News content and form[J]. Communication Research, 30(4): 387-413.

Grabe M E, Zhou S H, Barnett B, 2001. Explicating sensationalism in television news: Content and the bells and whistles of form[J]. Journal of Broadcasting and Electronic Media, 45(4):635-655.

Greenhouse L, 1996. Telling the court's story: Justice and journalism at the supreme court [J]. Yale Law Journal, 105(6): 1537-1561.

Gu Y G, 1990. Politeness phenomena in modern Chinese[J]. Journal of Pragmatics, 14(2): 237-257.

Haire S B, Lindquist S A, Hartley R, 1999. Attorney expertise, litigant success and judicial decision-making in the U.S. courts of appeals[J]. Law and Society Reviews, 33(3): 667-685.

Hak T, de Boer F, 1996. Formulations in first encounters[J]. Journal of Pragmatics, 25(1): 83-99.

Han Z R, Bhatia V K, Ge Y F, 2018. The structural format and rhetorical variation of writing Chinese judicial opinions: A genre analytical approach[J]. Journal of Pragmatics, 28(4): 463-487.

Hardaker C, 2015. 'I refuse to respond to this obvious troll': an overview of responses to (perceived) trolling[J]. Corpora, 10(2):201-229.

Harris S, 1981. The function of directives in court discourse[J]. Nottingham Linguistic Circular (10):109-131.

Harris S, 1984a. Question as a mode of control in magistrates' courts[J]. International Journal of the Sociology of Language (49):5-28.

Harris S, 1984b. The form and function of threats in court[J]. Language and Communication, 4(4):247-271.

Harris S, 1995. Pragmatics and power[J]. Journal of Pragmatics, 23(2):117-135.

Harris S, 2001. Being politically impolite: Extending politeness theory to adversarial political discourse[J]. Discourse & Society, 12(4): 451-472.

Harris S, 2003. Politeness and power[J]. Text, 23(1): 27-52.

Harry J, 2014. Journalistic quotation: Reported speech in newspapers from a semiotic-linguistic perspective[J]. Journalism, 15(8):1041-1058.

Hirsch L E, 2014. Rap as threat?: The violent translation of music in American law[J]. Law, Culture and the Humanities, 14(3): 1-19.

Holmes J, Marra M, Vine B, 2012. Politeness and impoliteness in ethnic varieties of New Zealand English[J]. Journal of Pragmatics, 44(9):1063-1076.

Hyland K, 2002. Directives: Argument and engagement in academic writing[J]. Applied linguistics, 23(2), 215-239.

Ide S, 1989. Formal forms of discernment: Neglected aspects of linguistic politeness[J]. Multilingua, 8(2):223-248.

Iedema R, 2001. Resemiotization[J]. Semiotica, 137(1/4): 23-29.

Israel M, 1998. Telling stories of crime in south Australia[J]. Australian and New Zealand Journal of Criminology, 31(3): 213-229.

Jeffries S, Bond C E D, 2010. Narratives of mitigation: Sentencing aborigines in Australian higher court[J]. Journal of Sociology, 46(3):219-237.

Ji, S J, 2000. "Face" and polite verbal behaviors in Chinese culture[J]. Journal of Pragmatics, 32(7):1059-1062.

Johnson A, Clifford R, 2011. Polite incivility in defensive attack[J]. Journal of Politeness Research (7):43-71.

Johnson D I, 2007. Politeness theory and conversational refusals: Associations between various types of face threat and perceived competence [J]. Western Journal of Communication, 71(3): 196-215.

Jones S, 2008. Partners in crime: A study of the relationship between female offenders and their co-defendants[J]. Criminology and Criminal Justice, 8(2):147-162.

Kadar D, Pan Y, 2012. Chinese 'Face' and im/politeness: An introduction[J]. Journal of Politeness Research, 8 (1): 1-10.

Kahlas-Tarkka L, Rissanen M, 2007. The sullen and the talkative: Discourse strategies in the Salem examinations[J]. Journal of Historical Pragmatics, 8(1):1-24.

Kaplan J, 1998. Pragmatic contribution to the interpretation of a will[J]. International Journal of Forensic Linguistics, 5(2): 107-126.

Khan U, 2009. Having your porn and condemning it too: A case study of a "Kiddie Porn" expose[J]. Law Culture and the Humanities, 5(3): 391-424.

Kienpointner M, 1997. Varieties of rudeness: Types and functions of impolite utterances[J]. Functions of Language, 4(2): 251-287.

Kim Y S, Barak G, Shelton D, 2009. Examining the "CSI-Effect" in the cases of circumstantial evidence and eyewitness testimony: Multivariate and path analyses[J]. Journal of Criminal Justice, 37(5):452-460.

Kryk-Kastovsky B (ed.), 2006. Historical courtroom discourse[J]. (Special issue of) Journal of Historical Pragmatics, 7(2): 163-179.

Kryk-Kastovsky B, 2006. Impoliteness in early modern English courtroom discourse[J]. Journal of Historical Pragmatics, 7(2):213-243.

Kryk-Kastovsky B, 2009. Speech acts in Early Modern English court trials[J]. Journal of Pragmatics. 41(3): 440-457.

Kuo S H, 2001. Reported speech in Chinese political discourse[J]. Discourse Studies, 3(2): 181-202.

Kuo S H, 2002. From solidarity to antagonism: The uses of the second-person singular pronounin Chinese political discourse[J]. Text, 22(1): 29-55.

Kurzon D, 2001. The politeness of judges: American and English judicial behaviour[J]. Journal of Pragmatics, 33(1): 61-85.

Kšrner H, 2000. Negotiating authority: Logogenesis of dialogue in common law judgements [D]. Sydney: The University of Sydney.

Lachenicht L G, 1980. Aggravating language: A study of abusive and insulting language[J]. Paper in Linguistics, 13(4):607-687.

Lakoff R, 1973. The logics of politeness[J]. Chicago Linguistic Society (9): 292-305.

Lakoff R, 1989. The limits of politeness [J]. Multilingua-Journal of Cross-Cultural and Interlanguage Communication (8): 101-129.

Lambrou M, 2014. Narrative, text and time: Telling the same story twice in the oral narrative reporting of 7/7[J]. Language and Literature, 23(1):32-48.

Larner S, 2015. From intellectual challenges to established corpus techniques: introduction to the special issue on forensic linguistics[J]. Corpora, 10(2): 131-143.

Larner S, 2016. Using a core word to identify different forms of semantically related formulaic sequences and their potential as a marker of authorship[J]. Corpora, 11(3):343-369.

Leech G, 2007. Politeness: Is there a east-west divide? [J]. Journal of Politeness Research, 3

(2):167-206.

Leung J H, 2015. Lay litigation behaviour in post-colonial Hong Kong courtroom[J]. Language and Law / Linguagem e Direito, 2(1): 32-52.

Liu W M, Liu S Z, 2007. Illocutionary and perlocutionary acts in Chinese judges' attached discourse[J]. Lodz Papers in Pragmatics (3):137-144.

Locher M A, Watts R J, 2008. Politeness theory and relational work[J]. Journal of Politeness Research, 1(1):9-33.

Loftus E, Palmer J, 1974. Reconstruction of automobile destruction: an example of the interaction between language and memory[J]. Journal of verbal learning and verbal memory, 13:583-589.

Machin D, Papatheoderou F, 2002. Commercialization and Tabloid Television in Southern Europe. Disintegration or Democratization of the Public Sphere[J]. Journal of European Area Studies (10): 31-48.

Maley Y, 1995. From Adjudication to Mediation: Third Party Discourse in Conflict Resolution [J]. Journal of Pragmatics, 23(1):93-110.

Mao L R, 1994. Beyond politeness theory: "face" revisited and renewed[J]. Journal of Pragmatics (21):451-486.

Martinovski B, 2006. A framework for the analysis of mitigation in courts: Toward a theory of mitigation[J]. Journal of pragmatics, 38(12):2065-2086.

Matinenc R, Salway A, 2005. A system for image-text relations in new (and old) media[J]. Visual Communication, 4(3):337-371.

Matoesian G, 2000. Intertextual authority in reported speech: production media in the Kennedy Smith rape trial[J]. Journal of Pragmatics, 32(7):879-914.

Matoesian G, Gilbert K E, 2018. 'She does not flee the house': A multimodal poetics of space, path and motion in opening statements[J]. International Journal of Speech, Language and the Law, 25(2):123-149.

Meier A J, 1995. Defining politeness: universality in appropriateness[J]. Language Sciences, 17(4):345-356.

Michael E A, 1997. Webster's New World College Dictionary[D]. New York: Webster's New World.

Miller D, 1991. Recent Theories of Social Justice[J]. British Journal of Political Science (21): 371-391.

Mills S, 2009. Impoliteness in a cultural context[J]. Journal of Pragmatics, 41(5): 1047-1060.

Molek-Kozakowska K, 2013. Towards a pragma-linguistic framework for the study of sensationalism in news headlines[J]. Discourse & Communication, 7(2): 173-197.

Mulcahy L, 2007. Architects of justice: the politics of courtroom design[J]. Social and Legal studies, 16(3): 383-403.

Nwoye O G, 1992. Linguistic politeness and the socio-cultural variations of the notion of face [J]. Journal of Pragmatics, 18(4): 309-328.

Okamoto S, 2011. The use of and interpretation of addressee honorifics and plain forms in Japanese[J]. Journal of Pragmatics, 43(15): 3673-3688.

O'Driscoll J, 1996. About face: A defense and elaboration of universal dualism[J]. Journal of Pragmatics, 25(1): 1-32.

Pan Y L, Kadar D, 2011. Historical vs. contemporary Chinese linguistic politeness[J]. Journal of Pragmatics, 43(6): 1525-1539.

Paradis C, et al, 2004. Asian American defendants: A study of pyschatric, psychosocial and legal factors[J]. The Journal of Psychiatry and Law, 32(4): 513-531.

Pascual E, 2003. Questions in legal monologues: Fictive interaction as argumentative strategy in a murder trial[J]. Text & Talk, 26(3): 383-402.

Plungian V A, 2001. The place of evidentiality within the universal grammatical space[J]. Journal of pragmatics, 33(3): 349-457.

Robbers M L, 2008. Blinded by science: The social construction of reality in forensic television Shows and its effects on criminal jury trials[J]. Criminal Justice Policy Review, 19(1): 84-102.

Rock F, 2001. The genesis of a witness statement[J]. Forensic Linguistics, 8(2): 44-72.

Russell B L, Melillo L S, 2006. Attitudes toward battered women who kill: Defendant typicality and judgments of culpability[J]. Criminal Justice and Behavior, 33(2): 219-241.

Ryu J, 1982. Public affairs and sensationalism in Local TV news programs[J]. Journalism Quarterly, 59(1): 74-137.

Shelton D E, 2010. Juror expectations for scientific evidence in criminal cases: perceptions and reality about the "CSI Effect" myth[J]. Thomas M. Cooley Law Review, 27(1): 1-35.

Shi G, 2012. An analysis of modality in Chinese courtroom discourse[J]. Journal of

Multicultural Discourses, 7(2):161-178.

Sinclair M, 1992. The effects of context on utterance interpretation: some questions and some answers[J]. Stellenbosch Papers in Linguistics (25):103-132.

Smirnova A V, 2009. Reported speech as an element of argumentative newspaper discourse [J]. Discourse and communication, 3(1):79-103.

Svahn J, 2016. Reported speech in girl's dispute stories: building credibility and accounting for moral versions[J]. Childhood, 24(2):212-229.

Tajeddin Z, Alemi M, Razzaghi S, 2014. Cross-cultural perceptions of impoliteness by native English speakers and EFL learners: The case of apology speech act[J]. Journal of Intercultural Communication Research, 4(43): 306-326.

Terkourafi M, 2005. Beyond the micro-level in politeness research[J]. Journal of Politeness Research, 1(2):237-262.

Tiersma P M, 1990. The Language of Perjury: Literal Truth, Ambiguity, and the False Statement Requirement[J]. Southern California Law Review(63): 373-431.

Tiersma P M, Solan L M, 2004. Cops and Robbers: Selective Liberalism in American Criminal Law[J]. Law & Society Review, 38(2): 229-266.

Tkačuková T, 2015. A corpus-assisted study of the discourse marker *well* as an indicator of judges' institutional roles in court cases with litigants in person[J]. Corpora, 10(2): 145-170.

Uribe R, Gunter B, 2007. Are sensational news stories more likely to trigger viewers' emotions than non-sensational news stories? A content analysis of British TV news[J]. European Journal of Communication, 22: 207-228.

van Dijk T A, 1993. Principles of critical discourse analysis [J]. Discourse & Society, 4(2): 249-283.

van Dijk T A, 1995. Discourse semantics and ideology[J]. Discourse and Society, 6(2): 243-289.

van Leeuwen T, 1987. Generic strategies in press journalism[J]. Australian Review of Applied Linguistics (10): 199-220.

Wang T L, 2012. Presentation and impact of market-driven journalism on sensationalism in global TV news[J]. International Communication Gazette, 74(8):711-727.

Wood L A, Kroger R O, 1991. Politeness and forms of address[J]. Journal of Language and Social Psychology, 10(3): 145-168.

Wooffitt R, 2001. Raising the dead: reported speech in medium-sitter interaction[J]. Discourse studies, 3(3):351-374.

Xie C J. (ed.), 2018. Impoliteness and moral order in online interaction[J]. Internet pragmatics, 1(2).

Xie C Q, He Z R, Lin D J, 2005. Politeness: myth and truth[J]. Studies in Language, 29(2):431-461.

Yang D K, 2002. What's Mine is Mine, But What's Yours Should also be Mine: An Analysis of State Statutes That Mandate the Implantation of Frozen Preembryos[J]. Journal of Law and Policy, 10(2): 587-592.

Yu T H, Wen W C, 2004. Monologic and dialogic styles of argumentation: A Bakhtinian analysis of academic debates between Mainland China and Taiwan[J]. Argumentation, 18(3): 369-379.

Zhang L P, 2011. Arguing with otherness: The intertextual construction of lawyers stance in Chinese court. Text and Talk, 31(6):753-769.

Zhang L P, 2014. Linguistic Politeness in Lawyers' Petitions under the Confucian Ideal of No-litigation[J]. International Journal of Speech Language & the Law, 21(2):317-342.

三、其他文献（报刊、字典、电子资源、讲座等）

（一）中文

陈斯喜,2011-03-12(2).中国特色社会主义法律体系的主要特征[N].人民日报.

陈有西,2011-03-06.律师与国情[R].广州.工信部图书馆知识共享服务平台,2019.http://eng.miit.superlib.net/guide? Null.

皓子,(2014-9-20).江苏宜兴胚胎案实现大逆转法院:司法不是迁就[ED/OL].[2015-8-18]人民网,http://js.people.com.cn/n/2014/0920/c360305-22378117.html.

何成,(2010-11-21)法官的弱势:弱在何处[N].[2014-2-11]钱江晚报,A16版.http://qjwb.zjol.com.cn/html/2010-11/21/content_614153.htm? div=-1.

季娜娜,(2014-5-16)冷冻胚胎之争[N].[2015-3-14].扬子晚报,A3版.http://epaper.yzwb.net/html_t/2014-05/16/content_157621.htm? div=-1.

冷冻胚胎之争,(2014-11-1).新闻调查[TV].[2015-5-13]中央电视台 CCTV-1.http://tv.cntv.cn/video/C10435/4c77b78140ab4ec0bc1f50977e441dbf.

李昊天,(2014-9-23)胚胎可继承是媒体的误读[N].[2015-11-13].人民政协报.12版.http://epaper.rmzxb.com.cn/search.aspx? type=1&keyword="胚胎可继承"是媒体的误读.

参考文献

李想,2015-3-7.母亲为儿代孕惹争议[N].法制文汇报.

刘建国,(2014-9-20)读懂胚胎之争背后的法律价值[N/OL].[2015-11-16]法制日报.07版, http://epaper.legaldaily.com.cn/fzrb/content/20140920/Articel07004GN.htm.

内乡县人民检察院,内乡廉政文化宣传片[N/OL].[2017-7-11]兄弟传媒,2013.http://www.nxxy.cn/spxs/432.html..

傩送,(2014-9-20)在胚胎归属案中感知人性的温度[EB/OL].[2015-11].人民网.http://hlj.rednet.cn/c/2014/09/20/3472015.htm.

邵世伟,(2014-5-19)失独老人的"血脉"争夺战[N/OL].[2015-11]新京报.A21版.http://epaper.bjnews.com.cn/html/2014-05/19/content_512486.htm?div=-1.

舒锐.(2017-6-15)十年前彭宇案的真相是什么[N/OL].[2017-11]法制日报.07版.http://www.sohu.com/a/149018245_114731.

私人订制龙凤胎[TV].今日说法.中央电视台一套,2015年10月2日.

王琳,(2014-9-19).胚胎继承案改判之争的进步意义[N/OL].[2015-11-13]京华时报,A07版.[2015-6-9网络出版].http://epaper.jinghua.cn/html/2014-09/19/content_128054.htm.

维基百科,(2018-1-19)南京彭宇案[EB/OL].[2019-1]https://zh.wikipedia.org/wiki/%E5%8D%97%E4%BA%AC%E5%BD%AD%E5%AE%87%E6%A1%88.

吴成臣,(2014-9-23)彰显司法智慧的判决[N/OL].[2015-12]人民政协报,12版.[网络出版2015-6-9]http://epaper.rmzxb.com.cn/detail.aspx?id=348167.

吴点墨,(2015-8-13)"谁家孩子谁抱走"是情理法的合拍.荆楚网[EB/OL].[2015-12]http://focus.cnhubei.com/original/201409/t3048685.shtml.

吴志伟,(2012-3-30).法袍演进中的文化内涵[N].人民法院报,第8版.

习近平,(2015-01-05)加快建设社会主义法治国家[J/OL].求是.[2015-12]http://theory.people.com.cn/n/2015/0105/c83846-26323829.

新华字典编委会,2007.新华字典[Z].北京:商务印书馆.

徐机玲,等,(2012-1-16)南京市政府委书记:彭宇案由于多重原因被误读[N].瞭望新闻周刊.

徐家力,(2010-12-9)中国律师的历史、现状及发展前景[N/OL].[2011-1]公益时报.http://www.gongyishibao.com.

杨亮庆,缪媛,(2010-1-16).人们为何不敢扶起八旬老人——网友称"彭宇案"令中国道德水准倒退30年[N].中国青年报,第2版(法制社会).

张法连,(2021-11-26).向世界更好展示法治中国形象[N].人民日报,第9版.

中华人民共和国最高人民法院,(2015-8).中国裁判文书网[DB/OL].[2015-6].http://

wenshu.court.gov.cn/.

（二）英文

A Surrogate Mother Branded Homophobic by a Judge Has Been Forced to Hand Her Child over to Its Gay Father and His MaleLover[N/OL]. Daily Mail. May 7, 2015. https://www.dailymail.co.uk/debate/article-3071249.htm.

Ching K L, 2001. Plural you/ya'll variation by a court judge: Situationaluse[DB]. American speech. Duke University Press. 76(2):115-127.

Coleman T, 2016. The judicial bench, focal point of the court room spectacles[R]// Spectacular Law: Law, literature and Humanities Association of Australasia Conference 2016.Hong Kong. Dec. 8-10.

ELAN (6.2), 2021. [Computer software]. Nijmegen: Max Planck Institute for Psycholinguistics, The Language Archive. Retrieved at https://archive.mpi.nl/tla/elan/.

West T, 2015. Mother Carries Surrogate Baby for Gay Son, the First Single Male to Have Child through Surrogacy in UK[N]. The Inquisitor. March 7.

附 录

附录 I 内乡县衙相关图像(实地采录)

县衙大堂正面外景

大堂内景(壁图与横联)

大堂暖阁顶部

大堂前戒石坊刻字(从大门入口看)

大堂前戒石坊上的训诫语（从大堂正面看）

二堂正面外景

二堂正面内景

二堂后门上的匾额

三堂正面外景

三堂正面内景

三堂后门的匾额

附录Ⅱ 对法官的访谈记录(部分)

针对己方当事人的不礼貌言语在法律语境中的语用效果,采访人共设计了六个问题,采访了四位法官。以下文字为采访部分节选。

问:假如你是商场保安,有商户抓到了一个小偷张某并怀疑他偷了东西,张某打电话找到了一个自己的朋友为自己辩解。以下为其朋友说的话:"我今天来这儿,替你说话,并不是我同情你,也不是我可怜你,相反地,我很憎恨你的行为。但是保安大哥是个讲理的人,不想冤枉你,既然你承认了。那我希望你要懂得感恩,再也不能做这些不道德的事儿,记住没有?"

请问,作为商场保安,你听了之后,是否能谅解张某?作为法官,这些话是否会影响您对该事件的判断?

法官A:如果是我来处理这件事儿的话,首先,我会和商家进行沟通,确认被盗商品的名目以及对应的价值。如果数额十分巨大,我会报警,交给警察处理。如果数额不能构成十分巨大,需要我来处理的情况下,从我个人的角度来看,他的朋友说的这些并不能对我产生什么影响。我认为,他说的这些话都是从教育他的朋友角度出发的。而我要追究责任的张某则显得十分被动,因此我并不会谅解张某的行为。如果是张某自己表示以后绝对不会再这么做的话,我觉得我可能会有一些恻隐之心。但是单从他朋友的话来看,并不能看出张某主观上对其行为的认识。所以,我会继续追究张某的责任。

法官B:在我看来,他的朋友一定是向着他说话的,既然连他朋友都这么说,那么他一定是偷了东西了。作为一名商场保安,我的职责应该是一方面维护商场秩序,另一方面维护商家的合法权益,所以我认为,从轻处罚一方面不能够起到更好地维护商场秩序的目的,同时在一定程度上损害了商家的合法权益。所以,我不会谅解他的行为。

法官C:不会,连他的朋友都不能理解他的行为,我实在是更没有理由谅解他了。

法官D:不会,我同意他的朋友说的,他得端正态度,如果不端正态度,以后还会出问题。

附录Ⅲ 阶段(2)中法官审判活动视频转写(样本)

1. 视频转写的工作界面(样本)

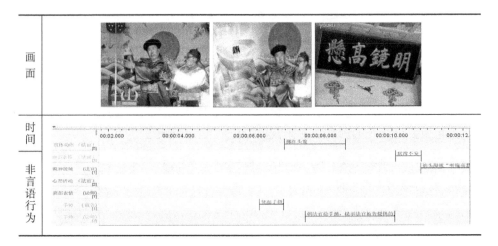

2. 法官审判活动(视频)的元功能分析

序号	时间(秒)	图像	模态资源	元功能
1	8.780		师爷:伸双手拉法官,白银的图像出现于法官身侧	人际功能:师爷以贿赂劝阻法官进行裁决
2	11.090		法官:目光转向公案后方,表情严肃	人际功能:法官开始回望法庭空间的权力话语
3	12.390		大堂公案后的"明镜高悬"匾额成为图像焦点	人际功能:匾额所代表的权力话语进入交际,对法官进行规训

附　录

（续表）

序号	时间（秒）	图像	模态资源	元功能
4	14.190		法官：抬手举起红头签 师爷：伸手拉法官，并摆手示意	人际功能：师爷继续劝阻法官
5	14.420		一筐闪光的金子出现在法官的右侧	师爷以财劝阻法官
6	16.380		法官：站在公案左前方，沉思	法官在犹豫，思考如何应对劝阻
7	18.900		"天理国法人情"匾额出现在画面中，成为特写镜头，长达2秒多	人际意义：匾额所代表的权力话语声音进入交际前台，并对法官进行规劝
8	20.280		法官：举起红头签 师爷：继续伸手拉法官	人际意义：师爷继续劝阻法官
9	20.600		美人的图像出现在法官的身侧	人际意义：师爷以色为由继续劝阻法官
10	22.550		法官：手指捻着胡须，沉思	人际意义：法官在思考该如何应对两种不同的声音

357

（续表）

序号	时间（秒）	图像	模态资源	元功能
11	24.100		匾额"政肃风清"出现，镜头特写长达2秒多	人际意义：匾额所代表的权力话语进入交际，并对法官进行规训
12	26.320		法官：推开师爷，脸显怒色	人际意义：法官训斥师爷，拒绝其言语请求

附录Ⅳ 彭宇案一审判决书全文[①]

南京市鼓楼区人民法院民事判决书（2007）鼓民一初字第 212 号

原告徐××，女，汉族，1942 年 8 月 9 日生，住本市×××12 号。

委托代理人唐×，南京×××律师事务所律师。

被告彭×，男，汉族，1980 年 7 月 2 日生，江苏×××有限公司职工，住本市×××2×3-1 号。

委托代理人李×，女，汉族，198×年 8 月 8 日生，住本市×××19 号。

委托代理人高××，江苏×××××师事务所律师。

原告徐××与被告彭×人身损害赔偿纠纷一案，本院受理后，依法组成合议庭，公开开庭进行了审理，原告徐××及其委托代理人唐×，被告彭×及其委托代理人李×、高××到庭参加诉讼。本案现已审理终结。

原告徐××诉称，2006 年 11 月 20 日上午，原告在本市水西门公交车站等 83 路车。大约 9 点半，2 辆 83 路公交车进站，原告准备乘坐后面的 83 路公交车，在行至前一辆公交车后门时，被从车内冲下的被告撞倒，导致原告左股骨颈骨折，住院手术治疗。因原、被告未能在公交治安分局城中派出所达成调解协议，故原告诉至法院，请求判令被告赔偿原告医疗费 40 460.7 元、护理费 4 497 元（住院期间护理费 897 元、出院后护理费 3 600 元）、营养费 3 000 元、伙食费 346 元、住院期间伙食补助费 630 元、残疾赔偿金 71 985.6 元、精神损害抚慰金 15 000 元、鉴定费 500 元，共计人民币 136 419.3 元，并由被告承担本案诉讼费。

被告彭×辩称，被告当时是第一个下车的，在下车前，车内有人从后面碰了被告，但下车后原、被告之间没有碰撞。被告发现原告摔倒后做好事对其进行帮扶，而非被告将其撞伤。原告没有充分的证据证明被告存在侵权行为，被告客观上也没有侵犯原告的人身权利，不应当承担侵权赔偿责任。

[①] 语料来源：http://www.chinalawedu.com/new/17800a179a2011/2011913caoxin103415.shtml，正保法律教育网，获取时间 2016 年 12 月 1 日．

如果由于做好事而承担赔偿责任,则不利于弘扬社会正气。原告的诉讼请求没有法律及事实依据,请求法院依法予以驳回。

经审理查明,2006年11月20日上午,原告在本市水西门公交车站等候83路车,9时30分左右有2辆83路公交车同时进站。原告准备乘坐后面的83路公交车,在行至前一辆公交车后门时,被告第一个从公交车后门下车,原告摔倒致伤,被告发现后将原告扶至旁边,在原告的亲属到来后,被告便与原告亲属等人将原告送往医院治疗,原告后被诊断为左股骨颈骨折并住院治疗,施行髋关节置换术,产生了医疗费、护理费、营养费等损失。

事故发生后,南京市公安局公共交通治安分局城中派出所接到报警后,依法对该起事故进行了处理并制作了讯问笔录。案件诉至本院后,该起事故的承办民警到法院对事件的主要经过作了陈述并制作了谈话笔录,谈话的主要内容为:原、被告之间发生了碰撞。原告对该份谈话笔录不持异议。被告认为谈话笔录是处理事故的民警对原、被告在事发当天和第二天所做询问笔录的转述,未与讯问笔录核对,真实性无法确定,不能作为本案认定事实的依据。

案件审理期间,处理事故的城中派出所提交了当时对被告所做讯问笔录的电子文档及其誊写材料,电子文档的属性显示其制作时间为2006年11月21日,即事发后第二天。讯问笔录电子文档的主要内容为:彭×称其没有撞到徐××;但其本人被徐××撞到了。原告对讯问笔录的电子文档和誊写材料不持异议,认为其内容明确了原、被告相撞的事实。被告对此不予认可,认为讯问笔录的电子文档和誊写材料是复制品,没有原件可供核对,无法确定真实性,且很多内容都不是被告所言;本案是民事案件,公安机关没有权利收集证据,该电子文档和誊写材料不能作为本案认定事实的依据。

被告申请证人陈某春出庭作证,证人陈某春证言主要内容:2006年11月20日其在21路公交车水西门车站等车,当时原告在其旁边等车,不久来了两辆车,原告想乘后面那辆车,从其面前跑过去,原告当时手上拿了包和保温瓶;后来其看到原告倒在地上,被告去扶原告,其也跑过去帮忙;但其当时没有看到原告倒地的那一瞬间,也没有看到原告摔倒的过程,其看到的时候原告已经倒在地上,被告已经在扶原告;当天下午,根据派出所通知其到派出所去做了笔录,是一个姓沈的民警接待的。对于证人证言,原告持有异议,并表示事发当时是有第三人在场,但不是被告申请的出庭证人。被告认可证人的证言,认为证人证言应作为本案认定事实的依据。

另查明,在事发当天,被告曾给付原告二百多元钱,且此后一直未要求原告返还。关于被告给付原告钱款的原因,双方陈述不一:原告认为是先行垫付的赔偿款,被告认为是借款。

审理中,对事故责任及原、被告是否发生碰撞的问题,双方也存在意见分歧。原告认为其是和第一个下车的被告碰撞到地受伤的;被告认为其没有和原告发生碰撞,其搀扶原告是做好事。

因原、被告未能就赔偿问题达成协议,原告遂诉至法院,要求被告赔偿原告医疗费、护理费、营养费、住院伙食补助费等损失,并承担本案诉讼费用。

审理中,原告申请对其伤情的伤残等级进行司法鉴定,本院依法委托南京鑫盾司法鉴定所进行鉴定,鉴定结论为:被鉴定人徐××损伤构成八级伤残。

因双方意见不一,致本案调解无效。

上述事实,有双方当事人陈述;原告提供的住院记录、医疗费票据;被告申请的证人陈某春的当庭证言;城中派出所提交的对原告的询问笔录、对被告讯问笔录的电子文档及其誊写材料;本院委托鉴定的鉴定报告、本院谈话笔录以及本院开庭笔录等证据证实。

本院认为,当事人的合法权益受法律保护。对于本案的基本事实,即2006年11月20日上午原告在本市水西门公交车站准备乘车过程中倒地受伤,原、被告并无争议。但对于原告是否为被告撞倒致伤,双方意见不一。根据双方诉辩观点,本院归纳本案的争议焦点为:一、原、被告是否相撞;二、原告损失的具体数额;三、被告应否承担原告的损失,对此分别评述如下:

一、原、被告是否相撞。

本院认定原告系与被告相撞后受伤,理由如下:

1. 根据日常生活经验分析,原告倒地的原因除了被他人的外力因素撞倒之外，还有绊倒或滑倒等自身原因情形，但双方在庭审中均未陈述存在原告绊倒或滑倒等事实，被告也未对此提供反证证明，故根据本案现有证据，应着重分析原告被撞倒之外力情形。人被外力撞倒后，一般首先会确定外力来源、辨认相撞之人，如果相撞之人逃逸，作为被撞倒之人的第一反应是呼救并请人帮忙阻止。本案事发地点在人员较多的公交车站，是公共场所，事发时间在视线较好的上午，事故发生的过程非常短促，故撞倒原告的人不可能轻易逃逸。根据被告自认，其是第一个下车之人，从常理分析，其与原告相撞的可能性较大。如果被告是见义勇为做好事，更符合实际的做法应是抓住撞倒原告的人，而不仅仅是好心相扶；如果被告是做好事，根据社会情理，在原告的家人到达后，其完全可以言明事实经过并让原告的家人将原告送往医院，然后自行离开，但被告未作此等选择，其行为显然与情理相悖。

城中派出所对有关当事人进行讯问、调查，是处理治安纠纷的基本方法，其在本案中提交的有关证据能够相互印证并形成证据锁链，应予采信。被告虽对此持有异议，但并未提供相反的证据，对其抗辩本院不予采纳。根据城中派出所对原告的询问笔录、对被告讯问笔录的电子文档及其誊写材料等相关证据，被告当时并不否认与原告发生相撞，只不过被告认为是原告撞了被告。综合该证据内容并结合前述分析，可以认定原告是被撞倒后受伤，且系与被告相撞后受伤。

2. 被告申请的证人陈某春的当庭证言，并不能证明原告倒地的原因，当然也不能排除原告和被告相撞的可能性。因证人未能当庭提供身份证等证件证明其身份，本院未能当庭核实其真实身份，导致原告当庭认为当时在场的第三人不是出庭的证人。证人庭后第二天提交了身份证以证明其证人的真实身份，本院对证人的身份予以确认，对原告当庭认为当时在场的第三人不是出庭的证人的意见不予采纳。证人陈某春当庭陈述其本人当时没有看到原告摔倒的过程，其看到的只是原告已经倒地后的情形，所以其不能证明原告当时倒地的具体原因，当然也就不能排除在该过程中原、被告相撞的可能性。

3. 从现有证据看，被告在本院庭审前及第一次庭审中均未提及其是见义勇为的情节，而是在二次庭审时方才陈述。如果真是见义勇为，在争议期间不可能不首先作为抗辩理由,陈述的时机不能令人信服。因此,对其自称是见义勇为的主张不予采信。

4. 被告在事发当天给付原告二百多元钱款且一直未要求原告返还。原、被告一致认可上述给付钱款的事实,但关于给付原因陈述不一:原告认为是先行垫付的赔偿款,被告认为是借款。根据日常生活经验,原、被告素不认识,一般不会贸然借款,即便如被告所称为借款,在有承担事故责任之虞时,也应请公交站台上无利害关系的其他人证明,或者向原告亲属说明情况后索取借条(或说明)等书面材料。但是被告在本案中并未存在上述情况,而且在原告家属陪同前往医院的情况下,由其借款给原告的可能性不大;而如果撞伤他人,则最符合情理的做法是先行垫付款项。被告证人证明原、被告双方到派出所处理本次事故,从该事实也可以推定出原告当时即以为是被被告撞倒而非被他人撞倒,在此情况下被告予以借款更不可能。综合以上事实及分析,可以认定该款并非借款,而应为赔偿款。

二、原告损失的范围和具体数额。

1. 医疗费。根据原告提供的住院记录、伤残鉴定书等证据,原告主张的医疗费用均是治疗事故造成的有关疾病所必需,且有相应医疗票据加以证明,故原告主张医疗费 40 460.7 元,符合法律规定,本院予以确认。

2. 护理费。原告主张的护理费为 4 497 元,包含住院期间护理费 897 元以及出院后护理费 3 600 元。由于本案原告为六十多岁的老人,本次事故造成其左股骨颈骨折且构成八级伤残,其受伤后到康复前确需护理,原告主张该 4 497 元护理费用,符合法律规定,本院予以确认。

3. 住院伙食补助费。原告住院共计 35 天,原告主张该费用为 630 元,符合法律规定,本院予以确认。

原告另主张伙食费 346 元,并提供了住院记录和票据予以证明。由于该费用在住院伙食补助费范围内,该 346 元与上述 630 元住院伙食补助费的主张重复,故本院不予支持。

4. 鉴定费。原告主张伤残鉴定费为 500 元,有鉴定费发票予以证明,本院予以确认。

5. 残疾赔偿金。原告主张的残疾赔偿金 71 985.6 元。但根据原告病历及伤残鉴定报告,原告伤病为八级伤残,根据相关规定,该费用应依法确定为67 603.2元[14 084×(20−4)×30％]。

6. 营养费。结合原告伤情,本院酌定1 000元。

综上,原告各项损失合计为114 690.9元。

三、被告应否承担原告损失。

根据前述分析,原告系在与被告相撞后受伤且产生了损失,原、被告对于该损失应否承担责任,应根据侵权法诸原则确定。

本案中,原告赶车到达前一辆公交车后门时和刚从该车第一个下车的被告瞬间相撞,发生事故。原告在乘车过程中无法预见将与被告相撞;同时,被告在下车过程中因为视野受到限制,无法准确判断车后门左右的情况,故对本次事故双方均不具有过错。因此,本案应根据公平责任合理分担损失。公平责任是指在当事人双方对损害均无过错,但是按照法律的规定又不能适用无过错责任的情况下,根据公平的观念,在考虑受害人的损害、双方当事人的财产状况及其他相关情况的基础上,判令加害人对受害人的财产损失予以补偿,由当事人合理地分担损失。根据本案案情,本院酌定被告补偿原告损失的40％较为适宜。

关于原告主张的精神损害抚慰金问题。本次事故虽给原告的精神上造成了较大痛苦,因双方均无过错,故原告要求赔偿精神损害抚慰金15 000元的诉讼请求于法无据,本院不予支持。

综上,为维护当事人的合法权利,依据《中华人民共和国民法通则》第九十八条、第一百一十九条,最高人民法院《关于审理人身损害赔偿案件适用法律若干问题的解释》第十七条之规定,判决如下:

被告彭×于本判决生效之日起十日内一次性给付原告徐××人民币45 876.36元。

被告彭×如果未按本判决指定的期间履行给付金钱义务,应当按照《中华人民共和国民事诉讼法》第二百三十二条之规定,加倍支付迟延履行期间的债务利息。

本案受理费890元、其他诉讼费980元,合计1 870元由原告徐××负担1 170,彭×负担700,原告已预交,故由被告在履行时一并将该款给付原告。

如不服本判决,可在判决书送达之日起十五日内,向本院递交上诉状,并按对方当事人的人数提出副本,上诉于江苏省南京市中级人民法院。

审判长××

代理审判员×××

代理审判员××

二〇〇七年九月三日

见习书记员××

附录Ⅴ 韵波图

以下两个韵波图,图 1 与图 2 分别对应沈父与刘母的话语。

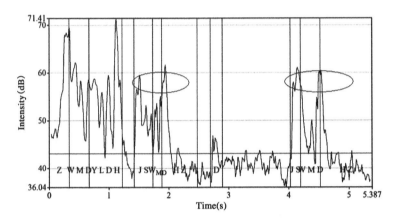

图 1　沈父话语"就是我们的孩子"的韵波图

在图 1 中两处波段显示的音强部分,在沈父的话语中,"就是我们的孩子"与"是我们的孩子"完全相同。

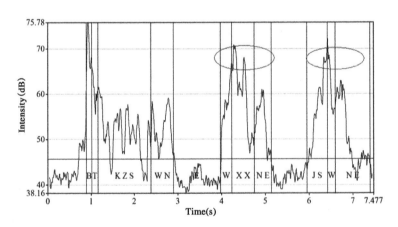

图 2　刘母的话语"是我小小女儿"的韵波图

图 2 中两处波段显示的音强部分,在刘母两处话语中,"是我小小女儿"和"是我女儿"完全相同。